ଆସ କଥା ହେବା

ଆସ କଥା ହେବା

ଅଭୟ ନାୟକ

ବ୍ଲାକ୍ ଇଗଲ୍ ବୁକ୍ସ
ଭୁବନେଶ୍ୱର, ଓଡ଼ିଶା

BLACK EAGLE BOOKS
Dublin, USA

BLACK EAGLE BOOKS

USA address:
7464 Wisdom Lane
Dublin, OH 43016

India address:
E/312, Trident Galaxy, Kalinga Nagar,
Bhubaneswar-751003, Odisha, India

E-mail: info@blackeaglebooks.org
Website: www.blackeaglebooks.org

First International Edition Published by
BLACK EAGLE BOOKS, 2022

AASA KATHA HEBA
by **Avaya Nayak**
Cell: 09439541169

Cover & Interior Design: Ezy's Publication

ISBN- 978-1-64560-274-3 (Paperback)

Printed in the United States of America

ଉତ୍ସର୍ଗ

ବାଟ ଥିଲେ ଚାଲି ହୁଏନା । ଚାଲିଲେ ବାଟ ତିଆରି ହୁଏ । କଥା
ହେଲେ, କଥା ମାଡ଼େ, ସମ୍ପର୍କ ବଢ଼େ । କଥା ହେବା ଆମ
ଗଣତାନ୍ତ୍ରିକ ଓ ସାଂସ୍କୃତିକ ପରମ୍ପରାର ଅଂଶ ବିଶେଷ ।
ଏହି କଥା ହେବାରେ ବିଶ୍ୱାସ ରଖୁଥିବା ଅସଂଖ୍ୟ ଜନଙ୍କୁ ମୋର
ଏହି ବହି ଉତ୍ସର୍ଗୀକୃତ ।

- ଅଭୟ ନାୟକ

କବିଙ୍କ ଅନ୍ୟ ପ୍ରକାଶିତ କବିତା ସଂକଳନ

- **ଚେନାଏ ଆକାଶ** - ୧୯୯୯, 'ଅକ୍ଷର', କଲ୍ୟାଣୀ ନଗର, କଟକ
- **ତ୍ରିପାଦ ଭୂମି** - ୨୦୦୨, 'କାହାଣୀ', କଲ୍ୟାଣନଗର, କଟକ
- **ବିଶାଖାର ରାତି** - ୨୦୦୪, ଅଗ୍ରଦୂତ, ବାଙ୍କାବଜାର, କଟକ
- **ଧୂଳି ଧୂମାଳ** - ୨୦୦୭, ଅଗ୍ରଦୂତ, ବାଙ୍କାବଜାର, କଟକ
- **ପାଥ ପାରିଥି** -୨୦୦୮, ଟାଇମ୍‌ପାସ୍, ଭୁବନେଶ୍ୱର
- **ଆକାଶମୁଖୀ ମାଟି ଦି'ଫାଳ** - ୨୦୧୬, ପକ୍ଷୀଘର ପ୍ରକାଶନୀ, ଭୁବନେଶ୍ୱର
- **ନରକ ନିର୍ବାଣ** - ୨୦୧୯, 'ଅଗ୍ରଦୂତ', ବାଙ୍କାବଜାର, କଟକ
- **ଚେର** - ୨୦୨୦, 'ପଶ୍ଚିମା ପବ୍ଲିକେଶନ୍', ଭୁବନେଶ୍ୱର

ସ୍ୱୀକାରୋକ୍ତି

ମୁଁ କୃତଜ୍ଞ ମୋର ବନ୍ଧୁ, ସତୀର୍ଥ ଗାଳ୍ପିକ ତଥା ପ୍ରଖ୍ୟାତଯଶା ପ୍ରଚ୍ଛଦଶିଳ୍ପୀ ଅତୁଲ ବଳଙ୍କ ପାଖରେ ତାଙ୍କର ପ୍ରେରଣା ତଥା ପ୍ରଚ୍ଛଦ ଅଳଙ୍କରଣ ପାଇଁ।

ମୁଁ ବିନମ୍ର ଶ୍ରୀମାନ ଅଶୋକ ପରିଡ଼ା, ଅକ୍ଷରଶିଳ୍ପୀଙ୍କ ପାଖରେ ତାଙ୍କର ସହଯୋଗ ଓ ଅଭ୍ୟନ୍ତର ଅଳଙ୍କରଣ ପାଇଁ।

ଶ୍ରୀ ସାରଦା କୁମାର ସାହୁଙ୍କ ପାଖରେ ମୁଁ ଋଣୀ ତାଙ୍କର ଡିଟିପି ସହଯୋଗ ପାଇଁ।

ମୁଁ ବିଶେଷ ଭାବରେ କୃତଜ୍ଞ ସତୀର୍ଥ କବି ସତ୍ୟ ପଟ୍ଟନାୟକ, ବ୍ଲାକ୍ ଇଗଲ୍ ବୁକ୍ସ ପ୍ରକାଶକଙ୍କ ପାଖରେ ତାଙ୍କର ଶ୍ରଦ୍ଧା, ବିଶ୍ୱାସ ଓ ସମର୍ଥନ ପାଇଁ ଏହି ପୁସ୍ତକ ପ୍ରକାଶ କରିବାରେ।

- ଅଭୟ ନାୟକ

ସୂଚିପତ୍ର

ଆସ କଥା ହେବା

ଯଦି ହାତରେ ସମୟ ଅଛି, କିଛି କହିବାର ଇଛା ଅଛି ଏବଂ ଶୁଣିବାର ଧୈର୍ଯ୍ୟ ଅଛି, ତେବେ ଆସ, କଥା ହେବା। ମୁଁ ଜାଣିଛି, କଥା ହେବା ପାଇଁ ଏକ ପରିବେଶ ଦରକାର, ସହିଷ୍ଣୁ ସହଯୋଗୀ ଦରକାର। ଆପଣ ଯଦି କଟକିଆ ହୋଇଥିବେ ଓ କେବେ ଖଟିରେ ଭାଗ ନେଇଥିବେ, ତେବେ ତ କଥା ନିଆରା। ଆପଣ ନିଶ୍ଚୟ ଆଶା କରିବେ ଯେ ରାଜା, ବିରଞ୍ଚି, ମଦନ, ହବିବ୍ ଓ ଲିଟୁ ଭାଇ, ସମସ୍ତେ କଲେଜ ଛକ ନଟ 'ଚା' ଦୋକାନ ପାଖରେ ମେଣ୍ଟ ହୋଇଥିବେ। (ସବୁ ନାଆଁ କାଳ୍ପନିକ)। ଖରା ନଇଁ, ସଞ୍ଜ ଆସୁଥିବ। ମଝିରେ ମଝିରେ ହାଫ୍ କପ୍ ଚା' ଆସୁଥିବ। ମନିଷାର ପ୍ରେମିକ ଲିଟୁ ଭାଇ କେମିତି ଜୀବନ ସାରା ଅବିବାହିତ ରହିଗଲେ; ଜହ୍ନରାତିରେ ଜେ.ଏନ୍.ୟୁ. କ୍ୟାମ୍ପସରେ ପଡ଼ିଥିବା ପଥର ଉପରେ ଚିତ୍ ହୋଇ ଶୋଇ ଶୋଇ ମାର୍କ୍ସବାଦର ସଫଳତା ପାଇଁ କେତେରାତି ଅନିଦ୍ରା ବିତେଇ ଥିବା ସଞ୍ଜୟ କେମିତି ଶେଷରେ ଫେରି ଆସିଛି ନଟ ଚା' ଦୋକାନ ପାଖକୁ କିମ୍ବା ଫେସବୁକ୍‌ରେ ଡୁପ୍ଲିକେଟ୍ ଫଟୋ ପଠାଇ ପ୍ରେମ ଆରମ୍ଭ କରିଥିବା ମଣ୍ଟୁ ଘରେ କେମିତି ଏବେ ଆସି ଫ୍ରି ରେ ପହଞ୍ଚିଛି ବାଙ୍ଗାଲୁରରୁ ପ୍ରେମିକା ଏବଂ ବୁଢା ଭୟରେ ଆଉ ଘରକୁ ନ ଯାଇ ବାକିରେ ନଟ ଚା' ଓ ସଲଖାନର କୁଲ୍‌ଫିକୁ ଭରସା କରି ବାହାରେ ଦିନ କାଟୁଛି ମଣ୍ଟୁ। ଏମିତି କୌଣସି ଗୋଟିଏ ଖିଅରୁ କଥା ଆରମ୍ଭ ହେବ। ରାତି ବଢିଲେ କଥା ବଢିବ। ନକ୍ସଲବାଦୀ, ନରେନ୍ଦ୍ର ମୋଦି, କରୀନା କାପୁର ଠୁଁ କରୋନା ଭାଇରସ୍ ଯାଏ- କଥା ପାକଳ ହେବ। କେବେ କେମିତି ଉଚ୍ଚବାଚ ହେବ। ମଝିରେ ମଝିରେ କାହାମୁଣ୍ଡରେ ହାତ ବୁଲାଇ ବରାପକୁଡ଼ି ବି ଆସୁଥିବ। ଯିଏ ନ ଖାଇବ, ଦେବାବାଲା ତା' ହାତକୁ ଆଠଣି କି ଟଙ୍କାଟିଏ ଫେରେଇ ଦେଉଥିବ (ନ ଖାଉଥିବା ଭାଗ ବାବଦକୁ)- ଏମିତି କଥା ଚାଲିଥିବ, ଗହଳି ଭାଙ୍ଗିବା ଯାଏ।

ଆପଣ ଯଦି ଭୁବନେଶ୍ୱର ଲୋକ ହୋଇଥିବେ, ତେବେ କଥା ହୋଇ ପାରନ୍ତି ମର୍ଣ୍ଣିଂ ୱାକ୍‌ରେ, କୌଣସି ପାର୍କରେ, ସନ୍ଧ୍ୟାରେ କୌଣସି OMFED ବୁଥ୍‌ରେ, କିମ୍ବା ଯଦି କବି କି ଲେଖକ ହୋଇଥିବେ, ପୁରୁଣା ବସଷ୍ଟାଣ୍ଡ ପାଖରେ, ମାତ୍ର ଯେଉଁଠି କଥା ହେଲେ ବି କଥା ଆରମ୍ଭ ହେବ କାହାରି ନା କାହାରି ବିରୁଦ୍ଧରେ, କାହାର ବ୍ୟକ୍ତିଗତ ଜୀବନ ସମ୍ପର୍କରେ, କଥା ବଢ଼ିଲେ ଗପିବେ ନିଜ ବାହାଦୂରୀ, ନିଜ ପିଲାମାନଙ୍କ କଥା, ସାଥିରେ ଥିବା ଲୋକ ବୋର୍ ହୋଇ କାମର ବାହାନା କରି ଦୂରେଇ ଯିବାଯାଏ।

ଆପଣ ଯଦି ଗ୍ରାମାଞ୍ଚଳର ଲୋକ ହୋଇଥା'ନ୍ତି, କୌଣସି ଗାଁରେ ରହୁଥା'ନ୍ତି କିମ୍ବା ଅନେକ ଦିନ ପରେ ଗାଆଁକୁ ଆସିଥା'ନ୍ତି ଓ କିଛିଦିନ ରହିବେ ବୋଲି ଭାବୁଥା'ନ୍ତି, ତା'ହେଲେ ବି କଥା ଜମିବ । ସନ୍ଧ୍ୟାବେଳେ ପାଖ ଛକକୁ ଆସନ୍ତୁ କିମ୍ବା ଠାକୁରାଣୀ ମନ୍ଦିର ପାଖକୁ, ଗାଁ ସ୍କୁଲ ପାଖକୁ ଯେଉଁଠାରେ ଆପଣଙ୍କ ଗାଆଁର ଲୋକମାନେ ସନ୍ଧ୍ୟାରେ ଭିଡ଼ କରନ୍ତି, ସେଠାକୁ ଆସନ୍ତୁ। କଥା ହେବ। ଯଦି ଏମିତି ସ୍ଥାନ ନାହିଁ, ତେବେ ଗାଆଁର ଜଣେ ମୁଖିଆଙ୍କ ଘରକୁ ଆସନ୍ତୁ। ପିଣ୍ଡାରେ ମସିଣା ପାରି ବସନ୍ତୁ କିମ୍ବା ନିଜ ଘରକୁ କିଛି ଲୋକଙ୍କୁ ଡାକନ୍ତୁ, ପାଖରେ ବସନ୍ତୁ-କଥା ହେବ। ହଁ, ମହର୍ଗ ସମୟ, ଦରଦାମ ବୃଦ୍ଧି ଓ ମହଙ୍ଗା ଜିନିଷପତ୍ର, ଅଦିନିଆ ବର୍ଷାରେ ଫସଲ ନଷ୍ଟ, ଅଭାବୀ ଧାନ ବିକ୍ରି, ଟଙ୍କିକିଆ ଚାଉଳ, ଜନଧନ ଯୋଜନା, ଘରଭଙ୍ଗା ସାହାଯ୍ୟରେ ଦୁର୍ନୀତି, ରିଲିଫ୍ ଚାଉଳ ହଡ଼ପ, ପଞ୍ଚାୟତ ରାଜନୀତି, ସ୍ୱଚ୍ଛଭାରତ ଯୋଜନା ବିଷୟରେ କଥା ପଡ଼ିପାରେ। ପିଲାମାନେ ଅବାଧ୍ୟ ହେଲେଣି, ଗାଁ ଗାଁରେ ମଦ ଦୋକାନ ଖୋଲିଲାଣି, ସ୍କୁଲରେ ଶିକ୍ଷକ ନାହାନ୍ତି, ଗାଁ ରାସ୍ତାରୁ ଟଙ୍କା ବାଟମାରଣା, ଜମିକୁ ଜଳ ମାଡୁନି, ମାତ୍ର ଜଳକର ପଡୁଛି ଏପରିକି ଅଧର୍ମ ବଢ଼ିଲାଣି କଥା ପଡ଼ିପାରେ। ଚାଷ କରିବା ଅସମ୍ଭବ ହେଲାଣି, ଜମି ଅଧିଗ୍ରହଣ ଆଇନ୍‌ରେ କେତେଗୁଣା ଜମି ଦାମ୍, ଚାକିରୀ ମିଳିବ ନା ନାହିଁ, ଏପରିକି କଳାଟଙ୍କାଠୁଁ ନୋଟ୍ ବନ୍ଦିଯାଏ-କଥା ବି ଚର୍ଚ୍ଚା ହୋଇପାରେ। ଗୋଟେ କପ୍ ବିନା ଚିନି ଚା'ରେ କଥା ହୋଇପାରନ୍ତି ରାତି ଦି'ଘଡ଼ି ଯାଏ ଗାଆଁରେ।

ଆମ କଥା କହିବାର ପରମ୍ପରା ବି ଅତି ପ୍ରାଚୀନ। ଆଈମା କାହାଣୀରୁ ଆରମ୍ଭ ହୁଏ ପିଲାଦିନ। ଗପ କହିବାକୁ କରିଲେ କହିବ "କି କଥା କହିବି ? ସୁଖ କହିବି ନା ଦୁଃଖ କହିବି ? ନା ଅଙ୍ଗେ ନିଭେଇଥିବା କଥା କହିବି ?" ସେ ଯାହା ବି କହେ, ଆମେ ଗପ ଶୁଣିବାର କ୍ରମରେ ସତ ମଣନ୍ତି। ବୁଢ଼ୀ ଅସୁରୁଣୀ କଥା ଶୁଣିଲେ ଭୟରେ ଜାବୁଡ଼ି ଧରନ୍ତି। ଅଥଚ ପୁଣି ପଚାରନ୍ତି- "ତା'ପରେ କ'ଣ ହେଲା, କହ"। ଏମିତି କଥା କହିବା ଚାଲୁଥାଏ-ନିଦ ହେଇଯିବା ଯାଏ । ମାତ୍ର କଥା ସରେନି। ଯୁଗଯୁଗ ଧରି କଥା କୁହା ଚାଲୁଥାଏ। ଏହି କଥାକୁହା ପରମ୍ପରା ଭିତରେ ଅବୋଲକରା

ସବୁବେଳେ ବୋଲକରା ହୋଇ ରହିଥାଏ। ଯେବେ ଅବୋଲକରାର କଥା ଶୁଣିବାକୁ ଇଚ୍ଛାହୁଏ ବା ପଣ୍ଡିତଙ୍କୁ କଥା କହିବା ମାତ୍ରେ, ତ ପଣ୍ଡିତେ କହିବେ "ପକା କମ୍ବଳ ପୋତ ଛତା, ଶୁଣ ଅବୋଲକରା, କହୁଛି କଥା"। କଥା ଶୁଣିଲେ ଶ୍ରମ ଲାଘବ ହୁଏ। ଅବୋଲକରାର ବି ଜ୍ଞାନ କ୍ରମଶଃ ଉଦୟ ହୁଏ, ମାତ୍ର ଗତି ସରେ ନାହିଁ, ପଥ ସରେ ନାହିଁ। ଏଣୁ କଥା ବି ସରେ ନାହିଁ।

ଏଇ କଥାକୁହା ପରମ୍ପରାରେ ବି ଆମର ରାମାୟଣ, ମହାଭାରତ ଓ ସମସ୍ତ ପୁରାଣ ବର୍ଣ୍ଣିତ। କେଉଁଠି ଶିବ କହୁଥା'ନ୍ତି ପାର୍ବତୀଙ୍କୁ ତ କେଉଁଠି କୃଷ୍ଣ କହୁଛନ୍ତି ଅର୍ଜୁନଙ୍କୁ। ଅଥବା ଅନ୍ୟ କେଉଁଠି ନାରଦ କହୁଛନ୍ତି ବା ଶୁଣୁଛନ୍ତି - ଲେଖା ହୋଇଛି ପୁରାଣ।

ଏବେ ତ କେହି ଅବୋଲକରା ନାହାନ୍ତି। ବିମୁଗ୍ଧ ଶ୍ରୋତାଙ୍କ ସଂଖ୍ୟା କମି କମି ଯାଉଛି । ବହୁଲୋକ କହିବାକୁ ଚାହୁଁଛନ୍ତି, ମାତ୍ର ଶୁଣିବାକୁ ଚାହୁଁଥିବା ଲୋକ ବହୁତ କମ୍। ଅର୍ଥାତ୍ ଏବେ ବକ୍ତା ବେଶୀ, ଶ୍ରୋତା କମ୍। ଯେଉଁ କେତେଜଣ ଡକାହକାରେ ଆସିଥିବେ, ସେମାନଙ୍କ ପାଖରେ ବି ସମୟ ନାହିଁ। ସମୟ ଥିଲେ, ଧୈର୍ଯ୍ୟ ନାହିଁ। ଯତ୍ କିଞ୍ଚିତ ଧୈର୍ଯ୍ୟ ଥିଲେ ବି ଗ୍ରହଣଶୀଳତା ନାହିଁ। ଏମିତି ବିରୋଧାଭାସ ଭିତରେ ସମୟ ଓ ସମଷ୍ଟେ। ତଥାପି ବାର୍ତ୍ତାଳାପର ସମ୍ଭାବନା ଏବେ ବି ବଞ୍ଚିଛି। କହୁଥିବା ଲୋକ ଯଦି ଶୁଣିବାକୁ ପ୍ରସ୍ତୁତ ଥାଏ ଏବଂ ଶୁଣୁଥିବା ଲୋକକୁ ଯଦି କହିବାର ମୁକ୍ତ ସୁଯୋଗ ଦିଆଯାଏ, ତେବେ ପରସ୍ପର କଥା ହେବାର ପ୍ରକ୍ରିୟା ଜାରି ରହିବାର ସମ୍ଭାବନା ଅଧିକ। ବକ୍ତା ଯଦି ଶ୍ରୋତା ନ ହୁଏ କିମ୍ବା ଶ୍ରୋତାକୁ ଯଦି କହିବାର ବା ପ୍ରଶ୍ନ ପଚାରିବାର ସୁଯୋଗ ନ ଦିଆଯାଏ, ତେବେ ଶ୍ରୋତା-ବକ୍ତାର ସମ୍ବନ୍ଧ ଛିନ୍ନ ହୁଏ। ଏପରି ସମ୍ବାଦ ବିଳମ୍ବିତ ରାତିରେ ଆଗପଛ ହୋଇ ଦୌଡୁଥିବା ଦୁଇଜଣ ଆଧୁନିକ କବିଙ୍କ ଦଶା ହେବ। ପୋଲିସଦ୍ୱାରା ଧରା ହେବା ପରେ କଥା ବାହାରକୁ ଆସିଥିଲା ଯେ ପ୍ରଥମ କବିଙ୍କ କବିତା ଦ୍ୱିତୀୟ କବି ଧୈର୍ଯ୍ୟ ସହ ଶୁଣିଥିଲେ ହେଁ, ଦ୍ୱିତୀୟ କବି କବିତା ପଢ଼ିବା ବେଳକୁ କବି ନ ଶୁଣି ପଳାଇ ଯାଉଥିବାରୁ ଏମିତି ଦୌଡ଼ ପ୍ରତିଯୋଗୀତା ହୋଇଥିଲା।

କଥାହେବା ବା ବାର୍ତ୍ତାଳାପ କରିବା କେବଳ ଶ୍ରୋତା-ବକ୍ତା ପରିବେଶ ଭିତରେ ଆବଦ୍ଧ ନ ଥାଏ। ଏହା ଅଧିକନ୍ତୁ ଅଣକାର୍ଯ୍ୟସୂଚୀ ଭିତ୍ତିକ, ଯଦିଓ ପ୍ରାସଙ୍ଗିକ। ଅନେକ ସମୟରେ କଥାବାର୍ତ୍ତା ପ୍ରସଙ୍ଗମୁକ୍ତ ବି ହୋଇପାରେ। ଏକ ମୁକ୍ତ ଗଣତାନ୍ତ୍ରିକ ସମାଜ ବ୍ୟବସ୍ଥାରେ ବାର୍ତ୍ତାଳାପ ଏକ ସୁସ୍ଥ ପରମ୍ପରା ବାର୍ତ୍ତାଳାପ ଆନୁଷ୍ଠାନିକ ହୋଇପାରେ, ଅଣଆନୁଷ୍ଠାନିକ ବି। ତୃଣମୂଳ ସ୍ତରରେ ଗ୍ରାମସଭା ହେଉଛି ଆନୁଷ୍ଠାନିକ ବାର୍ତ୍ତାଳାପର ସବୁଠାରୁ ବଳିଷ୍ଠ ଉଦାହରଣ। କଥାବାର୍ତ୍ତା ବିଭିନ୍ନ ସ୍ତରରେ ଚାଲୁଥାଏ, ଗାଁ ଗାଁ ମଧ୍ୟରେ, ଗ୍ରାମ ପଞ୍ଚାୟତ ଠାରୁ ଆରମ୍ଭ କରି ଦେଶ ଦେଶ ମଧ୍ୟରେ ଶିଖର ବାର୍ତ୍ତା ପର୍ଯ୍ୟନ୍ତ -

କଥାବାର୍ତ୍ତାର ପରମ୍ପରା ଚାଲୁ ରହିଥାଏ। ଅଣଆନୁଷ୍ଠାନିକ ବାର୍ତ୍ତାଳାପ ବି ସବୁସ୍ତରରେ ଚାଲିଥାଏ। ଚା' ପାନ ଦୋକାନ ହେଉ କି କ୍ଲବ ଘର କିମ୍ବା ଗୁଳି ଖଟିରେ, ଚଳନ୍ତା ବସରେ କି ଟ୍ରେନରେ ସବୁଠି। ଅଣଆନୁଷ୍ଠାନିକ ଆଲୋଚନା କାର୍ଯ୍ୟସୂଚୀ ଭିତ୍ତିକ ନ ହୋଇଥିଲେ ବି ଏହା ଅନେକ ଗୁରୁତ୍ୱ ପୂର୍ଣ୍ଣ ପ୍ରସଙ୍ଗରେ ସର୍ବସାଧାରଣଙ୍କ ମତ ପ୍ରକାଶ କରିବାର ମାଧ୍ୟମ ବନିଥାଏ। ଥରେ ପ୍ରଖ୍ୟାତ ସମାଜ ବିଜ୍ଞାନୀ ଏମ୍.ଏନ୍. ଶ୍ରୀନିବାସ କହିଥିଲେ ଯେ ସାମାଜିକ ପରିବର୍ତ୍ତନର ସୂତ୍ର ଚା' ଦୋକାନରୁ ଆରମ୍ଭ କରାଯାଇ ପାରେ। ଚା' ଦୋକାନର ଅଣଆନୁଷ୍ଠାନିକ ଆଲୋଚନାରେ ପ୍ରକାଶ ପାଉଥିବା ମତ ସମାଜର ମତ ହୋଇପାରେ। ଏହି ବାର୍ତ୍ତାଳାପ ମାଧ୍ୟମରେ ସମାଜ ସରକାରଙ୍କ ପଦକ୍ଷେପକୁ ଗ୍ରହଣ କରିପାରେ କିମ୍ବା ପ୍ରତ୍ୟାଖ୍ୟାନ କରିପାରେ। ଏହି ବାର୍ତ୍ତାଳାପର ଶାଣିତ ସାନ୍ଦ୍ରତାରୁ ମାପିହୁଏ ତୃଣମୂଳ ସ୍ତରରେ ଗୋଟିଏ ଗୋଷ୍ଠୀ ବା ସମାଜର ଏକ ଇପ୍‌ସିତ ପରିବର୍ତ୍ତନ ପ୍ରତି ଗ୍ରହଣଶୀଳତାକୁ। ଏଣୁ କଥାହେବା କେବଳ ଏକ ଅବସର ବିନୋଦନ କାର୍ଯ୍ୟ ନୁହେଁ କି ଜ୍ଞାନ ଅର୍ଜନର ଉପାୟ ନୁହେଁ, ବରଂ ଏହା ମତ ପ୍ରକାଶ କରିବାର, ସହଭାଗୀତା ପ୍ରଦାନ କରିବାର, ସମସ୍ୟା ଉପସ୍ଥାପନ ଓ ସମାଧାନ ଖୋଜିବାର ଏକ ବଳିଷ୍ଠ ମାଧ୍ୟମ ଅଟେ।

ହଁ, ଏତିକି ବୁଝିଗଲିଣି ଯେତେବେଳେ ଆସ ବସ, କଥା ହେବା। ଏ କଥାରେ କିଛି ଏଜେଣ୍ଡା ନାହିଁ। ଆନୁଷ୍ଠାନିକତା ତ ଆଦୌ ନାହିଁ। ପ୍ରାସଙ୍ଗିକ ହେବ କି ନାହିଁ କଥା ଆଗକୁ ବଢ଼ିଲେ ବୁଝିବା। ଏଇ କଥା ମାଧ୍ୟମରେ ସମ୍ରାଟ ଅଶୋକଙ୍କ ଖଣ୍ଡାଚୋଟରୁ ବର୍ତ୍ତିଥିବା କିଛି ଲୋକଙ୍କର ଦୀର୍ଘ ଦୁଇହଜାର ବର୍ଷର ଯାତ୍ରା, କେବେ ଛାଇ କେବେ ଆଲୁଅରେ, କେବେ ଦାରୁଣ ବିପର୍ଯ୍ୟୟ ମଧ୍ୟ ଦେଇ ତ କେବେ ଐଶ୍ୱର୍ଯ୍ୟର ଶିଙ୍ଗାର ଭିତରେ, କେବେ ଦାରିଦ୍ର୍ୟର କଷାଘାତ ତ ଆଉକେବେ ଆସ୍ଥାର ସଙ୍କଟ ଭିତରେ କେମିତି ଗୋଟିଏ ଜାତିର ଅସ୍ମିତା ତିଷ୍ଠି ରହିଛି ଏତେକାଳ - ସେ କଥା ବି ହେବା। ସାଂପ୍ରତିକ ସମାଜ ଓ ସମସ୍ୟା କଥା ତ ନିଶ୍ଚୟ ଉଠିବ। ଆମ ସଂସ୍କାର ଓ ସଂସ୍କୃତିଠାରୁ ଭୂସଂସ୍କାର ଓ ଭୂମି ଅଧିକାର। ପରିବର୍ତ୍ତନମୁଖୀ ଆମ ଗାଆଁ - ସବୁ କଥା ହେବା। ଆସ, ବସ।

ଆଉ ଯେଉଁ ଯେଉଁ ପ୍ରଶ୍ନ ମନରେ ଉଠିବ, ସେ କଥା ବି ହେବା। ଅନାବନା ଅନେକ କଥା ହେବା, ଏ କଥା କୁହା ଫୁଲଗଛ ମରିବ ନାହିଁ କି କଥା କୁହା ସରିବ ନାହିଁ। ଏମିତି ଚାଲିଥିବ ଆଗକୁ ଆଗକୁ - ଆର ଥରକୁ।

ଦାରୁଣ ବିପର୍ଯ୍ୟୟ କାଳେ ଓଡ଼ିଆ ଅସ୍ମିତା

ମେଘ ଏଠିକି ଆସେ ଉଡ଼ି ଉଡ଼ି ବିଦେଶରୁ ଲଘି ଲମ୍ବ ସମୁଦ୍ରର ବକ୍ଷ। ସାଥିରେ ଆଣିଥାଏ ବିପୁଳ ଆର୍ଦ୍ରତା ଆଉ ବିବିଧ ରଙ୍ଗର ବର୍ଣ୍ଣାଳୀ। ଏଠି ବର୍ଷେ, ଅବାରିତ। ଏତେ ବର୍ଷେ ଯେ କୁଶାଙ୍ଗୀ ନଈ ଫୁଲି ଉଠେ। ଏତେ ଫୁଲି ଉଠେ ଯେ କୂଳ ଲଘେ। ତାକୁ ନେଇ କବିତା ଲେଖୁଥିବା ଟୋକା, ଚିଠି ଲେଖୁଥିବା ବିରହୀ ପ୍ରେମିକା, ଗୀତ ଗାଉଥିବା ଚାଷୀ କି ନାଉରୀ ଓ ପାଦ ଅଳତାରେ ଚିହ୍ନ ରଖିଥିବା ନାରୀ, ସମସ୍ତଙ୍କୁ ଭସେଇ ନିଏ। ଭାଙ୍ଗିଦିଏ ଘରଦ୍ୱାର, ଉଡାଜିଦିଏ କ୍ଷେତବାଡ଼ି, ସଂସାର। ମେଘ ସବୁଜିମା ଦିଏ, କାଳିମା ବି ଦିଏ। ବୋଲେ ତ ବିପର୍ଯ୍ୟୟ ହୁଏ, ଫି'ବର୍ଷ ଆମ ଓଡ଼ିଶାରେ, କେଉଁଠି ନା କେଉଁଠି। ମହାନଦୀ ବଢିଲେତ କଥା ସରିଲା, ଜାଣିବ ସାରା ଓଡ଼ିଶା ବୁଡ଼ିଲା।

ଇଗଲର କ୍ଷୀପ୍ରତା ନେଇ ଏଠିକି ଝଡ ଆସେ, ସେଇ ସମୁଦ୍ରରୁ। ଆସେ ମାନେ, କ୍ଷଣିକେ ତାଣ୍ଡବ। ଯେଉଁଠି ପଶିଲା ସେଠି ଭାଙ୍ଗିଲା, ମାରିଲା। ତାଟି କବାଟ ପକାଇବାକୁ ତର ସହେନି। ଆଉ ଯଦି ସମୁଦ୍ରକୂଳିଆ ଲୋକ, ତା ହେଲେ ତ ଚାରି ପାଞ୍ଜିରୁ ନାଁ କଟିଲା। ଝଡ଼ ସହ ଜୁଆରର ଅଲିଖିତ ସନ୍ଧି ସବୁବେଳେ। ଲୁଣାମାଡି ଆସିବ ତ ବୁଡେଇଲା। ବୋଲେ ତ ବିପର୍ଯ୍ୟୟ ହେଲା।

ପବନ ଡେଣାରେ ଆସୁଥିବା ମେଘ ଏତେ ବଶମ୍ବଦ ବି ନୁହେଁ। ମେଘ ହୁଡ଼େ, ବାଟ ବି, ସମୟ ବି। ଚିଠି ନେବାକୁ ଥିବା ମେଘ, ପ୍ରିୟ ପାଶେ ପହଞ୍ଚେ କି ନା ଜାଣେନା, ମାତ୍ର ବେଳେବେଳେ 'ଆସୁଛି' କହି ଆଉ ଫେରେନି। ହିଡ଼ ମୁଣ୍ଡରେ ବସିଥାଏ ଚଷା, ମେଘ ଗାଏବ। ଆଷାଢ଼ ଯାଇ ଶ୍ରାବଣ, ଭାଦ୍ରବ, ଆଶ୍ୱିନ ବି ଯାଏ, ମେଘ ଆସେନି। ମାଟି ଫାଟେ, କପାଳବି ଫାଟେ। ମରୁଡ଼ି ହୁଏ, ପରେ ପରେ ଦୁର୍ଭିକ୍ଷ ଆସେ। ଋଷ ଯାଏ, ଧିରେ ଧିରେ ବାସନକୁସନ, ବାସ ବି ବିକ୍ରି ହୁଏ। ଗଛର ପତ୍ର,

ଚେର ଓ ମୂଳ ବି ମିଳେନି। କିନ୍ତୁ ପୋଷେ ଖୁଦ ବଦଳରେ କଅଁଳା ଛୁଆ ମିଳେ।

ଇଏତ ଆମ ଚେନାଏ ଆକାଶର ଚିତ୍ରିତ ପ୍ରତିବିମ୍ବ ଯାହା ବାରମ୍ବାର ଦଗା ଦିଏ ଆମ ଆସ୍ଥାକୁ, ସଂସ୍ଥାକୁ ବି। ଆମ ଖଗୋଳ। ମାତ୍ର ଆହୁରି ବିଡ଼ମ୍ବିତ ଆମ ଭୂଗୋଳ। ହାଲି ୧୯୩୬ ସନ ଯାଏ ନିଜସ୍ୱ ଭୂଗୋଳ କେଉଁ ଥିଲା କି? କେବେ ଅଙ୍ଗ, କଳିଙ୍ଗ, କୋଶଳ ତ କେବେ ଉଡ୍ର, ଉଡ଼ିଶ୍ୟା, ଉତ୍କଳ। କେବେ ବି ନିର୍ଦ୍ଦିଷ୍ଟ ସୀମା ନାହିଁ। ପର ପିଢ଼ିର ଫୁଟାଣି ପାଇଁ କେଉଁ ଦୁଇ ହଜାର ବର୍ଷ ତଳର ଗୋଟିଏ ବୋଲି ଖାରବେଳ, ଆଉ ଅର୍ଦ୍ଧଶହସ୍ରାବ୍ଦୀ ତଳେ ଜଣେ ରାଉତ କପିଳ। ବାସ୍ ସରିଲା। ବିଖଣ୍ଡିତ, ବିପର୍ଯ୍ୟସ୍ତ ଓ ସୀମିତ ସରହଦ ଅବଶିଷ୍ଟ କାଳ।

ପଛକୁ ଫେରି ଚାହିଁଲେ ଦିଶେ ଶହ ଶହ ବର୍ଷର ଧ୍ୱଂସ ସ୍ତୁପ, ଭଙ୍ଗା ଘର, ଉଜୁଡ଼ା ସଂସାର, ପରାହତ ସ୍ୱାଭିମାନ, କାକୁସ୍ଥପଣ। ଏଇ ପାଉଁଶ ଗଦାର ପ୍ରତ୍ନତତ୍ତ୍ୱ ଭିତରେ ଦିଶେ ରକ୍ତରଂଜିତ ନଈ ଘାଟ। ଆମେ ଗର୍ବକରୁଥିବା ଆମ ପୂର୍ବଜଙ୍କ କଳା ଭାସ୍କର୍ଯ୍ୟରେ, କୋଣାର୍କ ବାଦିକାର ନିଟୋଳ ଜାଙ୍ଗଲିକତାରେ, ପାହାଡ଼ ଖୋଲ ଶ୍ରମଣର ଓଁ କାରରେ ନିରେଖି ଚାହିଁଲେ, ଉତ୍କର୍ଷ କଳାକାରର ମୁହଁଠାରୁ ଜଣେ ପରାସ୍ତ ସୈନିକର ମୁହଁ ବେଶି ଉଜ୍ଜ୍ୱଳ ଦିଶେ। ଯାହାକୁ ଆମେ ଇତିହାସ ବୋଲି କହୁ, ତାହା କେବଳ ବିବିଧ ବିପର୍ଯ୍ୟୟର ବିବରଣୀ - ଏକ ପରାଜିତ ଜାତିର କାହାଣୀ। ଏ ବିପର୍ଯ୍ୟୟ କେବେ ପ୍ରକୃତିର ତାଣ୍ଡବରୁ, କେବେ ଭାଗ୍ୟର ବିଡ଼ମ୍ବନାରୁ, କେବେ ବିଦେଶୀ ଆକ୍ରମଣ ଓ ଯୁଦ୍ଧର ବିଭୀଷିକାରୁ ତ କେବେ ରାଜନ୍ୟ ଅପାରଗତା ଓ ଜାତୀୟ ସ୍ଖଳନରୁ। ମାତ୍ର ସବୁବେଳେ ସବୁଠି ବେଶୀ ପ୍ରଭାବିତ ହୋଇଛି ସେଇ ଶେଷତମ ଲୋକଟି, ବାରମ୍ବାର ଦୋହଲି ଯାଇଛି ତୃଣମୂଳର ଭୂଇଁ।

ଫି'ସନ ବିପର୍ଯ୍ୟୟ ଆସେ, କେବେ ଝଡ଼ର ଇଗଲ ତ କେବେ ଭାରି ମେଘ ଓ ଅକଳ ପାଣି, ଆଉ କେବେ ହୁରୁଡ଼ା ମେଘ ଓ ଖୁରୁସା ମାଟି ନେଇ। ତୃଣମୂଳରୁ ମାଟି ଧସିବା କାଳକେ ସାର। ସିଂହାସନର ଐଶ୍ୱର୍ଯ୍ୟ ବର୍ଣ୍ଣନାରେ ଇତିହାସ ନୟାନ୍ତ, ମୁକୁଟର ସୁରକ୍ଷା ପାଇଁ ରାଜା ଓ ରାଜନ୍ୟବର୍ଗ ଚିନ୍ତିତ, ରାଜକୁମାରୀର କେଶ ବର୍ଣ୍ଣନାରେ ବିଭୋର ସାହିତ୍ୟ। ସୁଅମୁହଁରେ ପତର ପରି ଭାସିଯାଇଥିବା, ଝଡ଼ ଆଖିରେ କାଠିକୁଟାପରି ଉଡ଼ିଯାଇଥିବା ଲୋକର କଥା ଲେଖିଛି କିଏ? ୧୮୬୬ ମସିହା, 'ନଅଙ୍କ ଦୁର୍ଭିକ୍ଷ'ରେ ବାଲେଶ୍ୱର, କଟକ ଓ ପୁରୀ - ଏଇ ୩ଟି ଜିଲ୍ଲାର ସମୁଦାୟ ଲୋକସଂଖ୍ୟା ୩୭ ଲକ୍ଷ ଥିଲାବେଳେ ୧୦ ଲକ୍ଷ ଲୋକ ପୋକମାଛି ଭଳି ମଲେ। କଅଁା ଗଛର ଡାଳ ପତ୍ର ବି ମିଳିଲାନି। ବିଦେଶୀ ହାକିମ କହିଲା "ଭାତ ନମିଳିଲେ ପଲଉ ଖାଅ"। ବିଶିଷ୍ଟ ସାହିତ୍ୟିକ ହରପ୍ରସାଦ ଦାସ ତାଙ୍କ 'ଆଧୁନିକତାର କାଳ ନିର୍ଣ୍ଣୟ-୫' ପ୍ରବନ୍ଧରେ

(ସମ୍ବାଦ ୦୯.୧୨.୨୦୦୬) ନଅଙ୍କ ଦୁର୍ଭିକ୍ଷର ସାମାଜିକ ଚିତ୍ରକୁ ତତ୍‌କାଳୀନ ଓଡ଼ିଆ କବି ଓ ଲେଖକମାନେ ସାହିତ୍ୟରେ ପ୍ରତିଫଳିତ କରିପାରିଲେ ନାହିଁ ବୋଲି ଦୋଷାରୋପ କରନ୍ତି ଏବଂ ଫଳତଃ ଓଡ଼ିଆ ସାହିତ୍ୟକୁ ଆଧୁନିକତା ପ୍ରବେଶର ଏକ ବଡ଼ ସୁଯୋଗ ହାତଛଡ଼ା ହୋଇଥିଲା ବୋଲି ଦୁଃଖ କରନ୍ତି। ଶ୍ରୀଯୁକ୍ତ ଦାସଙ୍କ ଉପରୋକ୍ତ ଆକଳନ ଯେ ଅସତ୍ୟ ନୁହେଁ ଏଥିରେ ସମସ୍ତେ ସହମତ ହେବେ। ନଅଙ୍କ ଦୁର୍ଭିକ୍ଷ ସମ୍ପର୍କରେ ପ୍ରାୟ ସମସ୍ତ ତଥ୍ୟ ସରକାରୀ ଓ ବିଦେଶୀ ଅଫିସରଙ୍କ ବିବରଣୀ ଉପରେ ଆଧାରିତ।

ସେତେବେଳେ ସିନା ବିଦେଶୀ ନିୟନ୍ତ୍ରିତ ସରକାରୀ କଳକୁ ଭୟଥିଲା, ମାତ୍ର ସ୍ୱାଧୀନୋତ୍ତର ସମୟରେ ବି ଯେତେ ବିପର୍ଯ୍ୟୟ ଘଟିଛି ଯଥା ୧୯୫୫ ର ବନ୍ୟା, ୧୯୭୧ର ବାତ୍ୟା ଏବଂ ୧୯୮୨ ବନ୍ୟାର ପରବର୍ତ୍ତୀ ସାମାଜିକ ପ୍ରଭାବ ଓ ମଣିଷର ଦୁର୍ଦ୍ଦଶାକୁ ଆମ ସାହିତ୍ୟ କ'ଣ ସଠିକ ପ୍ରତିବିମ୍ବିତ କରିଛି? ଏପରିକି ୧୯୯୯ର ମହାବାତ୍ୟା, ଯାହାକୁ ବିଂଶ ଶତାବ୍ଦୀର ସବୁଠାରୁ ବଡ଼ ବିପର୍ଯ୍ୟୟ ବୋଲି କୁହାଯାଉଛି, ତାହା ଓଡ଼ିଆ କବି ଓ ଲେଖକଙ୍କର ସମ୍ବେଦନଶୀଳ ମନକୁ ଯେତିକି ଆନ୍ଦୋଳିତ କରିବା କଥା, ମୋର ବିଶ୍ୱାସ ଯେ ତାହାର ଆନୁପାତିକ ସାରସ୍ୱତ ପ୍ରତିଫଳନ ହୋଇପାରିନି। କାଁ ଭାଁ କେତୋଟି ଗଳ୍ପ, କବିତା ଏବଂ କେତୋଟି ସାହିତ୍ୟ ପତ୍ରିକାର ସ୍ୱତନ୍ତ୍ର ମହାବାତ୍ୟା ବିଶେଷାଙ୍କ କରିସାରିବା ପରେ ଆମର ସୃଜନୀ ଅନୁସନ୍ଧିତ୍ସା ଓ କର୍ତ୍ତବ୍ୟ ଶେଷ ହୋଇଯାଇଛି। ସାହିତ୍ୟ ତ ଉଡ଼ା କଥା ପାଖରେ ଅଟକିଛି - ବରଂ ଚଳଚିତ୍ର ଯାଇଛି "କଥାନ୍ତର" ଯାଏ।

ଇଏତ ଗଲା ବିପର୍ଯ୍ୟୟର ସାମଗ୍ରିକ ଦୃଶ୍ୟପଟର ଗୋଟିଏ ଅଂଶମାତ୍ର, ଯାହାର କାରଣ ପ୍ରକୃତି ଓ ଆମର ଭୌଗଳିକ ଅବସ୍ଥିତି। ମାତ୍ର ଓଡ଼ିଆ ଜାତିର ଇତିହାସ ତ ବିବିଧ ବିପର୍ଯ୍ୟୟର ଇତିହାସ। ମଗଧ ସମ୍ରାଟ ଅଶୋକଙ୍କ ଖଣ୍ଡା ଚୋଟରୁ ବର୍ତ୍ତିଥିବା କତିପୟ ଲୋକ, ଇତିହାସର ପିଛିଳ ରାସ୍ତାରେ, କେବେ ଛାଇ, କେବେ ଅନ୍ଧାରରେ, କେବେ ଶ୍ୱାପଦ ସଙ୍କୁଳ ଜଙ୍ଗଲରେ ତ କେବେ ଭରା ନଈର ହୁଡ଼ାରେ ନିଜ ପରିଚୟ ଖୋଜି ଖୋଜି ଚାଲିଆସିଛନ୍ତି। ଏକ ଭୟଙ୍କର ସଂଘାତର ଯାତ୍ରା। କାଁ ଭାଁ ଆଲୋକିତ, ଐଶ୍ୱର୍ଯ୍ୟ ମଣ୍ଡିତ। ଅଧିକ କଣ୍ଟକିତ, ଭୁଲୁଣ୍ଠିତ। ୧୫୬୮ ରେ ମୁକୁନ୍ଦ ଦେବଙ୍କ ମୃତ୍ୟୁ ପରେ ତ ସମ୍ପୂର୍ଣ୍ଣ ଅନ୍ଧକାରର ଯାତ୍ରା ଏ ଜାତିର। କେବେ ମୋଗଲ, କେବେ ପଠାଣ, ଝଡ଼ଠାରୁ ତୀବ୍ର ଓ ଇଗଲର ଝାମ୍ପଠାରୁ ଅତର୍କିତ ବର୍ଗୀ ଆକ୍ରମଣ। ଚାରିଆଡ଼େ ହାହାକାର, ଲୁଣ୍ଠନ। ଦୁର୍ବଳ ରାଜାର ଛତ୍ରୀ ତଳେ ଯେତେ ଅତ୍ୟାଚାର - ସହିଚି ସେଇ ସାଧାରଣ ଲୋକ ନା।

'ନଅଙ୍କ ଦୁର୍ଭିକ୍ଷ' ପରେ ଲିଖିତ "୧୮୭୨ ର ଓଡ଼ିଶା" ପୁସ୍ତକରେ ଡବ୍‌ଲ୍ୟୁ ଡବ୍‌ଲ୍ୟୁ ହଣ୍ଟରଙ୍କ ଉକ୍ତି ସେ ସମୟର ଦୁର୍ଦ୍ଦଶା ବିଷୟରେ ନିମ୍ନମତେ ସୂଚନା ଦିଏ। "ମୁସଲମାନ ଓ ମରହଟ୍ଟା ଶାସନ କାଳରେ ଓଡ଼ିଶାର ଇତିହାସ ମନୁଷ୍ୟକୃତ ଦୁର୍ଦ୍ଦଶାରେ ଏତେ ପୂର୍ଣ୍ଣଥିଲା ଯେ ପ୍ରକୃତି ଦ୍ୱାରା ସୃଷ୍ଟ କମ୍ ପ୍ରଭାବଶାଳୀ ଦୁର୍ଦ୍ଦଶାକଥା ଚିନ୍ତା କରିବାକୁ ସମୟ ନଥିଲା। ଆମେ ଏ ରାଜ୍ୟକୁ ବହିରାକ୍ରମଣ ଓ ହିଂସାରୁ ମୁକୁଳାଇବାକୁ ଯାଇ ନିଜେ ଅଧିକ ଶକ୍ତିଶାଳୀ ଶତ୍ରୁ କବଳରେ ପଡ଼ିଯାଇଛୁ। ଯେ ଏପରି ଶତ୍ରୁ ଯାହାକୁ କୌଣସି ସନ୍ଧି ବାନ୍ଧିପାରିବ ନାହିଁ କି କୌଣସି ମାନବିକ ଦୂରଦୃଷ୍ଟି ଓ ଶକ୍ତି ଯାହାଙ୍କ ସମତୁଲ ହୋଇପାରିବ ନାହିଁ" (ଓଡ଼ିଶା ରାଜ୍ୟ ଗେଜେଟିୟର, ଖଣ୍ଡ-୩, ୧୯୯୨ ପୃ-୧୩୭)।

ତା'ଭିତରେ ନିଜ ଆସ୍ଥା ଓ ବିଶ୍ୱାସର ଆରାଧ୍ୟ ଦେବତା ଜଗନ୍ନାଥଙ୍କର ଯେଉଁ ଲକ୍ଷ୍ମୀ ଛଡ଼ା ଯୋଗ ବାରମ୍ବାର। କେବେ ଚିଲିକାରେ, ତ କେବେ ଯବନ ରାଜାର ଶଗଡ଼ରେ, କେବେ ସୋନପୁରରେ ତ ଆଉ କେବେ ବିଶର ମହାନ୍ତିର ମୃଦଙ୍ଗରେ। ସାଧାରଣ ଲୋକଠାରୁ ବେଶୀ କଷଣ ଠାକୁରଙ୍କର। ସେଥିରେ ପୁଣି ଭାଷାକୁ ନେଇ, ସ୍ୱତନ୍ତ୍ର ଭୂମିକୁ ନେଇ ଓ ସ୍ୱାଧୀନତା ପାଇଁ ଏକ ସମୟରେ ସଂଘର୍ଷ କରିଛି ଏ ଜାତି।

ଇଂରେଜ ଶାସନକାଳରେ ତ ଆଉ ଗୋଟିଏ ପ୍ରକାରର ସାମାଜିକ ସମସ୍ୟା ଦେଖାଦେଲା, ସୂର୍ଯ୍ୟାସ୍ତ ଆଇନ ବଳରେ ଗୋଟିଏ ନୂଆ ମଧ୍ୟସତ୍ତ୍ୱାଧିକାରୀ ଗୋଷ୍ଠୀ - ଜମିଦାର ଶ୍ରେଣୀ ସୃଷ୍ଟି ହେଲେ। ଏମାନେ ସ୍ଥାନୀୟ ଭୂମିଲଗ୍ନ ନ ଥିଲେ ଏବଂ ଏକ ନିର୍ଦ୍ଦିଷ୍ଟ ଦରରେ ଜମିଦାରୀ ଧରିଥିବାରୁ ମିଛ ସତ କହି ବିଭିନ୍ନ ପ୍ରକାରର ଟିକସ ଆଦାୟକରି ଲୋକମାନଙ୍କୁ ଶୋଷଣ କରୁଥିଲେ।

ଉପରୋକ୍ତ ସଂକ୍ଷିପ୍ତ ଆଲୋଚନାରୁ ଓଡ଼ିଶାର ଇତିହାସରେ ସଂଘଟିତ ବିପର୍ଯ୍ୟୟ ଓ ସଂଘର୍ଷର ସ୍ୱରୂପ ବିଷୟରେ ଆକଳନ କରିହୁଏ। ସମଗ୍ର ଭାରତବର୍ଷରେ ଏମିତି କୌଣସି ଜାତି ନାହିଁ ଯିଏ ଏକ ସମୟରେ ବିଭିନ୍ନ ଦିଗରୁ ଏତେ ବେଶି ଆକ୍ରମଣର ଶୀକାର ହୋଇଛି ଓ ତଥାପି ବଞ୍ଚି ରହିଛି। ଏହି ତଥାପି ବଞ୍ଚି ରହିବା ପଛରେ କିଛି ତ ଅଛି ନା! ତେବେ ଏଇ 'କିଛି'ଟା କ'ଣ? କ'ଣ ଏ ଜାତିର ବଞ୍ଚି ରହିବାର ବୀଜ ମନ୍ତ୍ର, କେଉଁ ଉପାଦାନରେ ଗଢ଼ା ଏହାର ଭିତ୍ତିଭୂମି? କ'ଣ ସେଇ ରଜ୍ଜୁ ଯଏ ବାନ୍ଧି ରଖିଛି ଗୋଟିଏ ଜାତି କରି, ସମସ୍ତ ପ୍ରତିକୂଳ ପରିସ୍ଥିତ ସତ୍ତ୍ୱେ?

ଏଥର କଥା ଏତିକି, ବାକି ସବୁ ଆର ଥରକୁ।

ଓଡ଼ିଶା, ଓଡ଼ିଆ ଓ ଆମ ଅସ୍ମିତା

ଗୋଟିଏ ଜାତିର ଅସ୍ମିତା, ତାହାର ସ୍ଥିତି, ଗତି ଓ ପ୍ରଗତିର ଆଧାର ଭଳି କାମକରେ। ଅନେକ ସମୟରେ ଏହା ଜାତୀୟ ଚରିତ୍ର ନିର୍ମାଣର ଉପାଦାନ ଚିହ୍ନାଏ, ଗୋଷ୍ଠୀଗତ, "ଆମଭାବନା" ବା ସମୂହ ଭାବନା ସୃଷ୍ଟି କରେ, ସର୍ବୋପରି ଗୋଟିଏ ଜାତିର ସଦସ୍ୟମାନେ ପରସ୍ପର ସହ, ପୂର୍ବପିଢ଼ି ଉତ୍ତରପିଢ଼ି ସହ, ଇତିହାସ ସାମ୍ପ୍ରତିକ ସମୟ ସହ ସଗର୍ବେ ଯୋଡ଼ି ହୋଇ ରହିବାର ରଜ୍ଜୁ ବନେ। ପ୍ରତ୍ନତତ୍ତ୍ୱର ବିକ୍ଷିପ୍ତ ପଥର ଶିଳାରୁ, ଇତିହାସର ଅର୍ଦ୍ଧାଲୋକିକ ଅଳନ୍ଧୁ ଭିତରୁ କିମ୍ବା ସଂସ୍କୃତି ଓ ପରମ୍ପରାର ଅତିରଞ୍ଜିତ ଲୋକକଥାରୁ ଗୋଟାଇବାକୁ ହୁଏ ଗୋଟିଏ ଜାତିର ନିଆରାପଣର ଉପାଦାନ। ସେଇ ବିଚ୍ଛିନ୍ନ କଣିକା ସବୁକୁ ମାଜିମୁଜି, ସଫାକରି, ଖୋଜିବାକୁ ହୁଏ ମଞ୍ଜି ଯାହା ଜକଜକ କରୁଥାଏ କାଳର କଷାଘାତ ସହି ବି ଏତେକାଳ। ସେଗୁଡ଼ିକୁ ଭାବ ଓ ଆବେଗର ସରଳ ବନ୍ଧନୀରେ ଯୋଡ଼ିଲେ ଯେଉଁ ଗୌରବମୟ ଅର୍ଦ୍ଧସ୍ପଷ୍ଟ ଚିତ୍ରଟିଏ ଅଙ୍କିତ ହୁଏ, ତାହାହିଁ ବନେ ଗୋଟିଏ ଜାତିର ଅସ୍ମିତାର ଉଦ୍ଭଟ ସ୍ୱରୂପ।

ଆରମ୍ଭରୁ କହି ରଖିଲେ ଉଚିତ୍ ହେବ ଯେ କୌଣସି ଅଭିଧାନଗତ ବା ସମାଜତାତ୍ତ୍ୱିକ ବିତର୍କ ଠାରୁ ଦୂରରେ ରହି 'ଅସ୍ମିତା' ଶବ୍ଦକୁ "ଆତ୍ମ ପରିଚିତି" ଅର୍ଥରେ ଏଠାରେ ବ୍ୟବହାର କରାଯାଇଛି। ଓଡ଼ିଆ ଏକ 'ଜାତି' କି ନୁହେଁ, ଏହା ଭାଷାଭିତ୍ତିକ କି ଭୂଗୋଳଭିତ୍ତିକ, ଏହାର ସାବଭୌମତ୍ୱ ଆକାଂକ୍ଷା ଥିଲା କି ନାହିଁ, ଏହା ବାସ୍ତବ ନା ପରିକଳ୍ପିତ, କିମ୍ବା 'ଅସ୍ମିତା' ପରିବର୍ତ୍ତେ 'ଜାତୀୟତା' କି 'ପ୍ରତ୍ନ ଜାତୀୟତା', ବା 'ଆଞ୍ଚଳିକତା' ଶବ୍ଦ ବ୍ୟବହାରର ଔଚିତ୍ୟ ଓ ପ୍ରାସଙ୍ଗିକତା ଅଧିକ କି କମ୍ କିମ୍ବା ଏହା କେବେ ଆରମ୍ଭ ହେଲା - କଳିଙ୍ଗ ଯୁଦ୍ଧରୁ, ନା ଐର ଖାରବେଳ ବା କପିଳେନ୍ଦ୍ର ଦେବଙ୍କ ଠାରୁ ବା ଏଯାବତ୍ ହୋଇନାହିଁ - ଏ ସବୁ ବିତର୍କଠାରୁ ନିରାପଦ ଦୂରତ୍ୱ ରକ୍ଷା ପାଇଁ ଏଠାରେ ଚେଷ୍ଟା କରାଯାଇଛି। ଗୋଟିଏ ବୃହତ୍ତର ଗୋଷ୍ଠୀର ଐତିହାସିକ,

ସାଂସ୍କୃତିକ, ପାରମ୍ପରିକ, ସାମାଜିକ ଓ ଗୋଷ୍ଠୀଗତ ନିଆରାପଣ ସହ ଯୋଡ଼ିହେବାର ଅନୁରାଗ ଏବଂ ସେଇ ଗୋଷ୍ଠୀକୁ ଅପର ଠାରୁ ଭିନ୍ନ ଦେଖିବାର ସଚେତନତା ହିଁ ସେଇ ଗୋଷ୍ଠୀର ଅସ୍ମିତା ଅର୍ଥରେ ଗ୍ରହଣ କରାଯାଇଛି। ଏହାଛଡ଼ା ଭୌଗୋଳିକ, ଭାଷାଗତ, ଧାର୍ମିକ ଓ ରାଜନୈତିକ ସୀମାବଦ୍ଧତା ଠାରୁ ଦୂରତ୍ୱ ରଖି (ଯଦିଓ ଏମାନେ ସମସ୍ତେ ସେଇ ବୃହତ୍ତର ଗୋଷ୍ଠୀ ଚିହ୍ନଟର ଉପାଦାନ ଭାବେ କାର୍ଯ୍ୟ କରନ୍ତି) ଏକ ବୃହତ୍ତର ଗୋଷ୍ଠୀ, ଯାହାସହ ଦାରୁଣ ବିପର୍ଯ୍ୟୟ କାଳରେ ଓ ପ୍ରତିକୂଳ ପରିସ୍ଥିତିରେ ବି ନିଜକୁ ଚିହ୍ନଟ କରିବାର 'ଆମ ଭାବନା' ଆସେ, ସେଇ ଗୋଷ୍ଠୀକୁ 'ଓଡ଼ିଆ ଜାତି' ଭାବେ ଗ୍ରହଣ କରୁଛୁ। ଓଡ଼ିଆର ଆତ୍ମ ପରିଚିତି ପାଇଁ ଓଡ଼ିଆ ଭାଷା ବା ଭୂଗୋଳର ଭୂମିକା ଗୁରୁତ୍ୱପୂର୍ଣ୍ଣ ହୋଇଥିଲେ ହେଁ ଏହା କେବଳ ଭାଷା ବା ଭୂଗୋଳ ଭିତ୍ତିକ ନୁହେଁ। ଯେଉଁ ବୃହତ୍ତର ଗୋଷ୍ଠୀର ସମାନ ଅତୀତ ସହ ଯୋଡ଼ି ହେବାର ସାମାଜିକ 'ଆମ ଭାବନା' ବା ସମୁହ ଭାବନା ଆମ ମନରେ ସୃଷ୍ଟି ହୁଏ ସେଇ ଗୋଷ୍ଠୀକୁ ଓଡ଼ିଆ ଜାତି ଭାବେ ଏଠାରେ ଗ୍ରହଣ କରାଯାଇଛି।

ଏହା ଅନସ୍ୱୀକାର୍ଯ୍ୟ ଯେ ଓଡ଼ିଆ ଜାତିର ରଚିତ ଇତିହାସ, କାଳର କଷଟିରେ ବିବିଧ ବିପର୍ଯ୍ୟୟର ବିବରଣୀ ମାତ୍ର। ବନ୍ୟା, ବାତ୍ୟା, ମରୁଡ଼ି ପରି ନିୟମିତ ପ୍ରାକୃତିକ ବିପର୍ଯ୍ୟୟ ସହ ଯୁଦ୍ଧ, ବିଭୀଷିକା, ସାମାଜିକ ଓ ସାଂସ୍କୃତିକ ଆସ୍ଥା ଉପରେ ବହିଃଆକ୍ରମଣ ଏବଂ ଆର୍ଥିକ ଶୋଷଣର କାହାଣୀ ହିଁ ତିଆରିଛି ଆମ ଜାତୀୟ ଅତୀତର କଥାବସ୍ତୁ। ଶିଳାଲେଖ, ପୁରାଣ କିମ୍ବା କିମ୍ବଦନ୍ତୀର କତିପୟ ଗୌରବୋଜ୍ଜ୍ୱଳ ଉଲ୍ଲେଖକୁ ବାଦ୍ ଦେଲେ ଲିଖିତ ଇତିହାସର କାହାଣୀ, କେବଳ ବିପର୍ଯ୍ୟୟ ଓ ପରାଜୟର କାହାଣୀ। କଳିଙ୍ଗ ଯୁଦ୍ଧ ପରେ ମଧ୍ୟ ସମ୍ରାଟ ଅଶୋକଙ୍କ ଖଣ୍ଡା ବୋଟରୁ ବର୍ତ୍ତିଥିବା କିଛି ଲୋକଙ୍କ ଦୀଘ ଦୁଇ ହଜାର ବର୍ଷର ରକ୍ତରଂଜିତ, ସଂଘର୍ଷମୟ ଯାତ୍ରା ଶେଷ ହୁଏନି ଏବେ ବି। କେବେ ଭୂମି, କେବେ ଭାଷା, ଭୂମିକା ପାଇଁ ଲଢ଼େଇ କରି ୧୯୩୬ ମସିହା ବେଳକୁ ଯେଉଁ ଭୂଖଣ୍ଡଟିଏ ଭାଷା ଭିତ୍ତିରେ ଚିତ୍ରିତ ହୁଏ, ସେଇ ଲୋକମାନଙ୍କର ବାସଭୂମି ଭାବେ, ତାହାକୁ ଆମେ ଓଡ଼ିଶା କହୁଁ ଏବଂ ଏହାର ଅଧିବାସୀମାନେ ଆମେ ଆମକୁ ଓଡ଼ିଆ ବୋଲି ପରିଚୟ ଦେଉଁ। ଇତିହାସରେ ବିବିଧ ଶକ୍ତିଙ୍କର ପାରିପାର୍ଶ୍ୱିକ ଚାପ ଓ ପ୍ରତିଚାପ ହେତୁ ବିଭିନ୍ନ ସମୟରେ ପ୍ରସାରିତ ଓ ସଂକୁଚିତ ହୋଇ ଆସିଥିବା ସାମ୍ରାଜ୍ୟ ଶେଷରେ ଏକ ସୀମିତ ଅଞ୍ଚଳକୁ ନେଇ ଓଡ଼ିଶା ରାଜ୍ୟ ଭାବରେ ପରିଗଣିତ ହୁଏ, ଆଧୁନିକ ସ୍ୱାଧୀନ ଭାରତର ପ୍ରେକ୍ଷାପଟରେ। ତଥାପି ଓଡ଼ିଆ ଏକ ଜାତିଭାବରେ ଏହାର ଭାଷା, ସାହିତ୍ୟ, ସଂସ୍କୃତି, ପରମ୍ପରା ଓ ସାମାଜିକ ଚଳଣିରେ ଓଡ଼ିଆ ଅସ୍ମିତାବୋଧର ବୀଜ ଓ ବିମ୍ବ ସଂରକ୍ଷିତ ରଖି କାଳର ପ୍ରତିକୂଳରେ ଏବଂ ଭୌଗୋଳିକ ସୀମା ବାହାରେ ବି ବଞ୍ଚି ରହି ପାରିଛି।

କଳା, ସ୍ଥାପତ୍ୟ, ନୃତ୍ୟ, ସଙ୍ଗୀତ, ବିଜ୍ଞାନ ଓ ବାଣିଜ୍ୟରେ ଉତ୍କର୍ଷତା ଥିଲା ଅର୍ଥ ତୃଣମୂଳ ସ୍ତରରେ ଏକ ଗତିଶୀଳ ସାମାଜିକ ବ୍ୟବସ୍ଥା ଥିଲା, ଯାହାକି ଏ ସମସ୍ତ ବିପର୍ଯ୍ୟୟର ଧକ୍କାକୁ ସହଜରେ ଅବଶୋଷଣ କରିପାରୁଥିଲା ଏବଂ ଆର୍ତ୍ତ ମଣିଷକୁ ଆଉଥରେ ଉଠି ଛିଡ଼ା ହେବାପାଇଁ ପ୍ରେରଣା ଦେଉଥିଲା । ସବୁଠାରୁ ବଡ଼ କଥା ହେଲା ସେଇ ସମାଜ ବ୍ୟକ୍ତିର ସଂଘର୍ଷକୁ ଓ କୃତିକୁ ସ୍ୱୀକୃତି ଦେଉଥିଲା । ଏହା ନ ହୋଇଥିଲେ ଶହ ଶହ ବର୍ଷର ନିରନ୍ତର ଦୁର୍ଦ୍ଦଶା ସତ୍ତ୍ୱେ ଏହା ଉତ୍କର୍ଷ କଳାର ଦେଶ ହୋଇ ପାରିନଥା'ନ୍ତା । ତେବେ ଓଡ଼ିଆ ସମାଜ ବ୍ୟବସ୍ଥାରେ ଥିବା ସେଇ ସାମାଜିକ ପ୍ରଘାତ ଅବଶୋଷକ ଗୁଡ଼ିକ କ'ଣ ? ଭାରତୀୟ ସମାଜର ସମସ୍ତ ଉପାଦାନ ଓଡ଼ିଆ ସମାଜରେ ଥିଲେ ହେଁ ସ୍ଥାନୀୟତା ପରିପ୍ରେକ୍ଷୀରେ କିଛି ନିଆରା ଉପାଦାନ ଆମ ସମାଜରେ ଥିଲା, ଯାହାକି ଦୁର୍ଗତି ସମୟରେ ସାମାଜିକ ପ୍ରଘାତ ଅବଶୋଷକ ଭାବେ କାର୍ଯ୍ୟ କରନ୍ତି । ସେଗୁଡ଼ିକ ହେଲା :-

୧. ଅନ୍ତରୀଣ ଆଧ୍ୟାତ୍ମିକତା ଓ ଶ୍ରୀଜଗନ୍ନାଥ କୈନ୍ଦ୍ରିକ ଭାବଭୂମି
୨. ସାମାଜିକ ଚଳଣିକୁ ପୌରାଣିକ ମାନ୍ୟତା
୩. ଗ୍ରାମେ ଗ୍ରାମେ ସାମାଜିକ ଓ ସାଂସ୍କୃତିକ ଅନୁଷ୍ଠାନର ଭିତ୍ତିଭୂମି
୪. ଅନ୍ତର୍ଭୁକ୍ତି ସାମାଜିକ ସଂସ୍କାର
୫. କ୍ରନ୍ଦନ ପ୍ରବଣତା ଓ ଏହାର ଆନୁଷ୍ଠାନୀକରଣ
୬. ବ୍ୟକ୍ତିଗତ ସନ୍ତୋଷ ଓ ତୃପ୍ତ ଗାର୍ହସ୍ଥ୍ୟ
୭. ମଧ୍ୟବର୍ଗ ର ଉତ୍‌ଥାନ ଓ ଉଦାସୀନତା

ଓଡ଼ିଆର ସାମାଜିକ ଦୃଷ୍ଟିଭଙ୍ଗୀ ଅନ୍ତରୀଣ ଆଧ୍ୟାତ୍ମିକତା ଦ୍ୱାରା ପରିଚାଳିତ । ବାର ମାସରେ ତେର ପର୍ବ ଓଡ଼ିଆର । ପଣା ସଂକ୍ରାନ୍ତି ଠାରୁ ଚଇତ ପୁନେଇ ଯାଏ - ପ୍ରାୟ ସବୁ ପର୍ବ ଆଧ୍ୟାତ୍ମିକ, ସାମାଜିକ, ସାଂସ୍କୃତିକ ଏବଂ ସାର୍ବଜନୀନ । ଏପରିକି କୃଷି ଭିତ୍ତିକ ପର୍ବପର୍ବାଣିକୁ ବି ସାମାଜିକ ପର୍ବ ଭାବେ ପାଳନ କରାଯାଏ । ଆମ ଚଳଣିରେ ଆଉ ଗୋଟିଏ ଗୁରୁତ୍ୱପୂର୍ଣ୍ଣ ଉପାଦାନ ହେଲା ଆମର ଓଷା ଓ ବ୍ରତ । ମାଣବସାଠାରୁ ଅନନ୍ତ ବ୍ରତ, ବଡ଼ ଏକାଦଶୀଠୁଁ ଖୁଦୁରୁକୁଣୀ - ଖାଲି ଉପାସ ଓ ବ୍ରତ । ଏଠି ପୁନେଇ ବି ପବିତ୍ର, ଅମାବାସ୍ୟା ବି । ଓଷା ଓ ବ୍ରତ ବ୍ୟକ୍ତିଗତ ପବିତ୍ରତା ଓ ସଂସ୍କାରକୁ ବଢ଼ାଇବା ବେଳେ ବିଭିନ୍ନ ପର୍ବପର୍ବାଣି ସାମାଜିକ ଓ ସାଂସ୍କୃତିକ ମିଳନର ମାଧ୍ୟମ ବନିଥାଏ । ବାରମାସ ଭାତ ଯାଉ ନଥିବା ଗରିବ ଓଡ଼ିଆ ଘରକୁ ଓଷା ନାଆଁରେ ଅଧାଲୋକଙ୍କ ଉପାସ ହୁଏତ ସାହାଯ୍ୟ କରିଥିବ ମିଳିଥିବା ଖାଦ୍ୟର ସହଜ ବଣ୍ଟନରେ । କାର୍ତ୍ତିକ ନିଅଣ୍ଟ ମାସ ଭାବେ ଜଣା । ପୁରୁଣା ଧାନ ସରି ଆସିଥିବ - ନୁଆ ଧାନ ପାଚିବାକୁ

ମାର୍ଗଶୀର ମାସ ହେଉଥିବ, କିଏ ଜାଣେ ହୁଏତ ସେଇଥି ପାଇଁ ସନ୍ଥ ଓଡ଼ିଆ ଭିଆଇଥିବ କାର୍ତ୍ତିକ ହବିଷ। ବୋଲେ ତ ମାସ ସାରା ହବବିଷିଆଳିଙ୍କ ଓଳିକିଆ ଭୋଜନ, ଅର୍ଥାତ୍ ଅନ୍ନ ସଙ୍କଟର ସହଜ ବଣ୍ଟନ।

ଓଡ଼ିଆ ଜାତିର ଭାବଭୂମି ଶ୍ରୀଜଗନ୍ନାଥ ସର୍ବସ୍ୱ। ଜଗନ୍ନାଥହିଁ ଏ ଜାତିର ରାଜା। ରାଜା ଏଠି ରାଉତ, ସେବକ ମାତ୍ର। ଶ୍ରୀଜଗନ୍ନାଥଙ୍କ ଐଶ୍ୱର୍ଯ୍ୟ ହିଁ ଏ ଜାତିର ଐଶ୍ୱର୍ଯ୍ୟ। ଠାକୁର ଏଠି ବଡ଼ ଠାକୁର, ଦାଣ୍ଡ ଏଠି ବଡ଼ଦାଣ୍ଡ, ଦେଉଳ ବଡ଼ ଦେଉଳ, ଅଧା ହାତ ବି ମହାବାହୁ। ଦାରୁଣ ବିପର୍ଯ୍ୟୟ ବେଳେ ଜଗନ୍ନାଥଙ୍କୁ ହାତ ଟେକିଦେଲେ ଓଡ଼ିଆ ଆଶ୍ୱସ୍ତ। 'ଡର କାହାକୁ, ଭୟ କାହାକୁ, ଠାକୁର ଅଛନ୍ତି ଚଉବାହାକୁ'। 'ଜୟ ଜଗନ୍ନାଥ' କହି ଦୁର୍ବଳ ଅର୍ଦ୍ଧାହାରୀ ଓଡ଼ିଆଟିଏ ଲଘିଂପାରେ ନିଘଞ୍ଚ ଜଙ୍ଗଲ, ଦୁର୍ଲଂଘ୍ୟ ଗିରି କିମ୍ବା ବିସ୍ତୀର୍ଣ୍ଣ ସାଗର। 'ସର୍ବ ମଙ୍ଗଳ ଜଗନ୍ନାଥ' କହି କାଳର ଶୁଦ୍ଧି ଅଶୁଦ୍ଧିକୁ ସମର୍ପି ଦେଇ ପାରେ ଈଶ୍ୱରଙ୍କୁ। ଓଡ଼ିଆ କାବ୍ୟ କବିତାର ଇତିହାସରେ ଭକ୍ତି ରସ ସମ୍ବଳିତ ସୃଷ୍ଟି ତ ସର୍ବାଧିକ, ତନ୍ମଧ୍ୟରୁ ଜଗନ୍ନାଥ ସର୍ବସ୍ୱ ସର୍ଜନା ଅଧିକାଂଶ। ପ୍ରକୃତିର କରାଳ ରୂପ ସହ ହେଉ କି ଦୁର୍ଦ୍ଧର୍ଷ ଶତ୍ରୁ ସହ ହେଉ, ଲଢ଼ିବା ବେଳେ ସାଧାରଣ ଓଡ଼ିଆ ଲୋକଟିଏ କରିଥିବ ତା ପଛରେ ଠାକୁର ଅଛନ୍ତି, କାଞ୍ଚି ଅଭିଯାନ ଉପାଖ୍ୟାନ ପରି।

କେବଳ ଆଶ୍ରା ଓ ଆସ୍ୱସ୍ତି ପାଇଁ ନୁହେଁ, ଶ୍ରୀ ଜଗନ୍ନାଥ ଏଯାବତ୍ ଆମର ଜାତୀୟ ପରିଚୟ ହୋଇ ରହି ଆସିଛନ୍ତି। ଏବେ ବି ଦୂର ପ୍ରବାସରେ 'ଓଡ଼ିଶା କେଉଁଠି ? ଏହା ପଶ୍ଚିମ ବଙ୍ଗରେ କି ?' ଆଦି ପ୍ରଶ୍ନରେ ଅପମାନିତ ଅନୁଭବ କରୁଥିବା ଓଡ଼ିଆ ଲୋକଟିଏ ସଗର୍ବରେ କହିପାରେ ଯେ ଓଡ଼ିଶା ସେଇଠି, ଯେଉଁଠି ଶ୍ରୀ ଜଗନ୍ନାଥ ବିଜେ ଅଛନ୍ତି। ଏବେ ବି ପିତୃ ପୁରୁଷଙ୍କ ପିଣ୍ଡି ପୂର୍ବଜଙ୍କ ନାମ ମନେ ନ ପଡ଼ିଲେ ବ୍ରାହ୍ମଣ ଗୋସେଇଁ ପିତୃ ବର୍ଗରେ ଶ୍ରୀ ଜଗନ୍ନାଥ ଓ ମାତୃ ବର୍ଗରେ ମହାଲକ୍ଷ୍ମୀ କହି ପିଣ୍ଡଦାନ କରନ୍ତି। ଅତଏବ ଆମ ଆସ୍ଥାରେ, ବିଶ୍ୱାସରେ ଓ ପରମ୍ପରାରେ ଆମ ସ୍ୱାଭିମାନର ପରିଚୟ ହୋଇ ଶହ ଶହ ବର୍ଷ ଧରି ଓଡ଼ିଆ ଅସ୍ମିତା ସହ ଜଡ଼ିତ ହୋଇ ଆସିଛନ୍ତି ଶ୍ରୀ ଜଗନ୍ନାଥ।

■

ଆମ ପରମ୍ପରା, ଆମ ପରିଚୟ

ଓଡ଼ିଆ ଏକ ପରମ୍ପରା ପ୍ରିୟ ଓ ସମ୍ବେଦନଶୀଳ ଜାତି। ଓଡ଼ିଆର ସାମାଜିକ ଚଳଣି ପୁରାଣମାନ୍ୟ ନତୁବା କିମ୍ବଦନ୍ତୀ ପ୍ରରୋଚିତ। ଏକା ବଳରାମ ଦାସଙ୍କ ଲକ୍ଷ୍ମୀପୁରାଣ ତ ଓଡ଼ିଆ ଘରର ସମ୍ପୂର୍ଣ୍ଣ ଆଚାର ସଂହିତା। କ'ଣ କ'ଣ କରିବା ଅପେକ୍ଷା କ'ଣ କ'ଣ ନକରିବାର ଲକ୍ଷ୍ମଣରେଖା ଟାଣିଛି ଏଇ ସର୍ବାଦୃତ ପୁରାଣ। ଓଡ଼ିଆ ନାରୀ, ଘରର ଲକ୍ଷ୍ମୀ। ତା'ପାଇଁ ଅକରଣୀୟର ସୀମାରେଖା ବେଶୀ ସ୍ପଷ୍ଟ। ଲକ୍ଷ୍ମୀ ପୁରାଣରେ ଶ୍ରୀୟା ଚଣ୍ଡାଳୁଣୀର ଉପଚ୍ଛର, ଲକ୍ଷ୍ମୀ ପୂଜା ବିଧି ସବୁ ଅପାଠୋଇ ଓଡ଼ିଆ ବୋହୂଏ ବି ଜାଣନ୍ତି। ମାଟିଘର ଗୋବର ଲିପା କାନ୍ଥରେ ଅରୁଆ ଝୋଟି, ନୂଆ ମାଣ ଉପରେ ନୂଆ ଧାନ ସିଞ୍ଜାର ବେଣୀ ବା ପେଣ୍ଡା, ନାଲି କପଡ଼ାର ଓଢ଼ଣି ଦେଇ ବିଜେ ଲକ୍ଷ୍ମୀ ଠାକୁରାଣୀ। ଭଙ୍ଗା ଘର ଓ ଦର ଉଜୁଡ଼ା କ୍ଷେତ ସତ୍ତ୍ୱେ ଓଡ଼ିଆ ପୁଅକୁ ଦେଇଥିବ ବଞ୍ଚିବାର ନୂଆ ରାହା, ମାଆଙ୍କ ଆଶୀର୍ବାଦରେ ଜିଇଁବାକୁ ଆଉ ସନ ଯାଏ। ଘରେ ଲକ୍ଷ୍ମୀ ଠାକୁରାଣୀ ବାହାରେ ଲକ୍ଷ୍ମୀପତିଙ୍କ ଉପସ୍ଥିତି ଓଡ଼ିଆର ଦାମ୍ଭିକତାକୁ ବଢ଼ାଇବା ପାଇଁ ଯଥେଷ୍ଟ ନୁହେଁ କି ?

ସେଥିରେ ପୁଣି ଖଡ଼ିରତ୍ନଙ୍କ ପାଞ୍ଜି ଓଡ଼ିଆ ସାମାଜିକ ବ୍ୟବହାରର ନିୟନ୍ତକ। କେଉଁଦିନ କେଉଁ ପର୍ବ, କେବେ ହଳ ନିଷେଧ, କେବେ ଗୃହାରମ୍ଭ, ଗୃହ ପ୍ରବେଶ, ବିବାହ ପାଣିଗ୍ରହଣ, ଶୁଭାଶୁଭ ବେଳା, କାଳବେଳା, ବାରବେଳା ନିର୍ଣ୍ଣୟ, ଯାତ୍ରା ସମୟ ଓ ଦିଗର ଶୁଭ ନିର୍ଣ୍ଣୟ ଆଦିର ଦୈନିକ ସୂଚୀ ଏ ପାଞ୍ଜି। ଏପରିକି କେଉଁ ବର୍ଷ କି ବ୍ୟୁପ୍ତାତ ଯୋଗ ଅଛି, ତା'ର ଆଗୁଆ ସୂଚନା ବି ଦେଇଥାଏ ପାଞ୍ଜିରେ। ବିପର୍ଯ୍ୟୟ ପାଇଁ ଆଗୁଆ ପ୍ରସ୍ତୁତି ଓ ସତର୍କତାର ପାରମ୍ପରିକ ସୂଚନା ଦେଇ ଏହା ଏ ଜାତିକୁ କେଉଁ ଐତିହାସିକ କାଳରୁ ଆଜି ପର୍ଯ୍ୟନ୍ତ ମାର୍ଗ ଦର୍ଶନ କରିଆସିଛି।

ଇତିହାସକୁ କିମ୍ବଦନ୍ତୀରେ, କିମ୍ବଦନ୍ତୀକୁ ସାହିତ୍ୟରେ ଓ ପୁରାଣରେ, ପୁରାଣକୁ

ସାମାଜିକ ଚଳଣିରେ ଏବଂ ବିପରୀତ କ୍ରମରେ ବି ଧରି ରଖିବାର ନିଆରା କଳା ଓଡ଼ିଆଠାରୁ ଅଧିକା କିଏ ଜାଣେ? କୌଣସି ଏକ ମ୍ଳାନ ଅପରାହ୍ଣରେ ଝଡ଼ର କ୍ଷଣିକ ତାଣ୍ଡବରେ ଚିଲିକା ଜଳରେ ବୁଡ଼ିଯାଇଥିବା ଡଙ୍ଗାରୁ ଶାଶୁଘରଗାମୀ ନବ ବିବାହିତା ଜାଇ ମିଳିଲା କି ନା କେଜାଣି, ଆମ ପାଇଁ ଜାଇ ଉଭାହୁଏ କାଳିଜାଈ ଠାକୁରାଣୀ ହୋଇ ପରବର୍ତ୍ତୀ ସବୁ ଡଙ୍ଗାକୁ ଝଡ଼ କବଳରୁ ସୁରକ୍ଷା ଦେବା ପାଇଁ। ସାଧବ ସାତ ଭାଇଙ୍କ ବିଦେଶ ଗମନ ପରେ ଛେଳି ଚରାଉଥିବା ଝିଅର ହଜିଯାଇଥିବା ଘରମଣି ମିଳୁ କି ନମିଳୁ, କିନ୍ତୁ ତଅପୋଇ ମାଧ୍ୟମରେ ଅଭିଆଡ଼ି ଓଡ଼ିଆ ଝିଅଙ୍କୁ ମିଳିଗଲେ ଖୁଦୁରୁକୁଣି। କୋଣାର୍କ ମନ୍ଦିରର ମୁଣ୍ଡି କେମିତି ମାରିଲା ଧର୍ମପଦ ବା ବିଦେଶୀ ଫଉଜଙ୍କୁ କି ଉତ୍ତର ଦେଲା ବାଜି ରାଉତ କେଜାଣି, ଓଡ଼ିଆ ସମାଜ ସାଉଁଟି ନେଲା କବିତାର ଚରିତ୍ରକୁ କିମ୍ବଦନ୍ତୀ କରି ଓ ପର ପିଢ଼ି ପାଇଁ ସାଇତି ଦେଲା ପ୍ରେରଣାର ଉତ୍ସ କରି। ଆଜି ବି ଧର୍ମପଦ ଓ ବାଜି ରାଉତ ଆମ ଜାତୀୟ ଚରିତ୍ରର ପ୍ରତୀକ।

କହିବା ବାହୁଲ୍ୟ ଯେ ପ୍ରାଚୀନ ଓଡ଼ିଶା ବୌଦ୍ଧ ଓ ଜୈନ ଧର୍ମ ଓ ଦର୍ଶନର ଉନ୍ନତ ଜ୍ଞାନ କେନ୍ଦ୍ର ଥିଲା। ରାଜନ୍ୟ ଅନୁଗ୍ରହ ହେତୁ ଅର୍ଥାତ୍ ଅଶୋକଙ୍କ ବୌଦ୍ଧଧର୍ମ ଓ ଖାରବେଳଙ୍କ ଜୈନଧର୍ମ ପୃଷ୍ଠପୋଷକତା କାରଣରୁ ସାରା ରାଜ୍ୟରେ ଏହି ଧର୍ମ ଦ୍ୱୟରେ ଆନୁଷ୍ଠାନିକ ଦୃଢ଼ତା ଥିଲା। ଓଡ଼ିଶାର ଗ୍ରାମେ ଗ୍ରାମେ ସମାଜିକ ଓ ସାଂସ୍କୃତିକ ଅନୁଷ୍ଠାନର ଭିତ୍ତିଭୂମି ବେଶ୍ ପୁରୁଣା। କୁହାଯାଏ, ଆଦିଶଙ୍କରାଚାର୍ଯ୍ୟ ପୁରୀ ଆସିବା ବେଳକୁ ଓଡ଼ିଶାରେ ବୌଦ୍ଧ ଧର୍ମର ପ୍ରାବଲ୍ୟ ସର୍ବାଧିକ। ପଥେ ପ୍ରାନ୍ତେ ସବୁଠି ପଥରର ବୁଦ୍ଧ ମୂର୍ତ୍ତି। ହିନ୍ଦୁ ଧର୍ମର ଉତ୍ଥାନ ପାଇଁ ଶଙ୍କରାଚାର୍ଯ୍ୟଙ୍କ ନିର୍ଦ୍ଦେଶରେ ସେଇ ସବୁ ମୂର୍ତ୍ତିରେ ସିନ୍ଦୁର ଲଗାଇ ସବୁ ଗାଁରେ ଗ୍ରାମ ଦେବତୀ କରି ବସେଇ ଦିଆଗଲା। ବୋଲେ ତ ଗାଁ ଗାଁରେ ବୁଢ଼ୀ ଠାକୁରାଣୀ, କିମ୍ବଦନ୍ତୀର ଆଧାରରେ ପ୍ରତି ଗାଁକୁ ଜଗି ରହିଲେ। ବିପଦ ଆପଦରୁ ରକ୍ଷା କଲେ। ଠାକୁରାଣୀ ଆସିଲେ ମାନେ, ଝୁଣା, ଦୀପ, କୀର୍ତ୍ତନ, ଦଳ, ଝାମୁ ଯାତ୍ରା, ମାଟି ଘୋଡ଼ା, କଳା ଶାଢ଼ୀ, ପଣା ମାଜଣା ଓ କାଳିସୀ – ସବୁ ଆସିଗଲେ। ଅର୍ଥାତ୍ ତିଆରି ହୋଇଗଲା ଏକ ଅନୁଷ୍ଠାନ, ଗାଁ ମୁଣ୍ଡ ବରଗଛ, ଅଶ୍ୱସ୍ଥ ଗଛ କିମ୍ବା ଲିମ୍ବ ଗଛ ମୂଳରେ। ବଢ଼ି ମରୁଡ଼ି, ଚୋର ଭୟ, ଶତୃ ଭୟ, ମହାମାରୀ ଭୟ – ସବୁରୁ ରକ୍ଷାକରିବ ତ ସେଇ ମାଆ। ନଚେତ୍ ରାଗିବ ତ ପହଁରା ଝାଡୁ ଧରି ଓଳେଇ ନେବ ଭେଣ୍ଡିଆଙ୍କ ମୁଣ୍ଡ।

ପରେ ପରେ ବିଭିନ୍ନ ସନ୍ଥଙ୍କ ଉଦ୍ୟମରେ ଅନେକ ଗାଁରେ ପ୍ରତିଷ୍ଠା ହେଲା ମଠ। ଏଠାରେ ସନ୍ଧ୍ୟା ଆଳତି ପରେ ପରେ ମିଞ୍ଜି ମିଞ୍ଜି ମାଟିତେଲ ଆଲୁଅରେ ଚାଲେ ଭଜନ କୀର୍ତ୍ତନ ଓ ଖଞ୍ଜଣି ମାଡ଼। ଖାଁ ଖାଁ ଲାଗୁଥିବା ଆପଣା ଘରକୁ ଫେରିବା ବେଳକୁ

ବିଲୁଆ ଭୂକିବା ବେଳ। ଦିନସାରା ତ ମାଟିକାଦୁଅର ଶ୍ରମ, ସଂଜ ସରିକି ମନ ଓ ଚଇତନରେ ଖଞ୍ଜଣିମିଶା ଭଜନର ସ୍ୱର, ଖାଲି ଗିଲାସେ ପାଣିରେ ବି ନିଦ ଆଣିଦିଏ ଓଡ଼ିଆକୁ। ଏହାଛଡ଼ା, ଜଗନ୍ନାଥ ଦାସେ ଓଡ଼ିଆରେ ଭାଗବତଟିଏ ଲେଖିଦେଲେ। ଲେଖିଲେ ମାନେ, ସଂସ୍କୃତ ପଣ୍ଡିତଙ୍କୁ ଝଟକା ଦେଇ ସାଧା ଓଡ଼ିଆରେ ନବାକ୍ଷରୀ ଛାନ୍ଦରେ ଏମିତି ସରଳ କରି ବିରଳ ରସ ଓ ତତ୍ତ୍ୱ ଛାଡ଼ିଦେଲେ ଯେ ଗାଁ ଗାଁରେ ଚହଳ ପଡ଼ିଗଲା। ଆସର ଜମିଲା, ଭାଗବତ ଟୁଙ୍ଗୀ ତିଆରି ହେଲା, ସପ୍ତା ବସିଲା। ପ୍ରତି ଗାଁରେ ଗୋଟିଏ ଚାଳଛପର ମାଟି ଘର ଅଲଗା ହୋଇ ଗାଁର ସାମୁହିକ ପାଣ୍ଠିରୁ ତିଆରି ହେଲା। ଏହାକୁ ନାମ ଦିଆଗଲା ଭାଗବତ ଟୁଙ୍ଗୀ ବା ଭାଗବତ ଘର। ମାଈ ଗୋବର ଲିପା କାନ୍ଥରେ ଅରୁଆ ଝୋଟି ସାଙ୍ଗକୁ ଗାଁର ସ୍ତ୍ରୀଲୋକଙ୍କ ହୁଳହୁଳି ଶବ୍ଦରେ କମ୍ପିଲା ଘର। ସଂଜ ହେଲେ ଶୁଭିଲା "ନମଇଁ ନୃସିଂହ ଚରଣ, ଅନାଦି ପରମ କାରଣ"।

ଗାଁ ଚାଟଶାଳୀରେ ମାଟିବଂଶ ଅବଧାନଠୁଁ ଖଡ଼ି ଛୁଇଁଥିବା ବା ନ ଛୁଇଁଥିବା ଦରପାଠୋଇ ଓଡ଼ିଆ ଝିଅ ବୋହୂ ଓ ଅପାଠୁଆ ଓଡ଼ିଆ ପୁଏ ଅକ୍ଷର ଚିହ୍ନିଗଲେ, ଧର୍ମଜ୍ଞାନ ବି ଶିଖିଗଲେ। ତହିଁରେ ଠାଏ ଠାଏ ମିଶିଗଲା ଚୈତନ୍ୟ ଅନୁଗାମୀ ମଧୁରିଆଙ୍କ ଉନ୍ମତ୍ତ କୀର୍ତ୍ତନ, ଅଷ୍ଟପ୍ରହରୀ ନାମଯଜ୍ଞ - ହରେ କୃଷ୍ଣ ହରେ ରାମ। ବଢ଼ି ମରୁଡ଼ି ଓ ଯୁଦ୍ଧର ବିଭୀଷିକାଗ୍ରସ୍ତ ଓଡ଼ିଆ ସମାଜରେ ଏମିତି ଅନୁଷ୍ଠାନ ମାଧ୍ୟମରେ ଦୈନନ୍ଦିନ ମିଳନ ନିଜ ନିଜ ଭିତରେ ଦୁଃଖ ବାଣ୍ଟିବା ପାଇଁ ସୁଯୋଗ ଦେଇଥିବ ଓ ତା ସହ ଏକ ଗୋଷ୍ଠୀର ଉପସ୍ଥିତି ଓ ଆଧ୍ୟାତ୍ମିକ ବିଶ୍ୱାସରେ ଈଶ୍ୱରଙ୍କ ପ୍ରଚ୍ଛନ୍ନ ଉପସ୍ଥିତି, ସେଇ ସବୁ ବିପଦରେ ଲଢ଼ିବା ପାଇଁ ମନରେ ଆସ୍ଥା ଆଣିଥିବ।

ସମୟାନ୍ତରେ ଭାଗବତ ବନିଗଲା ଓଡ଼ିଶାର ସାଂସ୍କୃତିକ ଜାଗରଣର ମୂଳ ଉତ୍ସ। ଶିକ୍ଷା, ଧର୍ମାଚରଣ, ସାମାଜିକ ମିଳନ ଓ ନିୟନ୍ତ୍ରଣର ମାନକ ସଂହିତା ହୋଇଗଲା ଏହି ପୁରାଣ। ଓଡ଼ିଆ ସନ୍ଥ ସମାଜ ଏହାକୁ ଆହୁରି ବ୍ୟାପକ କରିଦେଲେ। ସମ୍ପୂର୍ଣ୍ଣ ତେର ଖଣ୍ଡ ଭାଗବତ ପାଠ ଅଧିକ ସମୟସାପେକ୍ଷ ହେବାରୁ ମହାଦେବ ଦାସେ ଲେଖିଲେ 'ହରିବଂଶ' ଯାହାକୁ ସଂକ୍ଷିପ୍ତ ଭାଗବତ କହିଲେ ଅତ୍ୟୁକ୍ତି ହେବ ନାହିଁ। ତହୁଁ ଆରମ୍ଭ ହେଲା 'ହରିହାଟ ଓ ହରିବଂଶ ପାଠ'ର ପରମ୍ପରା। ଷୋଡ଼ଶ ଶତାବ୍ଦୀର ପ୍ରଥମ ଭାଗରେ ଗଜପତି ପ୍ରତାପରୁଦ୍ର ଦେବଙ୍କ ଦୀର୍ଘ ସାତ ବର୍ଷ ଦାକ୍ଷିଣାତ୍ୟ ଯୁଦ୍ଧ, ବାରମ୍ବାର ପରାଜୟ, ରାଜପୁତ୍ରର ଆତ୍ମହତ୍ୟା, ମହାରାଣୀଙ୍କ ବନ୍ଦୀ ଓ ରାଜକୁମାରୀଙ୍କ ବିବାହ ପରେ ଅପମାନିତ ଓ କ୍ଲାନ୍ତ ନରପତି ରାଜଧାନୀକୁ ଫେରିବା ବେଳକୁ ଘୋଟି ଗଲାଣି କଳା ମେଘର ବାଦଲ। ସେଇ ଅବସନ୍ନ ମନକୁ ଆସ୍ୱସ୍ତି ଦେବାକୁ ପହଞ୍ଚି ଯାଇଥିଲେ ଶ୍ରୀଚୈତନ୍ୟ ଦେବ। ଆରମ୍ଭ ହେଲା ମାଧୁର୍ଯ୍ୟ ଭକ୍ତିର ପରମ୍ପରା - ମଧୁରିଆଙ୍କ ଉନ୍ମତ୍ତ ନାମ

ସଂକୀର୍ତ୍ତନ। ଗାଁ ଗାଁକୁ ଖେଦିଗଲେ ସହଜିଆ ଦଳ। ଚବିଶ ପ୍ରହର ନାମ ସଂକୀର୍ତ୍ତନ, ଅଷ୍ଟ ପ୍ରହରୀ ଓ ଚତୁର୍ଥ ପ୍ରହରୀ କୀର୍ତ୍ତନ ଯାଏଁ ବ୍ୟାପିଲା ଅନୁଷ୍ଠାନ।

ଯୁଦ୍ଧ ଓ ବିପର୍ଯ୍ୟୟର ବିଭିଷିକା ସାଙ୍ଗକୁ ମହାପୁରୁଷ ଅଚ୍ୟୁତାନନ୍ଦଙ୍କ 'ମାଳିକା', ଧର୍ମଭୀରୁ ଓଡ଼ିଆଙ୍କୁ ଆହୁରି ଡରେଇ ଦେଇଥିବ। କୃତି ଓ ବୃତ୍ତିରୁ ବିଚ୍ୟୁତ ହୋଇ ସହଜ ବିଭୁ ଆଶ୍ରାକୁ ଆଦରି ନେଇଥିବେ ସରଳ ଓଡ଼ିଆ ଲୋକେ। ମହାପୁରୁଷ ହାଡ଼ିଦାସ ଓ ଶିଶୁ ଅନନ୍ତ ଭଳି ସନ୍ଥଗଣ ଓଡ଼ିଆ ସମାଜରେ ସାମାଜିକ ସନ୍ତୁଳନ ରକ୍ଷା କରିବା ସହ ଶ୍ରୀ ଜଗନ୍ନାଥ ଦର୍ଶନକୁ ଆହୁରି ଦୃଢ଼ କରିଥିଲେ। ସନ୍ଥ ସମାଜର ନେତୃତ୍ୱରେ ଅସହାୟ ସାଧାରଣ ଓଡ଼ିଆ ଲୋକଟି ସେତେବେଳେ ଖୋଜି ପାଇଥିଲା ଶାନ୍ତି, ଏହି ସବୁ ସାମାଜିକ ଅନୁଷ୍ଠାନ ମାଧ୍ୟମରେ।

ଓଡ଼ିଶା ଏକ ପ୍ରାଚୀନ ତୀର୍ଥ ସ୍ଥଳୀ ଓ ଓଡ଼ିଆ ଏକ ଅତିଥି ସତ୍କାରୀ ଜାତି। ବହୁ ପ୍ରାନ୍ତରୁ ଯାତ୍ରୀ ଆସନ୍ତି ଏଠାକୁ, ମୁଖ୍ୟତଃ ପୁରୁଷୋତ୍ତମ କ୍ଷେତ୍ରକୁ। ଦୂର ଯାତ୍ରୀମାନଙ୍କୁ ଆତିଥ୍ୟ ଦେବାରେ ଓଡ଼ିଆ କେବେ ହେଳା କରିନାହିଁ। ପୁରୀଗାମୀ ରାସ୍ତାକଡ଼ରେ ଅନେକ ଗାଁରେ ତିଆରି ହୋଇଥିଲା ଚଟିଘର, ଯାହା ଆଧୁନିକ ନାଁରେ ଗେଷ୍ଟ ହାଉସ୍ ସହ ସମାନ। ସ୍ଥଳ ବିଶେଷରେ ଭାଗବତ ଘର ମଧ୍ୟ ଚଟିଘର ଭାବେ ବ୍ୟବହୃତ ହେଉଥିଲା। ପଥଶ୍ରମରୁ ଲାଘବ ତଥା ରାତ୍ରି ଯାପନ ପାଇଁ ପଥଶ୍ରମୀ ଯାତ୍ରୀଙ୍କୁ ଆଶ୍ରା ଦେବାରେ ଏହା ସଫଳ ହୋଇଥିଲା।

ଅତଏବ ଆମ ପରମ୍ପରା, ଆମ ଅନୁଷ୍ଠାନ ଓ ଆମ ଅତିଥି ପରାୟଣତା ବହୁ ଦିନରୁ ଆମକୁ ଦେଇ ଆସିଛି ଏକ ସ୍ୱତନ୍ତ୍ର ପରିଚୟ।

ଲାଉତୁମ୍ବା ଓ ନାକକାନ୍ଦୁରୀ ଝିଅ

ଓଡ଼ିଆ ଏକ ଅନ୍ତର୍ଭୁକ୍ତି ଓ ସଂସ୍କାରୀ ଜାତି। ଉଦାରତା ଓ ଗ୍ରହଣଶୀଳତା ଯା'ଙ୍କ ମଜ୍ଜାରେ ଅଛି। ଯିଏ ଆସିଲେ ଶ୍ରୀକ୍ଷେତ୍ର, ସତ୍ତା ହରେଇ ମିଶିଗଲେ ଏଠାରେ। ଯେଉଁମାନେ ଅତ୍ୟଧିକ ପ୍ରଭାବଶାଳୀ ଥିଲେ ନିଜ ଦର୍ଶନରେ ଯଥା ବୌଦ୍ଧ ଓ ଜୈନ - ସେମାନଙ୍କୁ ଅବତାରୀ କହି ଗ୍ରହଣ କରିନେଲା ଓଡ଼ିଆ ସମାଜ। ସମସ୍ତେ ଜଗନ୍ନାଥଙ୍କ ଅବତାର - ବା ଅଂଶବିଶେଷ। "ଜଗନ୍ନାଥ ଯେ ଷୋଳକଳା, ତହୁଁ କଳାଏ ନନ୍ଦବଳା"। ଶୈବ, ଶାକ୍ତ, ବୈଷ୍ଣବ, ତନ୍ତ୍ର, ବୌଦ୍ଧ, ଜୈନ ଏପରିକି ଇସ୍‌ଲାମ - ସମସ୍ତଙ୍କୁ ଉଦାରତାରେ ଗ୍ରହଣ କରିଛି ଓଡ଼ିଆ ଜାତି। ତେଣୁ ସମନ୍ୱୟର ଭୂମି ଯେ। ଉଦାହରଣତଃ ମୁସଲମାନ ଆସିଲେ, ଖଣ୍ଡାରେଟରେ ଭାଙ୍ଗିଲେ ମନ୍ଦିର ଓ ମଣିଷର ମୁଣ୍ଡ। ଏହା ସତ୍ତ୍ୱେ ପୁଅର ମଙ୍ଗଳ ପାଇଁ ଓଡ଼ିଆ ମାଆ ଶିରିଣି ଯାଚେ ସତ୍ୟପୀରଙ୍କୁ। ସତ୍ୟନାରାୟଣ ପାଲା ମାଧ୍ୟମରେ ଫକୀର ରୂପରେ ବିଷ୍ଣୁଙ୍କୁ ପୂଜା କରେ ଷୋହଳ ବର୍ଷଯାଏ।

ଏହାଛଡ଼ା ଓଡ଼ିଆ ସନ୍ଥ ସମାଜ ଏକ ଜାତି ରହିତ ସମାଜ ବ୍ୟବସ୍ଥାର ପ୍ରଚାରକ ଥିଲେ। ତେଣୁ ଏଠି ସମସ୍ତେ 'ଦାସ' - ସାରଳା ଦାସଙ୍କ ଠୁଁ ଅଚ୍ୟୁତାନନ୍ଦ ଦାସ ପର୍ଯ୍ୟନ୍ତ। ସମସ୍ତେ ସେବକ ବା ଦାସ ପରମ୍ପରାର। ଏଣୁ ଏଠାରେ ଦକ୍ଷିଣ ଭାରତ ପରି କଠୋର ଜାତିବାଦ ବା ଆକ୍ରମଣାତ୍ମକ ସାମ୍ପ୍ରଦାୟିକତା କେବେ ବି ନଥିଲା। ଜଗନ୍ନାଥ ସଂସ୍କୃତି ପାଇଁ ହେଉ ବା ସନ୍ଥ ପ୍ରଣୋଦିତ ହେଉ, ଓଡ଼ିଆଙ୍କର ଏକ ଅନ୍ତର୍ଭୁକ୍ତି ସାମାଜିକ ପରମ୍ପରା ରହିଆସିଛି। ସମସ୍ତଙ୍କୁ ସାଥିରେ ନେଇ ଚଳିବା ଶିଖିଛି ଏ ଜାତି ମୂଳରୁ। ବର୍ଜନ ପ୍ରବଣତା ନୁହେଁ ବରଂ ଅନ୍ତର୍ଭୁକ୍ତି ମାନସିକତା ଓଡ଼ିଆଙ୍କୁ ବିଶାଳତା ଦେଇଛି। ସେଇଥି ପାଇଁ ବୋଧ ହୁଏ ବିଜିତ ଓ ବିଜେତା ମଧ୍ୟରେ, ଆକ୍ରମଣକାରୀ ଓ ଆକ୍ରମଣର ଶୀକାର ହୋଇଥିବା ଲୋକଙ୍କ ମଧ୍ୟରେ ଘଟଣା ପରବର୍ତ୍ତୀ ବିଦ୍ୱେଷ ଓ ଉତ୍ତେଜନା ଆମ ସମାଜରେ ବେଶୀ ଦିନ ରହି ନ ଥିବ। ଯୁଦ୍ଧ ପରବର୍ତ୍ତୀ କାଳରେ ବି ସାମାଜିକ

ଉତ୍ତେଜନା ଏଠାରେ କ୍ଷଣସ୍ଥାୟୀ ଥିବ। ମନ୍ଦିର ପାଖରେ ମସ୍‌ଜିଦ୍‌, ବ୍ରାହ୍ମଣ ଶାସନ ପାଖରେ ପଠାଣ ବସ୍ତି ଥିଲେ ହେଁ ଆମର ଏଠି ଉତ୍ତେଜନା ନ ଥାଏ ଅନ୍ୟ ପ୍ରଦେଶ ପରି। ବରଂ ଶାନ୍ତିପୂର୍ଣ୍ଣ ସହାବସ୍ଥାନ ଥାଏ।

ଓଡ଼ିଆ ବ୍ୟକ୍ତି ଚରିତ୍ର ଅଧିକନ୍ତୁ ଭାବେ ଭାବପ୍ରବଣ। ଆରତବେଳେ ଇଷ୍ଟ ଦେବଙ୍କୁ ଚାହିଁ କାନ୍ଦିପକାଇବାର ପ୍ରବଣତା ଜନ୍ମରୁ ପ୍ରତ୍ୟେକ ଓଡ଼ିଆର। ଓଡ଼ିଆ ନାରୀ ତ ନାକକାନ୍ଦୁରୀ। କଥା କଥା କେ କାନ୍ଦ। ବର୍ଷ ବର୍ଷର ଆତଙ୍କ ଓ ଆଶଙ୍କା ଭିତରେ ନିଜ ପୁଅ ପାଇଁ, ସ୍ୱାମୀ ପାଇଁ, ବାପା ଭାଇଙ୍କ ପାଇଁ ନିଜ ଭିତରେ ରୁଗୁ ରୁଗୁ ହୋଇ ମରୁଥିବ ଓଡ଼ିଆ ନାରୀ। କାନ୍ଦ କାନ୍ଦ ହେବା କେତେ କଥା କି? ଓଡ଼ିଆର ଏଇ କାନ୍ଦୁରୀ ଗୁଣକୁ ସମାଜ ଓ ସାହିତ୍ୟ ବି ପ୍ରେରଣା ଦେଇ ଆସିଛି। ବାହାଘର ଝିଅ ବିଦା ବେଳର କାନ୍ଦଣା କିଏ ନ ଶୁଣିଛି? କାନ୍ଦଣା ମାନେ ବାହୁନିବା। ଯିଏ ଶୁଣିଛି ସେ ଆଘାତ ପାଇଛି। ସେଥିରେ ପୁଣି ବାପା, ମାଆ, ଭାଇଙ୍କୁ ଧରି ଛନେଇ ଛନେଇ ପଦରେ ପଦ ଯୋଡ଼ି ଝିଅ କାନ୍ଦିଲେ କେଉଁ ବାପା ଭାଇ ବା ଧୈର୍ଯ୍ୟ ଧରିବ। ଓଡ଼ିଆ ସମାଜ ତ ଏ ବାହୁନା କାନ୍ଦଣାକୁ ଆନୁଷ୍ଠାନିକତା ପ୍ରଦାନ କରନ୍ତି, ବିବାହ ପ୍ରଥା ମାଧ୍ୟମରେ:-

"ନଈରେ କୁମ୍ଭୀର କରିଛି ଘର, ହେ ବାପା
କରିଥିଲ ଏତେ ଗେଲବସର, ହେ ବାପା
ଖୋଜିକି ଆଣିଲ ପାକୁଆ ବର, ହେ ବାପା
କେମିତି ଝିଅକୁ କରିଲ ପର। ହେ ବାପା"

କାନ୍ଦଣା ସହ ଲାଉତୁମ୍ବା କେନ୍ଦରାର ସ୍ୱର ଓ ଯୋଗୀ ଗୀତର ସମ୍ପର୍କ ଗଭୀର - ଯେମିତି କାନ୍ଦଣା ପରମ୍ପରାର ସାମାଜିକ ଓ ଆନୁଷ୍ଠାନିକ ସ୍ୱରୂପ। ଲାଉତୁମ୍ବାର ଯୋଗୀଥାଳ ସହ କେନ୍ଦରାରେ 'ଟୀକା ଗୋବିନ୍ଦ ଚନ୍ଦ୍ର' ରୁ ଦି'ପଦ ଶୁଭିଲାମାନେ ଗାଁ ଦାଣ୍ଡ ଶୁନ୍‌ଶାନ୍‌। ଯେମିତି ତତ୍‌କାଳ କେଉଁ ବିପଦ ଆସି ଉଭା ହେଲା କି? ଓଡ଼ିଆ ମାଆ କୋଳରେ ପୁରେଇ କାନି ଘୋଡ଼େଇ ଦିଏ ପିଲାକୁ। 'ଟୀକା ଗୋବିନ୍ଦ ଚନ୍ଦ୍ର' ହେଉ କି 'ମନବୋଧ ଚଉତିଶା' - ଓଡ଼ିଆ କବି ବି ଯୋଗାଇଛି କେନ୍ଦରାକୁ ଗୀତ, ଯିଏ ଶୁଣିଲା, ହସ ହଜିଲା। ନିଜ ଭିତରେ ଚହଲିଲା ଲୁହର କୂଅ। କିଏ ମୁହଁ ଲୁଚେଇ କାନ୍ଦିଲା କିଏ ଅଲକ୍ଷ୍ୟରେ ଘର କୋଣକୁ ଚାଲିଗଲା। ଏଇ କ୍ରନ୍ଦନ ପ୍ରବଣତା ବ୍ୟକ୍ତି ଚରିତ୍ରରୁ ଯାଇ ପୁରା ସମାଜରେ ବସାବାନ୍ଧିଲା। ମହାନଦୀରେ ଯେତେ ପାଣି ବହିଯାଇଛି ସମୁଦ୍ରକୁ, ହୁଏତ ତା'ଠାରୁ ଅଧିକ ପାଣି ବହିଛି ଓଡ଼ିଆଙ୍କ ଆଖିରୁ ଲୁହ ହୋଇ। ହଁ, କାନ୍ଦିଲେ ଦୁଃଖ ଲାଘବ ହୁଏ। ସେଇଥି ପାଇଁ ବୋଧହୁଏ ଏ ଜାତି ଶହ ଶହ ବର୍ଷର ଦୁଃଖର ପାହାଡ଼ ଭାଙ୍ଗିଛି ଛାତିରେ ଓ ତଥାପି ଚାଲିଛି।

ଅଳ୍ପକେ ସନ୍ତୋଷ ଆମ ଲୋକ ଚରିତ୍ରର ଅନ୍ୟ ଏକ ଦିଗ। ଉଚ୍ଚାକାଂକ୍ଷା ଓ ଶୀର୍ଷଲିପ୍‌ସା ଥିବା ଲୋକବି ସାମାନ୍ୟ ଉପଲବ୍‌ଧିରେ ସନ୍ତୁଷ୍ଟ ହୋଇଥାଏ। ଗୋଟିଏ ଏକର ଚଷ ଜମିରେ କେତେ ବେଶୀ ଫସଲ ହୋଇପାରିଥା'ନ୍ତା ସେ ଚିନ୍ତା ନାହିଁ। ଖାଲି ସବୁଜ ଧାନ କ୍ଷେତ କି ସୋରିଷ କିଆରି ଫସଲ ଦେଖିଦେଲେ ହିଁ ଓଡ଼ିଆ ଚଷୀ ସନ୍ତୁଷ୍ଟ। ନ ପାଇବାର ଅସନ୍ତୋଷକୁ ସହିବା ପାଇଁ ପ୍ରସ୍ତୁତ ନ ଥାଏ ବୋଲି ବୋଧହୁଏ ଅଳ୍ପକେ ସନ୍ତୁଷ୍ଟ ଓଡ଼ିଆ। ଗାର୍ହସ୍ଥ୍ୟରେ ଆମେ ତୃପ୍ତ। ଏଣୁ ଘର ଛାଡ଼ି ବାହାରକୁ ଯିବାରେ ଆମର ଅସନ୍ତୋଷ। ଯାହା ପାଇଛୁ ତାହା ଈଶ୍ୱରଙ୍କ ଆଶୀର୍ବାଦରୁ ମିଳିଛି, ଯାହା ନ ପାଇଛୁ ତାହା ଭାଗ୍ୟରେ ନ ଥିଲା। ମୋଗଲ ହେଉ କି ପଠାଣ, ବଢ଼ି ମରୁଡ଼ି କି ବର୍ଗୀ ଆକ୍ରମଣ - ଯାହା ଲୁଟିଗଲା, ଭାସିଗଲା, ତାହା ଭାଗ୍ୟରେ ନ ଥିଲା ଓଡ଼ିଆର।

ଓଡ଼ିଆ ସମାଜର ସାମାଜିକ ସଂରଚନା, ଏହାର ଶ୍ରୀଜଗନ୍ନାଥ - କୈନ୍ଦ୍ରିକ ଆଧ୍ୟାତ୍ମିକ ଆସ୍ଥାଭୂମି, ଅନ୍ତର୍ଭୁକ୍ତି ସାମାଜିକ ପ୍ରକ୍ରିୟା, ବ୍ୟକ୍ତିଗତ ଓ ଗାର୍ହସ୍ଥ୍ୟ ଜୀବନରେ ସନ୍ତୋଷ ଓ ତୃପ୍ତିପ୍ରବଣତା ଏବଂ ସାମାଜିକ ଅନ୍ତଃକରଣରେ ବିଷାଦବୋଧ, ଭାବପ୍ରବଣ ବ୍ୟକ୍ତି ଚରିତ୍ର, ପାରମ୍ପରିକ ସାମାଜିକ ବିମ୍ବସବୁର ଆନୁଷ୍ଠାନୀକରଣ - ଏ ଜାତିର ସାମାଜିକ ପ୍ରଘାତ ଅବଶୋଷକ ଭାବେ କାର୍ଯ୍ୟ କରି ଦାରୁଣ ବିପର୍ଯ୍ୟୟ କାଳରେ ବି ଏହାକୁ ବଞ୍ଚାଇ ରଖି ଆସିଛି। ଅନେକ ସମୟରେ ରାଜନ୍ୟ ଅପାରଗତା ଓ ସ୍ୱଦେଶୀ ଚକ୍ରାନ୍ତକତା ହେତୁ ଏ ଜାତି ରାଜନୈତିକ ପରାଜୟର ଶୀକାର ହୋଇ ଅକଥନୀୟ ଦୁର୍ଦ୍ଦଶା ଭୋଗିଛି, ଏପରିକି ସଂକୁଚିତ ହୋଇଛି ଭୂଗୋଳ।

ମାତ୍ର ସମସ୍ତ ଦୈନ୍ୟ ଓ ପୀଡ଼ନ ସତ୍ତ୍ୱେ ଏ ଜାତି ତଥାପି ବଞ୍ଚିଛି ଏହାର ସାମାଜିକ ବନ୍ଧନକୁ ଭିତ୍ତିକରି, ଆଧ୍ୟାତ୍ମିକ ବିଶ୍ୱାସକୁ ଭରସା କରି। ଘୋର ବିପତ୍ତି କାଳରେ ବି ଦୁଃଖର ଜୁଆର ଭାଙ୍ଗିଛି ଆପଣା ମୁଣ୍ଡରେ, ଅପେକ୍ଷାରେ କାଟିଛି ସମୟ କେବେ ନା କେବେ ଏ ଦୁଃସମୟ ଅପସରି ଯିବ ଓ ପୁଣି ଜୈତ୍ର ଉଡ଼ିବ ବିଜୟର, ଦର୍ପର, ସ୍ୱାଭିମାନର। ଯେତିକି ଅକଳନ ଦୁଃଖର ଯାତ୍ରା ଏ ଜାତିର, ସେତିକି ଅଟଳ ଓ ଅବଦମିତ ଏ ଜାତିର ଜିଜୀବିଷା। ନଈ ପାଖରୁ ଚଲି ଶିଖିଛି ଯେଉଁ ଜାତି, ପାହାଡ଼ ଫଟାଇ ପଥର ଦେହରେ ଗଢ଼ିପାରିଛି ଯିଏ ଅପୂର୍ବ କଳାର କୀର୍ତ୍ତି, ତାକୁ କିଏ ରଖିପାରିବ ଦମନ କରି ଆଢୁଆଳରେ ଚିରକାଳ? ଜାତିର ଉନ୍ମେଷକାଳରେ ଏହାର ଅନ୍ତର୍ନିହିତ ସାମର୍ଥ୍ୟ ଓ ଜାତୀୟ ପରିପ୍ରକାଶର ଅଭୀପ୍‌ସା ଆତ୍ମପ୍ରକାଶ ପାଇଁ ବିଭିନ୍ନ ମାର୍ଗ ଅନୁସରଣ କରିଥାଏ। ଶୌର୍ଯ୍ୟ ପ୍ରକାଶର ଆକାଂକ୍ଷା ପରାହତ ହେଲେ, ତାହା ହୁଏତ ଅନ୍ୟ ବାଟରେ ଅନ୍ୟ ବାଗରେ ପ୍ରକାଶିତ ହୁଏ। କେତେବେଳେ ଉତ୍କର୍ଷ କଳାରେ ବା ଭାସ୍କର୍ଯ୍ୟରେ, କେବେ ବିଜ୍ଞାନରେ ତ କେବେ ଐଶ୍ୱର୍ଯ୍ୟରେ ବା କେବେ ଦର୍ଶନ କି

ସାହିତ୍ୟରେ ପ୍ରକାଶିତ ହୁଏ। ଗୋଟିଏ ଜାତିର ଗତିଶୀଳତା, ତା'ର ଅସ୍ମିତାର ପ୍ରଦର୍ଶନରେ ଓ ପ୍ରକାଶୋନ୍ମୁଖତାରୁ ଜଣାପଡ଼େ। ଏହା ଅନୁମେୟ ଯେ ଏହାହିଁ ଘଟିଛି ଓଡ଼ିଆ ଜାତିର ଭାଗ୍ୟରେ।

ଶହ ଶହ ବର୍ଷର ପରାସ୍ତ ସୈନିକର ଗ୍ଲାନିରୁ ଥରି ଉଠିଥିବ ଓଡ଼ିଆର ଜାତୀୟ ଚରିତ୍ର। ଐର ଖାରବେଳ କିମ୍ବା କପିଳେନ୍ଦ୍ର ଦେବଙ୍କ ସମୟ ଭଳି କାଁ ଭାଁ ପ୍ରକାଶିତ ସାମରିକ ଶୌର୍ଯ୍ୟ, ପରବର୍ତ୍ତୀ ସମୟରେ ହୁଏତ ପ୍ରକାଶ ପାଇଥିବ ଶ୍ରୀ ଜଗନ୍ନାଥଙ୍କ ଆଧ୍ୟାତ୍ମିକ ଦର୍ଶନ ଓ ଐଶ୍ୱର୍ଯ୍ୟରେ, କେବେ ସାଧବ ପୁଅର ବୈଦୁର୍ଯ୍ୟରେ ତ କେବେ କୋଣାର୍କର ଶିଳା ଭାସ୍କର୍ଯ୍ୟରେ। ପରବର୍ତ୍ତୀ ସମୟରେ ଓଡ଼ିଶାର ପଞ୍ଚସଖା ଓ ଶ୍ରୀଚୈତନ୍ୟଦେବଙ୍କ ଆର୍ବିଭାବ ହେତୁ ଓଡ଼ିଆ ଅସ୍ମିତା ମାଧୁର୍ଯ୍ୟ ଭକ୍ତିରେ ପରିଣତ ହୋଇଥିବ। ସାରଳା ମହାଭାରତ ପରେ ଓଡ଼ିଆ ଭାଗବତ, ଲକ୍ଷ୍ମୀ ପୁରାଣ, ଅନ୍ୟ ପୁରାଣ ଓ ସାହିତ୍ୟ, ଅସଂଖ୍ୟ କାବ୍ୟକବିତା ଲେଖା ହେବା ପରେ ଏହା ଐଶ୍ୱର୍ଯ୍ୟ ଓ ମାଧୁର୍ଯ୍ୟ ସହ ସୌନ୍ଦର୍ଯ୍ୟରେ ବି ସମାହିତ ହୋଇ ଯାଇଥିବ।

ଭଲରେ ହେଉ ବା ମନ୍ଦରେ, ଗୋଟିଏ ଜାତିର ସାମାଜିକ ସଂସ୍କୃତିରେ ଏଇସବୁ ନିଆରା ଉପାଦାନ ତା'ର ବିପର୍ଯ୍ୟୟର ଇତିହାସକୁ ସାମ୍ନା କରିବାରେ ସାହାଯ୍ୟ କରିଆସିଛି। ଫଳତଃ ବାରମ୍ବାର ଧ୍ୱଂସ ମୁହଁରେ ପଡ଼ିଥିଲେ ବି ସମୂଳେ ଧ୍ୱଂସ ହୋଇପାରିନି ଏ ଜାତି। ପୁଣି ଗଜୁରିଛି ଗଛର ପତ୍ର, ଆଉଥରେ ଗଢ଼ାହୋଇଛି ଭଙ୍ଗାଘର। ଆଜି ବି ଚାଲିଛି ଘୋଷଯାତ୍ରା। ସୁଦୂର ସାଇବେରିଆର ଚଢ଼େଇ, ପ୍ରଶାନ୍ତ ମହାସାଗରର କଇଁଛ, ଆଜି ବି ଆସୁଛନ୍ତି ଓଡ଼ିଶାକୁ ଖୋଜି ଖୋଜି ଶାନ୍ତିର ଏକ ସଜଳ ଉପତ୍ୟକା। ସବୁ ଉଦ୍‌ବିଗ୍ନତାର ଅନ୍ତ ଘଟାଇ ଏ ଜାତି ତଥାପି ବଞ୍ଚିଛି। ବୋଲେ ତ ଆଗକୁ ଚାଲିଛି।

■

ଆମ ପରିଚୟର ବିମ୍ବ ଓ ପ୍ରତିବିମ୍ବ

ଶହ ଶହ ବର୍ଷର ପ୍ରତିକୂଳ ପରିସ୍ଥିତି ସତ୍ତ୍ୱେ ଅତୀତରେ ଓଡ଼ିଆ ଜାତି ଅନେକ କିଛି କରିଛି। ସେମିତି ନ ହୋଇଥିଲେ ତ ଏ ଜାତି କୁଆଡ଼େ ଲୀନ ହୋଇଯାଇଥା'ନ୍ତା କାଳର ବିଶାଳ ଗର୍ଭରେ। ସାମୟିକ ଭାବେ ହେଲେ ବି ଉଲ୍‌କା ପରି ଆଲୋକିତ କରିଛି ଅନ୍ଧକାରାଚ୍ଛନ୍ନ ଦିଗବଳୟକୁ। ଏମିତି ଅନେକ କିଛି ବି ତିଆରି କରିଛି ପୂର୍ବ ପିଢ଼ି, ଯାହାକୁ ନେଇ ଆମେ ଗର୍ବ କରୁଁ ଆମର ବୋଲି। ପଥର ଦେହରେ ନିହାଣ ମୁନରେ ଫୁଟାଇଛି ଜୀବନ୍ତ ପ୍ରସ୍ତର କଳା ଓ ତିଆରି ହୋଇଛି କୋଣାର୍କ ପରି ମନ୍ଦିର। ଓଡ଼ିଶୀ ନୃତ୍ୟ, ଖଣ୍ଡୁଆ ପାଟ, ସମ୍ବଲପୁରୀ, ମାଣିଆବନ୍ଧୀ କପ୍ତା ଆମର। ଓଡ଼ିଆ ଜାତି କୋଣଠେସା ହୋଇଯାଇଥିଲା ସ୍ଥଳ ଭାଗରେ ସିନା, ମାତ୍ର ସାତ ସମୁଦ୍ର ଲଙ୍ଘିଛି ସାଧବ ପୁଅ। ସାରଳା ମହାଭାରତ, ଲକ୍ଷ୍ମୀପୁରାଣ, ଓଡ଼ିଆ ଭାଗବତ, ଅସଂଖ୍ୟ କାବ୍ୟ, ଛାନ୍ଦ ଓ ଗୀତ ଗୋବିନ୍ଦ ବି ଆମର। ଘନ ଅନ୍ଧକାର କାଳେ ଓଡ଼ିଆ ଜାତିକୁ ପରିଚୟ ଦେଇ ଆସିଥିବା ଶ୍ରୀ ପୁରୁଷୋତ୍ତମ କ୍ଷେତ୍ର ଓ ଶ୍ରୀଜଗନ୍ନାଥ ଆମର। ପଠାଣି ସାମନ୍ତଙ୍କ ବାଉଁଶ ନଳୀ ବି ଆମର।

କେବଳ ଅତୀତ ଓ ଇତିହାସକୁ ନେଇ ଅସ୍ମିତାର ସ୍ୱରୂପ ବାରିହୁଏ, ଜାତୀୟତାର ଉପାଦାନ ବାଛିହୁଏ, ଗର୍ବ କରିହୁଏ, ଛାତି ଫୁଲେଇ ଚାଲିହୁଏ ସିନା, ପରିବର୍ତ୍ତିତ ସମୟ ଓ ସମୟାନ୍ତରରେ ବଞ୍ଚି ହୁଏନା, ଆଗକୁ ଯାଇ ହୁଏନା। ସେଥିପାଇଁ ଲୋଡ଼ା ଗତି ଓ ପ୍ରଗତି ବଜାୟ ରଖିବା, ସ୍ଥାଣୁତା କି ସ୍ଥିତି ସ୍ଥାପକତା ପରିହାର କରି ଗତି ତ୍ୱରାନ୍ୱିତ କରିବା। କେବଳ ଭୌତିକ ପ୍ରଗତି କି ଆର୍ଥିକ ପ୍ରଗତି ନୁହେଁ, ସାମାଜିକ, ଆଧ୍ୟାତ୍ମିକ, ସାଂସ୍କୃତିକ ପ୍ରଗତି ମଧ୍ୟ ଜାରି ରଖିବା ଜରୁରୀ।

ଦୂର ଅତୀତ ବ୍ୟତିରେକ, ୧୯୩୬ ମସିହା ବେଳକୁ ଗଠିତ ହୋଇ ସାରିଥିଲା – ଓଡ଼ିଶା – ଏକ ସ୍ୱତନ୍ତ୍ର ଭାଷା ଭିତ୍ତିକ ରାଜ୍ୟ। ଫଳତଃ, ଉଭୟ ଭାଷା ଓ ଭୂମି ପାଇଁ

ଆମ ସଂଘର୍ଷର ଅନ୍ତ ହେଲା। କେବଳ ବାକି ଥିଲା ଦେଶ ସ୍ୱାଧୀନତା ପାଇଁ ସଂଗ୍ରାମର ମହାସ୍ରୋତରେ ଆମର ଭୂମିକା। ଏହି ମହାଭାରତୀୟ ସଂଗ୍ରାମରେ ଓଡ଼ିଆ ଜାତିର ଭୂମିକା ଥିଲା ବେଶ୍ ଗୁରୁତ୍ୱପୂର୍ଣ୍ଣ। ୧୮୧୭ ମସିହାର ପାଇକ ବିଦ୍ରୋହ ଠାରୁ ଲବଣ ସତ୍ୟାଗ୍ରହ ଓ ଭାରତ ଛାଡ଼ ଆନ୍ଦୋଳନ ପର୍ଯ୍ୟନ୍ତ – ପ୍ରତି ପର୍ଯ୍ୟାୟରେ ଓଡ଼ିଶାର ଅବଦାନ ରାଷ୍ଟ୍ରୀୟ ସ୍ତରରେ ମାନ୍ୟତା ପାଇଛି। ଏହାପରେ ଦେଶ ସ୍ୱାଧୀନ ହେଲା। ଭାରତରେ ସଂସଦୀୟ ଗଣତନ୍ତ୍ରରେ ଓଡ଼ିଶାର ରାଜନୈତିକ ମାନ୍ୟତା କାଏମ୍ ରହିଲା। ଏହା ଭିତରେ ୭୩ ବର୍ଷ ବି ବିତିଗଲାଣି। ହୀରାକୁଦରୁ ପାରାଦ୍ୱୀପ, ରାଉରକେଲାରୁ ରେଙ୍ଗାଲି ଦେଇ ଏବେ ତ ଆମେ ନାଲକୋ ଓ ପୋଲାଭରମ୍ ପାଖରେ ପହଞ୍ଚିଛେ। ସରକାରୀ ପରିସଂଖ୍ୟାନରେ ତ ଆମ ପ୍ରଗତିର ବେଗ ବେଶ୍ ତ୍ୱରାନ୍ୱିତ। ଅନେକ କଳ କାରଖାନା ହୋଇଛି, ଶିକ୍ଷାର ବ୍ୟାପ୍ତି ବଢ଼ିଛି, ଜୀବିକା ପ୍ରସାରିତ ହୋଇଛି, ଜୀବନ ଧାରଣର ମାନ ବି ବଢ଼ିଛି। ସେମିତି କବି ଓ ସାହିତ୍ୟିକଙ୍କ ସଂଖ୍ୟା ବଢ଼ିଛି, ଆମ ସାହିତ୍ୟରେ ପ୍ରକାଶିତ ବହି ସଂଖ୍ୟା ବହୁଗୁଣିତ ହୋଇଛି।

ସାମ୍ପ୍ରତିକ ଓଡ଼ିଆ ସମାଜ ବିଷୟରେ ଏକ ଆଲୋଚନା ପୂର୍ବରୁ ଓଡ଼ିଆ ଜାତୀୟ ଚରିତ୍ର ସମ୍ପର୍କରେ କେତୋଟି ବିବଦମାନ / ବିତର୍କିତ ଧାରଣା ଉପରେ ଦୃଷ୍ଟିପାତ କରିବା ଜରୁରୀ। ଆମ ନିଜ ସମ୍ପର୍କରେ ଆମ ନିଜ ଲୋକମାନଙ୍କର, ବେଳେବେଳେ ଅନ୍ୟ ପ୍ରାଦେଶିକ ଲୋକମାନଙ୍କର ବି ଏକା ପ୍ରକାରର ଧାରଣା ରହି ଆସିଛି। ଅନେକ ସମୟରେ ଏପରି ଧାରଣା ଆମ ଜାତୀୟ ଚରିତ୍ରର ମାନକ ବନିଯାଏ। ଉଦାହରଣ ସ୍ୱରୂପ "ଓଡ଼ିଆ ଏକ ସ୍ୱସ୍ତିଆ ଜାତି; ଏମାନେ ପଖାଳ ଖାଇ ଦିନରେ ଶୁଅନ୍ତି, ଏଣୁ ଏମାନଙ୍କୁ ଲୁଟିବା ଖୁବ୍ ସହଜ"। ପୂର୍ବରୁ ଥିଲା 'କଳିଙ୍ଗାଃ ସାହସିକାଃ', ଏବେ ଓଡ଼ିଆ ସ୍ୱସ୍ତିଆ ଜାତି। ସେମିତି, ଓଡ଼ିଶା ଏକ ଗରିବ ରାଜ୍ୟ, ଏଠାରେ ଅନାହାର ମୃତ୍ୟୁ ହୁଏ, କଳାହାଣ୍ଡିର ଅନାହାର, ଆମର ଜାତୀୟ ପରିଚୟ। ଆମ ସମ୍ପର୍କରେ ଅନ୍ୟମାନଙ୍କର ଏଭଳି ବଦ୍ଧମୂଳ ଧାରଣା ଅନେକ ସମୟରେ ବାହାରେ ଆମର ଛବି କ୍ଷୁର୍ଣ୍ଣ କରେ ଓ ସ୍ୱାଭିମାନକୁ ଆଘାତ ଦିଏ।

ଏକଥା ସତ ଯେ ଓଡ଼ିଆର ଜାତୀୟ ମାନସିକତାରେ ବ୍ୟକ୍ତିର ଭୌତିକ ପ୍ରଗତିକୁ କମ୍ ଗୁରୁତ୍ୱ ଦିଆ ଯାଇଥାଏ, ଆଧ୍ୟାତ୍ମିକ ବିକାଶ ତୁଳନାରେ। ଏହା ଯଦିଓ ସର୍ବଭାରତୀୟ ମାନସିକତା, ତଥାପି, "ଓଡ଼ିଆ ଲୋକେ ଭାଗ୍ୟବାଦୀ ଓ ଅଳ୍ପକେ ସନ୍ତୁଷ୍ଟ", ଏହାହିଁ ଆମ ଦାରିଦ୍ର୍ୟର କାରଣ। ଆମର ଯଥେଷ୍ଟ ପ୍ରାକୃତିକ ସମ୍ପଦ ଥିବା ସତ୍ତ୍ୱେ ଏଇଭଳି ସାମାଜିକ ମାନସିକତା ହେତୁ ଆମର ଔଦ୍ୟୋଗିକ ବିକାଶ ହୋଇପାରି ନାହିଁ କି ଉଦ୍ୟୋଗପତି ସୃଷ୍ଟି ହୋଇପାରି ନାହାଁନ୍ତି, ବୋଲି ବହୁ ବୁଦ୍ଧିଜୀବିଙ୍କର ମତ। ସବୁଠାରୁ

ଗୁରୁତ୍ୱପୂର୍ଣ୍ଣ କଥା ହେଲା ବହୁ ପ୍ରଗତିବାଦୀ ବା ବୁଦ୍ଧିଜୀବି ଆଉ ପଦେ ଆଗକୁ ଯାଇ ଏଭଳି ପରିସ୍ଥିତିର କାରଣ ଓଡ଼ିଶାର ଶ୍ରୀଜଗନ୍ନାଥ ସଂସ୍କୃତି ବୋଲି ରୋକ୍ ଠୋକ୍ ମତ ଦିଅନ୍ତି।

ଏହା ଏକ ବିତର୍କ ଓ ମତବାଦର କଥା, ଏପରିକି ଏ କଥାରେ ସତ୍ୟତା ବି ଥାଇପାରେ। ଓଡ଼ିଆର ଭାଗ୍ୟବାଦୀ ଜୀବନାଦର୍ଶ ଓ ତୃପ୍ତ ଗାର୍ହସ୍ଥ୍ୟ ଜୀବନ ଆମର ଭୌତିକ ବିକାଶର ପରିପନ୍ଥୀ ହୋଇ ପାରିଥାଏ ଏବଂ ଏହାର କାରଣ ଜଗନ୍ନାଥ କୈନ୍ଦ୍ରିକ ଭାଗବତ ସଂସ୍କୃତିର ପ୍ରଭାବ ବି ହୋଇଥାଇ ପାରେ। ମାତ୍ର ଶ୍ରୀ ଜଗନ୍ନାଥଙ୍କୁ ନେଇ ଯେ ଓଡ଼ିଶାର ଇତିହାସ, ରାଜନୀତି, ଓଡ଼ିଆ ସମାଜର ଆସ୍ଥାଭୂମି ଏପରିକି ଓଡ଼ିଆ ସାହିତ୍ୟ, ସଂସ୍କୃତି, କଳା ଓ ଭାସ୍କର୍ଯ୍ୟ ଯୁଗ ଯୁଗ ଧରି ପ୍ରଭାବିତ ହୋଇ ଆସିଛି ଏହା ବି ଅନସ୍ୱୀକାର୍ଯ୍ୟ। ଓଡ଼ିଶା ଇତିହାସରେ ଜଗନ୍ନାଥଙ୍କ ଐଶ୍ୱର୍ଯ୍ୟକୁ ନେଇ ଏ ଜାତି ଯେତିକି ଗର୍ବ କରିଛି, ଏହାର ସୁରକ୍ଷା ପାଇଁ କିଛି କମ୍ ସଂଘର୍ଷ ବି କରିନାହିଁ। ଘନ ଘନ ବିଦେଶୀ ଆକ୍ରମଣରେ ପରାହତ ଏବଂ ଫି'ବର୍ଷ କରାଳ ବିପର୍ଯ୍ୟୟରେ ବିଧ୍ୱସ୍ତ ଗୋଟିଏ ଜାତି ଭାଗ୍ୟବାଦୀ ହେବା, ଦୁଃସାହସୀ ବା ଉଦ୍ୟୋଗୀ ନ ହୋଇ କୋଣଠେସା ହୋଇଯିବା, ତତ୍କାଳୀନ ସାମାଜିକ, ଆର୍ଥିକ ଓ ରାଜନୈତିକ ପରିସ୍ଥିତିରେ ଖୁବ୍ ସ୍ୱାଭାବିକ। ମାତ୍ର ଏହାର କାରକ ଭାବେ ଜଗନ୍ନାଥ ସଂସ୍କୃତିକୁ କେବଳ ଦାୟୀ କରିବା ବିବଦମାନ ନିଶ୍ଚୟ। ଏହା ବରଂ ଅଧିକ ବିତର୍କର ଅପେକ୍ଷା ରଖେ।

କୌଣସି ଜାତିର ସମାଜ ବ୍ୟବସ୍ଥା ଅନୁଶୀଳନ କରିବା ସମୟରେ ତତ୍କାଳୀନ ପାରିପାର୍ଶ୍ୱିକ ଅବସ୍ଥା ଓ ପରିବର୍ତ୍ତନକୁ ତ୍ୱରାନ୍ୱିତ କରୁଥିବା କ୍ରିୟାଶୀଳ ବିବିଧ କାରକ ଏବଂ ପରିବର୍ତ୍ତନକୁ ଗ୍ରହଣ ଓ ଧାରଣ କରିପାରିବାର ଶକ୍ତି ରଖିଥିବା ତତ୍କାଳୀନ ସାମାଜିକ ଅନୁଷ୍ଠାନ ଗୁଡ଼ିକର ସାମର୍ଥ୍ୟ ଉପରେ ବି ଧ୍ୟାନ ଦେବାକୁ ହେବ। ଓଡ଼ିଶା ପ୍ରଦେଶ ଗଠନ ଓ ଦେଶ ସ୍ୱାଧୀନ ହେବା ପରେ ଆମକୁ ଏକ ନିର୍ଦ୍ଦିଷ୍ଟ ଭୂଗୋଳ ମିଳି ସାରିଛି ଏବଂ ସଂଘୀୟ ଗଣତାନ୍ତ୍ରିକ ବ୍ୟବସ୍ଥାରେ ଆମର ରାଜନୈତିକ ଭୂମିକା ସ୍ଥିରୀକୃତ ହୋଇ ଯାଇଛି। ଆମର ଭୂମି ଓ ଭାଷାକୁ ନେଇ ସଂଘର୍ଷର ଭୟ ଆଉ ନାହିଁ। ରାଜନ୍ୟ ଅନୁଗ୍ରହ ବଦଳରେ ନାଗରିକ ଅଧିକାର ଭିତ୍ତିକ ପ୍ରଗତିଶୀଳ ବିଧି ବ୍ୟବସ୍ଥା ଗ୍ରହଣ କରାଯାଇଛି। ପ୍ରଦେଶରୁ ପଲ୍ଲୀଯାଏଁ ଗଣତାନ୍ତ୍ରିକ ବିକେନ୍ଦ୍ରୀକରଣ ମାଧ୍ୟମରେ ନାଗରିକ ସଶକ୍ତିକରଣ କରାଯାଇଛି। ଜାତିରୁ ବୃତ୍ତିକୁ ଅଲଗା କରା ଯାଇଛି। ସମାନତାର ଅଧିକାର ସହ ଶିକ୍ଷା, ସ୍ୱାସ୍ଥ୍ୟ, ଗମନାଗମନ ଆଦି ବିଭିନ୍ନ ବିଭାଗର ପରିସର ବ୍ୟାପକ ଲୋକାଭିମୁଖୀ ହୋଇଛି। ଏସବୁ ସାଧାରଣ ଦୃଶ୍ୟମାନ ପରିବର୍ତ୍ତନ ବ୍ୟତୀତ କେତୋଟି ଗୁରୁତ୍ୱପୂର୍ଣ୍ଣ ଆର୍ଥ-ସାମାଜିକ ପ୍ରକ୍ରିୟା ଆରମ୍ଭ ହୋଇଛି। ସେଗୁଡ଼ିକ ହେଲା :-

୧. ଆଧୁନିକୀକରଣ ଓ ସହରୀକରଣ

୨. ଉଦାରୀକରଣ - ଘରୋଇ କରଣ

୩. ଜଗତୀକରଣ, ଜ୍ଞାନ ସମାଜର ପ୍ରତିଷ୍ଠା ଓ ସୂଚନା ବିସ୍ଫୋରଣ

୪. "ଗ୍ରାମ ବିଶ୍ୱ"ର "ବିଶ୍ୱଗ୍ରାମ" ଆଡ଼କୁ ବିସ୍ତାର

୫. ଧର୍ମ ନିରପେକ୍ଷୀକରଣ

ଏସବୁ ସ୍ଥାନୀୟ ପ୍ରକ୍ରିୟା ନୁହେଁ ବରଂ ମହାଭାରତୀୟ ଏପରିକି ବିଶ୍ୱସ୍ତରୀୟ ପ୍ରକ୍ରିୟା। ମାତ୍ର ଏଗୁଡ଼ିକ ଗୋଟିଏ ଜାତିର ସାମାଜିକ ପରିବର୍ତ୍ତନ ପ୍ରକ୍ରିୟା ଉପରେ ଗଭୀର ପ୍ରଭାବ ପକାଇଥା'ନ୍ତି। ସେ ଦୃଷ୍ଟିରୁ ଓଡ଼ିଆ ସମାଜ ଉପରେ ଏସବୁର ପ୍ରଭାବ ବିଷୟରେ ନଜର ପକାଇବା ଆଉ ଥରକୁ।

■

ଓଡ଼ିଆ ସମାଜର ଆଧୁନିକୀକରଣ

ଆଧୁନିକୀକରଣ ଏପରି ଏକ ବହୁମୁଖୀ ସାମାଜିକ ପ୍ରକ୍ରିୟା ଯାହା ମାଧ୍ୟମରେ ପାରମ୍ପରିକକ ସମାଜ (ମୁଖ୍ୟତଃ କୃଷି ଭିତ୍ତିକ) ଆଧୁନିକ ସମାଜର ଗୁଣାବଳୀ ଯଥା ପ୍ରାଦ୍ୟୋଗିକ ବିକାଶ, ବୈଜ୍ଞାନିକ ଦୃଷ୍ଟିଭଙ୍ଗୀ ପ୍ରତି ଆସ୍ଥା ଓ ସମସାମୟିକ ସମସ୍ୟା ଉପରେ ମାନନୀୟ ବିଚାର ପଦ୍ଧତିର ଆତ୍ମିକରଣ ଆଦିକୁ ଗ୍ରହଣ କରି ଆଧୁନିକ ସମାଜରେ ପରିଣତ ହୋଇଥାଏ। ସମାଜ ବିଜ୍ଞାନୀ ଆଲେକ୍ସ ଇଙ୍କେଲ୍ସଙ୍କ ମତରେ ନୂତନ ବିଚାରକୁ ଗ୍ରହଣ କରିବା, ନୂତନ ପଦ୍ଧତି ଗୁଡ଼ିକ ଉପଯୋଗ କରିବା, ପ୍ରତ୍ୟେକ ବିଷୟରେ ନିଜର ମତାମତ ଦେବା ପାଇଁ ପ୍ରସ୍ତୁତ ରହିବା, ସମୟ ପ୍ରତି ସଚେତନ, ଅତୀତ ଅପେକ୍ଷା ବର୍ତ୍ତମାନ ଓ ଭବିଷ୍ୟତ ପ୍ରତି ଅଧିକ ଦୃଷ୍ଟି ଦେବା, ବିଶ୍ୱପ୍ରତି ବ୍ୟବହାରିକ ଦୃଷ୍ଟିକୋଣ, ବିଜ୍ଞାନ ଓ ପ୍ରାଦ୍ୟୋଗିକ ବିଦ୍ୟା ଉପରେ ବିଶ୍ୱାସ ରଖିବା ତଥା ନ୍ୟାୟ ବ୍ୟବସ୍ଥାରେ ସମତାକୁ ଉତ୍ସାହିତ କରିବା ଇତ୍ୟାଦି ବୈଶିଷ୍ଟ୍ୟଗୁଡ଼ିକ ଗ୍ରହଣ କରିବାର ପ୍ରକ୍ରିୟା ହିଁ ଆଧୁନିକୀକରଣ।

ଓଡ଼ିଶାରେ ପାରମ୍ପରିକ ଦ୍ରବ୍ୟ ବିନିମୟ ପ୍ରଥା ବନ୍ଦ କରି କଉଡ଼ିକୁ ମାନକ ବିନିମୟ ମୁଦ୍ରାଭାବେ ପ୍ରଚଳନ ହେବା ଅନ୍ତତଃ ଅର୍ଥନୀତିକ ଆଧୁନିକୀକରଣର ପ୍ରଥମ ପଦକ୍ଷେପ ବୋଲି ଗ୍ରହଣ କରାଯାଇପାରେ। ଏହା ଅନ୍ୟୂନ ୫୦୦ ବର୍ଷ ପୁରୁଣା - ସାରଳା ମହାଭାରତ ପୂର୍ବରୁ - ସାଧବମାନଙ୍କ ଦ୍ୱାରା କଉଡ଼ି ଆମଦାନୀ ହେଉଥିବାର ଅନୁମେୟ। ମାତ୍ର ଇଂରେଜମାନଙ୍କ ଶାସନ କାଳରେ ହିଁ ଭାରତରେ, ଓଡ଼ିଶାରେ ବି ଆଧୁନିକୀକରଣ ପ୍ରକ୍ରିୟା ଆରମ୍ଭ ହେଲା। ଉନ୍ନବିଂଶ ଶତାବ୍ଦୀର ଭକ୍ତି ଆନ୍ଦୋଳନ ଯଥା ବ୍ରାହ୍ମ ସମାଜ, ଆର୍ଯ୍ୟ ସମାଜରୁ ଆରମ୍ଭ ହୋଇ ସ୍ୱାଧୀନତା ସଂଗ୍ରାମ ମାଧ୍ୟମରେ ପାରମ୍ପରିକ ଚିନ୍ତାଧାରାର ପରିବର୍ତ୍ତନ ଆସିଲା। ଆଧୁନିକ ଶିକ୍ଷା, ନାରୀ ଶିକ୍ଷା, ବିଧବା ବିବାହ ପ୍ରଚଳନ, ବାଲ୍ୟ ବିବାହ ଉଚ୍ଛେଦ ଇତ୍ୟାଦି ଆଧୁନିକୀକରଣ ପ୍ରକ୍ରିୟାର ଅଂଶ ବିଶେଷ।

ଆଧୁନିକ ଅର୍ଥରେ ଶିକ୍ଷାର ବିକାଶ ଓଡ଼ିଶାରେ ବିଳମ୍ବରେ ଆରମ୍ଭ ହେଲା। ଊନବିଂଶ ଶତାବ୍ଦୀର ମଧ୍ୟଭାଗ ପର୍ଯ୍ୟନ୍ତ ଓଡ଼ିଶାର ପାରମ୍ପରିକ ଶିଳ୍ପ କୁଟୀର ଶିଳ୍ପ ହିଁ ଥିଲା। ୧୮୫୪ ମସିହାରେ ଜଣେ ଜର୍ମାନୀ ନାଗରିକ ଫ୍ରେଡ଼େରିକ୍ ଜେମ୍ସ ଭିଭିଆନ ମିଞ୍ଚିନ୍‌ଙ୍କ ଦ୍ୱାରା ଗଞ୍ଜାମ ଜିଲ୍ଲାର ଆସ୍କା ଠାରେ ପ୍ରତିଷ୍ଠିତ ଚିନି କଳ ହେଉଛି ପ୍ରଥମ କାରଖାନା। ମଧୁବାବୁଙ୍କ "ଉତ୍କଳ ଟ୍ୟାନେରୀ" ଜୋତା କାରଖାନା ଓ ତାରକସୀ ଶିଳ୍ପ ଜଣେ ଓଡ଼ିଆ ଶିଳ୍ପପତିଙ୍କ ଦ୍ୱାରା ପ୍ରତିଷ୍ଠିତ ପ୍ରଥମ କାରଖାନା। ସ୍ୱାଧୀନତା ପୂର୍ବ ପର୍ଯ୍ୟନ୍ତ ଅଳ୍ପ କେତେକ ହାତଗଣତି କାରଖାନା ଯଥା ବାରଙ୍ଗ କାଚ କାରଖାନା (୧୯୩୭), ରାୟଗଡ଼ାର ଚିନି କାରଖାନା (୧୯୩୭) ଓ ବ୍ରଜରାଜ ନଗର କାଗଜକଳ (୧୯୩୯) ମାତ୍ର ହିଁ ଥିଲା। ଏହାପରେ ବିଜୁ ପଟ୍ଟନାୟକଙ୍କ ଦ୍ୱାରା ଚୌଦ୍ୱାରରେ କଳିଙ୍ଗ ଟ୍ୟୁବ୍ ୧୯୫୬ ମସିହାରେ ସ୍ଥାପିତ ହେଲା।

ଓଡ଼ିଶାରେ ଏକ ଶିକ୍ଷାର ବାତାବରଣ କାଳକେ ଥିଲା। ଇତିହାସରେ ବୌଦ୍ଧ, ଜୈନ ଓ ହିନ୍ଦୁ ଧର୍ମର ଉନ୍ନତ ଶିକ୍ଷାକେନ୍ଦ୍ରମାନ ଏଠାରେ ଥିଲା। ମଧ୍ୟଯୁଗରେ ଗାଁ ଗାଁରେ ଭାଗବତ ଘର ବା ଟୁଙ୍ଗୀ, ମାଟିବଂଶ ଅବଧାନଙ୍କ ଗାଁ ଚାଟଶାଳୀ ପାରମ୍ପରିକ ଶିକ୍ଷାର ପ୍ରତିଷ୍ଠିତ ଅନୁଷ୍ଠାନ ଥିଲା। ମାତ୍ର ବ୍ରିଟିଶ୍ ସରକାର ଟି.ବି. ମ୍ୟାକଲେଙ୍କ ଶିକ୍ଷାନୀତି ୧୮୩୫ ଏବଂ ଉଡ୍‌ଙ୍କ ୧୮୫୪ର ନିୟମ ପରେ ଓଡ଼ିଶାରେ ଆଧୁନିକ ଶିକ୍ଷାର ଯୁଗ ଆରମ୍ଭ ହେଲା। ପ୍ରାଥମିକ ବିରୋଧ ପରେ ଓଡ଼ିଆ ସମାଜ ଆଧୁନିକ ଶିକ୍ଷା ପଦ୍ଧତିକୁ ଗ୍ରହଣ କରି ନେଇଥିଲା।

ଗୋଟିଏ ଗୁରୁତ୍ୱପୂର୍ଣ୍ଣ କଥା ହେଲା ୧୮୬୬-୬୭ର ନଅଙ୍କ ଦୁର୍ଭିକ୍ଷ ଯାହାକି ଊନବିଂଶ ଶତାବ୍ଦୀର ସବୁଠାରୁ ବଡ଼ ବିପର୍ଯ୍ୟୟ ଥିଲା, ତାହା ଓଡ଼ିଶାର ପାରମ୍ପରିକ ସାମାଜିକ ବନ୍ଧନକୁ ଭାଙ୍ଗି ଆଧୁନିକୀକରଣ ପ୍ରକ୍ରିୟାକୁ ତ୍ୱରାନ୍ୱିତ କରିବାରେ ସହାୟକ ହୋଇଥିଲା। ଏହି ଭୟଙ୍କର ବିପର୍ଯ୍ୟୟର ପରିସ୍ଥିତି ଓ ପରିଣତି ବିଶ୍ୱକୁ ଓ ଆଧୁନିକତାକୁ ଗବାକ୍ଷ ଭଳି କାମ କରିଥିଲା। ନଅଙ୍କ ଦୁର୍ଭିକ୍ଷରେ ଓଡ଼ିଶାର ପାଖାପାଖି ଏକ ତୃତୀୟାଂଶ ଲୋକ ମୃତ୍ୟୁ ବରଣ କରିଥିଲେ। ନଅଙ୍କ ଦୁର୍ଭିକ୍ଷ ଓଡ଼ିଶାର ମେରୁଦଣ୍ଡ ଭାଙ୍ଗି ଦେଇଥିଲା ସତ ମାତ୍ର ବ୍ରିଟିଶ ପାର୍ଲିଆମେଣ୍ଟ ସମେତ ବିଶ୍ୱର ବହୁ ଚିନ୍ତାଶୀଳ ଲୋକମାନଙ୍କର ଚେତନା ଉଦ୍ରେକ କରିଥିଲା। ଓଡ଼ିଶାର ତତ୍ କାଳୀନ ଶିକ୍ଷିତ ଯୁବଗୋଷ୍ଠୀଙ୍କ ମନରେ ନିଜ ଲୋକଙ୍କ ପାଇଁ କିଛି କରିବାର ସଚେତନତା ଓ ସଂକଳ୍ପ ସୃଷ୍ଟି କରାଇ ଥିଲା। କଟକ, ବାଲେଶ୍ୱର, ପୁରୀରେ ଜିଲ୍ଲା ସ୍କୁଲକୁ ହାଇସ୍କୁଲ ମାନ୍ୟତା । ମିଳିଲା। ୧୮୭୬ରେ ରେଭେନ୍‌ସା କଲେଜ ପ୍ରତିଷ୍ଠିତ ହେଲା। ଶିକ୍ଷାନୁଷ୍ଠାନ ବଢ଼ିଲା। ଏହି ସମୟରେ ପ୍ରକାଶିତ ପତ୍ର-ପତ୍ରିକାମାନଙ୍କର ଭୂମିକା ଏହି ଆଧୁନିକୀକରଣ ପ୍ରକ୍ରିୟାରେ

ସର୍ବାଧିକ ଥିଲା । ଗୌରୀଶଙ୍କର ରାୟ କଟକ ପ୍ରିଣ୍ଟିଂ କମ୍ପାନୀ ପ୍ରତିଷ୍ଠା କରି ୧୮୬୬ରେ ପ୍ରକାଶ କଲେ "ଉତ୍କଳ ଦୀପିକା" । ୧୮୬୮ରେ ଫକୀର ମୋହନ ସେନାପତିଙ୍କ ସମ୍ପାଦନାରେ ବାଲେଶ୍ୱରରୁ ପ୍ରକାଶ ପାଇଲା "ବାଲେଶ୍ୱର ସମ୍ବାଦ ବାହିକା", କାଳୀପଦ ବାନାର୍ଜୀଙ୍କ ସମ୍ପାଦନାରେ କଟକରୁ ପ୍ରକାଶ ପାଇଲା "ଉତ୍କଳ ହିତୈଷିଣୀ, ୧୮୭୩ରେ ରାଜା ବୈକୁଣ୍ଠନାଥ ଦେଙ୍କ ଦ୍ୱାରା 'ଉତ୍କଳ ଦର୍ପଣ' ବାଲେଶ୍ୱରରୁ ଏବଂ ବାମରାର ରାଜା ସାର୍ ବାସୁଦେବ ସୁଢ଼ଳ ଦେବଙ୍କ ଦ୍ୱାରା ୧୮୮୯ରେ 'ସମ୍ବଲପୁର ହିତୈଷିଣୀ' ପ୍ରକାଶିତ ହୋଇ ଜନ ସଚେତନତା ଜାଗ୍ରତ କରିବା ସହ, ସାହିତ୍ୟ, ସମ୍ବାଦ, ରାଜନୀତି ଓ କଳା ସଂସ୍କୃତିର ବାହକ ସାଜିଥିଲେ ।

ନ'ଅଙ୍କ ଦୁର୍ଭିକ୍ଷର ଆଧୁନିକୀକରଣ ପ୍ରକ୍ରିୟାକୁ ଆଉ ଏକ ଗୁରୁତ୍ୱପୂର୍ଣ୍ଣ ଅବଦାନ ହେଉଛି ସାଧାରଣ ମାଗଣା ଭୋଜନ କେନ୍ଦ୍ର ଓ ରିଲିଫ୍ କାମ ମାଧ୍ୟମରେ ଜାତିପ୍ରଥା ତଥା ଜାତିଗତ କୁସଂସ୍କାରର ହ୍ରାସ ହେବା । ଏହି ଦୁର୍ଭିକ୍ଷ ଜାତି, ଧର୍ମ ଓ ବର୍ଣ୍ଣ ନିର୍ବିଶେଷରେ ସମସ୍ତ ଓଡ଼ିଆକୁ ଏତେ ପ୍ରଭାବିତ କରିଥିଲା ଯେ ବହୁ ଥିଲାବାଲା ଓ ଉଚ୍ଚ ଜାତିର ଲୋକ ବି ରିଲିଫ୍ କ୍ୟାମ୍ପକୁ ଆସିବାକୁ ବାଧ୍ୟ ହୋଇଥିଲେ ଏବଂ 'ଛତର' ଖାଇ ଥିଲେ ଓ ଖାଦ୍ୟ ପାଇଁ କାମ ଯୋଜନାରେ ଅଂଶ ଗ୍ରହଣ କରିଥିଲେ । ଫଳରେ ଜାତିଭିତ୍ତିକ ସାମାଜିକ ବାସନ୍ଦ ବ୍ୟବସ୍ଥା ଆପେ ଆପେ କୋହଳ ହୋଇଥିଲା ।

ସହରୀକରଣ ହେଉଛି ଆଧୁନିକୀକରଣର ସହବନ୍ଦିତ ପ୍ରକ୍ରିୟା । ଆଧୁନିକୀକରଣର ମୂଳ ଲକ୍ଷ୍ୟ ହେଉଛି ସମାଜର ପାରମ୍ପରିକ କୃଷିଭିତ୍ତିକ ଅର୍ଥନୀତି ଉପରେ ନିର୍ଭରଶୀଳତା ହ୍ରାସ କରି ଉତ୍ପାଦନ, ବାଣିଜ୍ୟ ବା ସେବା ଭିତ୍ତିକ ଅର୍ଥନୀତି ଆଡ଼କୁ ଗତି କରିବା । ସାଧାରଣ ଲୋକମାନେ ଗ୍ରାମଗୁଡ଼ିକରୁ ସହରାଭିମୁଖୀ ହେବା, ସହର ଗୁଡ଼ିକର ପରିସର ବୃଦ୍ଧିହେବା ଏବଂ ସହରୀ ମୂଲ୍ୟବୋଧ ଓ ବ୍ୟାବହାରିକ ପଦ୍ଧତିର ପ୍ରସାରଣକୁ ସହରୀକରଣ କୁହାଯାଏ । ଜନ ସଂଖ୍ୟାର ଗତିଶୀଳତା, ଅଣ କୃଷିକାର୍ଯ୍ୟ ପ୍ରତି ମନୋଭାବର ପରିବର୍ତ୍ତନ, ବ୍ୟକ୍ତିକୈନ୍ଦ୍ରିକତା, ଉପଭୋକ୍ତାବାଦ ଓ ବସ୍ତୁବାଦର ପ୍ରଭାବ ଆଦି ଉପାଦାନ ସହରୀକରଣ ପ୍ରକ୍ରିୟା ସହ ଜଡ଼ିତ । ସହରୀକରଣର ସବୁଠାରୁ ଗୁରୁତ୍ୱପୂର୍ଣ୍ଣ ସାମାଜିକ ପ୍ରଭାବ ଗୁଡ଼ିକ ହେଲା :- (୧) ଗ୍ରାମାଞ୍ଚଳ ପରି ସମଜାତୀୟ ଗୁଚ୍ଛବନ୍ଧ ବାସଗୃହ ନ ରହିବା ହେତୁ ବିଭିନ୍ନ ଜାତି ଓ ବିଭିନ୍ନ ଶ୍ରେଣୀର ଲୋକଙ୍କ ମଧ୍ୟରେ ଖୋଲାଖୋଲି ମିଳାମିଶା (୨) ବୃତ୍ତିରେ ଜାତି, ଧର୍ମ ଓ ଶ୍ରେଣୀ ନିରପେକ୍ଷତା (୩) ଦ୍ରୁତ ସାମାଜିକ ଓ ଆର୍ଥିକ ଗତିଶୀଳତା (୪) ଯୌଥ ପରିବାରର ବିଘଟନ ଓ ଏକକ ପରିବାରର ବୃଦ୍ଧି ।

ଓଡ଼ିଶାରେ ସହରୀକରଣ ପ୍ରକ୍ରିୟା ଅପେକ୍ଷାକୃତ ଭାବେ ମନ୍ଥର ଥିଲା । ମାତ୍ର ଦ୍ରୁତ

ଶିଳ୍ପାୟନ, ଗ୍ରାମାଞ୍ଚଳରେ ବିପର୍ଯ୍ୟୟର ଅଧିକ ପ୍ରଭାବ, ସାଧାରଣ ଲୋକଙ୍କ ମଧ୍ୟରେ ଶିକ୍ଷା, ସ୍ୱାସ୍ଥ୍ୟ, ସୁବିଧା ସୁଯୋଗ ଓ ସୂଚନା ସଚେତନତା ଏବଂ ଆର୍ଥିକ ଦୁର୍ଗତି ଫଳରେ ଗତ ଦୁଇ ଦଶନ୍ଧି ମଧ୍ୟରେ ଏହି ପ୍ରକ୍ରିୟା ଅଧିକ ତ୍ୱରାନ୍ୱିତ ହୋଇଥିବା ଜଣାଯାଏ। ଶିଳ୍ପାୟନ ହେତୁ ଗଢ଼ି ଉଠିଥିବା ନୂତନ ସହର ଗୁଡ଼ିକ ମଧ୍ୟରେ ଅନୁଗୁଳ, ତାଳଚେର, ଦାମନଯୋଡ଼ି, ପାରାଦ୍ୱୀପ ଓ ଜୟପୁର ଅନ୍ୟତମ। ପୁରାତନ ସହର ଅପେକ୍ଷା ଏହି ସହର ଗୁଡ଼ିକର ଅଭିବୃଦ୍ଧି ହାର ଅଧିକ।

ସହର ଅଭିବୃଦ୍ଧି ବ୍ୟତିରେକେ ଏବେ ଆଉ ଗୋଟିଏ ପ୍ରକ୍ରିୟା ବି ଆଢୁଆଳରେ ଚାଲିଛି। ସହର ଉପକଣ୍ଠରେ ଥିବା ଗ୍ରାମ ଗୁଡ଼ିକ ଏପରିକି ଦୂରନ୍ତ ଗ୍ରାମ ଗୁଡ଼ିକର ମଧ୍ୟ ସହର ପ୍ରଭାବରୁ ଦ୍ରୁତ ଅଗ୍ରଗତି ହେଉଛି। ସହରର ସମସ୍ତ ସୁବିଧା ଯଥା :- ପାଇପ୍ ଯୋଗେ ପାନୀୟ ଜଳର ଯୋଗାଣ, ଉତ୍ତମ ଗମନାଗମନ ବ୍ୟବସ୍ଥା, ଇଂରାଜୀ ଖବର କାଗଜ, ଟେଲିଫୋନ୍, କେବୁଲ ଟି.ଭି., ଓ ଇଣ୍ଟରନେଟ ସେବା ଇତ୍ୟାଦି ଏଠାରେ ମିଳି ପାରୁଛି। ମାତ୍ର ଏଠାରେ ସହରର ଧୂଳି, ଧୂଆଁ ପ୍ରଦୂଷଣ ନାହିଁ। ଖୋଲା ପବନ ଓ ନିର୍ମଳ ପରିବେଶ ମିଳୁଛି। ଏଣୁ ବହୁ ସହରୀ ଲୋକଙ୍କର ଏଭଳି ଗ୍ରାମ ଏବେ ଲୋଡ଼ାଭୂମି ସାଜିଛି। ଏଗୁଡ଼ିକୁ 'ସହରୀଗ୍ରାମ' ବୋଲି ଆମେ ଅଭିହିତ କରି ପାରିବା। ଏପରିକି ଦୂରଗ୍ରାମ ଗୁଡ଼ିକୁ ବି ଏବେ ପକ୍କା ବା କଂକ୍ରିଟ୍ ରାସ୍ତା ହେଲାଣି, ପ୍ରାୟ ସବୁ ଗାଁରେ ଟେଲିଫୋନ୍ ଓ ମୋବାଇଲ ଫୋନ, ବିଜୁଳୀବତୀ ଆଦିର ସୁବିଧା ପହଞ୍ଚି ଗଲାଣି। ଓଡ଼ିଶାରେ ସହରୀକରଣ ପ୍ରକ୍ରିୟା ସହ ସହରୀ ଗ୍ରାମ ବିକାଶର ବେଗ ମଧ୍ୟ ବେଶ୍ ଗତିଶୀଳ।

■

ଜଗତୀକରଣ ଓ ଓଡ଼ିଶା

ଗତ ଦୁଇ ଦଶନ୍ଧି ମଧ୍ୟରେ ସର୍ବଭାରତୀୟ ସ୍ତରରେ ସବୁଠାରୁ ଗୁରୁତ୍ୱପୂର୍ଣ୍ଣ ଆର୍ଥ-ସାମାଜିକ ପ୍ରକ୍ରିୟା ହେଲା - ଉଦାରୀକରଣ-ଘରୋଇ କରଣ-ଜଗତୀକରଣ। ସ୍ୱାଧୀନତା ପରେ ଆମ ଦେଶରେ ଗଣତାନ୍ତ୍ରିକ ଶାସନନୀତି ଜରିଆରେ ସାମାଜବାଦୀ ଅର୍ଥ ବ୍ୟବସ୍ଥା ଗ୍ରହଣପାଇଁ ଲକ୍ଷ୍ୟ ରଖା ଗଲା, ଯାହା ଫଳରେ ବିକାଶର ସମସ୍ତ ଦାୟିତ୍ୱ ସରକାରଙ୍କ ଉପରେ ନ୍ୟସ୍ତ ରହିଲା। ସବୁ କ୍ଷେତ୍ରରେ ଅତ୍ୟଧିକ ସରକାରୀ ନିୟନ୍ତ୍ରଣ ରଖାଯିବାରୁ, ଏହା ଏକ 'ଲାଇସେନ୍ସ ପରମିଟ୍ ରାଜ'ରେ ପରିଣତ ହୋଇଥିଲା। ଫଳରେ ବିକାଶର ହାର କମ୍ ରହିଲା, ମାତ୍ର ଦୁର୍ନୀତି ବଢ଼ିଲା। ବିଶ୍ୱ ଅର୍ଥନୀତି ଓ ରାଜନୀତିରେ ପରିବର୍ତ୍ତନ ହେବା ଫଳରେ ୧୯୯୧ ମସିହା ଠାରୁ ଆମ ଦେଶରେ ସରକାରୀ ନିୟନ୍ତ୍ରଣ କମାଇବା ପାଇଁ ବିଭିନ୍ନ ବିଧି ବ୍ୟବସ୍ଥା କୋହଳ କରାଗଲା। ଏହାକୁ ଉଦାରୀକରଣ କୁହାଗଲା। ଉଦାରୀକରଣ ମୁଖ୍ୟତଃ ଏକ ଆର୍ଥନୀତିକ ସଂସ୍କାର ଓ ମୁକ୍ତ ବଜାର ପ୍ରତିଷ୍ଠା ପ୍ରକ୍ରିୟା ହୋଇଥିଲେ ହେଁ ଏହାର ସାମାଜିକ ପ୍ରଭାବ ସୁଦୂରପ୍ରସାରୀ। ଏହା ମୁକ୍ତ ଅର୍ଥନୈତିକ ବିକାଶ, ନୂତନ ଉଦ୍ୟୋକ୍ତା ସୃଷ୍ଟି, ପ୍ରତିଯୋଗିତା ମୂଳକ ସମାଜ ବ୍ୟବସ୍ଥା ଓ ସାମାଜିକ ଗତିଶୀଳତା ଉପରେ ଗୁରୁତ୍ୱ ଦିଏ।

ସେହିପରି ଘରୋଇକରଣ ଉଦାରୀକରଣର ଏକ ସହବନ୍ଧିତ ପ୍ରକ୍ରିୟା। ଆର୍ଥିକ ଓ ସାମାଜିକ ବିକାଶର ବିବିଧ କ୍ଷେତ୍ର ମଧ୍ୟରୁ ଅଧିକାଂଶ ସରକାରଙ୍କ ଏକଚଟିଆ ନିୟନ୍ତ୍ରଣରେ ରହି ଆସିଥିଲା - ଯେପରି ପ୍ରତିରକ୍ଷା, ବେସାମରିକ ବିମାନ ଚଳାଚଳ, ଶିକ୍ଷା, ସ୍ୱାସ୍ଥ୍ୟ, ଜୀବନ ବୀମା, ବିଦ୍ୟୁତ୍ ଉତ୍ପାଦନ ଓ ପରିବହନ - ଏପରି ଅନେକ। ପୂର୍ବରୁ ଏକଚଟିଆ ସରକାରୀ ନିୟନ୍ତ୍ରଣରେ ଥିବା କ୍ଷେତ୍ର ଓ ଅନୁଷ୍ଠାନରେ ଘରୋଇ ପୁଞ୍ଜି ନିବେଶ, ଘରୋଇ ପରିଚାଳନା ଓ ନିୟନ୍ତ୍ରଣ ପାଇଁ ପ୍ରୋତ୍ସାହନ ଦେବାର ପ୍ରକ୍ରିୟାକୁ ଘରୋଇକରଣ କୁହାଯାଏ। ଘରୋଇକରଣ ହେତୁ ଅନେକ ରୁଗ୍ଣ ଅନୁଷ୍ଠାନ ସଚଳ,

ସ୍ୱଚ୍ଛଳ ଓ ସକ୍ଷମ ହୁଏ। ଆର୍ଥିକ ପରିଚାଳନାରେ ସଫଳ ଅଭିଜ୍ଞତା ଥିବା ଘରୋଇ କମ୍ପାନୀମାନେ ସରକାରୀ ନିୟନ୍ତ୍ରଣ ମୁକ୍ତ କ୍ଷେତ୍ରକୁ ପ୍ରବେଶ କରି ଦୁର୍ନୀତି ଓ ଭୁଲ ପରିଚାଳନାର ଶିକାର ହୋଇ ରୁଗ୍ଣ ହୋଇଯାଇଥିବା ଶିଳ୍ପ ଓ ଅନୁଷ୍ଠାନ ଗୁଡ଼ିକର ନୂଆ ଜୀବନ୍ୟାସ ଦେଇଥା'ନ୍ତି। ଓଡ଼ିଶାରେ ଘରୋଇକରଣ ପ୍ରକ୍ରିୟା ବେଶ୍ ବେଗଗାମୀ। ବିଦ୍ୟୁତ୍ ସରବରାହକୁ ଘରୋଇକରଣ କରିବାରେ ଓଡ଼ିଶା ସାରା ଦେଶରେ ସର୍ବ ପ୍ରଥମ। ରାଜ୍ୟ ବଡ଼ ଡାକ୍ତରଖାନାର ପରିମଳ ବ୍ୟବସ୍ଥା ହେଉ ବା ସହର ସଫେଇ କିମ୍ବା ବିକଳ୍ପ ବୀମା ଯୋଜନା ବା ଘରୋଇ କମ୍ପାନୀର ଉଡ଼ାଜାହାଜ ହେଉ, ଘରୋଇକରଣର ସୁଫଳ ଏବେ ମିଳୁଛି। ଓଡ଼ିଶାରେ ଶିକ୍ଷା କ୍ଷେତ୍ରରେ ସରସ୍ୱତୀ ଶିଶୁ ମନ୍ଦିରମାନଙ୍କର ଅବଦାନ ତ ସମସ୍ତେ ଅନୁଭବ କରୁଛନ୍ତି। ଆଉ ଶିଳ୍ପ କ୍ଷେତ୍ରରେ ଅନେକ କମ୍ପାନୀ ଓଡ଼ିଶାରେ ଶିଳ୍ପ ପ୍ରତିଷ୍ଠାପାଇଁ ଆଗ୍ରହୀ ହେବାହିଁ ଉଦାରୀକରଣ ଓ ଘରୋଇକରଣ ପ୍ରକ୍ରିୟାର ସାମାଜିକ ସୁଫଳ।

ଜଗତୀକରଣ ବିଷୟରେ ତ ଏବେ ଚାରିଆଡ଼େ ହୁରି ପଡ଼ିଛି। ଅର୍ଥନୀତିଜ୍ଞ ରୋଲାଣ୍ଡ ରବର୍ଟସନ୍ ପ୍ରଥମେ ଏହି ଶବ୍ଦର ପ୍ରୟୋଗ କରିଥିଲେ ହେଁ ଏହା ଏବେ ସକଳ ମୁଖରେ ପ୍ରସାରିତ। ଜ୍ଞାନ, ବିଜ୍ଞାନ, ପ୍ରଯୁକ୍ତି ବିଦ୍ୟା, ବାଣିଜ୍ୟ, ବ୍ୟାପାର, ରାଜନୈତିକ, ସାମାଜିକ ଓ ସାଂସ୍କୃତିକ ଆଦାନପ୍ରଦାନର ଭୌଗଳିକ ଓ ରାଜନୈତିକ ପରିସୀମା ଡେଇଁ ବିଶ୍ୱ ଐକୀକରଣ ପ୍ରକ୍ରିୟାକୁ ଜଗତୀକରଣ କୁହାଯାଏ। ଜ୍ଞାନଭିତ୍ତିକ ସମାଜ ଗଠନ, ଏକକ ବିଶ୍ୱ ବଜାର ସୃଷ୍ଟି, ପ୍ରଯୁକ୍ତି ବିଦ୍ୟାର ସାର୍ବଜନୀକରଣ, ବିଶ୍ୱ ଗ୍ରାମ ପ୍ରତିଷ୍ଠା, ମାନବୀୟ ସ୍ୱାଧୀନତା, ସାମାଜିକ ନ୍ୟାୟ ଓ ସମାନତା ରକ୍ଷା ଏହାର ପ୍ରଧାନ ଲକ୍ଷ୍ୟ। ଏହାଦ୍ୱାରା ଅନ୍ତର୍ମୁଖୀ ସମାଜ ବହିର୍ମୁଖୀ ହୁଏ। ଜ୍ଞାନ ବିକାଶ କ୍ଷେତ୍ରରେ ବିଶ୍ୱସ୍ତରରେ ସମତୁଲତା ଆସେ। ପୁଞ୍ଜି ଓ ଶ୍ରମର ବିଚ୍ଛୁରଣ ଘଟେ। ଦେଶ ଦେଶ ମଧ୍ୟରେ, ଆର୍ଥନୀତିକ ସହଯୋଗ ବଢ଼େ। ପରସ୍ପର ପ୍ରଗତିରେ ଓ ବିପର୍ଯ୍ୟୟରେ ସହଭାଗୀ ହୁଅନ୍ତି। ଦକ୍ଷତାହିଁ ସଫଳତାର ମାପକାଠି ବନେ। ଦମନ ଓ ଶୋଷଣ ବିରୁଦ୍ଧରେ ବିଶ୍ୱସ୍ତରରୁ ସ୍ୱର ଉଠେ। ଅତି ଅସହାୟ ବ୍ୟକ୍ତି ବା ପଛୁଆ ଗୋଷ୍ଠୀ ପାଇଁ ବିଶ୍ୱର କୌଣସି ନା କୌଣସି ସହଯୋଗୀ ମିଳନ୍ତି। 'ମାନବାଧିକାରର ସୁରକ୍ଷା' ଜୀବନ ଧାରଣର ମନ୍ତ୍ର ଓ ମାନକ ହୋଇ ଉଭାହୁଏ। ନିୟମଗିରିର ଡଙ୍ଗରିଆ କନ୍ଧମାନଙ୍କ ସପକ୍ଷରେ ଓ ବେଦାନ୍ତ ବିରୁଦ୍ଧରେ ଲଣ୍ଡନରେ ଅନୁଷ୍ଠିତ ପ୍ରତିବାଦ ଶୋଭାଯାତ୍ରା ଏହାର ଏକ ଉଦାହରଣ ମାତ୍ର।

ଆଉ ଗୋଟିଏ କଥା ବିଚାରକୁ ନିଆଯାଉ। ଓଡ଼ିଶାରେ ୧୯୫୭ର ରାଉରକେଲା ଇସ୍ପାତ କାରଖାନା ପରେ ଦ୍ୱିତୀୟ ଇସ୍ପାତ କାରଖାନାଟିଏ ତିଆରି ପାଇଁ ଅନ୍ୟୁନ ଚାରି ଦଶନ୍ଧି ବିତିଗଲା। ଅଶୀ ଓ ନବେ ଦଶକରେ ବ୍ରିଟେନର ପ୍ରବାସୀ ଭାରତୀୟ ଶିଳ୍ପପତି

ସ୍ୱରାଜ୍ ପଲ ଏଠାରେ କାରଖାନା ବସାଇବାକୁ ରାଜି ହୋଇଥିଲେ। ସେତେବେଳେ ବିଜୁବାବୁଙ୍କର ବ୍ୟକ୍ତିଗତ ବନ୍ଧୁତା ହେତୁ କଥା ଆଗେଇଥିଲା। ସ୍ୱରାଜ ପଲ୍ ଓଡ଼ିଶା ଆସିଲେ, ସ୍ଥାନ ନିରୁପଣ ହେଲା, କଥା ପ୍ରାୟ ଛିଡ଼ିଲା। ମାତ୍ର ଏଠାରୁ ଯିବା ପରେ କଥା କଥାରେ ରହିଗଲା। ଏପରିକି କେନ୍ଦ୍ର ସରକାରଙ୍କ ଉଦ୍ୟମରେ ହେବାକୁ ଥିବା ଇସ୍ପାତ କାରଖାନା ବି ତାମିଲନାଡୁର ସାଲେମ୍‌କୁ ଚାଲିଗଲା ବୋଲି କୁହାଗଲା।

ମାତ୍ର ଦୁଇ ବର୍ଷ ତଳେ ଆଉ ଜଣେ ପ୍ରବାସୀ ଭାରତୀୟ ଶିଳ୍ପପତି ଲକ୍ଷ୍ମୀ ମିତ୍ତଲ ସିଧା ସଳଖ ଓଡ଼ିଶା ଆସିଲେ। ଆମ ମୁଖ୍ୟମନ୍ତ୍ରୀଙ୍କ ସହ କଥା ହେଲେ - ସ୍ଥାନ ନିରୁପଣ ଓ ଅନ୍ୟାନ୍ୟ କଥା ଛିଡ଼ିଲା। ଚୁକ୍ତିପତ୍ର ଦସ୍ତଖତ୍ ହେଲା ଏବଂ ତିନି ଦିନ ମଧ୍ୟରେ ସେ ଫେରିଗଲେ। ଫେରିବା ବାଟରେ ଦିଲ୍ଲୀରେ ପ୍ରଧାନମନ୍ତ୍ରୀ ଓ ଅନ୍ୟମାନଙ୍କୁ ଦେଖା କରିଗଲେ। ଏଇ ଦୁଇଟି ଘଟଣା ମଧ୍ୟରେ ଫରକ୍ ହେଉଛି ଯେ ଦ୍ୱିତୀୟ ଘଟଣା ବେଳକୁ ଉଦାରୀକରଣ ପ୍ରକ୍ରିୟା ତ୍ୱରାନ୍ୱିତ ହୋଇ ଗଲାଣି। ପୂର୍ବରୁ ଚାରି ଦଶନ୍ଧିର ପ୍ରଚେଷ୍ଟା ବିଫଳ ହୋଇଥିବା ବେଳେ, ପର ଘଟଣାରେ ଚାରି ମାସର ପ୍ରଚେଷ୍ଟା ଫଳବତୀ ହେଲା।

କେବଳ ଶିଳ୍ପୀକରଣ ନୁହେଁ, ଜଗତୀକରଣର ପ୍ରଭାବ ସବୁ କ୍ଷେତ୍ରରେ ଅନୁଭୂତ। ଉଚ୍ଚ ଶିକ୍ଷା ମୁଖ୍ୟତଃ ବୈଷୟିକ ଶିକ୍ଷାର ଘରୋଇକରଣ ହେତୁ ଓଡ଼ିଶାରେ ଉଚ୍ଚମାନର ଇଞ୍ଜିନିୟରିଂ କଲେଜ ଖୋଲିଛି। ପ୍ରତିବର୍ଷ ଶହ ଶହ ଇଞ୍ଜିନିୟର ବାହାରୁଛନ୍ତି। କେବଳ ଶିକ୍ଷା ନୁହେଁ, ଅନେକ ଓଡ଼ିଆ ପିଲା ବହୁଦେଶୀୟ କମ୍ପାନୀରେ ଉଚ୍ଚ ଦରମାରେ ନିଯୁକ୍ତି ପାଇ ସାରା ବିଶ୍ୱକୁ ଖେଦି ଗଲେଣି।

ଏ କଥା ବି ନୁହେଁ ଯେ ଏହା ସବୁବେଳେ ଏକ ସୁପରିଣାମୀ ପ୍ରକ୍ରିୟା ବା ଏହାର କୁପରିଣାମ ନାହିଁ। ଜଗତୀକରଣ ସମ୍ବନ୍ଧୀୟ ହାଲ୍ଲାବୋଲ୍ କମ୍ ବୋଧକ୍ଷମ ଓ ଅଧିକ ଅବୁଝାମଣା ଉପରେ ପର୍ଯ୍ୟବସିତ। ଆଜିର ଇଣ୍ଟରନେଟ୍ ଯୁଗରେ ଆମ ଗାଆଁ କଲେଜର ପିଲା ଚାହିଁଲେ ଆମେରିକା ବିଶ୍ୱବିଦ୍ୟାଳୟରେ ପଢ଼ା ଯାଉଥିବା ପାଠ ଓ ପୁସ୍ତକ ଇଣ୍ଟରନେଟ୍‌ରୁ ଦେଖିପାରୁଛି। ଘରେ ବସି ଇଉରୋପୀୟ ଗୃହୋପକରଣ ବିଷୟରେ ଜାଣିବା ଓ କିଣିବା, ଇଣ୍ଟରନେଟ୍ ମାଧ୍ୟମରେ ସମ୍ଭବ ହେଉଛି। ଆମ ରୋଗର ଅପରେସନ୍ ବେଳେ ଆମ ଡାକ୍ତର ଭି-ସାଟ୍ ମାଧ୍ୟମରେ ବିଶ୍ୱ ପ୍ରସିଦ୍ଧ ଡାକ୍ତରଙ୍କ ଠାରୁ ଅପରେସନ୍ ଟେବୁଲ ଉପରେ ବିଚାର ବିମର୍ଷ କରିପାରିଛନ୍ତି। ଆମ ଓଡ଼ିଶା ବାଘନାଚ ଓ ଆମ ପ୍ରିନ୍ସ ଡ୍ୟାନ୍ସ ଗ୍ରୁପ୍‌ର ପିଲା ବିଦେଶରେ ମଞ୍ଚ ପରିବେଷଣ କରି ଆମର ସାଂସ୍କୃତିକ ପରିଚୟକୁ ଦୃଢ଼ କରିଛନ୍ତି। ଏ ସବୁ ଜଗତୀକରଣର ଦୃଶ୍ୟମାନ ସ୍ୱରୂପ।

ଯଦିଓ ଜଗତୀକରଣକୁ ବିଶ୍ୱ ବ୍ୟାପାର ସଂକ୍ରାନ୍ତୀୟ ଏହି ଅର୍ଥନୈତିକ ପ୍ରକ୍ରିୟା ବୋଲି ମୁଖ୍ୟତଃ ଧରାଯାଏ, ତଥାପି ଏହାର ଅନ୍ୟୁନ ୩ଟି ଦିଗ ଥାଏ। ଅର୍ଥନୈତିକ ଓ ରାଜନୈତିକ ଜଗତୀକରଣରେ ଦୃଶ୍ୟମାନ ଉପାଦାନ ଅଧିକ ଥାଏ। ମାତ୍ର ସାଂସ୍କୃତିକ ଜଗତୀକରଣ ଗୋଟିଏ ସମାଜର ସାମାଜିକ ପ୍ରକ୍ରିୟାକୁ ଅଦୃଶ୍ୟ ଭାବରେ ପ୍ରଭାବିତ କରିଥାଏ। ଏହା ଉଭୟ ସମୟ ଓ ଦୂରତ୍ୱକୁ ସଂକୁଚିତ କରିଥାଏ। ସାଂସ୍କୃତିକ ଆଦାନ ପ୍ରଦାନ ସୁଗମ ହେଲେ ଜାତି ଜାତି ମଧ୍ୟରେ, ଦେଶ ଦେଶ ମଧ୍ୟରେ ପରସ୍ପରକୁ ଜାଣିବା ସହଜ ହୁଏ। ଏପରିକି ସାଂସ୍କୃତିକ ସଂଚରଣ ବା ସାଂସ୍କୃତିକରଣ ପ୍ରକ୍ରିୟା ତ୍ୱରାନ୍ୱିତ ହୁଏ। ଆମର ମୂଲ୍ୟବୋଧ, ପରମ୍ପରା, ଚଳଣି ଅନ୍ୟ ଦେଶଠାରୁ ଭିନ୍ନ ନିଶ୍ଚୟ। ମାତ୍ର ଜଗତୀକରଣ ହେତୁ ଅତି ମୂଲ୍ୟବୋଧ ଭିତ୍ତିକ ଅନ୍ତର୍ଭୁକ୍ତି ଜାତି ବି କ୍ରମଶଃ ଉନ୍ମୁକ୍ତ ହୁଏ, ବହିର୍ମୁଖୀ ହୁଏ। ସେମିତି ବ୍ୟକ୍ତି ସ୍ୱାଧୀନତା, ବ୍ୟକ୍ତିଗତ ଜୀବନଶୈଳୀ ବି ବିଶ୍ୱସ୍ତରୀୟ ମାନକର (ଷ୍ଟାଣ୍ଡାର୍ଡ଼) ନିକଟବର୍ତ୍ତୀ ହୁଏ।

ଜଗତୀକରଣ ଗୋଟିଏ ଜାତିର ସାମାଜିକ ସଂରଚନା ଓ ସାମାଜିକ ପ୍ରକ୍ରିୟାକୁ ବି ପ୍ରଭାବିତ କରିଥାଏ। ଉଦାହରଣ ସ୍ୱରୂପ ପରିବାର, ପଡ଼ୋଶୀ ଓ ସମୁଦାୟ ବା ଗୋଷ୍ଠୀକୁ ନିଆଯାଉ। ଆମର ଯୌଥ ପରିବାର ଆଉ କାହିଁ? ସମ୍ପୂର୍ଣ୍ଣ ଏକକ ପରିବାର ବି ନାହିଁ? ଗାଆଁର ଯୌଥ ପରିବାର ଭାଙ୍ଗି ନାହିଁ, ସଦସ୍ୟମାନେ ବଣ୍ଟୁଆରୀ ଭିତ୍ତିରେ ଅଲଗା ହୋଇ ନାହାଁନ୍ତି। ଅଥଚ ଏକାଠି ରହୁ ନାହାଁନ୍ତି। ପଡ଼ୋଶୀ କଥା ଚିନ୍ତା କରନ୍ତୁ। ସହରରେ ଗୋଟିଏ ଫ୍ଲାଟ୍‌ରେ ରହୁଥିବା ୨ଟି ପରିବାର ପରସ୍ପରର ପଡ଼ୋଶୀ ହେବା କଥା, ମାତ୍ର ପରସ୍ପରକୁ ଚିହ୍ନି ନାହାଁନ୍ତି। ଅଥଚ ଅନେକ ଦୂରରେ ଥିବା ଜଣେ ଲୋକ ସହ ଆମେ ୪ଜି ମୋବାଇଲରେ ବା ଭି-ସାଟ୍ ମାଧ୍ୟମରେ ପରସ୍ପରକୁ ଦେଖି ପାଖରେ ବସି କଥା ହୋଇପାରୁଛନ୍ତି। ଏଠାରେ ଅଧିକ ନିକଟତର କିଏ? ସମାଜ ବିଜ୍ଞାନୀମାନେ ପଡ଼ୋଶୀର ସଂଜ୍ଞା ନିରୁପଣ ବେଳେ ସତର୍କ ହେବା ଜରୁରୀ।

■

ଗ୍ରାମ ବିଶ୍ୱରୁ ବିଶ୍ୱ ଗ୍ରାମ

ନିକଟରେ ଓଡ଼ିଆ ସମ୍ବାଦପତ୍ରରେ ପ୍ରକାଶିତ ଓଡ଼ିଶାର କୌଣସି ଏକ ଛୋଟ ସହରର କଥା। ନିଜ ନିଜ ପରିବାରରୁ ବିତାଡ଼ିତ ଜଣେ ୭୮ ବର୍ଷ ବୟସ୍କ ବୃଦ୍ଧ ଓ ଜଣେ ୬୫ ବର୍ଷ ବୟସ୍କା ବୃଦ୍ଧା କୌଣସି ଜରା ନିବାସରେ ଅନ୍ୟମାନଙ୍କ ସହ ରହୁଥିଲେ। ଜରା ନିବାସ ଭାଙ୍ଗିବାପରେ ଉଭୟ ଚାଲିଆସି, ସରକାରୀ ଜାଗାରେ ଘର କରି ରହୁଛନ୍ତି ଗୋଟିଏ ପରିବାର ଭଳି। ଏ ସମ୍ପର୍କ ନା ବିବାହର ନା ରକ୍ତର ନା ରୋମାଞ୍ଚର। ସବୁଠାରୁ ମଜାଦାର କଥା ଉଭୟ ଦୁଇଟି ଅଲଗା ଜାତିର-ଜଣେ ଉଚ୍ଚ ଜାତିର ଓ ଅନ୍ୟ ଜଣେ ଅତି ନୀଚ ଜାତିର। ଏ ପରିବାର କେଉଁ ଶ୍ରେଣୀର ?

ଏକ ସ୍ୱୟଂସମ୍ପୂର୍ଣ୍ଣ ଗ୍ରାମ ଆମ ସମାଜ ବ୍ୟବସ୍ଥାର ଭିତ୍ତିଭୂମି ଥିଲା। କେବଳ ଓଡ଼ିଶା ନୁହେଁ ସମଗ୍ର ଭାରତ ବର୍ଷର ଏହାହିଁ ହିନ୍ଦୁ ପରମ୍ପରା ଥିଲା। ସେଇଥିପାଇଁ କୃଷି ଭିତ୍ତିକ ଅର୍ଥନୀତି ସହ ଗୋଟିଏ ଗାଆଁରେ ୩୬ ପାଟକ ଲୋକ ରହୁଥିଲେ ବିଭିନ୍ନ ଆବଶ୍ୟକତା ପାଇଁ, ଜାତି ଭିତ୍ତିକ ବୃତ୍ତିକୁ ଆଦରି। ସେଇ ଗ୍ରାମ ହିଁ ଥିଲା ବିଶ୍ୱ। ଆମେ ଗ୍ରାମ ବିଶ୍ୱ ବୋଲି କହିପାରିବା। ମହାତ୍ମା ଗାନ୍ଧୀଙ୍କ ଗ୍ରାମ ସ୍ୱରାଜ ପରିକଳ୍ପନା ସେଇ ବ୍ୟବସ୍ଥାର ନୂତନ ପରିଭାଷା ମାତ୍ର। ଯେଉଁ ଗାଆଁରେ ଉତ୍ପାଦନ - ସେଇ ଗାଆଁରେ ବଜାର, ବିକ୍ରି ଓ ବିତରଣ। ମାତ୍ର ଜଗତୀକରଣ ସମଗ୍ର ବିଶ୍ୱକୁ ଗୋଟିଏ ଗ୍ରାମରେ ପରିଣତ କରିବାର ଲକ୍ଷ୍ୟ ରଖେ - କେବଳ ଦୂରତ୍ୱ ଓ ସମୟକୁ ସଂକୁଚିତ କରି - ସାରା ବିଶ୍ୱକୁ ଗୋଟିଏ ବଜାରରେ ପରିଣତ କରି - ବିଜ୍ଞାନ ଓ ପ୍ରଯୁକ୍ତି ବିଦ୍ୟାର ବ୍ୟାପକ ପ୍ରୟୋଗ ହେତୁ। ସେଇଥିପାଇଁ ଆମ ସମାଜର ଗତି ଏବେ 'ଗ୍ରାମ ବିଶ୍ୱରୁ' 'ବିଶ୍ୱ ଗ୍ରାମ' ଆଡ଼କୁ। ସାଲେପୁରର ରସଗୋଲା, ଓଡ଼ିଶାର ଆରିସା ପିଠା ଏବେ ଲଣ୍ଡନ ଓ ମଣ୍ଟ୍ରିଲ୍ ସହରରେ ମିଳୁଛି।

ସାମାଜିକ ପରିବର୍ତ୍ତନର ବୃହତ୍ ପ୍ରକ୍ରିୟାରେ କୃଷିଭିତ୍ତିକ ସମାଜ ଶିଳ୍ପଭିତ୍ତିକ ସମାଜ

ମାଧ୍ୟମ ଦେଇ ଏବେ ଜ୍ଞାନ ଭିତ୍ତିକ ପ୍ରବାହରେ ପହଞ୍ଚିଛି। ଆଲ୍‌ଭିନ୍ ଟଫ୍‌ଲରଙ୍କ ମତରେ ଏହା ତୃତୀୟ ପ୍ରବାହ। "କୌଣସି ଦେଶ ବା ଜାତିର ସାମଗ୍ରିକ ସାମର୍ଥ୍ୟର କେନ୍ଦ୍ରରେ ଥାଏ ଏହାର ଅର୍ଥ ବ୍ୟବସ୍ଥା। ଏହାର ସମାଜ ସଂସ୍କୃତି, ଭାଷା ସାହିତ୍ୟର ପରିବର୍ତ୍ତନ ସେଇ ଅର୍ଥ ବ୍ୟବସ୍ଥାର ପ୍ରତିରୂପ ବୋଲି କୁହାଯାଏ। ଅର୍ଥକୁ ବିକାଶ ପ୍ରକ୍ରିୟାର ମୌଳିକ ଆଧାର ରୂପେ ଗ୍ରହଣ କରାଯାଇ ବିଶ୍ୱ ଗ୍ରାମର ପରିକଳ୍ପନା କରାଯାଇଛି, ଯେଉଁଠି ଅର୍ଥ ଓ ବିଦ୍ୟାର ମାନକରେ ସେଇ ଗ୍ରାମ ଅନ୍ତର୍ଭୁକ୍ତ ଦେଶ ମାନଙ୍କୁ ଭିନ୍ନ ଭିନ୍ନ ଶ୍ରେଣୀ ଶୀର୍ଷକରେ ଚିହ୍ନିତ କରାଯାଇଛି" (ବାବାଜୀ ଚରଣ ପଟ୍ଟନାୟକ - ଜଗତୀକରଣ ବଜାରରେ ଓଡ଼ିଆ ସାହିତ୍ୟର ଭବିଷ୍ୟତ-ଝଙ୍କାର ସେପ୍ଟେମ୍ବର ୨୦୦୬)। ଏହି ତୃତୀୟ ପ୍ରବାହ ପର୍ଯ୍ୟାୟରେ ଜ୍ଞାନ ହିଁ ଉତ୍ପାଦନର ମୁଖ୍ୟ କାରକ, ଜ୍ଞାନ ବି ପଣ୍ୟ। ପୁଞ୍ଜି ଓ ଶ୍ରମ ସହ ଜ୍ଞାନ ହେଉଛି ସମୃଦ୍ଧି ଓ ଶକ୍ତିର ପ୍ରମୁଖ ସଂଚାଳକ। ଡଃ ଏ.ପି.ଜେ. ଅବ୍‌ଦୁଲ କାଲାମ୍‌ଙ୍କ ମତରେ "ଶ୍ରମ ଓ ପୁଞ୍ଜି ନୁହେଁ, ଜ୍ଞାନ ହିଁ ହେଉଛି ଉତ୍ପାଦକ ଏବଂ ପ୍ରଗତି ଓ ଶକ୍ତିର ମୁଖ୍ୟ କାରକ"। ଏବେ ତ ସୂଚନା ବିସ୍ଫୋରଣ ହେଉଛି। ଜ୍ଞାନ ବି ବିକ୍ରି ହେଉଛି। କନ୍‌ସଲଟାନ୍ସି ସର୍ଭିସ ବା ବୈଷୟିକ ପରାମର୍ଶ ସେବା ଏକ ଲାଭଜନକ ବୃତ୍ତି ହୋଇଛି। କେତେ କେତେ କମ୍ପାନୀ ବି ଏହି ସେବା ପାଇଁ ସମର୍ପିତ ହୋଇଛନ୍ତି। ସାମ୍ପ୍ରତିକ ସମାଜ ଏକ ଜ୍ଞାନଭିତ୍ତିକ ସମାଜ ହୋଇ ପାରିଛି।

ଧର୍ମ ନିରପେକ୍ଷୀକରଣ ଆଉ ଗୋଟିଏ ଉପ-ପ୍ରକ୍ରିୟା ଯାହା ଆମର ସାମାଜିକ ଆସ୍ଥା ଓ ଅନୁଷ୍ଠାନଗୁଡ଼ିକୁ ପ୍ରଭାବିତ କରିଛି। ସାମାଜିକ, ଆର୍ଥିକ ଓ ରାଷ୍ଟ୍ରୀୟ ରାଜନୈତିକ ନିଷ୍ପତ୍ତିରେ ଧର୍ମ ସଚେତନତାର ପ୍ରଭାବ ହ୍ରାସ କରିବା ପ୍ରକ୍ରିୟାକୁ ଧର୍ମ ନିରପେକ୍ଷୀକରଣ କୁହାଯାଏ। ଓଡ଼ିଆ ଏକ ଅନ୍ତରୀଣ ଆଧ୍ୟାତ୍ମିକବାଦୀ ସଂସ୍କାରୀ ଜାତି। ଏହାର ସାମାଜିକ ଅନୁଷ୍ଠାନ ଗୁଡ଼ିକ ଧର୍ମୀୟ ଭାବନାରୁ ପ୍ରସୁତ ହୋଇଥାଏ। ଯୁଦ୍ଧରେ, ପ୍ରେମରେ ବି, ମୃତ୍ୟୁରେ, ଜନ୍ମରେ ବ, ବିବାହରେ, ଚଳଣିରେ ବି ଆମର ପୌରାଣିକ ନୈତିକତା ଏ ଜାତିକୁ ପରିଚାଳିତ କରି ଆସିଛି। ମାତ୍ର ସ୍ୱାଧୀନତା ପରେ ରାଷ୍ଟ୍ର ବ୍ୟପାରରେ ଧର୍ମ ନିରପେକ୍ଷତାକୁ ନୀତି ଭାବରେ ସାମ୍ବିଧାନିକ ସ୍ୱୀକୃତି ପରେ ସର୍ବଭାରତୀୟ ସ୍ତରରେ ଧର୍ମ ନିରପେକ୍ଷୀକରଣ ପ୍ରକ୍ରିୟା ଆରମ୍ଭ ହୋଇଛି। ଏଥିରୁ ଓଡ଼ିଶାର ସାମାଜିକ ଅନୁଷ୍ଠାନ ସ୍ତରରେ ଅସନ୍ତୁଳନ ଓ ସଂଘାତ ସୃଷ୍ଟିହେବା କଥା। ମାତ୍ର ଜଗନ୍ନାଥ କୈନ୍ଦ୍ରିକ ଆମର ଆସ୍ଥାଭୂମିରେ ଶ୍ରୀ ଜଗନ୍ନାଥଙ୍କ ସର୍ବଧର୍ମ ସମନ୍ୱୟୀ ଦର୍ଶନ, ତଥା ଇତିହାସରେ ବିଭିନ୍ନ ଶକ୍ତିଙ୍କ ସହ (ମୋଗଲ ପଠାଣ, ମରାଠା, ଇଂରେଜ) ଯୁଦ୍ଧ ଓ ପରବର୍ତ୍ତୀ ସହାବସ୍ଥାନ ଏ ଜାତିକୁ ବହିର୍ମୁଖୀ ଓ ସହନଶୀଳ କରାଇ ପାରିଛି। ଫଳରେ ଆଧୁନିକିକରଣ ଓ ଧର୍ମ ନିରପେକ୍ଷୀକରଣ ହେତୁକ ତୃଣମୂଳ ସ୍ତରରେ ସାମାଜିକ ସଂଘର୍ଷ ଓଡ଼ିଶାରେ ଦୃଷ୍ଟି ଗୋଚର ହୁଏ ନାହିଁ।

ଗୋଟିଏ ଜାତିର ଜାତୀୟ ଚରିତ୍ରର ମୌଳିକ ଉପାଦାନ ଗୁଡ଼ିକ ଏହାର ଗ୍ରାମ୍ୟ ସମାଜରେ ଅଧିକ ବିଶୁଦ୍ଧଭାବେ ମିଳିଥାଏ। ଗାଆଁରେ ହିଁ ସାମାଜିକ ଓ ଗୋଷ୍ଠୀଗତ ଅନୁଷ୍ଠାନ ଗୁଡ଼ିକ ପାରମ୍ପରିକ ମୂଲ୍ୟବୋଧକୁ ଅମିଶ୍ରିତ ଭାବେ ରକ୍ଷା କରିଥାନ୍ତି। ଆଧୁନିକ ସହର ଗୁଡ଼ିକ ବହୁ ଜାତି, ପ୍ରଜାତି, ଭାଷାଭାଷୀ, ସମ୍ପ୍ରଦାୟ ତଥା ବିଭିନ୍ନ ଶ୍ରେଣୀ ଅନ୍ତର୍ଭୁକ୍ତ ଲୋକମାନଙ୍କର ବାସସ୍ଥାନ ହୋଇଥିବାରୁ ଏଠାରେ ଗାଆଁ ଭଳି ସଂହତି ନ ଥାଏ। ପୂର୍ବ ଆଲୋଚିତ ସମସ୍ତ ସାମାଜିକ ପ୍ରକ୍ରିୟା ପରିପ୍ରେକ୍ଷୀରେ ବର୍ତ୍ତମାନର ଓଡ଼ିଆ ସମାଜକୁ ଆକଳନ କରାଯାଉ।

ଓଡ଼ିଆ ଗାଆଁକୁ ଆଖି ପକାଇଲେ ସିଏ ବି ଆଉ ଗାଆଁ ଭଳି ନାହିଁ। ଠାଏ ଠାଏ ପ୍ରଗତିର ଛାପ ବାରିହେବ। ଅନେକ ଗାଆଁକୁ କଂକ୍ରିଟ୍ ରାସ୍ତା ତିଆରି ହୋଇଛି। ଗାଁ ଦାଣ୍ଡର ଉଭୟ ପାର୍ଶ୍ୱରେ ଥିବା ଧାଡ଼ି ଧାଡ଼ି ଘର ଆଉ ନାହିଁ। ମଝିରେ ମଝିରେ ପକ୍କାଘର ହେଲାଣି। ଚାଳକୁ ଚାଳ କଟି ଗଲାଣି। ଅନେକ ଘରେ ଟିଭି ଆଣ୍ଟିନା ଏପରିକି ଡିସ୍ ଆଣ୍ଟିନା ଦେଖା ଯାଉଛି। ଗାଁ ଛକରେ ଚା ଦୋକାନ, ପାନ ଦୋକାନ , ପରିବା ଦୋକାନ ତ ଥିଲା। ଖବର କାଗଜ ମିଳିଲାଣି। ଗାଁ ମୁଣ୍ଡ ଠାକୁରାଣୀ ପୋଖରୀ ପୋତି ହୋଇ ଗଲାଣି। ତା ପାଖରେ ଥିବା ବରଗଛ ଯେଉଁଠି ଆଗରୁ ଅନେକ ଭୂତ ସବୁ ଥିଲେ ବୋଲି ପିଲାଦିନେ ଶୁଣିଥିଲୁ, କେବେଠୁଁ ଉପୁଡ଼ି ପଡ଼ିଲାଣି। ଗାଁ ସ୍କୁଲ ଘର ପକ୍କା ହୋଇ ଗଲାଣି। ସପ୍ତାଘର ବା ଭାଗବତ ଘର ଆଉ ନାହିଁ। ଗାଆଁ ଟୋକାଏ ଚାନ୍ଦା ଆଦାୟ କରି ସେଠାରେ ଗୋଟିଏ ହନୁମାନ ମୂର୍ତ୍ତି ବସାଇଲେଣି। ଆଗରୁ ସ୍କୁଲଘରେ ନଚେତ୍ କ୍ଲବ୍ ଘରେ ଭିଡ଼ ହେଉଥିଲା, ଏବେ ସରପଞ୍ଚଙ୍କ ଘରେ ଭିଡ଼। ପଞ୍ଚାୟତ ଅଫିସ୍ ପାଖ ଗୋଚର ପଡ଼ିଆରେ ଖୋଲିଛି ନୂଆ କଲେଜ। ଯିବା ଆସିବା ବାଟରେ ବି ଭିଡ଼।

ଶିକ୍ଷିତ ଲୋକେ ଏବେ ସହରମୁହାଁ। ଅନେକ ଘରଦ୍ୱାର କରି ରହିଗଲେଣି। ବାକି କିଛି ଚାଷୀ ମୂଲିଆ, ଅସଫଳ ଅପାଠୁଆ ବା ଅଧା ପାଠୁଆ ଲୋକ ରହି ଯାଇଛନ୍ତି ଗାଆଁରେ। ସେଇମାନେ ଏବେ ଗାଆଁ ରାଜନୀତି ଓ ଗାଆଁ ପ୍ରଗତିର ମଙ୍ଗୁଆଳ। ରାଜନୀତି ଓ ପ୍ରଗତି ଏବେ ଗୋଟିଏ ଧାର। ଯିଏ ନେତା ସିଏ କଣ୍ଟ୍ରାକ୍ଟର - ଯିଏ ଦାରୋଗା ସିଏ ଡିଲର। ଯେଉଁମାନେ ବୟସ୍କ ବା ମୁରବୀ ଥିଲେ - ସେମାନେ ଅଲୋଡ଼ା ହୋଇ ପଡ଼ିଛନ୍ତି ଏହିଭଳି ସଶକ୍ତ ଯୁବକମାନଙ୍କଦ୍ୱାରା। ଏଣୁ ସେମାନେ କୋଣଠେସ ହୋଇ ରହୁଛନ୍ତି। ଗାଆଁର ସାମଗ୍ରିକ କଥା ବୁଝିବାକୁ କାହା ପାଖରେ ବେଳ ନାହିଁ। କଥା କଥାରେ ଗାଆଁ ଫାଟି ପାଞ୍ଚ ଫାଳ।

ଏସବୁ ସତ୍ତ୍ୱେ ଗାଁର ସ୍ୱରୂପ ବଦଳିଛି, ଗାଁ ଲୋକଙ୍କର ଅର୍ଥନୈତିକ ବିକାଶ

ଘଟିଛି। ପ୍ରାୟ ସବୁ ଗାଁକୁ ଏବେ ସବୁଦିନିଆ ରାସ୍ତା ହୋଇଛି, ସବୁ ଗାଁରେ ପକ୍କା ସ୍କୁଲଘର, ଅଙ୍ଗନବାଡ଼ି କେନ୍ଦ୍ର, ଅଧିକାଂଶ ପଞ୍ଚାୟତ କିମ୍ବା ବ୍ଲକ୍‌ରେ କଲେଜ ଖୋଲିଲାଣି। ପ୍ରତି ଜିଲ୍ଲାରେ ଆଇ.ଟି.ଆଇ. କେନ୍ଦ୍ର, କୋରାପୁଟରେ କେନ୍ଦ୍ରୀୟ ବିଶ୍ୱ ବିଦ୍ୟାଳୟ ପ୍ରତିଷ୍ଠା ହେଲାଣି। ଟେଲିଫୋନ୍ ଓ ମୋବାଇଲ୍ ଫୋନ୍‌ତ ଏବେ ଅତି ସାଧାରଣ କଥା। ସବୁଠାରୁ ଗୁରୁତ୍ୱପୂର୍ଣ୍ଣ କଥା ହେଲା ପ୍ରାୟ ପଂଚାୟତରେ ଏବେ ଇ-ସେବା କେନ୍ଦ୍ର ଖୋଲାଯାଇ ଲୋକମାନଙ୍କୁ ସରକାରୀ ଯୋଜନାର ସୁଫଳ ମିଳିବା ସହ ଇଣ୍ଟରନେଟ୍‌ର ସୁବିଧା ଉପଲବ୍‌ଧ ହେଉଛି। ଅନେକ ସ୍ଥାନରେ ସଚେତନ ଯୁବଗୋଷ୍ଠୀ ଏବେ ସଶକ୍ତ ହେଲେଣି। ସ୍ୱୟଂ ସହାୟକ ଗୋଷ୍ଠୀଗୁଡ଼ିକର ଅର୍ଥନୈତିକ ସଫଳତା ଏବଂ ଏଥିରେ ମହିଳାମାନଙ୍କ ଯୋଗଦାନ ଉତ୍ସାହଜନକ ହୋଇଛି। ଓଡ଼ିଶାରେ ବିକାଶର ଭିତ୍ତିଭୂମି ଅଧିକ ସୁଦୃଢ଼ ଓ କ୍ରିୟାଶୀଳ ହୋଇଛି।

ବିଶ୍ୱର ଦେଶମାନଙ୍କ ମଧ୍ୟରେ ଭୌଗଳିକ ଦୂରତ୍ୱ କମିଛି। ଆନ୍ତର୍ଜାତୀୟ ଚୁକ୍ତି, ଯୋଗାଯୋଗ ବ୍ୟବସ୍ଥାର ଉନ୍ନତି, ଇଣ୍ଟରନେଟ୍‌ର ବହୁଳ ପ୍ରସାର ଏବଂ ସର୍ବୋପରି ଜଗତୀକରଣ ପ୍ରକ୍ରିୟା ଫଳରେ ଆନ୍ତର୍ଜାତୀୟ ଦୂରତା ହ୍ରାସ ପାଇଛି। ସମଗ୍ର ବିଶ୍ୱ ଏବେ ଏକ ଗ୍ରାମରେ ପରିଣତ ହୋଇଛି। ଆମ ଗାଁ ଗୁଡ଼ିକ ମଧ୍ୟ ଓଡ଼ିଶାର ଅନ୍ୟ ପ୍ରାନ୍ତ ବା ଭାରତର ଅନ୍ୟ ପ୍ରଦେଶ ନୁହେଁ, ବିଶ୍ୱର ଅନ୍ୟପ୍ରାନ୍ତ ସହ ଇଣ୍ଟରନେଟ୍ ମାଧ୍ୟମରେ ସଂଯୋଗୀକୃତ ହୋଇଛି। ପ୍ରକାରାନ୍ତରରେ ଆମ ଗ୍ରାମ-ବିଶ୍ୱ, ବିଶ୍ୱ ଗ୍ରାମକୁ ପ୍ରସାରିତ ହୋଇଛି।

ନୀଳଦିଦି ଓ ଗୋଲାପି ଶାଢ଼ୀ ଶିକ୍ଷା

ଇତି ମଧ୍ୟରେ ଆମ ସାମାଜିକ ଅନୁଷ୍ଠାନ ଗୁଡ଼ିକର ସ୍ୱରୂପ ସମ୍ପୂର୍ଣ୍ଣ ବଦଳି ଗଲାଣି । ଆମ ସାମାଜିକ ସଂରଚନାର ଯେଉଁ ଅନୁଷ୍ଠାନ ଗୁଡ଼ିକ ଯଥା ପରିବାର, ପଡ଼ୋଶୀ, ଗୋଷ୍ଠୀ ବା ସମୁଦାୟ-ଶିକ୍ଷାନୁଷ୍ଠାନ, ଧାର୍ମିକ ଅନୁଷ୍ଠାନ ଇତ୍ୟାଦି ଆଧାର ଥିଲେ, ସେଗୁଡ଼ିକ ପାରମ୍ପରିକତାରୁ ପରିବର୍ତ୍ତନ ହୋଇଗଲେଣି । ପରିବାର - ପଡ଼ୋଶୀ ଓ ଗ୍ରାମ୍ୟ ସମୁଦାୟ ବିଷୟରେ ସମ୍ୟକ ସୂଚନା ପୂର୍ବରୁ ଦିଆଯାଇଛି । ଏବେ ଅନ୍ୟ ଅନୁଷ୍ଠାନ ବିଷୟରେ ଆଲୋଚନା କରିବା । ଚଟ୍ଟଶାଳୀ ଆମ ପାରମ୍ପରିକ ଶିକ୍ଷା ପଦ୍ଧତିର ମୂଳପିଣ୍ଡ ଥିଲା । ଗାଆଁ ଅବଧାନଙ୍କ ଖଡ଼ିଛୁଆଁଠୁ ଆରମ୍ଭ ହୋଇ ସଂସ୍କୃତ ପଣ୍ଡିତଙ୍କ ବେତମାଡ଼ ଯାଏଁ ଯାଉଥିଲା । ଉଚ୍ଚ ପାଣ୍ଡିତ୍ୟ ପାଇଁ ଖଣ୍ଡଗିରି, ଲଳିତଗିରି, ନୋହିଲେ ପୁରୀରେ ଜ୍ଞାନକେନ୍ଦ୍ର ଥିଲା । ମଗୁଶୀର ଗୁରୁବାର ସଞ୍ଜରେ ଲକ୍ଷ୍ମୀ ପୁରାଣ ଆଉ ମୃତ୍ୟୁ ଅପେକ୍ଷାରେ କତରାଲଗା ଥିବା ବାପା ମାଆ କି ଶାଶୁ ଶ୍ୱଶୁରଙ୍କ ପାଖରେ ଝିଅ ବୋହୂ ଯଦି ଭାଗବତ ପଢ଼ି ପାରିଲେ - ପାଠ ଶେଷ-ଓଡ଼ିଆ ବି ଖୁସ୍ ।

ଆନୁଷ୍ଠାନିକ ସାଧାରଣ ଶିକ୍ଷା କହିଲେ ଧର୍ମ ଜ୍ଞାନ, ଦର୍ଶନ ଓ ନୀତିଶିକ୍ଷା, ପାରମ୍ପରିକ ଆଚାର ସଂହିତା, ଆଳଙ୍କାରିକ ସାହିତ୍ୟ, ମୌଳିକ ବ୍ୟାକରଣ, କଉଡ଼ି ହିସାବ, ପଣିକିଆ ଡାକ, ଜଟିଳ ଗଣିତ ଭାବେତ ଲୀଳାବତୀ ସୂତ୍ର କିମ୍ବା ଖନା ବଚନକୁ ବୁଝାଉ ଥିଲା । ଅତି ମେଧାବୀ ଛାତ୍ରମାନେ ଦର୍ଶନର ଗୁଢ଼ ରହସ୍ୟ, ରୋଗ ନିଦାନ ଓ ଔଷଧୀୟ ବୃକ୍ଷର ଗୁଣ କିମ୍ବା ଗଣିତ ଓ ବିଜ୍ଞାନର ଜଟିଳ ପ୍ରଶ୍ନର ସମାଧାନ ଯାଏ ପଢୁଥିଲେ । ମାକ୍‌ଲେ ଓ ଉଡ଼ଙ୍କ ଶିକ୍ଷା ନୀତି ପରେ ଇଂରାଜୀ ଶିକ୍ଷାର ପ୍ରଚଳନ ଓ ପଶ୍ଚିମ ଚିନ୍ତାଧାରାର ପ୍ରବେଶ ଆରମ୍ଭ ହେଲା । ଇଂରେଜମାନେ କିରାଣୀ ତିଆରି କରିବା ପାଇଁ ସାଧାରଣ ଶିକ୍ଷା ପ୍ରଚଳନ କଲେ । ପାଶ୍ଚାତ୍ୟ ଐତିହାସିକଙ୍କ ଦ୍ୱାରା ରଚିତ ଭାରତର ଇତିହାସ ପାଠ୍ୟକ୍ରମ ଅନ୍ତର୍ଭୁକ୍ତ ହେଲା । ସାଧାରଣ ଭାବେ ଶିକ୍ଷା ବିସ୍ତାର ହେଲା ସତ,

ମାତ୍ର ହିନ୍ଦୁ ପରମ୍ପରାର ଚେତନା ଓ ଚିନ୍ତନର ବଳୟ ସୀମିତ ହେଲା । ଫଳତଃ ବ୍ୟକ୍ତିଗତ ଉତ୍କର୍ଷତା ପ୍ରକାଶ ପାଇଲା ନାହିଁ ।

ଗୋଷ୍ଠୀଗତ ପ୍ରଗତି ଓ ବ୍ୟକ୍ତିଗତ ଉତ୍କର୍ଷତା ପାଇଁ ସାମାଜିକ ଶାନ୍ତି ଅତ୍ୟନ୍ତ ଜରୁରୀ । ମାତ୍ର ମଧ୍ୟ ଯୁଗରେ ବହିରାକ୍ରମଣ ଓ ବିଦେଶୀ ଶାସନ (ମୋଗଲ, ପଠାଣ ଓ ଇଂରେଜ) ହେତୁ ବାରମ୍ବାର ଯୁଦ୍ଧ ଓ ସାମାଜିକ ଅସନ୍ତୁଳନ ଭାରତୀୟ ସମାଜକୁ କବଳିତ କରିଥିଲା । ସେଇଥିପାଇଁ ବୋଧହୁଏ ବିଜ୍ଞାନ ଓ ଦର୍ଶନ ପାଇଁ ସାରା ବିଶ୍ୱରେ ପରିଚିତ ଥିବା ଭାରତବର୍ଷରେ ଷୋଡ଼ଶ ଶତାବ୍ଦୀର ରାମାନୁଜାଚାର୍ଯ୍ୟଙ୍କ ପରେ କେହି ମୌଳିକ ଦାର୍ଶନିକ ବାହାରି ପାରିଲେ ନାହିଁ ।

ଏହା ଛଡ଼ା ବିଂଶ ଶତାବ୍ଦୀ ବେଳକୁ ସାମାଜିକ ମୂଲ୍ୟବୋଧର ଦ୍ରୁତ ପରିବର୍ତ୍ତନ ହୋଇସାରିଥିଲା । ଧର୍ମ ନିରପେକ୍ଷୀକରଣର ପ୍ରକ୍ରିୟା, ଇଂରାଜୀ ଶିକ୍ଷା ପାଶ୍ଚାତ୍ୟ ଉଦାରବାଦ ଓ ପଦାର୍ଥ ବିଦ୍ୟାର ପ୍ରଭାବ ହେତୁ ଭାରତୀୟ ଧର୍ମ ଦର୍ଶନ ଏପରିକି ସଂସ୍କୃତ ଭାଷା ଅନାଦର ହେଲା । ଗଣ ଶିକ୍ଷାର ଗୁରୁତ୍ୱ ବଢ଼ିବା ସହ ଭୌତିକ ବିଦ୍ୟାର ପ୍ରସାର ହେଲା । ଏଥି ସହ ପାରମ୍ପରିକ ଅନୁଷ୍ଠାନ ଗୁଡ଼ିକ ମଧ୍ୟ ସାମାଜିକ ପ୍ରାସଙ୍ଗିକତା ହରାଇଲେ । ସମ୍ପୂର୍ଣ୍ଣ ନୂତନ ମୂଲ୍ୟବୋଧକୁ ଗ୍ରହଣ କରି ତା ସହ ଖାପ ଖୁଆଇ ପ୍ରଗତି କରିବା ପାଇଁ, ସମାଜ ସମୟ ନେବ ନିଶ୍ଚୟ । ତାହାହିଁ ହେଲା । ଆମର ଗଣଶିକ୍ଷା ବ୍ୟବସ୍ଥା ବାସ୍ତବରେ ସାର୍ବଜନୀନ ହେବା ପାଇଁ ପାଖାପାଖି ଅର୍ଦ୍ଧଶତାବ୍ଦୀରୁ ଅଧିକ ସମୟ ଲାଗିଲା । ଏଯାବତ୍ ଆମେ ମାକଲେଙ୍କ ଶିକ୍ଷାନୀତିରୁ ସମ୍ପୂର୍ଣ୍ଣ ମୁକୁଳି ପାରିନାହୁଁ ।

ଏବେ ତ ଶିକ୍ଷା ବ୍ୟାପକ । ସବୁ ଗାଁରେ ପ୍ରାଥମିକ ବିଦ୍ୟାଳୟ, ସବୁ ପଞ୍ଚାୟତରେ ହାଇସ୍କୁଲ, ଏବେ ସବୁ ବ୍ଲକ୍‌ରେ କଲେଜ ହେଲାଣି । ଝାଟି ମାଟି ଚାଳଘର ନୁହେଁ, ମହାବାତ୍ୟା ପରେ ପୁନରୁଦ୍ଧାର ଓ ପୁନର୍ଗଠନ ପ୍ରକ୍ରିୟାରେ ଏବଂ ପରେ ସର୍ବଶିକ୍ଷା ଅଭିଯାନରେ ତ ଏବେ ପ୍ରାୟ ସବୁ ସ୍କୁଲରେ ସୁଦୃଶ୍ୟ ପକ୍କା ଘର । ହେଲେ କ'ଣ ହେବ, କେଉଁଠି ଶିକ୍ଷକ ଥିଲେ ପିଲା ନାହାଁନ୍ତି, କେଉଁଠି ପିଲା ଅନୁପାତରେ ଶିକ୍ଷକ ନାହାଁନ୍ତି – ଆଉ କେଉଁଠି ଶିକ୍ଷକ ଥାଇ ଅନ୍ୟ କାମରେ ବ୍ୟସ୍ତ ଅଛନ୍ତି – ପାଠ ପଢ଼ାଇବାକୁ ସମୟ ନାହିଁ ଏବଂ ସବୁଠି ଶିକ୍ଷାର ମାନ ନାହିଁ । ଏପରିକି ପାଠ୍ୟ ପୁସ୍ତକ ଠିକ୍ ସମୟରେ ମିଳୁ ନାହିଁ ।

ଆମର ପରମ୍ପରା ସବୁ ସାମାଜିକ ବ୍ୟବହାରକୁ ନିୟନ୍ତ୍ରଣ କରୁଥିଲା । 'ରାମାୟଣ' ସମ୍ପର୍କର ଉତ୍କର୍ଷତା ଦର୍ଶାଇବା ବେଳେ, 'ମହାଭାରତ' ସମ୍ପର୍କ ସୀମାତିକ୍ରମଣର କୁପରିଣତି ଦର୍ଶାଏ । ସେମିତି 'ଲକ୍ଷ୍ମୀ ପୁରାଣ' ପାରିବାରିକ ଚଳଣି ଶିଖାଏ ତ ଭାଗବତ ନୀତିଶିକ୍ଷା ଦେଇଥାଏ । ଏ ସବୁର ସାମଗ୍ରିକ ବନ୍ଧନୀ ସାମାଜିକ ଶୃଙ୍ଖଳା ରକ୍ଷା କରୁଥିଲା ।

ମାତ୍ର ସାମ୍ପ୍ରତିକ ସମାଜରେ ପରମ୍ପରା ସବୁ ହଜି ଗଲେଣି। ପାଶ୍ଚାତ୍ୟକରଣ ଶିକ୍ଷା ଓ ପାଶ୍ଚାତ୍ୟ ମାନସିକତାର ଶୀକାର ହୋଇ ଆଜିର ଯୁବପିଢ଼ି ଏ ବିଷୟରେ କମ୍ ସଚେତନ। ଏବେ ତ ଶିକ୍ଷା କେବଳ ପାଠ୍ୟ ସୂଚୀ ଅନ୍ତର୍ଭୁକ୍ତିକୁ ବୁଝାଉଛି। ଆମର ବିଦ୍ୟାଳୟ ଶିକ୍ଷା ବା ଉଚ୍ଚଶିକ୍ଷା ପାଠ୍ୟ ସୂଚୀରେ ଆମର ଅତୀତ, ପରମ୍ପରା, ସାମାଜିକତା ବିଷୟରେ ପାଠ୍ୟକ୍ରମ ନ ଥାଏ, କାଁ ଭାଁ ଥିଲେ ବି ତାହା ଗୁରୁତ୍ୱହୀନ ଭାବରେ ପ୍ରତିପାଦିତ କରାଯାଇଥାଏ। ଯେଉଁ ଜାତିର ପରପିଢ଼ି ନିଜର ଐତିହ୍ୟ, ପରମ୍ପରା, ଅତୀତ ଓ ମୂଲ୍ୟବୋଧଗତ ଶିକ୍ଷା ପାଇ ନ ଥାଏ - ସେ ଜାତିର ଅସ୍ମିତା ସୁରକ୍ଷିତ ରହିବ କେମିତି ?

ଗତ ଦଶ ବର୍ଷର ହାଇସ୍କୁଲ ପରୀକ୍ଷା ଫଳ ଦେଖିଲେ ସରକାରୀ ବିଦ୍ୟାଳୟ ଅପେକ୍ଷା ବେସରକାରୀ ଉଦ୍ୟମରେ ପରିଚାଳିତ ବିଦ୍ୟାଳୟ ମାନଙ୍କର ଫଳ ଭଲ ହେଉଛି। ଅଳ୍ପ ସଂଖ୍ୟକ ଇଂରାଜୀ ମିଡ଼ିୟମ୍ ସ୍କୁଲମାନଙ୍କୁ ଛାଡ଼ଦେଲେ, ସରସ୍ୱତୀ ଶିଶୁ ବିଦ୍ୟା ମନ୍ଦିରର ପରୀକ୍ଷାଫଳ ଆକର୍ଷଣୀୟ ହୋଇଛି। ସରକାରୀ ବିଦ୍ୟାଳୟ ମାନଙ୍କରେ ଶିକ୍ଷାର ମାନ ହ୍ରାସ ହେତୁ ସାଧାରଣରେ ଶିଶୁ ମନ୍ଦିର କିମ୍ବା ଇଂରାଜୀ ମାଧ୍ୟମ ବିଦ୍ୟାଳୟରେ ପିଲାମାନଙ୍କୁ ପଢ଼ାଇବା ପାଇଁ ଅଭିଭାବକ - ମାନଙ୍କର ବ୍ୟାକୁଳତା ଅଧିକ। ମାତ୍ର ଏ ବିଦ୍ୟାଳୟଗୁଡ଼ିକ ସବୁ ସ୍ଥାନରେ ନ ଥିବା ହେତୁ ଅଭିଭାବକମାନେ ବିନା ବିକଳ୍ପରେ ସରକାରୀ ବିଦ୍ୟାଳୟକୁ ଆଦରି ନେଉଛନ୍ତି।

ପ୍ରାଥମିକ ଶିକ୍ଷା ଏବେ ମୌଳିକ ଅଧିକାର ଅନ୍ତର୍ଭୁକ୍ତ ହୋଇଛି। ଚଉଦ ବର୍ଷ ପର୍ଯ୍ୟନ୍ତ ପ୍ରତ୍ୟେକ ପିଲା ଶିକ୍ଷା ପାଇବା ପାଇଁ ହକ୍‌ଦାର। ସର୍ବଶିକ୍ଷା ଅଭିଯାନ ମାଧ୍ୟମରେ ଏ ଦିଗରେ ସରକାରୀ ପ୍ରଚେଷ୍ଟା ବଳବତ୍ତର ରହିଛି। ଶିକ୍ଷା ବ୍ୟବସ୍ଥାରେ ବିବିଧ ଅସଙ୍ଗତି, ପାଠ୍ୟକ୍ରମର ବିଷୟ ଚୟନରେ ଅସହମତି, ଶିକ୍ଷା ପ୍ରଦାନ ମାନର ଦୃତ ଅଧୋଃଗତି କାରଣରୁ ପ୍ରଚଳିତ ଶିକ୍ଷା ବ୍ୟବସ୍ଥା ଉପରେ ଛାତ୍ର ଓ ଅଭିଭାବକମାନଙ୍କର ଭରଷା ତୁଟି ଯାଉଛି।

ଏ ବିଷୟରେ ଶିକ୍ଷକ, ଶିକ୍ଷାବିତ୍ ଓ ଶିକ୍ଷା ବିଭାଗ ଅଧିକ ଗୁରୁତ୍ୱ ଦେବା କଥା। ମାତ୍ର ଗତ କିଛି ବର୍ଷ ହେଲା ଆମର ଶୈକ୍ଷିକ ପରିବାର ଶିକ୍ଷକମାନଙ୍କର ଗଣବେଶ ବା ୟୁନିଫର୍ମକୁ ନେଇ ଅଧିକ ଚିନ୍ତିତ। ବିଦ୍ୟାଳୟରେ ପିଲାମାନଙ୍କ ମଧ୍ୟରେ ୟୁନିଫର୍ମ ପ୍ରଚଳନର ମୁଖ୍ୟ ଉଦ୍ଦେଶ୍ୟ ହେଲା ପିଲାମାନଙ୍କ ମନରେ ସମତାର ଭାବ ସୃଷ୍ଟି କରିବା। ବିଦ୍ୟାଳୟ ଏକ ଜାତି, ଧର୍ମ, ବର୍ଣ୍ଣ ଓ ଶ୍ରେଣୀ ନିରପେକ୍ଷ ଅନୁଷ୍ଠାନ ହୋଇଥିବାରୁ ପିଲାମାନଙ୍କ ଭିତରେ ଏହି ସମତା ରକ୍ଷା କରିବା ଅତି ଜରୁରୀ। ଗଣ ବେଶ ଏହି ଜାତି, ଧର୍ମ, ବର୍ଣ୍ଣ ଓ ଶ୍ରେଣୀ ନିରପେକ୍ଷତାର ଏକ ଦୃଶ୍ୟମାନ ପ୍ରତୀକ ମାତ୍ର। ଶିକ୍ଷକ ଓ ଶିକ୍ଷୟତ୍ରୀମାନଙ୍କ ପାଇଁ ଗଣବେଶ ଅତ୍ୟାବଶ୍ୟକ ନ ହୋଇଥିଲେ ହେଁ ଏହା ଏତେ

ବେଶୀ ବିତର୍କର ଅପେକ୍ଷା ରଖେ ନାହିଁ। କେବଳ ସର୍ବନିମ୍ନ ପୋଷାକ ସଂହିତା (ଡ୍ରେସ୍ କୋଡ୍ - ଯାହା ବିଦ୍ୟାଳୟରେ ଥିବା ବେଳେ କି ପୋଷାକ ପିନ୍ଧିବା ଉଚିତ୍ ବା ଉଚିତ୍ ନୁହେଁର ଆଚରର ସଂହିତା) ପ୍ରଚଳନ କରିଲେ ବି ଯଥେଷ୍ଟ ହେବ। ଏଭଳି ବିବାଦ ଫଳରେ ଆମେ ଆମର ମୌଳିକ ସମସ୍ୟା ଠାରୁ ଦୂରେଇ ଯାଉ ନାହାଁନ୍ତିତ ?

ଉଚ୍ଚଶିକ୍ଷା କଥା ତ ଆହୁରି ଚିନ୍ତାଜନକ। ଉଚ୍ଚଶିକ୍ଷାର ବିସ୍ତାର ପାଇଁ ଏବେ ଗ୍ରାମାଞ୍ଚଳରେ କଲେଜ ଖୋଲା ହୋଇଛି। କେଉଁଠି ସଠିକ୍ ଭିତ୍ତିଭୂମି ନାହିଁ ତ କେଉଁଠି ଯଥେଷ୍ଟ ଅଧ୍ୟାପକ ନାହାଁନ୍ତି। ଯେଉଁ ଅଧ୍ୟାପକ ଅଛନ୍ତି, ସେମାନେ ଉଚିତ୍ ଦରମା ପାଉ ନାହାଁନ୍ତି। ଯେଉଁମାନେ ସରକାରୀ ଦରମା ବା ୟୁଜିସି ଦରମା ପାଉଛନ୍ତି, ୨-୩ ଘଣ୍ଟା ବି କଲେଜରେ ରହୁ ନାହାଁନ୍ତି। ଭଲ ଦରମା ନେଲେ ଭଲ ଶିକ୍ଷା ମିଳିବ ବୋଲି ୟୁଜିସି ଦରମା ଦିଆଗଲା। ସମସ୍ତେ ରିସର୍ଚ୍ଚ କରିବେ। ପେପର ପବ୍ଲିସ୍ କରିବେ। ଉନ୍ନତ ମାନର ଶିକ୍ଷାଦାନ କରିବେ। ପ୍ରକୃତ ରିସର୍ଚ୍ଚ କଥା ଆମ ବିଶ୍ୱବିଦ୍ୟାଳୟମାନେ ଭୁଲିଗଲେଣି ବୋଧହୁଏ। ବିଶ୍ୱବିଦ୍ୟାଳୟମାନେ ଉଚ୍ଚତର ଗବେଷଣା କରିବେ ଏବଂ ଶିକ୍ଷାର ମାନ ତଥା ଶିକ୍ଷାନୀତି ନିର୍ଦ୍ଧାରଣ କରିବା କଥା। ଓଡ଼ିଶାର ଉତ୍କଳ ବିଶ୍ୱ ବିଦ୍ୟାଳୟ, ସମ୍ବଲପୁର ଓ ବ୍ରହ୍ମପୁର ବିଶ୍ୱ ବିଦ୍ୟାଳୟ ପୂର୍ବରୁ ଏହି ଉଦ୍ଦେଶ୍ୟ ସାଧନରେ ବେଶ୍ ସଫଳ ବି ହୋଇଥିଲେ। ଗତ ଦୁଇ ଦଶନ୍ଧି ମଧ୍ୟରେ ଓଡ଼ିଶାରେ ଅନେକ ବୈଷୟିକ ଶିକ୍ଷାନୁଷ୍ଠାନ ବେସରକାରୀ ଉଦ୍ୟମରେ ଗଢ଼ି ଉଠିଛି। ଫଳରେ ବୈଷୟିକ ଶିକ୍ଷା ସୁବିଧା ହୋଇଛି। ଏହାଛଡ଼ା ଏହି ଶିକ୍ଷାନୁଷ୍ଠାନରୁ ପିଲାମାନେ ପାସ୍ କରି ବିଭିନ୍ନ କମ୍ପାନୀରେ ବେଶ୍ ଭଲ ଦରମାରେ ଚାକିରୀ ପାଉଛନ୍ତି। ଫଳରେ ଅଭିଭାବକମାନେ ବହୁ ଅଧିକ ଟଙ୍କା ଖର୍ଚ୍ଚ କରି ନିଜ ପିଲାଙ୍କୁ ବୈଷୟିକ ଶିକ୍ଷା ମୁଖ୍ୟତଃ ଇଂଜିନିୟରି ପଢ଼ାଉଛନ୍ତି ପଛକେ ୟୁନିଭରସିଟିକୁ ପଠାଉ ନାହାଁନ୍ତି।

ପରିବର୍ତ୍ତିତ ପରିସ୍ଥିତିରେ ଜଗତୀକରଣ ହେତୁ ଶିକ୍ଷାର ବଜାରୀକରଣ ହେଉଛି। ଏଇ ପରିସ୍ଥିତିରେ ୟୁନିଭରସିଟିମାନେ ନିଜ ପିଲାମାନଙ୍କୁ ବିଶ୍ୱ ଚାହିଦା ଉପଯୋଗୀ କରିବା କଥା ଏବଂ ସେମାନେ ଯେପରି ବିଶ୍ୱ ପ୍ରଗତି ପ୍ରକ୍ରିୟାରେ ସଫଳଭାବେ ସାମିଲ ହୋଇପାରିବେ, ସେଇଭଳି ଯୋଗ୍ୟ କରିବା କଥା। ଏଥିପାଇଁ ଶିକ୍ଷାନୀତି ଓ ଶିକ୍ଷା ପଦ୍ଧତିରେ ଯେଉଁ ସମୟାନୁବର୍ତ୍ତୀ ପରିବର୍ତ୍ତନ ଆଣିବା କଥା, ଆମ ବିଶ୍ୱ ବିଦ୍ୟାଳୟମାନ ସେପରି ନ କରିବାରୁ ଏବେ ରୁଗ୍ଣ ହେବାକୁ ବସିଲେଣି।

■

ସାମାଜିକ ପରିବର୍ତ୍ତନ ଓ ଓଡ଼ିଶା

ଆମ ସାମାଜିକ ସମ୍ପର୍କରେ ସୂତ୍ର ଗୁଡ଼ିକ ଯଥା-ଜ୍ଞାତି, କୁଟୁମ୍ବ, ବନ୍ଧୁବର୍ଗ, ଅତିଥି, ପଡ଼ୋଶୀ, ଇତ୍ୟାଦିର ସ୍ୱରୂପ ଅନେକାଂଶରେ ବଦଳିଛି। ଓଡ଼ିଆ ସମାଜରେ ପରସ୍ପରର ସମ୍ପର୍କକୁ ନିର୍ଦ୍ଦିଷ୍ଟ ସଞ୍ଜ୍ଞା ଦିଆଯାଇ, ଏହି ସମ୍ପର୍କର ନିବିଡ଼ତା ବା ଦୂରତ୍ୱ ମଧ୍ୟ ନିରୁପିତ ହୋଇଥାଏ। ଯୌଥ ପରିବାରରେ ତ ସମ୍ପର୍କ ୩-୪ ପିଢ଼ି ପର୍ଯ୍ୟନ୍ତ ଥାଏ ଓ ସେସବୁ ନିର୍ଦ୍ଧାରିତ ହୋଇଥାଏ। ଯଥା - ଜେଜେ, ଜେଜେମା, ନାତି, ଅଣନାତି, ନାତୁଣୀବୋହୂ, ଅଣନାତୁଣୀବୋହୂ। ସେମିତି ମାତୃ ପିଢ଼ିର ଅଜା, ଆଈ, ଅଣ ଅଜା, ଅଣ ଆଈ ଇତ୍ୟାଦି। ଜ୍ଞାତିରେ ସମ୍ପର୍କ ପିତୃ ପିଢ଼ିରେ ୯ ପିଢ଼ି ଯାଏ ଓ ମାତୃ ପିଢ଼ିରେ ୭ ପିଢ଼ି ଯାଏ ନିର୍ଦ୍ଧାରିତ ଥାଏ। ସମ୍ପର୍କର ସୀମାରେଖା ମଧ୍ୟ ନିର୍ଦ୍ଧାରିତ ଥାଏ। ଯେମିତି- ଦେଢ଼ଶୁର-ଭାଇବୋହୂ, ଶାଶୁ-ଜ୍ୱାଇଁ, ଦିଅର-ଭାଉଜ ଇତ୍ୟାଦି। ମାତ୍ର ଯୌଥ ପରିବାରର ପ୍ରଭାବ ହ୍ରାସ ହେତୁ ଏବଂ ବାସସ୍ଥାନରେ ପରିବର୍ତ୍ତନ ହେତୁ ଅନେକ ସମ୍ପର୍କର ମର୍ଯ୍ୟାଦା ଓ ମୂଲ୍ୟ ଏବେର ଯୁବପିଢ଼ି ଅନୁଭବ କରିପାରୁ ନାହାଁନ୍ତି। ଅନେକ ପିଲା ଅଜା ଓ ଜେଜେଙ୍କୁ ଏକା କଥା ବୋଲି ଭାବୁଛନ୍ତି। ସମ୍ପର୍କରେ ରହିଲେ ସମ୍ପର୍କର ନିବିଡ଼ତା ବଢ଼େ। ଏବେ ଶିକ୍ଷିତ, ବିଦେଶମୁଖୀ ଯୁବପିଢ଼ି ପାଖରେ ଚିଠି ଲେଖବାକୁ ସମୟ ନାହିଁ। ସାକ୍ଷାତ୍ ହେବା ତ ସହଜେ ଅସମ୍ଭବ।

ଏହାଛଡ଼ା ବହୁ ନୂତନ ଲୋକଙ୍କ ଅନ୍ତର୍ଭୁକ୍ତି ଯୋଗୁଁ ଓଡ଼ିଆ ସମାଜର ମଧ୍ୟବିତ୍ତ ବର୍ଗ ବ୍ୟାପକ ଓ ବିସ୍ତାରିତ ହୋଇଛି। ଫଳରେ ମଧ୍ୟବର୍ଗର ସାଧାରଣ ମାନସିକତାରେ କୃତିତ୍ୱ ସଚେତନତା ବଢିଛି। ଏବେ ଯୁବପିଢ଼ି ଚାହୁଁଛନ୍ତି କୌଣସି ନା କୌଣସି ଦିଗରେ ସଫଳ ହୋଇ କୃତିତ୍ୱ ଅର୍ଜନ କରିବା ଓ ସାମାଜିକ ସ୍ତର ଡେଇଁବା। ଏହା ସତ୍ତ୍ୱେ ଗ୍ରାମାଞ୍ଚଳରେ ବେକାରୀ ବି ବଢ଼ିଛି ଓ ସାମାଜିକ ସମସ୍ୟା ପ୍ରତି ମଧ୍ୟବର୍ଗୀୟ ଉଦାସୀନତା ବି ବଢ଼ିଛି। ସମୂହ ନୁହେଁ ବ୍ୟକ୍ତି ହିଁ ବନିଛି ପ୍ରଗତିର ଏକକ। ଅର୍ଥନୈତିକ ବିକାଶ ହିଁ

ବନିଛି ପ୍ରଗତିର ଏକମାତ୍ର ମାପକାଠି। ଏଥିସହ ଆର୍ଥସାମାଜିକ ସମୀକରଣର ପରିବର୍ତ୍ତନ ହୋଇଛି।

ଆମ ଗ୍ରାମ୍ୟ ଅର୍ଥନୀତି ତଥା ଦୃଶ୍ୟପଟ୍ଟରେ ବି ପରିବର୍ତ୍ତନ ଆସିଛି। ଶିକ୍ଷାନୁଷ୍ଠାନର ବ୍ୟାପକ ବିସ୍ତାର ଓ ସୂଚନା ବିସ୍ଫୋରଣ ଫଳରେ ଗ୍ରାମାଞ୍ଚଳର ପିଲାମାନେ ଶିକ୍ଷିତ ହେବା ସହ କୃଷି ପ୍ରତି ବିମୁଖତା ବଢ଼ିଛି। ପ୍ରକାରାନ୍ତରେ କୃଷି ଭିନ୍ନ ଅନ୍ୟ ବୃତ୍ତି ମୁଖ୍ୟତଃ ଚାକିରୀ, ବେପାର ବଣିଜ ତଥା ସେବା ଭିତ୍ତିକ ବୃତ୍ତି ପ୍ରତି ଆଗ୍ରହ ବଢ଼ିଛି। ଫଳରେ କୃଷି ପ୍ରଭାବିତ ହୋଇଥିଲେ ହେଁ ଅନେକ ପରିବାରରେ କୃଷି ନିର୍ଭରଶୀଳତା ହ୍ରାସ ପାଇଛି ଏବଂ ଗ୍ରାମାଞ୍ଚଳରେ ଅନ୍ୟ ବୃତ୍ତିଗତ ସଂସ୍ଥାନ ସୃଷ୍ଟି ହୋଇଛି। ଏବେ ନିପଟ ଗ୍ରାମାଞ୍ଚଳରେ ମୋବାଇଲ୍ ଫୋନ୍ ବିକ୍ରି ଓ ରିପ୍ୟାରିଙ୍ଗ କେନ୍ଦ୍ର, ଇଣ୍ଟରନେଟ୍ ସେବା କେନ୍ଦ୍ର ମିଳିଲାଣି। ଏବେ ଓଡ଼ିଶାରେ ବୃତ୍ତିଗତ ଶିକ୍ଷା ବା ଇଂଞ୍ଜିନିୟରିଂ, ମ୍ୟାନେଜ୍‌ମେଣ୍ଟ୍ ଓ କମ୍ପ୍ୟୁଟର ଶିକ୍ଷାର ବ୍ୟାପକ ଭିତ୍ତିଭୂମି ହେତୁ ବହୁ ପିଲା ଇଞ୍ଜିନିୟର ହୋଇ ବାହାରିଲେଣି ଏବଂ ଜଗତୀକରଣ ଫଳରେ ବିଭିନ୍ନ କମ୍ପାନୀରେ ଭଲ ଦରମାରେ ଚାକିରୀ ପାଉଛନ୍ତି। ଫଳରେ ଓଡ଼ିଆ ସମାଜରେ ହଠାତ୍ ଏକ ନବ ଧନୀକ ଶ୍ରେଣୀ ସୃଷ୍ଟି ହୋଇଛି। ସେମାନେ ନିଜ ପରିବାରର ଅର୍ଥନୈତିକ ଓ ସାମାଜିକ ସ୍ତର ପରିବର୍ତ୍ତନ କରାଇବା ସହ ଅନ୍ୟମାନଙ୍କ ପାଇଁ ଉଦାହରଣ ହୋଇ ପାରିଛନ୍ତି। ଏଣୁ ଆମର ସାମାଜିକ ଗତିଶୀଳତା ବଢ଼ିଛି।

ଏବେ ପ୍ରଗତି ପ୍ରରୋଚିତ ବିସ୍ଥାପନ ଏକ ନୂଆ ସମସ୍ୟା ଭାବେ ଦେଖା ଦେଇଛି। ଶିଳ୍ପ ପ୍ରତିଷ୍ଠା ପାଇଁ ଜମି ଅଧିଗ୍ରହଣ, ଶିଳ୍ପୀକରଣର ଏକ ଅବିଚ୍ଛେଦ୍ୟ ଅଙ୍ଗ। ଦ୍ରୁତ ଶିଳ୍ପୀକରଣ ବ୍ୟାପକ ବିସ୍ଥାପନ ବି କରାଏ। ବଡ଼ ବଡ଼ ଶିଳ୍ପ ପ୍ରତିଷ୍ଠା ତଥା ଭିତ୍ତିଭୂମି ଉନ୍ନତିକରଣ ପାଇଁ ଗାଆଁ ବିସ୍ଥାପିତ ହୁଏ, ଶହ ଶହ ହେକ୍ଟର ଚାଷ ଜମି ଏପରିକି ଜଙ୍ଗଲ ନଷ୍ଟ କରିବାକୁ ପଡ଼େ। ଭିଟାମାଟି ଓ ଘର ଛାଡ଼ି ଅନ୍ୟ ସ୍ଥାନକୁ ଯିବାକୁ ଓଡ଼ିଆ ସହଜରେ ରାଜି ହୁଏ ନାହିଁ। ତା'ଛଡ଼ା ବିସ୍ଥାପନ ହେତୁ ସାମାଜିକ ଆଧାରରୁ ଛିଟିକି ଯିବାର ଏବଂ ଅର୍ଥନୈତିକ ଅନିଶ୍ଚିତତାର ଭୟ ମଧ୍ୟ ଥାଏ। ଯେଉଁଠି ଓଡ଼ିଆଣୀ ଗୃହିଣୀର ପାଣିକାଚ ରୁଣୁଝୁଣୁ ଶୁଭୁଥାଏ, ବାଡ଼ି ପଟାଳିରେ ଶାଗ, କେଇଗୁଣ୍ଠ ଗହୀର ଜମିର ଧାନ ବରଷକ ପାଇଁ ନିଶ୍ଚିନ୍ତ ଥାଏ, ଓଡ଼ିଆ ସେତିକିରେ ଶାନ୍ତିପାଏ। ବାହାରକୁ ଯିବା କଥା ଉଠିଲେ ଛାନିଆଁ। "କୁଆଡ଼େ ଯିବି, କ'ଣ କରିବି" ର ଦରିଦ୍ର ପଞ୍ଚାକ୍ଷର ଆମ ଲୋକଙ୍କୁ ଅଧିକ ଅସୁରକ୍ଷିତ କରିଦିଏ।

ଆଦିବାସୀ ସମ୍ପ୍ରଦାୟ ଓଡ଼ିଆ ସଂସ୍କୃତିର ଏକ ଅବିଭାଜ୍ୟ ଅଂଶ। ଭାଷା ଓ ପ୍ରଜାତିଗତ ଭିନ୍ନତା ଥିଲେ ହେଁ, ଆମ ଜଙ୍ଗଲ ଓ ଜଗନ୍ନାଥ ସମସ୍ତଙ୍କୁ ଏକତା ସୂତ୍ରରେ

ବାନ୍ଧିରଖି ଆସିଛି । କୋରାପୁଟରୁ କେରଡ଼ାଗଡ଼, ନୀଳଗିରିରୁ ନିୟମଗିରି ଯାଏ ବନ୍ଧନର ସୂତ୍ର ଗୋଟିଏ । ପ୍ରତ୍ୟେକ ଆଦିବାସୀ ଗୋଷ୍ଠୀ ଏକ ରାଜକୀୟ ପ୍ରଜାତି । ସେମାନଙ୍କର ସଂସ୍କୃତି, ମୁକ୍ତ ଚଳଣି ଓ ସରଳ ଅର୍ଥନୀତି ଜଙ୍ଗଲ ସହ ଜଡ଼ିତ । ଆଧୁନିକତାର ମୁଖ୍ୟ ସ୍ରୋତଠାରୁ ଦୂରେଇ ରହୁଥିବା ଏହି ଜନଜାତି ମାନଙ୍କର ସାମାଜିକ ସଂରଚନା କିନ୍ତୁ ବେଶ୍ ଦୃଢ଼ । ସମ୍ପ୍ରତି ପ୍ରଗତି ହେତୁ ଏମାନେ ଘରିଆଡୁ ଘପର ଶୀକାର ହୋଇଛନ୍ତି । ପ୍ରଥମତଃ ସେମାନଙ୍କର ଚଳଣି ଅଲଗା ହେଉ ଥିବାରୁ ଅନେକ ସମୟରେ ସେମାନେ ମୁଖ୍ୟସ୍ରୋତ ସହ ସ୍ୱତଃ ସାମିଲ ହୋଇ ପାରୁନାହାଁନ୍ତି । ଦ୍ୱିତୀୟତଃ ସେମାନଙ୍କ ଅର୍ଥନୀତିର ମୂଳ ଆଧାର ଜଙ୍ଗଲ ଓ ଜଙ୍ଗଲଜାତ ଦ୍ରବ୍ୟ ଉପରେ ନାନା କଟକଣା ହେତୁ ସେମାନଙ୍କର ଅର୍ଥନୀତି ବିପର୍ଯ୍ୟସ୍ତ ହେଉଛି । ତୃତୀୟତଃ ସାଧାରଣ ଭାବେ ଏହି ପ୍ରଜାତିମାନେ ମୁକ୍ତ ଚଳଣିରେ ବିଶ୍ୱାସ କରୁଥିବା ହେତୁ ଜମିର ନିଜସ୍ୱ ମାଲିକାନା ବିଷୟରେ ଆଦ୍ୟରୁ ହିଁ ସଚେତନ ନୁହଁନ୍ତି । ନିଜ ଗୋଷ୍ଠୀର ମୁଖିଆ ସମଗ୍ର ଅଞ୍ଚଳର ରାଜା ହୋଇଥିବାରୁ, ମୁଖିଆର ମୌଖିକତା ଉପରେ ଦୃଢ଼ ବିଶ୍ୱାସୀ ଏମାନେ । ଏଣୁ ଅନ୍ୟ ଅଞ୍ଚଳର ଲୋକଙ୍କ ପରି ନିଜେ ବାସ କରୁଥିବା ଅଞ୍ଚଳର ଜମିକୁ ନିଜ ଗ୍ରାମରେ ରାଜସ୍ୱ ରେକର୍ଡ଼ କରିବାର ପରମ୍ପରା ଏମାନଙ୍କ ଭିତରେ ନଥିଲା । ଏଣୁ ଅନ୍ୟ ଅଞ୍ଚଳରୁ ଆସିଥିବା ଲୋକମାନେ ଏମାନଙ୍କ ଜମି ହଡ଼ପ କରିବା ଭଳି ଶୋଷଣର ଦୃଷ୍ଟାନ୍ତ ମିଳୁଛି । ଚତୁର୍ଥତଃ ଏମାନେ ସରଳ ଧର୍ମ ବିଶ୍ୱାସୀ ହୋଇଥିବାରୁ ପ୍ରଲୋଭନ ଶୋଷଣ ମାଧ୍ୟମରେ ଏମାନଙ୍କୁ ବ୍ୟାପକ ଧର୍ମାନ୍ତରୀକରଣ କରାଯାଉଛି । ପଞ୍ଚମରେ ଖଣିଖାଦାନ ଓ ଶିଳ୍ପ ପ୍ରତିଷ୍ଠା ମୁଖ୍ୟତଃ ଆଦିବାସୀ ବହୁଳ ଅଞ୍ଚଳରେ ହେଉଥିବାରୁ ବିସ୍ଥାପନ ସମସ୍ୟା ବି ଅଛି । ଏବେ ତ ପ୍ରଗତି ଓ ପରମ୍ପରାର ଦୋଛକିରେ ଠିଆ ହୋଇଥିବା ଏହି ଜନଜାତି ମାନଙ୍କୁ ନକ୍ସଲବାଦର ଆତଙ୍କ ଅଧିକ ବିଭ୍ରାନ୍ତ କରୁଛି । ଉପରୋକ୍ତ କାରଣରୁ ଆଦିବାସୀ ସମ୍ପ୍ରଦାୟରେ ସାମାଜିକ ସଂଘାତ ବହୁ ପରିମାଣରେ ବୃଦ୍ଧ ପାଉଛି ।

ସ୍ୱାଧୀନତା ପରେ ମୁଖ୍ୟତଃ ଗତ ଦୁଇ ଦଶନ୍ଧି ମଧ୍ୟରେ ଆଉ ଗୋଟିଏ ସାମାଜିକ ପ୍ରକ୍ରିୟା ଆମ ସମାଜରେ ଦେଖାଯାଉଛି । ପୂର୍ବରୁ ଆମର ଗ୍ରାମ ଗୁଡ଼ିକ ଯେତେ ପୃଥକ ଓ ଅନ୍ତର୍ଭୁକ୍ତି ଥିଲା, ଏବେ ନାହିଁ । ବୃହତ୍ତର ଜାତୀୟ ପ୍ରକ୍ରିୟା ଗୁଡ଼ିକରେ ସାମିଲ ହୋଇ ଗ୍ରାମ ଏବେ ସଂଯୋଗୀକୃତ ହୋଇଛି । ନିର୍ବାଚନ ଠାରୁ ବିଭିନ୍ନ ଯୋଜନାରେ ଗ୍ରାମାଞ୍ଚଳର ଲୋକମାନେ ଅଂଶଗ୍ରହଣ କରୁଛନ୍ତି, ଏଣୁ ଗ୍ରାମ ଆଉ ବାହ୍ୟ ପ୍ରଭାବମୁକ୍ତ ହୋଇ ରହିନାହିଁ । ବରଂ ଏବେ ବାହ୍ୟ ପ୍ରଭାବ ଅଧିକ କ୍ରିୟାଶୀଳ ହୋଇଛି । ସ୍ଥାନୀୟ ଲୋକଙ୍କୁ ସଚେତନ ଓ ସଶକ୍ତକରଣ କରିବା ନାଁରେ ଏବେ ଗାଁ ଗାଁରେ ବହିଃରାଗତ ସ୍ୱେଚ୍ଛାସେବୀ ଅନୁଷ୍ଠାନମାନଙ୍କ ଭିଡ଼ । ଏମାନେ ପ୍ରଚାର ଅଧିକ କରୁଥିଲେ ବି କିଛି

ଭଲକାମ ତ କରୁଛନ୍ତି। ସାମାଜିକ ସଚେତନତା ବଢ଼ାଉଛନ୍ତି। ବାହାରର ଚିନ୍ତା ଚେତନାର ବାହକ ହେଉଛନ୍ତି। ଶୋଷିତ ପାଖରେ ଠିଆ ହେଉଛନ୍ତି। ଅବଶ୍ୟ ବେଳେ ବେଳେ ସ୍ଥାନୀୟ ଲୋକମାନଙ୍କର ସରଳତାର ସୁଯୋଗ ନେଉଛନ୍ତି ଓ ସ୍ଥାନୀୟ ସାମାଜିକ ଅନୁଷ୍ଠାନ ପ୍ରତି ଆଞ୍ଚ ବି ଆଣୁଛନ୍ତି।

ଗଣମାଧ୍ୟମ ଏବେ ସର୍ବାଧିକ ପ୍ରଭାବଶାଳୀ। କେବଳ ଖବର କାଗଜର ସାମ୍ବାଦିକ ନୁହେଁ ଟିଭି ଚ୍ୟାନେଲର ରିପୋର୍ଟର ବି ଏବେ ପ୍ରାୟ ସବୁ ଗାଆଁରେ। ଯେଉଁଠି ଘଟଣା କି ଦୁର୍ଘଟଣା, ତତ୍‌କାଳ ହାଜର ସେଠି କୌଣସି ନା କୌଣସି ଟିଭି ରିପୋର୍ଟର। ଫଳରେ ସବୁ ଘଟଣା ସାମ୍ନାକୁ ଆସୁଛି। ମାତ୍ର, ଅନେକ ସମୟରେ ଘଟଣାର ପ୍ରସାର ତୁଳନାରେ ଆନୁପାତିକତା ରହୁନାହିଁ, ତିଳକୁ ତାଳ ହୋଇ ଯାଉଛି। ବେଳେବେଳେ ଫଳ ଓଲଟା ବି ହେଉଛି। ଗଣମାଧ୍ୟମ ଖବରର ଗୁରୁତ୍ୱ ଅନୁସାରେ ପ୍ରାଥମିକତା ସ୍ଥିର କରିବା କଥା। ସେଥିରୁ ବ୍ୟତିକ୍ରମ ହେଲେ ଫଳ ଓଲଟା ବି ହୋଇ ଯାଇପାରେ। ନିକଟରେ ସ୍ୱାଇନ୍‌ଫ୍ଲୁ କଥା ନିଆଯାଉ। ସେତେବେଳକୁ ମାତ୍ର ୪-୫ ଜଣଙ୍କ ମୃତ୍ୟୁ ହୋଇଥିଲା ଓଡ଼ିଶାରେ। ମାତ୍ର ଗଣମାଧ୍ୟମରେ ଅତ୍ୟଧିକ ପ୍ରଚାର ଫଳରେ ଏହାର ପ୍ରତିଷେଧକ ଇଞ୍ଜେକସନ୍ କଳାବଜାରରେ ବିକ୍ରି ହେଲା। ଔଷଧ ଦୋକାନୀ, କମ୍ପାନୀମାନେ ଭଲ ପଇସା ରୋଜଗାର କରିଗଲେ।

ସାମ୍ପ୍ରତିକ ଓଡ଼ିଆ ସମାଜ ଏକ ଅବସ୍ଥାନ୍ତର ପ୍ରକ୍ରିୟା ଦେଇ ଗତି କରୁଛି। ଅନେକ ପାରମ୍ପରିକ ସାମାଜିକ ଅନୁଷ୍ଠାନର ଢାଂଚାଗତ ପରିବର୍ତ୍ତନ ହୋଇଛି। ଅନେକ ନୂଆ କାରକ ଏହି ପରିବର୍ତ୍ତନ ପ୍ରକ୍ରିୟାରେ ସାମିଲ ହୋଇଛନ୍ତି। ସାମାଜିକ ଦୃଶ୍ୟପଟ୍ଟ ବଦଳିଛି। ଅତୀତରେ ଶହ ଶହ ବର୍ଷ ଧରି ଭୟ ଓ ଆଶଙ୍କା ଭିତରେ ରହି ଆସିଥିବା ଗୋଟିଏ ଜାତିର ସାମାଜିକ କ୍ରିୟାଶୀଳତା ତ୍ୱରାନ୍ୱିତ ହୋଇଛି। ଆନ୍ତର୍ମୁଖୀ ମାନସିକତା ବହିର୍ମୁଖୀ ହୋଇଛି। ଗତି ବଢ଼ିଛି। ଅତୀତର ସେଇ ପ୍ରାଚୁର୍ଯ୍ୟଭରା ବୋଇତ, ଫେରି ଆସିବାର ସଫଳତା ଦେଉଛି। ଗୋଟିଏ ଜାତିର ଉନ୍ମେଷର ଆଶା ସଂଚାର ହେଉଛି। ଖାଲି ଆମର ସାମାଜିକ ସଂଘର୍ଷର ସମାଧାନ ହେବା ଜରୁରୀ। ସ୍ଥିରତା ଆସିବା ଜରୁରୀ, କାହିଁକିନା ଶାନ୍ତି ହିଁ ପ୍ରଗତିର ମୂଳାଧାର।

■

ଓଡ଼ିଆ ମଧ୍ୟବର୍ଗର ବିକାଶ ଓ ନବ ଧନୀକ ଶ୍ରେଣୀର ସୃଷ୍ଟି

(ଏକ)

ଶ୍ରେଣୀ ବିଭାଜିତ ସମାଜ ଓ ମଧ୍ୟବର୍ଗ

ଶ୍ରେଣୀ ବିଭାଜିତ ସମାଜ ବ୍ୟବସ୍ଥାରେ ସମଗ୍ର ଜନସଂଖ୍ୟାକୁ ଅନ୍ୟୁନ ତିନିଟି ଶ୍ରେଣୀରେ ବିଭକ୍ତ କରାଯାଏ (୧) ଉଚ୍ଚଶ୍ରେଣୀ ବା ବର୍ଗ - ଗୋଟିଏ ସମାଜର ସେଇ ପାଞ୍ଚ ପ୍ରତିଶତ ଲୋକ ସମୁହ ଯେଉଁମାନେ ଆର୍ଥିକ ଓ ରାଜନୈତିକ କ୍ଷମତାର ଅଧିକାରୀ ହୋଇଥାନ୍ତି (୨) ନିମ୍ନ ଶ୍ରେଣୀ - ସମାଜର ତଳସ୍ତରରେ ଥିବା ସେଇ ବିଶାଳ ସମୁହ ଯେଉଁମାନେ ଆର୍ଥିକ ଓ ସାମାଜିକ ଦୃଷ୍ଟିରୁ ଦୁର୍ବଳ ଓ ଶୋଷିତ। କାର୍ଲ ମାର୍କ୍ସଙ୍କ ମତରେ ଉଚ୍ଚଶ୍ରେଣୀ ବା ବୁର୍ଜୁଆ ଗୋଷ୍ଠୀ ଗୋଟିଏ ସମାଜର ଉତ୍ପାଦନ କ୍ଷମତାକୁ ନିଜ ହାତରେ ରଖି ଅଧିକ ଶକ୍ତିଶାଳୀ ଥାଆନ୍ତି ଏବଂ ନିମ୍ନ ଶ୍ରେଣୀର (ଶ୍ରମିକମାନଙ୍କ) ପେରେସ୍ତୋରିକ୍‌ମାନଙ୍କୁ ଶୋଷଣ କରି ନିଜର ଶକ୍ତି ବୃଦ୍ଧି କରୁଥା'ନ୍ତି।

ସାଧାରଣତଃ, ଏ ଉଭୟ ଶ୍ରେଣୀର ମଧ୍ୟମ ଭାଗରେ ଥିବା ଶିକ୍ଷିତ ଆୟକାରୀ ସ୍ୱଚ୍ଛଳବର୍ଗଙ୍କୁ ମଧ୍ୟବିତ୍ତ ଶ୍ରେଣୀ ବା ମଧ୍ୟବିତ୍ତ କୁହାଯାଏ। ଉତ୍ପାଦନର କାରକ ଗୁଡ଼ିକ ଏମାନଙ୍କ ଆୟତରେ ନ ଥିଲେ ବି ଏମାନେ ଉଚ୍ଚବର୍ଗ ଓ କ୍ଷମତା ସମ୍ପନ୍ନ ବଗକୁ ବୌଦ୍ଧିକ ସହାୟତା ଦେଇଥା'ନ୍ତି। ଏହି ବର୍ଗରେ ମାକ୍ସ, ଓ୍ୱେବରଙ୍କ ମୁଖ୍ୟତଃ ବେତନଭୋଗୀ, ଅମଲାତନ୍ତ୍ର, ସ୍ୱଚ୍ଛଳ ବୃତ୍ତିଧାରୀ ବ୍ୟକ୍ତି ଯଥା ଡାକ୍ତର, ଇଞ୍ଜିନିୟର, ଓକିଲ ଇତ୍ୟାଦି ଏବଂ ବ୍ୟବସାୟୀଗୋଷ୍ଠୀ ସାମିଲ ଥାଆନ୍ତି। ମଧ୍ୟବର୍ଗର କ୍ଷମତା ଓ ଆୟ ଅନୁସାରେ ଏହାକୁ ତିନି ଭାଗରେ ବିଭକ୍ତ କରାଯାଇଛି - ଯଥା - ଉଚ୍ଚ ମଧ୍ୟବିତ୍ତ, ମଧ୍ୟବିତ୍ତ ଓ ନିମ୍ନ ମଧ୍ୟବିତ୍ତ ଶ୍ରେଣୀ।

ଓଡ଼ିଶାରେ ମଧ୍ୟବର୍ଗ ବି ଉଦାସୀନ, ଶ୍ରୀଯୁକ୍ତ ହରପ୍ରସାଦ ଦାସ, ତାଙ୍କ "ମଧ୍ୟବର୍ଗର ଅସ୍ତିତ୍ୱ ସନ୍ଧାନ" ପ୍ରବନ୍ଧରେ (ସମ୍ବାଦ ୨୧.୦୧.୨୦୦୬) ଭାରତୀୟ ପରିପ୍ରେକ୍ଷୀରେ ମଧ୍ୟବର୍ଗର ସଂଜ୍ଞା ନିମ୍ନମତେ କରିଛନ୍ତି। "ମଧ୍ୟବର୍ଗ ସେହି କ୍ଷୁଦ୍ର, ଶିକ୍ଷିତ ଓ ସତର୍କ ଗୋଷ୍ଠୀ ସମୁହର ଏକକ - ଯାହା ସାମାଜିକ ବାର୍ତ୍ତା ଆହରଣ ଓ ବିଛୁରଣରେ ସକ୍ଷମ, ଯାହାର ଦାରିଦ୍ର୍ୟର ଭୟ ନାହିଁ ବା ସିଂହାସନର ଆକାଂକ୍ଷା ନାହିଁ"। ଓଡ଼ିଶା ଇତିହାସରେ ଏହି ମଧ୍ୟବର୍ଗରେ ପଣ୍ଡିତ, ପୂଜକ, ସାମନ୍ତ, ସାଧବ, କବି, ସନ୍ଥ, ମାଟିବଂଶ ଅବଧାନ ଇତ୍ୟାଦି ଗୋଷ୍ଠୀ ସାମିଲ ଥିଲେ। ବିଳମ୍ବରେ ହେଲେ ବି ଓଡ଼ିଶାରେ ମଧ୍ୟବର୍ଗୀୟ ଚେତନାର ବିକାଶ ତ ହୋଇଥିଲା, ମାତ୍ର ସାମାଜିକ, ରାଜନୈତିକ ଓ ଧାର୍ମିକ ବିପ୍ଳବ ପ୍ରତି ଉଦାସୀନତା ଓ ଅଳ୍ପକେ ସନ୍ତୋଷ ମାନସିକତା, ଏହାକୁ ଏକ ସୁସଂଗଠିତ ବର୍ଗ କରିବା ପରିବର୍ତ୍ତେ ସ୍ଥାଣୁ କରିଦେଇଥିଲା। ସେଇଥିପାଇଁ ବୋଧହୁଏ 'ନଅଙ୍କ ଦୁର୍ଭିକ୍ଷ' ବା ଅନ୍ୟ ବିପର୍ଯ୍ୟୟ ପରବର୍ତ୍ତୀ ସାମାଜିକ ଚିତ୍ର ଆଙ୍କିବାରେ ଓଡ଼ିଆ ସାହିତ୍ୟିକ ଗୋଷ୍ଠୀ ଏତେ ଅସଫଳ ରହିଗଲେ। ଯେଉଁ ମଧ୍ୟବର୍ଗ ଗୋଟିଏ ଜାତିର ସାମାଜିକ ବିପ୍ଳବରେ ଦିଗ୍‌ଦର୍ଶନ ଦେବା କଥା, ସାମାଜିକ ପରିବର୍ତ୍ତନର ସୂତ୍ରଧର ହେବା କଥା, ସେଇ ବର୍ଗର ତତ୍କାଳୀନ ସାମାଜିକ ସମସ୍ୟା ପ୍ରତି ଉଦାସୀନତା, ସାଧାରଣ ଲୋକଙ୍କୁ ନେତୃତ୍ୱବିହୀନ କରିବା ସହ, ପରିସ୍ଥିତିକୁ ଗ୍ରହଣ କରିନେବାକୁ ବାଧ୍ୟ କରିଥିବ।

ସମାଜ ବିଜ୍ଞାନୀଙ୍କ ମତ ଉପରୋକ୍ତ ସଜ୍ଞା ସହ ସମ୍ପୂର୍ଣ୍ଣ ଏକମତ ହୁଏ ନାହିଁ। ଗୋଟିଏ ସମାଜରେ ଆୟ ବ୍ୟତିରେକେ ମଧ୍ୟବର୍ଗର ନିମ୍ନଲିଖିତ ଉପାଦାନ ମଧ୍ୟ ରହିବା ଜରୁରୀ।

୧. ମଧ୍ୟବର୍ଗ ଶିକ୍ଷିତଗୋଷ୍ଠୀ

୨. ମଧ୍ୟବର୍ଗୀୟ ମୂଲ୍ୟବୋଧ - ସାମାଜିକ ନୈତିକତା

୩. ଉଚ୍ଚାକାଂକ୍ଷୀ ସାମାଜିକ ଗତିଶୀଳତା

୪. କୃତିତ୍ୱ ସଚେତନତା

ଗୋଟିଏ ସମାଜର ମଧ୍ୟବର୍ଗ ହିଁ ସାମାଜିକ ଓ ଧାର୍ମିକ ମୂଲ୍ୟବୋଧର ରକ୍ଷା କରିଥାଏ। ନିମ୍ନବର୍ଗର ଜୀବନଧାରଣ ପାଇଁ ଚିନ୍ତା ଓ ଉଚ୍ଚବର୍ଗର ଅତ୍ୟଧିକ ସମ୍ପତ୍ତି ଓ କ୍ଷମତା ହାସଲର ନିଶା ହେତୁ ଏମାନେ ସାମାଜିକ ମୂଲ୍ୟବୋଧ ଉପରେ ଗୁରୁତ୍ୱ ଦେଇ ପାରନ୍ତି ନାହିଁ। ମଧ୍ୟବର୍ଗ 'ଘାସ ଠୁଁ ମୋଟ ଓ ଗଛ ଠୁଁ ଛୋଟ' ହୋଇଥିବାରୁ ଏ ବର୍ଗ ଭିତର ମାନବିକ ସମ୍ବେଦନଶୀଳତା, ଧାର୍ମିକ ଚିନ୍ତା ଥାଏ। ଶ୍ରେଣୀ ପ୍ରତିବନ୍ଧକ ଡେଇଁ ଉପରକୁ ଉଠିବାର ଉଚ୍ଚାକାଂକ୍ଷା ଏ ଗୋଷ୍ଠୀର ଅନ୍ୟ ଏକ ମୌଳିକ ଗୁଣ। ଉଭୟ ଭୌଗଳିକ ଓ ସାମାଜିକ ଗତିଶୀଳତା ଏ ବର୍ଗର ଥାଏ।

ସବୁଠାରୁ ଗୁରୁତ୍ୱପୂର୍ଣ୍ଣ ଉପାଦାନ ହେଲା ଯେ ଏଇ ବର୍ଗ ହିଁ କିଛି କରି ଦେଖାଇବାର ଆକାଂକ୍ଷା ରଖିଥାଏ। କବି, ଶିଳ୍ପୀ, ଶିକ୍ଷିତ ବୁଦ୍ଧିଜୀବି ଡାକ୍ତର, ବୈଜ୍ଞାନିକମାନେ ଇତିହାସରେ ନିଜ ନିଜ କ୍ଷେତ୍ରରେ ଉତ୍କର୍ଷତା ଦେଖାଇ ଆସିଛନ୍ତି ଓ ପରବର୍ତ୍ତୀ ସାମାଜିକ ପରିବର୍ତ୍ତନ ପାଇଁ କାରଣ ବନି ଆସିଛନ୍ତି। ଇତିହାସର ସବୁ ବଡ଼ ଆନ୍ଦୋଳନ ଓ ବିପ୍ଳବ ପଥରେ ମଧ୍ୟବର୍ଗର ଭୂମିକା ସର୍ବାଧିକ ଗୁରୁତ୍ୱପୂର୍ଣ୍ଣ ରହି ଆସିଛି।

(୨)

ଓଡ଼ିଆ ମଧ୍ୟବର୍ଗର ବିକାଶ

ଏହା ଅନସ୍ୱୀକାର୍ଯ୍ୟ ଯେ ଓଡ଼ିଆ ଜାତିର ରଚିତ ଇତିହାସ, କାଳର କଷଟିରେ ବିବିଧ ବିପର୍ଯ୍ୟୟର ବିବରଣୀ ମାତ୍ର। ଶିଳାଲେଖ, ପୁରାଣ କିମ୍ବା କିମ୍ବଦନ୍ତୀର କତିପୟ ଗୌରବୋଜ୍ଜ୍ୱଳ ଉଲ୍ଲେଖକୁ ବାଦ୍ ଦେଲେ ଲିଖିତ ଇତିହାସର କାହାଣୀ, କେବଳ ବିପର୍ଯ୍ୟୟ ଓ ପରାଜୟର କାହାଣୀ। କଳିଙ୍ଗ ଯୁଦ୍ଧ ପରେ ମଧ୍ୟ ସମ୍ରାଟ ଅଶୋକଙ୍କ ଖଣ୍ଡା ଚୋଟରୁ ବର୍ତ୍ତିଥିବା କିଛି ଲୋକଙ୍କ ଦୀର୍ଘ ଦୁଇ ହଜାର ବର୍ଷର ରକ୍ତରଞ୍ଜିତ, ସଂଘର୍ଷମୟ ଯାତ୍ରା ଶେଷ ହୁଏନି ଏବେ ବି। କେବେ ଭୂମି, କେବେ ଭାଷା, କେବେ ଭୂମିକା ପାଇଁ ଲଢ଼େଇ କରି ୧୯୩୬ ମସିହା ବେଳକୁ ଯେଉଁ ଭୂଖଣ୍ଡଟିଏ ଭାଷା ଭିତ୍ତିରେ ଚିତ୍ରିତ ହୁଏ, ସେଇ ଲୋକମାନଙ୍କର ବାସଭୂମି ଭାବେ, ତାହାକୁ ଆମେ ଓଡ଼ିଶା କହୁଁ ଏବଂ ଏହାର ଅଧିବାସୀମାନେ ଆମେ ଆମକୁ ଓଡ଼ିଆ ବୋଲି ପରିଚୟ ଦେଉଁ। ଇତିହାସରେ ବିବିଧ ଶକ୍ତିଙ୍କର ପାରିପାର୍ଶ୍ୱିକ ଚାପ ଓ ପ୍ରତିଚାପ ହେତୁ ବିଭିନ୍ନ ସମୟରେ ପ୍ରସାରିତ ଓ ସଂକୁଚିତ ହୋଇ ଆସିଥିବା ସାମ୍ରାଜ୍ୟ ଶେଷରେ ଏକ ସୀମିତ ଅଞ୍ଚଳକୁ ନେଇ ଓଡ଼ିଶା ରାଜ୍ୟ ଭାବରେ ପରିଗଣିତ ହୁଏ, ଆଧୁନିକ ସ୍ୱାଧୀନ ଭାରତର ପ୍ରେକ୍ଷାପଟରେ। ତଥାପି ଓଡ଼ିଆ ଏକ ଜାତିଭାବରେ ଏହାର ଭାଷା, ସାହିତ୍ୟ, ସଂସ୍କୃତି, ପରମ୍ପରା ଓ ସାମାଜିକ ଚଳଣିରେ ଓଡ଼ିଆ ଅସ୍ମିତାବୋଧର ବୀଜ ଓ ବିମ୍ବ ସଂରକ୍ଷିତ ରଖି କାଳର ପ୍ରତିକୂଳରେ ଏବଂ ଭୌଗଳିକ ସୀମା ବାହାରେ ବି ବଞ୍ଚି ରହି ପାରିଛି।

କଳା, ସ୍ଥାପତ୍ୟ, ନୃତ୍ୟ, ସଙ୍ଗୀତ, ବିଜ୍ଞାନ ଓ ବାଣିଜ୍ୟରେ ଉତ୍କର୍ଷତା ଥିଲା ଅର୍ଥ ତୃଣମୂଳ ସ୍ତରରେ ଏକ ଗତିଶୀଳ ସାମାଜିକ ବ୍ୟବସ୍ଥା ଥିଲା, ଯାହାକି ଏ ସମସ୍ତ ବିପର୍ଯ୍ୟୟର ଧକ୍କାକୁ ସହଜରେ ଅବଶୋଷଣ କରିପାରୁଥିଲା ଏବଂ ଆର୍ତ୍ତ ମଣିଷକୁ ଆଉଥରେ ଉଠି ଛିଡ଼ା ହେବାପାଇଁ ପ୍ରେରଣା ଦେଉଥିଲା।

କହିବା ବାହୁଲ୍ୟ ଯେ ପ୍ରାଚୀନ ଓଡ଼ିଶା ବୌଦ୍ଧ ଓ ଜୈନ ଧର୍ମ ଓ ଦର୍ଶନର ଉନ୍ନତ ଜ୍ଞାନ କେନ୍ଦ୍ର ଥିଲା। ରାଜନ୍ୟ ଅନୁଗ୍ରହ ହେତୁ ଅର୍ଥାତ୍ ଅଶୋକଙ୍କ ବୌଦ୍ଧଧର୍ମ ଓ ଖାରବେଳଙ୍କ ଜୈନଧର୍ମ ପୃଷ୍ଠପୋଷକତା କାରଣରୁ ସାରା ରାଜ୍ୟରେ ଏହି ଧର୍ମଦ୍ୱୟର

ଆନୁଷ୍ଠାନିକ ଭିତ୍ତିଭୂମି ବେଶ୍ ପୁରୁଣା। କୁହାଯାଏ, ଆଦିଶଙ୍କରାଚାର୍ଯ୍ୟ ପୁରୀ ଆସିବା ବେଳକୁ ଓଡ଼ିଶାର ବୌଦ୍ଧ ଧର୍ମର ପ୍ରାବଲ୍ୟ ସର୍ବାଧିକ। ପଥେ ପ୍ରାନ୍ତେ ସବୁଠି ପଥରର ବୁଦ୍ଧ ମୂର୍ତ୍ତି। ହିନ୍ଦୁ ଧର୍ମର ଉତ୍‌ଥାନ ପାଇଁ ଶଙ୍କରାଚାର୍ଯ୍ୟଙ୍କ ନିର୍ଦ୍ଦେଶରେ ସେଇ ସବୁ ମୂର୍ତ୍ତିରେ ସିନ୍ଦୁର ଲଗାଇ ସବୁ ଗାଁରେ ଗ୍ରାମ ଦେବତୀ କରି ବସେଇ ଦିଆଗଲା। ବୋଲେ ତ ଗାଁ ଗାଁ ବୁଢ଼ୀ ଠାକୁରାଣୀ, କିମ୍ବଦନ୍ତୀର ଆଧାରରେ ପ୍ରତି ଗାଁକୁ ଜଗି ରହିଲେ। ବିପଦ ଆପଦରୁ ରକ୍ଷା କଲେ। ଠାକୁରାଣୀ ଆସିଲେ ମାନେ, ଝୁଣା, ଦୀପ, କୀର୍ତ୍ତନ ଦଳ, ଝାମୁ ଯାତ୍ରା, ମାଟି ଘୋଡ଼ା, କଳାଶାଢ଼ୀ, ପଣା, ମାଜଣା ଓ କାଳିସୀ-ସବୁ ଆସିଗଲେ। ଅର୍ଥାତ୍ ତିଆରି ହୋଇଗଲା ଏକ ଅନୁଷ୍ଠାନ, ଗାଁ ମୁଣ୍ଡ ବରଗଛ, ଅଶ୍ୱସ୍ତ ଗଛ କିମ୍ବା ଲିମ୍ବ ଗଛ ମୂଳରେ।

ପରେ ପରେ ବିଭିନ୍ନ ସନ୍ଥଙ୍କ ଉଦ୍ୟମରେ ଅନେକ ଗାଁରେ ପ୍ରତିଷ୍ଠା ହେଲା ମଠ। ଏଠାରେ ସନ୍ଧ୍ୟା ଆଳତି ପରେ ପରେ ମିଞ୍ଜି ମିଞ୍ଜି ମାଟିତେଲ ଆଲୁଅରେ ଚାଲେ ଭଜନ କୀର୍ତ୍ତନ ଓ ଖଞ୍ଜଣି ମାଡ଼। ଖାଁ ଖାଁ ଲାଗୁଥିବା ଆପଣା ଘରକୁ ଫେରିବା ବେଳକୁ ବିଲୁଆ ଭୁକିବା ବେଳ। ଦିନସାରା ତ ମାଟିକାଦୁଅର ଶ୍ରମ, ସଂଜ ସରିକି ମନ ଓ ଚଇତନରେ ଖଞ୍ଜଣିମିଶା ଭଜନର ସ୍ୱର, ଖାଲି ଗିଲାସେ ପାଣିରେ ବି ନିଦ ଆଣିଦିଏ ଓଡ଼ିଆକୁ। ଏହାଛଡ଼ା, ଜଗନ୍ନାଥ ଦାସେ ଓଡ଼ିଆରେ ଭାଗବତଟିଏ ଲେଖିଦେଲେ। ଲେଖିଲେ ମାନେ, ସଂସ୍କୃତ ପଣ୍ଡିତଙ୍କୁ ଝଟକା ଦେଇ ସାଧା ଓଡ଼ିଆରେ ନବାକ୍ଷରୀ ଛାନ୍ଦରେ ଏମିତି ସରଳ କରି ବିରଳ ରସ ଓ ତତ୍ତ୍ୱ ଛାଡ଼ିଦେଲେ ଯେ ଗାଁ ଗାଁରେ ଚହଳ ପଡ଼ିଗଲା। ଆସର ଜମିଲା, ଭାଗବତ ଟୁଙ୍ଗୀ ତିଆରି ହେଲା, ସପ୍ତା ବସିଲା। ପ୍ରତି ଗାଁରେ ଗୋଟିଏ ଚାଳଛପର ମାଟି ଘର ଅଲଗା ହୋଇ ଗାଁର ସାମୁହିକ ପାଣ୍ଠିରୁ ତିଆରି ହେଲା। ଏହାକୁ ନାମ ଦିଆଗଲା ଭାଗବତ ଟୁଙ୍ଗି ବା ଭାଗବତ ଘର। ମାଈ ଗୋବର ଲିପା କାନ୍ଥରେ ଅରୁଆ ଝୋଟି ସାଙ୍ଗକୁ ଗାଁର ସ୍ତ୍ରୀଲୋକଙ୍କ ହୁଳହୁଳି ଶବ୍ଦରେ କମ୍ପିଲା ଘର। ସଂଜ ହେଲେ ଶୁଭିଲା "ନମଇଁ ନୃସିଂହ ଚରଣ, ଅନାଦି ପରମ କାରଣ"।

ଗାଁ ଚାଟଶାଳୀରେ ମାଟିବଂଶ ଅବଧାନଠୁଁ ଖଡ଼ି ଛୁଇଁଥିବା ବା ନ ଛୁଇଁଥିବା ଦରପାଠୋଇ ଓଡ଼ିଆ ଝିଅ ବୋହୁ ଓ ଅପାଠୁଆ ଓଡ଼ିଆ ପୁଏ ଅକ୍ଷର ଚିହ୍ନିଗଲେ, ଧର୍ମଜ୍ଞାନ ବି ଶିଖିଗଲେ। ତହିଁରେ ଠାଏ ଠାଏ ମିଶିଗଲା ଚୈତନ୍ୟ ଅନୁଗାମୀ ମଧୁରିଆଙ୍କ ଉନ୍ମତ୍ତ କୀର୍ତ୍ତନ, ଅଷ୍ଟପ୍ରହରୀ ନାମଯଜ୍ଞ - ହରେ କୃଷ୍ଣ ହରେ ରାମ।

ସମୟାନ୍ତରେ ଭାଗବତ ବନିଗଲା ଓଡ଼ିଶାର ସାଂସ୍କୃତିକ ଜାଗରଣର ମୂଳ ଉତ୍ସ। ଶିକ୍ଷା, ଧର୍ମାଚରଣ, ସାମାଜିକ ମିଳନ ଓ ନିୟନ୍ତ୍ରଣର ମାନକ ସଂହିତା ହୋଇଗଲା ଏହି ପୁରାଣ। ଓଡ଼ିଆ ସନ୍ଥ ସମାଜ ଏହାକୁ ଆହୁରି ବ୍ୟାପକ କରିଦେଲେ। ସମ୍ପୂର୍ଣ୍ଣ ତେର

ଖଣ୍ଡ ଭାଗବତ ପାଠ ଅଧିକ ସମୟସାପେକ୍ଷ ହେବାରୁ ମହାଦେବ ଦାସେ ଲେଖିଲେ 'ହରିବଂଶ' ଯାହାକୁ ସଂକ୍ଷିପ୍ତ ଭାଗବତ କହିଲେ ଅତ୍ୟୁକ୍ତି ହେବ ନାହିଁ। ତହୁଁ ଆରମ୍ଭ ହେଲା 'ହରିହାଟ ଓ ହରିବଂଶ ପାଠ'ର ପରମ୍ପରା। ଷୋଡ଼ଶ ଶତାବ୍ଦୀର ପ୍ରଥମ ଭାଗରେ ଗଜପତି ପ୍ରତାପରୁଦ୍ର ଦେବଙ୍କ ଦୀର୍ଘ ସାତ ବର୍ଷ ଦାକ୍ଷିଣାତ୍ୟ ଯୁଦ୍ଧ, ବାରମ୍ବାର ପରାଜୟ, ରାଜପୁତ୍ରର ଆତ୍ମହତ୍ୟା, ମହାରାଣୀଙ୍କ ବନ୍ଦୀ ଓ ରାଜକୁମାରୀଙ୍କ ବିବାହ ପରେ ଅପମାନିତ ଓ କ୍ଳାନ୍ତ ନରପତି ରାଜଧାନୀକୁ ଫେରିବା ବେଳକୁ ଘୋଟି ଗଲାଣି କଳା ମେଘର ବାଦଲ। ସେଇ ଅବସନ୍ନ ମନକୁ ଆସ୍ୱସ୍ତି ଦେବାକୁ ପହଞ୍ଚି ଯାଇଥିଲେ ଶ୍ରୀଚୈତନ୍ୟ ଦେବ। ଆରମ୍ଭ ହେଲା ମାଧୁର୍ଯ୍ୟ ଭକ୍ତିର ପରମ୍ପରା - ମଧୁରିଆଙ୍କ ଉନ୍ମତ୍ତ ନାମ ସଂକୀର୍ତ୍ତନ। ଗାଁ ଗାଁକୁ ଖେଦିଗଲେ ସହଜିଆ ଦଳ। ଚବିଶ ପ୍ରହର ନାମ ସଂକୀର୍ତ୍ତନ, ଅଷ୍ଟ ପ୍ରହରୀ ଓ ଚତୁର୍ଥ ପ୍ରହରୀ କୀର୍ତ୍ତନ ଯାଏଁ ବ୍ୟାପିଲା ଅନୁଷ୍ଠାନ।

ଯୁଦ୍ଧ ଓ ବିପର୍ଯ୍ୟୟର ବିଭୀଷିକା ସାଙ୍ଗକୁ ମହାପୁରୁଷ ଅଚ୍ୟୁତାନନ୍ଦଙ୍କ 'ମାଳିକା', ଧର୍ମଭୀରୁ ଓଡ଼ିଆଙ୍କୁ ଆହୁରି ଡରେଇ ଦେଇଥିବ। କୃତି ଓ ବୃତ୍ତିରୁ ବିଚ୍ୟୁତ ହୋଇ ସହଜ ବିଭୁ ଆଶ୍ରାକୁ ଆଦରି ନେଇଥିବେ ସରଳ ଓଡ଼ିଆ ଲୋକେ। ମହାପୁରୁଷ ହାଡ଼ିଦାସ ଓ ଶିଶୁ ଅନନ୍ତ ଭଳି ସନ୍ଥଗଣ ଓଡ଼ିଆ ସମାଜରେ ସାମାଜିକ ସନ୍ତୁଳନ ରକ୍ଷା କରିବା ସହ ଶ୍ରୀ ଜଗନ୍ନାଥ ଦର୍ଶନକୁ ଆହୁରି ଦୃଢ଼ କରିଥିଲେ। ସନ୍ଥ ସମାଜର ନେତୃତ୍ୱରେ ଅସହାୟ ସାଧାରଣ ଓଡ଼ିଆ ଲୋକଟି ସେତେବେଳେ ଖୋଜି ପାଇଥିଲା ଶାନ୍ତି, ଏହି ସବୁ ସାମାଜିକ ଅନୁଷ୍ଠାନ ମାଧ୍ୟମରେ।

ଅଳ୍ପକେ ସନ୍ତୋଷ ଆମ ଲୋକ ଚରିତ୍ରର ଅନ୍ୟ ଏକ ଦିଗ। ଉଚ୍ଚାକାଂକ୍ଷା ଓ ଶୀର୍ଷଲିପ୍‌ସା ଥିବା ଲୋକ ବି ସାମାନ୍ୟ ଉପଲବ୍ଧିରେ ସନ୍ତୁଷ୍ଟ ହୋଇଥାଏ। ଗୋଟିଏ ଏକର ଚାଷ ଜମିରେ କେତେ ବେଶୀ ଫସଲ ହୋଇପାରିଥା'ନ୍ତା ସେ ଚିନ୍ତା ନାହିଁ। ଖାଲି ସବୁଜ ଧାନ କ୍ଷେତ କି ସୋରିଷ କିଆରି ଫସଲ ଦେଖିଦେଲେ ହିଁ ଓଡ଼ିଆ ଚାଷୀ ସନ୍ତୁଷ୍ଟ। ନ ପାଇବାର ଅସନ୍ତୋଷକୁ ସହିବା ପାଇଁ ପ୍ରସ୍ତୁତ ନ ଥାଏ ବୋଲି ବୋଧହୁଏ ଅଳ୍ପକେ ସନ୍ତୁଷ୍ଟ ଓଡ଼ିଆ। ଗାର୍ହସ୍ଥ୍ୟରେ ଆମେ ତୃପ୍ତ। ଏଣୁ ଘର ଛାଡ଼ି ବାହାରକୁ ଯିବାରେ ଆମର ଅସନ୍ତୋଷ। ଯାହା ପାଇଛୁ ତାହା ଈଶ୍ୱରଙ୍କ ଆଶୀର୍ବାଦରୁ ମିଳିଛି, ଯାହା ନ ପାଇଛୁ ତାହା ଭାଗ୍ୟରେ ନ ଥିଲା। ମୋଗଲ ହେଉ କି ପଠାଣ, ବଢ଼ି ମରୁଡ଼ି କି ବର୍ଗୀ ଆକ୍ରମଣ - ଯାହା ଲୁଟିଗଲା, ଭାସିଗଲା, ତାହା ଭାଗ୍ୟରେ ନ ଥିଲା ଓଡ଼ିଆର।

ଭୌଗୋଳିକ ବିସ୍ତାର କୌଣସି ପାରିପାର୍ଶ୍ୱିକ କାରଣରୁ ଯେତେବେଳେ ପ୍ରତିହତ ହୋଇଥିବ ବା ସମାଜର ଶୌର୍ଯ୍ୟାକାଂକ୍ଷୀ ରାଜନ୍ୟ-ପାଇକ ସମ୍ବଳ ସେ ଦିଗରେ ବିନିଯୋଗ ହୋଇଥିବେ, ଓଡ଼ିଆ ଐଶ୍ୱର୍ଯ୍ୟାକାଂକ୍ଷୀ ସାଧବ ସମୁଦ୍ର ଲଂଘିବାର ଦୁର୍ବାର

ଲକ୍ଷ ନେଇ ଜାଭା, ସୁମାତ୍ରା, ବାଲି, ବୋର୍ଣ୍ଣିଓ ଓ ଶ୍ରୀଲଙ୍କା ଆଡ଼କୁ ବୋଇତ ଯାତ୍ରା କରିଥିବେ ଏବଂ ଅସୁମାରୀ ଧନ ସମ୍ପତ୍ତି ଆଣିବା ସହ ସେହି ସେହି ଦେଶ ମାନଙ୍କରେ ପ୍ରଭାବ ବିସ୍ତାର କରିଥିବେ। ଏମିତି ଆମ ଜାତୀୟତାର ଗତି-କେବେ ଶୌର୍ଯ୍ୟକୁ ନେଇ, କେବେ ଐଶ୍ୱର୍ଯ୍ୟକୁ ନେଇ, କେବେ ମାଧୁର୍ଯ୍ୟ ଓ ସୌନ୍ଦର୍ଯ୍ୟକୁ ନେଇ। ମାତ୍ର ସମୟର ସେଇ ଖଣ୍ଡରେ ଏ ଜାତିର ଶୀର୍ଷତ୍ୱ ଛୁଇଁବାର ନିଶା ବେଶ ଜାଜ୍ୱଲ୍ୟମାନ ଥିଲା। ଆମ ଶିଳାଲେଖ, ଆମ ଶିଳ୍ପ, ଆମ ମନ୍ଦିରର କାରୁକାର୍ଯ୍ୟ ଏବଂ ଆମ ପୁରାଣ ସାହିତ୍ୟ ତା'ର ସାକ୍ଷୀ।

ଓଡ଼ିଶା ଇତିହାସରେ ମଧ୍ୟବର୍ଗର ସ୍ଥିତି ପ୍ରଭାବଶାଳୀ ରହି ଆସିଛି। ଏହି ବର୍ଗରେ ପଣ୍ଡିତ, ପୂଜକ, ସାମନ୍ତ, ସାଧବ, କବି, ଶିଳ୍ପୀ, ସନ୍ଥ ଓ ଅବଧାନ ଆଦି ସାମିଲ ଥିଲେ ହେଁ ଗୋଟିଏ ବଡ଼ଗୋଷ୍ଠୀ ସୈନିକମାନେ ଏହାର ବିପରୀତ ଥିଲେ। ଅନ୍ୟ ରାଜ୍ୟ ତୁଳନାରେ ଓଡ଼ିଶାରେ ସୈନିକମାନଙ୍କର ସ୍ଥିତି ଭିନ୍ନ ଥିଲା। ଏମାନେ ବେତନଭୋଗୀ ନ ଥାଇ ଜାଗିର ଭୋଗୀ ଥିଲେ। ସାଧାରଣ ସମୟରେ ଏମାନେ ରାଜାନୁଗ୍ରହରେ ଭୋଗ୍ୟ ଜାଗିର ଜମିର କୃଷି କାର୍ଯ୍ୟ କରୁଥିବାବେଳେ ଯୁଦ୍ଧ ସମୟରେ ଡାକରା ପାଇ ସେନା ବାହିନୀରେ ଯୋଗ ଦେଉଥିଲେ। ଅଭ୍ୟାସ ରହିତ କଣ୍ଟି/ଲଙ୍ଗଳ ଧରା ହାତରେ କଳଙ୍କିଲଗା ଖଣ୍ଡା ଧରି ଯୁଦ୍ଧରେ ଯୋଗ ଦେଉଥିବା ଓଡ଼ିଆ ସେନାଙ୍କ ମନରେ ତତ୍କାଳ ବେତନ ଓ ପାରିଶ୍ରମିକ ଜନିତ ପ୍ରେରଣା ବି ନ ଥିଲା। ଫଳରେ ଯୁଦ୍ଧର ଫଳାଫଳ ଯାହା ହେବା କଥା, ଇତିହାସ ଆମର ସାକ୍ଷୀ। ଏହାଛଡ଼ା ମଧ୍ୟବର୍ଗର କଳେବର ନିର୍ମାଣରୁ ଏମାନେ ବାହାରେ ରହିଗଲେ। ପଣ୍ଡିତ, ପୂଜକ ଗୋଷ୍ଠୀଙ୍କ ଅବସ୍ଥା ବି ଅନୁରୂପ। ସାମନ୍ତମାନେ ଅଧିକନ୍ତୁ ଭାବେ ରାଜ ପରିବାର ବିରୋଧରେ ଚକ୍ରାନ୍ତରେ ଲିପ୍ତ ରହିଲେ ଓ ତଳସ୍ତରରେ ଜମିଦାର ଭଳି ସାଧାରଣ ଲୋକଙ୍କୁ ଶୋଷଣ କରିବା ଆରମ୍ଭ କଲେ। ସନ୍ଥମାନେ ଧର୍ମାନୁଷ୍ଠାନ ଓ ଶାସ୍ତ୍ରୀୟ ନୀତିଶିକ୍ଷା ଉପରେ ଅଧିକ ଗୁରୁତ୍ୱ ଦେଉଥିବାରୁ ମଧ୍ୟବର୍ଗୀୟ ଉଚ୍ଚାକାଂକ୍ଷା ଓ ସାମାଜିକ ଗତିଶୀଳତାକୁ ତ୍ୱରାନ୍ୱିତ କରିବାରେ ବିଶେଷ ଭୂମିକା ଗ୍ରହଣ କରି ପାରି ନ ଥିଲେ। ସାଧବମାନେ ପ୍ରକୃତ ମଧ୍ୟବର୍ଗରେ ଥିଲେ ହେଁ ଏମାନେ ଅଧିକ ପ୍ରବାସୀ ଥିବାରୁ ଓ ନୌବାଣିଜ୍ୟର ବିଲୋପ ହେବାପରେ ଏମାନଙ୍କର ଭୂମିକା ନିଷ୍ପ୍ରଭ ହୋଇ ଯାଇଥିଲା। ଏହାଛଡ଼ା ଗୁଜୁରାଟୀ, ପଞ୍ଜାବୀ ବା ମାରୁୱାଡ଼ିମାନଙ୍କ ପରି ଓଡ଼ିଆମାନଙ୍କର ବ୍ୟବସାୟିକ ଦକ୍ଷତା ବି କମ୍ ଥିଲା। ଯଦିଓ ବ୍ୟକ୍ତିଗତ ପୁଞ୍ଜି ଏହାର ଏକ ମୁଖ୍ୟ କାରଣ ହୋଇପାରେ। ଏଣୁ ଅନେକ ସମୟରେ ଓଡ଼ିଶାର ମଧ୍ୟବର୍ଗ ଉଚ୍ଚବର୍ଗକୁ ଉତ୍‌ଥିତ ନ ହୋଇ ନିମ୍ନବର୍ଗକୁ ପତିତ ହୋଇଥିଲା। ସେହିପରି ଜାତି ଅନୁସାରେ ବୃତ୍ତି ନିର୍ଦ୍ଧାରଣ ହେତୁ କେବଳ ଓଡ଼ିଶାରେ ନୁହେଁ ବରଂ

ସମ୍ପୂର୍ଣ୍ଣ ଭାରତ ବର୍ଷରେ ଶ୍ରେଣୀ ଭିତ୍ତିରେ ମଧ୍ୟବର୍ଗର ବିକାଶ ବିଳମ୍ବିତ ହୋଇଥିଲା।

ଆଧୁନିକ ମଧ୍ୟବର୍ଗର ବିକାଶ ଓଡ଼ିଶାରେ ଇଂରେଜ ଶାସନ କାଳରେ ହେଲା ବୋଲି କହିଲେ ଅତ୍ୟୁକ୍ତି ହେବ ନାହିଁ। ଗଣଶିକ୍ଷା ଓ ବିଶ୍ୱବିଦ୍ୟାଳୟ ଶିକ୍ଷାର ପ୍ରସାର, ଇଂରାଜୀ ଶିକ୍ଷାର ପ୍ରଚଳନ, ଜାତି ପ୍ରଥାର ପ୍ରଭାବ ହ୍ରାସ ଓ ଜାତିରୁ ବୃତ୍ତି ଅଲଗା ହେବାର ପ୍ରକ୍ରିୟା, ପାଶ୍ଚାତ୍ୟ ଉଦାରବାଦର ପ୍ରଭାବ, ଶିକ୍ଷିତ (ଡାକ୍ତର, ଓକିଲ, ଶିକ୍ଷକ) ଯୁବଗୋଷ୍ଠୀର ଆବିର୍ଭାବ, ସଂସ୍କାରବାଦୀ ଆନ୍ଦୋଳନ, ଓଡ଼ିଶାରେ ଭାଷା ଆନ୍ଦୋଳନ, ଉତ୍କଳ ସମ୍ମିଳନୀ ଗଠନ ଓ ସ୍ୱତନ୍ତ୍ର ପ୍ରଦେଶ ପାଇଁ ଆନ୍ଦୋଳନ ଏବଂ ସ୍ୱାଧୀନତା ଆନ୍ଦୋଳନ ମାଧ୍ୟମରେ ଓଡ଼ିଶାରେ ମଧ୍ୟବର୍ଗର ବିକାଶ ହୋଇଥିଲା। ଏଇ ସବୁ ସାମାଜିକ ପ୍ରକ୍ରିୟାରେ ମଧ୍ୟବିତ୍ତ ଶିକ୍ଷିତ ଯୁବଗୋଷ୍ଠୀ ଅଗ୍ରଣୀ ଭୂମିକା ନେଇଥିବାରୁ ଓଡ଼ିଶାରେ ମଧ୍ୟବର୍ଗର ଏକ ସାମୁହିକ ପରିଚୟ ସୃଷ୍ଟି ହେଲା। ସାମାଜିକ ସମସ୍ୟାପ୍ରତି ମଧ୍ୟବର୍ଗର ଉଦାସୀନତାର ପରିସମାପ୍ତି ହେଲା।

ସ୍ୱାଧୀନତା ପରେ ଶିକ୍ଷା ଓ ଶିଳ୍ପର ବିକାଶ, ରାଜନୀତି ଓ ଅର୍ଥନୀତିର ବିସ୍ତାର, କୃତି ଓ ବୃତ୍ତିର ମୌଳିକ ଦିଗନ୍ତ ଖୋଲିଯିବା ପରେ ଓଡ଼ିଶାରେ ମଧ୍ୟବର୍ଗ ଆହୁରି ବିସ୍ତାରିତ ହୋଇଛି। ସାଧାରଣ ଭାବେ ଆକଳନ କଲେ ନିମ୍ନ ବର୍ଗରେ ଦାରିଦ୍ର୍ୟ ସୀମାରେଖା ତଳେଥିବା ୪୬ ପ୍ରତିଶତ ପରିବାର ଓ ଉଚ୍ଚବର୍ଗରେ ଖୁବ୍ ବେଶୀରେ ୫ ପ୍ରତିଶତ ପରିବାର ବାଦ ଦେଲେ ଅନ୍ୟୁନ ୪୯ ପ୍ରତିଶତ ପରିବାର ଓଡ଼ିଶାରେ ଏହି ମଧ୍ୟବର୍ଗରେ ଅଛି ବୋଲି ମାନିବାକୁ ହେବ। ପୂର୍ବେ ଭାରତର ଅନ୍ୟ କୌଣସି ରାଜ୍ୟରେ ଓଡ଼ିଆ ଲୋକ ନ ଥିଲେ। ଏବେ ପରିସ୍ଥିତି ବଦଳିଛି। କେବଳ ଭାରତର ଯେ କୌଣସି ରାଜ୍ୟ କାହିଁକି ବହୁ ଉନ୍ନତ ବିଦେଶରେ ଶିକ୍ଷିତ, ପ୍ରତିଷ୍ଠିତ ଓଡ଼ିଆ ଲୋକ ମିଳିଲେଣି।

ଜାତିର ଉନ୍ମେଷକାଳରେ ଏହାର ଅନ୍ତର୍ନିହିତ ସାମର୍ଥ୍ୟ ଓ ଜାତୀୟ ପରିପ୍ରକାଶର ଅଭୀପ୍ସା ଆତ୍ମପ୍ରକାଶ ପାଇଁ ବିଭିନ୍ନ ମାର୍ଗ ଅନୁସରଣ କରିଥାଏ। ଶୌର୍ଯ୍ୟ ପ୍ରକାଶର ଆକାଂକ୍ଷା ପରାହତ ହେଲେ, ତାହା ହୁଏତ ଅନ୍ୟ ବାଟରେ ଅନ୍ୟ ବାଗରେ ପ୍ରକାଶିତ ହୁଏ। କେତେବେଳେ ଉତ୍କର୍ଷ କଳାରେ ବା ଭାସ୍କର୍ଯ୍ୟରେ, କେବେ ବିଜ୍ଞାନରେ ତ କେବେ ଐଶ୍ୱର୍ଯ୍ୟରେ ବା କେବେ ଦର୍ଶନ କି ସାହିତ୍ୟରେ ପ୍ରକାଶିତ ହୁଏ। ଗୋଟିଏ ଜାତିର ଗତିଶୀଳତା, ତା'ର ଅସ୍ମିତାର ପ୍ରଦର୍ଶନରେ ଓ ପ୍ରକାଶୋନ୍ମୁଖତାରୁ ଜଣାପଡ଼େ। ଏହା ଅନୁମେୟ ଯେ ଏହାହିଁ ଘଟିଛି ଓଡ଼ିଆ ଜାତିର ଭାଗ୍ୟରେ।

(୩)

ଓଡ଼ିଶାରେ ନବ ଧନୀକ ଶ୍ରେଣୀର ସୃଷ୍ଟି

ଓଡ଼ିଶାର ଅର୍ଥନୈତିକ ବିକାଶ, ସାମାଜିକ ଆଧୁନିକୀକରଣ ଓ ମଧ୍ୟବର୍ଗର

ଉତ୍‌ଥାନ ପ୍ରାୟ ଏକ ସମୟରେ ହୋଇଛି। ବିକାଶ ଏକ ଅର୍ଥନୈତିକ ପ୍ରକ୍ରିୟା, ଆଧୁନିକୀକରଣ ଏକ ସାମାଜିକ ପ୍ରକ୍ରିୟା ଏବଂ ମଧ୍ୟବର୍ଗ ଏହି ଉଭୟ ପ୍ରକ୍ରିୟାରୁ ସୃଷ୍ଟି। ଏକଥା ସତ ଯେ ଅର୍ଥନୈତିକ ପ୍ରକ୍ରିୟାର ବେଗ, ସାମାଜିକ ପ୍ରକ୍ରିୟା ଠାରୁ ଅଧିକ, ଅର୍ଥାତ୍ ବିକାଶ ତୁଳନାରେ ସାମାଜିକ ପରିବର୍ତ୍ତନ ଅତି ମନ୍ଥର ଗତିରେ ହୋଇଥାଏ। ବେଳେ ବେଳେ ଏହି ଉଭୟ ପ୍ରକ୍ରିୟାର ବେଗ ଜନିତ ଅସଂଗତିରୁ ଅର୍ଥାତ୍ ବସ୍ତୁଭିତ୍ତିକ ଓ ସାଂସ୍କୃତିକ ପରିବର୍ତ୍ତନର ଅସଂଗତି ହେତୁ ସାମାଜିକ ଅସନ୍ତୁଳନ ଦେଖାଯାଏ। ଏହାକୁ ସମାଜବିଜ୍ଞାନୀ ଉଇଲିୟମ୍ ଅଗ୍‌ବର୍ଣ୍ଣ ୧୯୪୭ ମସିହାରେ ଲିଖିତ ତାଙ୍କ 'ସମାଜ ବିଜ୍ଞାନ' ବହିରେ ସାଂସ୍କୃତିକ ବିଳମ୍ବନ ବା (କଲ୍‌ଚରାଲ୍ ଲାଗ୍) ବୋଲି ଅଭିହିତ କରିଛନ୍ତି। ତାଙ୍କ ମତରେ 'ସାଂସ୍କୃତିକ ବିଳମ୍ବନ ଏକ ପ୍ରକାର ଅସ୍ଥିରତା ଯାହା ତୀବ୍ର ଓ ଅସମାନ ଗତିରେ ପରିବର୍ତ୍ତନ ହେଉଥିବା ସଂସ୍କୃତିର ଦୁଇ ପରସ୍ପର ସମ୍ବନ୍ଧିତ ଅଂଶରେ ବିଦ୍ୟମାନ ଥାଏ'। ବିକାଶ ଓ ପରିବର୍ତ୍ତନର ଏହି ଅସନ୍ତୁଳନରୁ ସାମାଜିକ ଉପଜାତ ସୃଷ୍ଟିହେବା ସ୍ୱାଭାବିକ।

ସ୍ୱାଧୀନତା ପରେ ଓଡ଼ିଶାର ବିକାଶ ପ୍ରକ୍ରିୟା ତ୍ୱରାନ୍ୱିତ ହେଲା। ଶିକ୍ଷା, ଶିଳ୍ପ, ବାଣିଜ୍ୟ ଓ ବୃତ୍ତିରେ ବ୍ୟାପକ ପରିବର୍ତ୍ତନ ହେଲା। ବ୍ୟକ୍ତି, ପରିବାର ଓ ଗୋଷ୍ଠୀ ସ୍ତରରେ ଆର୍ଥିକ ଅବସ୍ଥାର ଦ୍ରୁତ ବିକାଶ ହେଲା। ସମାଜରେ ଶିକ୍ଷିତ ଓ ସ୍ୱଚ୍ଛଳ ଓ କର୍ମଜୀବି ଗୋଷ୍ଠୀ ସୃଷ୍ଟି ହେଲେ। ଭିତ୍ତିଭୂମିର ବିକାଶ ସହ ପାରିବାରକ ଚଳଣି ଓ ଜୀବନ ଧାରଣର ମାନର ପରିବର୍ତ୍ତନ ହେଲା। ଭୂସଂସ୍କାର, କୃଷି, ଜଳସେଚନ, ଗମନାଗମନ ଓ ବୃତ୍ତି ସମ୍ପ୍ରସାରଣ ଫଳରେ ଓଡ଼ିଶାର ପାରମ୍ପରିକ ଶ୍ରେଣୀ ବ୍ୟବସ୍ଥା ମଧ୍ୟରେ ଗତିଶୀଳତା ହେଲା। ନିମ୍ନ ବର୍ଗରେ ଥିବା ଲୋକ ମଧ୍ୟବର୍ଗକୁ ଉନ୍ନୀତ ହେଲେ। ଫଳରେ ମଧ୍ୟବର୍ଗ ବିସ୍ତାରିତ ହେଲା। ନିମ୍ନ ମଧ୍ୟବିତ୍ତ ଲୋକ ମଧ୍ୟବିତ୍ତ ଓ ଉଚ୍ଚ ମଧ୍ୟବିତ୍ତ ଶ୍ରେଣୀକୁ ପ୍ରବେଶ କଲେ। କୃଷିଜୀବି, ଶ୍ରମିକ, ତଫସିଲଭୁକ୍ତ ଜାତି ଓ ଜନଜାତିର ଲୋକ ଯେଉଁମାନେ ମୁଖ୍ୟତଃ ନିମ୍ନ ବର୍ଗରେ ଥିଲେ, ସେମାନଙ୍କ ମଧ୍ୟରୁ ଅନେକ ଶ୍ରେଣୀଗତ ସ୍ତର ଚଢ଼ିଲେ। ଏହା ସାଧାରଣ ସାମାଜିକ ପରିବର୍ତ୍ତନର ଅଂଶ ବିଶେଷ।

କିନ୍ତୁ ଯୋଜନା ଓ ବିକାଶର ସୁଫଳ ସବୁବେଳେ ସମସ୍ତଙ୍କ ପାଖରେ ସମଭାବରେ ବା ସମାନୁପାତିକ ଭାବରେ ଉପଲବ୍ଧ ହୁଏ ନାହିଁ। ବିଭିନ୍ନ କାରଣରୁ ଅସଙ୍ଗତି ରହିଯାଏ। ସମସ୍ତଙ୍କ ଅଜାଣତରେ ଓ ଅନିଚ୍ଛାସତ୍ତ୍ୱେ କିଛି ଲୋକ ଏଥିରୁ ଅଧିକ ଲାଭବାନ ହୁଅନ୍ତି, ଆଉ କିଛି ଚଲାକ୍ ଲୋକ ଫାଇଦା ହାତେଇ ନିଅନ୍ତି। ଉଦାହରଣତଃ ଗୋଟିଏ ଜଳସେଚନ କେନାଲ ବା ଗୋଟିଏ ରାସ୍ତା ଜମି ମାଲିକର ଭାଗ୍ୟ ବଦଳାଇ ଦିଏ। କୃଷି ଅନୁପଯୋଗୀ ଜମି ପ୍ରଥମ ଶ୍ରେଣୀ ଜଳ ସେଚିତ ଜମିରେ

କିମ୍ବା ରାସ୍ତାପାଖ ବାସୋପଯୋଗୀ ଜମିରେ ପରିବର୍ତ୍ତିତ ହୋଇଥାଇ ପାରେ ଯାହାର ମୂଲ୍ୟ ବହୁଗୁଣିତ ହୋଇଥାଏ (ସମୁଦ୍ରକୂଳର ଝାଟି ଜଙ୍ଗଲ, ବାଲିଚର, ଜୁଆରିଆ ଜମି, ଚିଙ୍ଗୁଡ଼ି ଚାଷ ଫଳରେ ଦିଏ ପର୍ଯ୍ୟାପ୍ତ ଅର୍ଥ ଓ ସମ୍ବଳ)। ବିକାଶ ପ୍ରକ୍ରିୟାରେ କିଏ ବିସ୍ଥାପିତ ହୁଏ, ବସ୍ତୁହରା ହୁଏ ତ ଆଉ କିଏ ମାଲେମାଲ ହୁଏ। ଯଦିଓ ସାମଗ୍ରିକଭାବେ ଏଭଳି ଲୋକଙ୍କ ସଂଖ୍ୟା କମ୍ ହେଲେହେଁ ସମାଜର ଅନ୍ୟ ଲୋକମାନଙ୍କ ଉପରେ ଏହାର ପ୍ରଭାବ ପଡ଼େ।

ଭିତ୍ତିଭୂମିର ସୁଦୃଢ଼ୀକରଣ, ଉଚ୍ଚ ବୈଷୟିକ ଶିକ୍ଷାର ବିସ୍ତାର, ନବେ ଦଶକରୁ ଆରମ୍ଭ ହୋଇଥିବା ଉଦାରୀକରଣ ଓ ଜଗତୀକରଣ ପ୍ରକ୍ରିୟା ଓ ମଧ୍ୟବର୍ଗର ସଂଖ୍ୟା ବିସ୍ଫୋରଣ ହେତୁ ଓଡ଼ିଶାରେ ସମସ୍ତଙ୍କ ଅଲକ୍ଷ୍ୟରେ ଏକ ନବ ଧନୀକ ଶ୍ରେଣୀ ସୃଷ୍ଟି ହୋଇଛି। ମଧ୍ୟବିତ୍ତ ଶ୍ରେଣୀରେ ଥିବା ପରିବାର ମାତ୍ର କେଇ ବର୍ଷ ଭିତରେ ହଠାତ୍ ଧନୀ ହୋଇ ଉଚ୍ଚ ବା ଉଚ୍ଚ ମଧ୍ୟବିତ୍ତ ଶ୍ରେଣୀକୁ ଉନ୍ନୀତ ହୋଇଛନ୍ତି। ଏମାନଙ୍କ ମଧ୍ୟରେ ଅଛନ୍ତି (୧) ଠିକାଦାର ଓ କଣ୍ଟ୍ରାକ୍ଟର, (୨) ବହୁଦେଶୀୟ ଆଇ.ଟି. କମ୍ପାନୀରେ ଚାକିରି ପାଉଥିବା ଯୁବଗୋଷ୍ଠୀ ଓ ତାଙ୍କ ପରିବାର, (୩) ବାସଗୃହ ଓ ବାସୋପଯୋଗୀ ଜମି ବ୍ୟବସାୟୀ, (୪) ଷ୍ଟକ୍ ଏକ୍ସଚେଞ୍ଜର ଦଲାଲ ଏବଂ କିଛି ଅସାଧୁ କର୍ମଚାରୀ ଓ ମୁନାଫାଖୋର ବ୍ୟବସାୟୀ।

ଅଳ୍ପ ପରିଶ୍ରମ ଓ କମ୍ ସମୟ ମଧ୍ୟରେ ଉପାର୍ଜନ ହେତୁ ଏହି ଗୋଷ୍ଠୀ ହାତକୁ ଆଶାତୀତ ଅର୍ଥ ଆସିଯାଉଛି। କେଉଁ ଉପାୟରେ ଏତେ ଅର୍ଥ ଆସିଲା, ସତ୍ କିମ୍ବା ଅସତ୍ ଉପାୟରେ, ତାହା ଏଠାରେ ଆଲୋଚ୍ୟ ନୁହେଁ, ମାତ୍ର ଏହା ସତ୍ୟ ଯେ କିଛି ଲୋକଙ୍କ ହାତକୁ ହଠାତ୍ ଅତ୍ୟଧିକ ସମ୍ବଳ ଆସିଗଲେ ଏକ ସାମାଜିକ ଅସନ୍ତୁଳନ ସୃଷ୍ଟି ହୁଏ। ଏହାର ଉଭୟ ସକାରାତ୍ମକ ପ୍ରଭାବ ହେଲା ଯେ ଏମାନେ ଅନ୍ୟମାନଙ୍କ ପାଇଁ ନିଯୁକ୍ତି ଓ ଉପାର୍ଜନର ସୁଯୋଗ ସୃଷ୍ଟି କରିଥା'ନ୍ତି।

ମାତ୍ର ଏହାର ନକାରାତ୍ମକ ଦିଗ ଅଧିକ ମାରାତ୍ମକ। ଏମାନେ ମଧ୍ୟବର୍ଗୀୟ ମୂଲ୍ୟବୋଧ ଠାରୁ ଦୂରେଇଥାନ୍ତି। ବିତ୍ତ ବଢ଼ାଇବାର ନିଶାରେ ଅନେକ ସମୟରେ ଅସାଧୁ ଉପାୟ ଅବଲମ୍ବନ କରିନିଅନ୍ତି। ଦ୍ୱିତୀୟତଃ ପାରବାରିକ କୌଳିନ୍ୟ ଓ ସାଂସ୍କୃତିକ ସଂସ୍କାରକୁ ବିଚ୍ଛିନ୍ନ ହୋଇ ଅନ୍ୟ ସାମାଜିକ ସମସ୍ୟା ସୃଷ୍ଟି କରିପାରନ୍ତି। ଏମାନେ ଏଥି ପୂର୍ବରୁ ସମାଜ ସ୍ତରରେ ଥିବା ଅନ୍ୟଲୋକଙ୍କ ଠାରୁ ଦୂରତା ରକ୍ଷାକରିବାକୁ ପସନ୍ଦ କରନ୍ତି। ଦ୍ୱିତୀୟତଃ ଏମାନଙ୍କର ବ୍ୟକ୍ତିଗତ ଓ ସାମାଜିକ ଅହଂକାର ବହୁଗୁଣିତ ହୋଇଥାଏ। ଅର୍ଥବଳ ସହ ରାଜନୈତିକ କ୍ଷମତା ଓ ବାହୁବଳକୁ ପ୍ରଭାବିତ କରିବାର କ୍ଷମତା ଥିବାରୁ ଏପରି ଘଟିଥାଏ। ଏହି ଶୋଷଣର ଆଉ ଗୋଟିଏ ଗୁରୁତ୍ୱପୂର୍ଣ୍ଣ ଗୁଣ

ହେଲା ଏମାନେ ଅର୍ଥବଳର ଖୋଲାଖୋଲି ଉପଯୋଗ କରିବାକୁ ପସନ୍ଦ କରନ୍ତି। ଏହି ଗୋଷ୍ଠୀର ଉପସ୍ଥିତି ହେତୁ ସହରରେ ଓ ସହର ଉପକଣ୍ଠ ଜମିର ମୂଲ୍ୟ ବଢୁଛି। ଯେହେତୁ ଏମାନଙ୍କର ଆର୍ଥିକ ପ୍ରଗତିସହ ଅଯାଚିତ ଭାବେ ସାମାଜିକ ସମ୍ମାନବୋଧ ବଢ଼ି ନ ଥାଏ, ତେଣୁ ଏମାନେ ଦାମି କୋଠା, ଦାମି ଗାଡ଼ି ଓ ମୋଟା ସୁନାଚେନ୍ ପିନ୍ଧି ନିଜର ଉଚ୍ଚ ସ୍ଥାନର ସୂଚନା ଦେବାକୁ ଚେଷ୍ଟା କରନ୍ତି। ଏହି ନବ ଧନୀକଶ୍ରେଣୀ ଉପଭୋକ୍ତା ବାଦର ପୂଜାରୀ, ଏମାନେ ଓ ଏମାନଙ୍କର ପରିବାର ଦାମୀ ଜିନିଷ କିଣିବାକୁ ପସନ୍ଦ କରି ନିଜର ଆର୍ଥିକ ଦୃଢ଼ତାର ପରିଚୟ ଦେବାକୁ ଭଲ ପାଆନ୍ତି।

ଓଡ଼ିଶାରେ ସୃଷ୍ଟି ହୋଇଥିବା ଏହି ନବ ଧନୀକଶ୍ରେଣୀର କଳେବର ବଢ଼ିବାରେ ଲାଗିଛି। ଏମାନଙ୍କ ମଧ୍ୟରୁ ଅଧିକାଂଶ ଉଚ୍ଚଶ୍ରେଣୀର ହୋଇ ନପାରିଲେ ହେଁ ଉଚ୍ଚ ମଧ୍ୟବିତ୍ତଶ୍ରେଣୀ ଅନ୍ତର୍ଭୁକ୍ତ ଅଟନ୍ତି ଏବଂ ଉଚ୍ଚଶ୍ରେଣୀଭୁକ୍ତ ହେବାର ଆକାଂକ୍ଷା ଏମାନଙ୍କ ଭିତରେ ଅଛି।

ଯେତେବେଳେ ଗୋଟିଏ ପଟରେ ଏକ ନବଧନୀକ ଶ୍ରେଣୀର ସୃଷ୍ଟି ଓ ବୃଦ୍ଧି ହେଉଛି, ସେ ସମୟରେ ବି କୃଷି ସହ ସମ୍ପୃକ୍ତ କୃଷକଗୋଷ୍ଠୀର ଅର୍ଥନୈତିକ ଅବକ୍ଷୟ ହେଉଛି, ଜମିର ଉର୍ବରତା ହ୍ରାସ, ନୂଆ ପିଢ଼ିର କୃଷିପ୍ରତି ଅନାଦର ଏବଂ ଗାଁରେ ଶ୍ରମିକଙ୍କ ଅଭାବ ବା ଅତ୍ୟଧିକ ମଜୁରୀ ବୃଦ୍ଧିହେତୁ କୃଷି ଆଉ ଲାଭଜନକ ହେଉନାହିଁ। ଏଣୁ କୃଷି ଉପରେ ସମ୍ପୂର୍ଣ୍ଣ ନିର୍ଭରଶୀଳ ଗୋଷ୍ଠୀ ମୁଖ୍ୟତଃ କ୍ଷୁଦ୍ର ଚାଷୀଙ୍କର ଆର୍ଥିକମାନ ହ୍ରାସ ପାଉଛି। ପୂର୍ବରୁ ସମାଜରେ ପ୍ରତିଷ୍ଠିତଥିବା କୃଷିଜୀବି ସମ୍ଭ୍ରାନ୍ତ ପରିବାର, ଯଦି ସେ ପରିବାରରେ କୌଣସି ବାହାର ଆୟ ନାହିଁ, ତେବେ ଏମାନଙ୍କର ଅବସ୍ଥା ଖରାପ ହେଉଛି। ସେତେବେଳେ ଚାଷକୁ ପ୍ରାକୃତିକ ବିପର୍ଯ୍ୟୟର ବିପଦ ସବୁବେଳେ। ସାମାଜିକ ଦୃଷ୍ଟିକୋଣରୁ ଏମାନେ ନିମ୍ନବର୍ଗର ଲୋକଙ୍କପାଇଁ ଦିଆଯାଉଥିବା ସରକାରୀ ସୁବିଧାରୁ ବଞ୍ଚିତ, ଅନ୍ୟପଟେ ଉଚ୍ଚବର୍ଗପରି ଆର୍ଥିକ ସ୍ୱଚ୍ଛଳତା ନାହିଁ। ଏଣୁ ଥରେ ଚାଷ ଉଜୁଡ଼ିଗଲେ, ଛତିଷପାଟକଙ୍କୁ ପୋଷୁଥିବା ଚାଷୀ ନା ଯାଇପାରେ ଛତରକୁ ନା ବିପିଏଲ ଦୋକାନକୁ ବରଂ ଉଚ୍ଚ ପିଣ୍ଡାରେ ମୁଣ୍ଡରେ ହାତଦେଇ ବସିଥାଏ। ପଛକେ ଘର ଛପରପାଇଁ ବି ସମ୍ବଳ ନ ଥାଉ। ସେଥିକୁ ଯଦି ଋଣ ଥାଏ ତ କଥା ସରିଲା। ଘରେ ଥିବା ପାଞ୍ଚପ୍ରାଣୀ ପୋଷିବାକୁ କଷ୍ଟ ହେଉଥିବାବେଳେ, ମହାଜନ କି ବ୍ୟାଙ୍କର ଜୁଲମ୍ ସହିବାକୁ ତାକତ ଆସିବ କୁଆଡୁ? ସେଥିରେ ପୁଣି ସାଆନ୍ତଘର କହି ଗାଁରେ ଧୋବା, ବାରିକଠୁ ମୂଲିଆମଜୁରିଆ ଯାଏଁ ଆଉ ପାଞ୍ଚ ପରିବାର ବି ବନ୍ଧା ହୋଇଥିବେ। ବିଚରା ଚାଷୀ ଯାଏ କୁଆଡ଼େ? ଇଏ ତ ମଧ୍ୟବିତ୍ତ କୃଷକ ପରିବାରର କଥା। କୃଷି ମଜୁରୀଆ, ଭାଗଚାଷୀ ଏମାନଙ୍କ ଅବସ୍ଥାତ ଆହୁରି ଦୟନୀୟ।

ସହାୟକ ପୁସ୍ତିକା

୧. ଓଡ଼ିଶା ଗେଜେଟିୟର - ଭାଗ - ୩ - ୧୯୯୨ ମୁଖ୍ୟ ସଂପାଦକ - ଶ୍ରୀ ନୃସିଂହ ଚରଣ ବେହୁରିଆ।

୨. ଜଣେ ଶାସକର ସ୍ମୃତି (Memoirs of Bengal Civilian) ଜନ୍ ବୀମ୍ସ ଅନୁବାଦକ - ଡଃ ଶ୍ୟାମ୍ ସୁନ୍ଦର ମିଶ୍ର, ୨୦୦୫।

୩. 'ମଧ୍ୟବର୍ଗର ଅସ୍ତିତ୍ୱ ସନ୍ଧାନ' - 'ସମ୍ବାଦ'ରେ ପ୍ରକାଶିତ ଧାରାବାହିକ ପ୍ରବନ୍ଧ ଲେଖକ - ହରପ୍ରସାଦ ଦାସ। (୨୦୦୫ ମସିହାରୁ ପ୍ରତି ଶନିବାର ସ୍ତମ୍ଭ)

୪. ଓଡ଼ିଆ ଜାତିର ଜୀବନ କଥା - ଲେଖକ ହରପ୍ରସାଦ ଦାସ। (୨୦୦୬ରୁ ପ୍ରତି ଶନିବାର ସ୍ତମ୍ଭ)

ଫେରି ଚାହିଁଲେ ଗାଆଁ

ଆମ ଭିତରୁ ଯେଉଁମାନେ ପାଖାପାଖି ୫୦ ବର୍ଷ ବା ତା'ଠାରୁ ଊର୍ଦ୍ଧ୍ୱ ବୟସର ହେଲେଣି, ସେମାନଙ୍କର ଅଭିଜ୍ଞତା ଅନ୍ୟମାନଙ୍କଠାରୁ ଅର୍ଥାତ୍ ନୂଆ ପିଢ଼ିର ଲୋକମାନଙ୍କ ଠାରୁ ଅଲଗା। ଏମାନେ ଯଦିଓ "ମାଗୁଣିର ଶଗଡ଼" ବା "ବସନ୍ତିର ଟାଙ୍ଗା" ଠାରୁ କେତେବର୍ଷ ପରେ ହେତୁ ପାଇଛନ୍ତି, ତଥାପି ଷାଠିଏ ଓ ସତୁରି ଦଶକର ସମ୍ପୂର୍ଣ୍ଣ ଗ୍ରାମ ଭିତ୍ତିକ ସମାଜ ବ୍ୟବସ୍ଥା ଓ କୃଷି ଭିତ୍ତିକ ଅର୍ଥନୀତି ମଧ୍ୟରେ ପିଲାଦିନ କାଟିଛନ୍ତି। ଏମାନେ ୧୯୭୧ ଭାରତ ପାକିସ୍ତାନ ଯୁଦ୍ଧ (୧୯୬୫ ଯୁଦ୍ଧ ବି ଦେଖିଥାଇ ପାରନ୍ତି କେହି କେହି), ସେଇ ବର୍ଷ ଭଦ୍ରକ, କେନ୍ଦ୍ରାପଡ଼ା ଉପକୂଳରେ ମହାବାତ୍ୟା ଓ ବ୍ୟାଙ୍କ ଜାତୀୟ କରଣ, ୧୯୭୫ ମସିହାର ଜରୁରୀକଳୀନ ପରିସ୍ଥିତି, ୧୯୮୨ର ମହାନଦୀ ବନ୍ୟା, ୧୯୯୦-୯୧ରେ ଉଦାରୀକରଣ-ଘରୋଇକରଣ-ଜଗତୀକରଣ ଅର୍ଥନୀତି, ୧୯୯୨ରେ ବାବ୍‌ରୀ ମସ୍‌ଜିଦ ଭଙ୍ଗା ଘଟଣା, ୧୯୯୯ର କାରଗିଲ ଯୁଦ୍ଧ, ସେଇ ବର୍ଷ ମହାବାତ୍ୟାର ତାଣ୍ଡବ ଆଦି ମହାଘଟଣା ଅଙ୍ଗେ ନିଭେଇଛନ୍ତି। ଏମାନେ ବି କୃଷିଭିତ୍ତିକ ଅର୍ଥନୀତି କ୍ରମଶଃ ଶିଳ୍ପଭିତ୍ତିକ ଓ ସେବାଭିତ୍ତିକ ଅର୍ଥନୀତିରେ ପରିବର୍ତ୍ତିତ ହେବାର ଦେଖିଛନ୍ତି। ଏଇ କାଳଖଣ୍ଡ ଭିତରେ ଭାରତରେ ସହରୀକରଣ ପ୍ରକ୍ରିୟା ତ୍ୱରାନ୍ୱିତ ହୋଇଥିଲା। ସେହି କ୍ରମରେ ଓଡ଼ିଶାରେ ମଧ୍ୟ ଏହା ସମ୍ଭବ ହୋଇଥିଲା। ନୂଆ ରାଜଧାନୀ, ପାରାଦ୍ୱୀପ ବନ୍ଦର, ହୀରାକୁଦ ବନ୍ଧ, ରାଉରକେଲା ଷ୍ଟିଲ୍ ପ୍ଲାଣ୍ଟ, ସୁନାବେଡ଼ାର ମିଗ୍‌ବିମାନ କାରଖାନା ଇତ୍ୟାଦି ପ୍ରତିଷ୍ଠା ହୋଇ ସାରିଥିଲା। ୧୯୮୦ ମସିହା ପରେ NALCO ଏବଂ ୧୯୯୬ ମସିହାରେ ମହାନଦୀ କୋଲ୍ ଫିଲ୍ଡର ପ୍ରତିଷ୍ଠା ପରେ, ଅନ୍ୟ ଖଣିଭିତ୍ତିକ ଶିଳ୍ପ ପ୍ରତିଷ୍ଠା ହୋଇଥିଲା ଏବଂ ଓଡ଼ିଶାରେ ସହରୀକରଣ ପ୍ରକ୍ରିୟା ଦ୍ରୁତତର ହୋଇଥିଲା। ଏହାଛଡ଼ା ଏହି କାଳଖଣ୍ଡ ଭିତରେ କମ୍ପ୍ୟୁଟରର ବହୁଳ ବ୍ୟବହାର ଆରମ୍ଭ ହେବା ସହ ସୂଚନା ଓ ପ୍ରଯୁକ୍ତି ବିଦ୍ୟାର ବିସ୍ଫୋରଣ ଘଟିଛି।

ପ୍ରକାରାନ୍ତରେ କହିବାକୁ ଗଲେ ଏହି କାଳଖଣ୍ଡରେ ବଢ଼ିଥିବା ଲୋକମାନେ ଓଡ଼ିଶାର ସାମାଜିକ ପରିବର୍ତ୍ତନର ନିମ୍ନଲିଖିତ ୩ଟିଯାକ ପର୍ଯ୍ୟାୟ ଦେଖିଛନ୍ତି ଓ ତା' ଭିତରେ କାଳ କାଟିଛନ୍ତି - ସେଗୁଡ଼ିକ ହେଲା (୧) ଗ୍ରାମଭିତ୍ତିକ ସମାଜ ବ୍ୟବସ୍ଥା ଓ କୃଷିଭିତ୍ତିକ ଅର୍ଥନୀତି (୨) ଶିଳ୍ପ ଓ ସେବା ଭିତ୍ତିକ ସହରୀ ସମାଜ ବ୍ୟବସ୍ଥା ଓ ଅର୍ଥନୀତି ଏବଂ (୩) ସୂଚନା ବିସ୍ଫୋରଣ ଓ ଜ୍ଞାନଭିତ୍ତିକ ସମାଜ ବ୍ୟବସ୍ଥା ଓ କମ୍ପ୍ୟୁଟର ଭିତ୍ତିକ ଅର୍ଥନୀତି (digital economy).

ଅର୍ଥାତ୍ ଯେଉଁମାନେ ପଚାଶ ବର୍ଷକୁ ଊର୍ଦ୍ଧ୍ୱ ବୟସର ହେଲେଣି, ସେମାନଙ୍କ ମଧ୍ୟରୁ ଅଧିକାଂଶ ଗାଆଁରେ ପଢ଼ିଛନ୍ତି, ବଢ଼ିଛନ୍ତି କିମ୍ବା ସହରରେ ଜନ୍ମ ହୋଇଥିଲେ ମଧ୍ୟ ଗାଆଁ ସହ ନିବିଡ଼ ସମ୍ପର୍କରେ ଅଛନ୍ତି, ଅତି ନିକଟରୁ ଗାଆଁକୁ ଅନୁଭବ କରିଛନ୍ତି। ଏମାନେ ବି ସହରରେ ପଢ଼ିଛନ୍ତି, ରହିଛନ୍ତି। ନିଜର କୃତି, ବୃତ୍ତି ବା ବ୍ୟବସାୟ କିମ୍ବା ଜୀବନ ଓ ଜୀବିକା ପାଇଁ ସହରକୁ ପରଖିଛନ୍ତି, ଆଦରିଛନ୍ତି ମଧ୍ୟ। ଏମାନେ ଉଭୟଚର ପ୍ରାଣୀ ଭଳି। ଗାଆଁ ଓ ସହର ଉଭୟ ସ୍ଥାନରେ ଏମାନଙ୍କର ପରିପ୍ରକାଶ ସମଆନ୍ତରିକତାରେ। କେହିକେହି ସହରରେ ରହିବାକୁ ଅଧିକ ପସନ୍ଦ କଲେ ବି ଗାଆଁକୁ ଭୁଲିପାରନ୍ତି ନାହିଁ। ଏହି ପିଢ଼ିର ପୂର୍ବ ପିଢ଼ିମାନେ ଅଧିକନ୍ତୁ ଗ୍ରାମ୍ୟନିବାସୀ। ଏମାନଙ୍କର ପରପିଢ଼ି ବା ପିଲାମାନେ ମୁଖ୍ୟତ ସହରୀ। ତାଙ୍କବେଳକୁ ଗାଆଁ ଆଉ ଗାଆଁ ହୋଇ ନାହିଁ କି ସେମାନଙ୍କୁ ଗାଆଁରେ ବାନ୍ଧି ରଖିବା ପାଇଁ ଆବଶ୍ୟକ ଭିତ୍ତିଭୂମି ଓ ସୁବିଧାସୁଯୋଗ ଗାଆଁରେ ନାହିଁ। ସେମାନଙ୍କର ବି ଗାଆଁପ୍ରତି ସେଭଳି ଆଦର ନାହିଁ।

ନିକଟ ଅତୀତରେ ଆଉ ଏକ ଗୁରୁତ୍ୱପୂର୍ଣ୍ଣ ପରିବର୍ତ୍ତନ ପ୍ରକ୍ରିୟା ଆରମ୍ଭ ହୋଇଛି। ଭାରତରେ ବିପର୍ଯ୍ୟୟ ପରିଚାଳନା ଆଇନ - ୨୦୦୫ ମସିହାରେ ପାରିତ ହୋଇ ଲାଗୁ ହେବା ଫଳରେ ବିପର୍ଯ୍ୟୟ ପରିଚାଳନା ପାଇଁ ପ୍ରାକ୍ ପ୍ରସ୍ତୁତିକୁ ଗୁରୁତ୍ୱ ଦିଆଯାଇଛି। ସୂଚନା ଅଧିକାର ଆଇନ୍ ୨୦୦୫ ମସିହାରେ ପାରିତ ହୋଇ ଲାଗୁ ହେବା ଫଳରେ ସରକାରଙ୍କର ସମସ୍ତ ନିଷ୍ପତ୍ତି ବିଷୟରେ ଜାଣିବାର ଏବଂ ସଂପୃକ୍ତ କାଗଜାତର କପି ପାଇବାର ଅଧିକାର ସାଧାରଣ ଲୋକଙ୍କୁ ପ୍ରଦାନ କରାଯାଇଛି। ସେଇଭଳି ୨୦୧୩ ମସିହାରେ ନୂଆ ଭୂମି ଅଧିଗ୍ରହଣ ଆଇନ ପାରିତ ହୋଇ ୦୧.୦୧.୨୦୧୪ ମସିହାରୁ ଲାଗୁ ହେବା। ଫଳରେ ଭୂମି ଅଧିଗ୍ରହଣରେ ସ୍ୱଚ୍ଛତା, ଅଧିକ ଜମିମୂଲ୍ୟ ଏବଂ ପୁନର୍ବାସ ଓ ଥଇଥାନ ନୀତିକୁ ଅଧିକ ପ୍ରଭାବୀ କରିପାରିଛି। ଓଡ଼ିଶାରେ ୨୦୦୬ ମସିହାର ଓଡ଼ିଶା ପୁନର୍ବାସ ଓ ଥଇଥାନ ନୀତି - ୨୦୦୬ ପ୍ରଣୟନ ହୋଇଛି। ବିକାଶର ନାଆଁ ନେଇ ପ୍ରକଳ୍ପ ଉଦ୍ଦେଶ୍ୟରେ ବିପୁଳ ଚାଷ ଓ ବାସ ଜମି ଅଧିଗ୍ରହଣ କରି ସାଧାରଣ ଲୋକ ବସ୍ତୁହରା ହୋଇଥିବାର ନଜିର ଆମ ଦେଶରେ ଓ ରାଜ୍ୟରେ ବି ଅନେକ

ଅଛି । ଅନେକ ଲୋକ ଠିକ୍ ଭାବରେ ଥଇଥାନ ହୋଇ ନ ପାରିଥିବା ଏବଂ ଏବେ ବି ସେମାନଙ୍କର ଅଭିଯୋଗ ଓ ଆନ୍ଦୋଳନ ମଝିରେ ମଝିରେ ହେଉଥିବାର ନଜିର ଅଛି । ପ୍ରକଳ୍ପ ହେବା ପରେ ଗ୍ରାମ୍ୟ ସମାଜର ସାମାଜିକ ଓ ଆର୍ଥନୀତିକ ପରିବର୍ତ୍ତନ କିପରି ହୋଇଛି ଜାଣିବା ଯେତିକି ଗୁରୁତ୍ୱପୂର୍ଣ୍ଣ, ବିସ୍ଥାପିତ ଲୋକମାନଙ୍କର ଦୁର୍ଦ୍ଦଶା ଅର୍ଥନୈତିକ ଅଧୋଗତି ବିଷୟରେ ଜାଣିବା ମଧ୍ୟ ସେତିକି ଜରୁରୀ ।

ଏହି ସମୟ ଭିତରେ ସୂଚନା ବିସ୍ଫୋରଣର ଏକ ବଳିଷ୍ଠ ମାଧମ ବିଶ୍ୱସ୍ତରରେ ସୃଷ୍ଟି ହେଲା । କମ୍ପ୍ୟୁଟର ତ ଆଗରୁ ଆସି ସାରିଥିଲା । ୧୯୯୦ ଦଶକ ବେଳକୁ ଇଣ୍ଟରନେଟ ସେବା ଭାରତବର୍ଷରେ ଆରମ୍ଭ ହୋଇଯାଇଥିଲା । ଇଣ୍ଟରନେଟ ହେଉଛି କମ୍ପ୍ୟୁଟର ମାଧ୍ୟମରେ ବିଶ୍ୱସ୍ତରୀୟ ସୂଚନା ଓ ଯୋଗାଯୋଗ ପ୍ରଦାନକାରୀ ବ୍ୟବସ୍ଥା (network). ଏହା ୧୯୭୦ ମସିହାରେ ପ୍ରଥମେ ଆମେରିକାରେ ଆରମ୍ଭ ହୋଇଥିଲେ ହେଁ ୧୯୯୫ ପରେ ଭାରତରେ ଏହାର ବିସ୍ତାର ହୋଇଥିଲା । ୨୦୦୫ ମସିହା ବେଳକୁ ଏହା ବହୁଳ ବ୍ୟବହାର ହୋଇସାରିଥିଲା । ୨୦୦୪ ମସିହାରେ ମାର୍କ ଜକରବର୍ଗ ଆମେରିକାର କାଲିଫର୍ଣ୍ଣିଆରୁ 'ଫେସ୍‌ବୁକ' ନାମକ ଏକ ସାମାଜିକ ମାଧ୍ୟମ Social Media କମ୍ପାନୀ ଆରମ୍ଭ କଲେ, ଯାହା ମାଧ୍ୟମରେ ଏହାକୁ ବ୍ୟବହାରକାରୀମାନେ ବିଭିନ୍ନ ସୂଚନା ଇଣ୍ଟରନେଟରେ ବାଣ୍ଟିପାରିଲେ । ଚାହୁଁ ଚାହୁଁ ଏହା ଅତ୍ୟଧିକ ଲୋକପ୍ରିୟ ହୋଇ ସାରା ବିଶ୍ୱରେ ଖେଳିଗଲା । ୨୦୦୯ ମସିହାରେ ସେଇ 'ଫେସ୍‌ବୁକ' ଦ୍ୱାରା ଆରମ୍ଭ ହେଲା "ହ୍ୱାଟ୍‌ସଆପ", (whatsapp). ଏହା ଏକ ପ୍ରୋଗ୍ରାମ ଯାହା ମାଧ୍ୟମରେ ବିଭିନ୍ନ ମୋବାଇଲ ଫୋନରୁ ଫୋନକୁ ଇଣ୍ଟରନେଟ ଜରିଆରେ ସଂକ୍ଷିପ୍ତ ସୂଚନା (Text Message), ଡକୁମେଣ୍ଟ, ଫଟୋ ଇତ୍ୟାଦି ପଠାଇ ହେଉଛି । ଏପରିକି ବ୍ୟବହାରକାରୀର ଅବସ୍ଥିତି (location) ସୂଚନା ବି ଏହାଦ୍ୱାରା ମିଳିପାରୁଛି ଏବଂ ଭଏସ୍ ଓ ଭିଡିଓ କଲ୍ ମଧ୍ୟ କରାଯାଇ ପାରୁଛି । ହ୍ୱାଟ୍‌ସଆପ ଏବେ ମୋବାଇଲ ଫୋନ ବ୍ୟବହାରକାରୀଙ୍କର ଅଧିକ ପ୍ରିୟ ମାଧ୍ୟମ ପାଲଟିଛି । ସେହିଭଳି ୨୦୦୬ ମସିହାରୁ ଆମେରିକାର ଜାକ୍ ଡର୍ଜି, ବିଜ୍ ଷ୍ଟୋନ୍, ନୋଆ ଗ୍ଲାସ୍ ଓ ଇଭାନ ଉଇଲିଅମ୍‌ସ୍‌ଙ୍କ ଦ୍ୱାରା ଟୁଇଟର ନାମକ ଆଉ ଏକ ସୋସିଆଲ ମିଡିଆ ନେଟ୍‌ୱାର୍କିଂ ପ୍ଲାଟଫର୍ମ ଆରମ୍ଭ ହୋଇ ଏବେ ବେଶ୍ ସକ୍ରିୟ ଓ ଲୋକପ୍ରିୟ ହୋଇଛି, ବ୍ୟବହାରକାରୀମାନେ ଏହା ଜରିଆରେ ମେସେଜ ପଠାଇ ପାରୁଛନ୍ତି, ଯାହାକୁ 'ଟୁଇଟ୍' କୁହାଯାଏ ।

ବର୍ତ୍ତମାନ ସୋସିଆଲ ମିଡିଆ କୁହାଯାଉଥିବା ଏହି ମାଧ୍ୟମ ଏକ ଗୁରୁତ୍ୱପୂର୍ଣ୍ଣ ଗଣମାଦ୍ୟମ ପାଲଟିଛି, ଯାହା ପାରମ୍ପରିକ ଗଣମାଧ୍ୟମ ଯଥା ସମ୍ବାଦପତ୍ର, ଟିଭି

ଇତ୍ୟାଦିଠାରୁ କ୍ରମଶଃ ଅଧିକ ପ୍ରଭାବୀ ହୋଇ ସାମାଜିକ ବ୍ୟବହାରକୁ ନିୟନ୍ତ୍ରଣ କରିବା ଆରମ୍ଭ କରିଛି । ଏହି ସୋସିଆଲ ମିଡିଆ ଅଧିକନ୍ତୁ ଅଣସଂଗଠିତ ଓ ସରକାରୀ ନିୟନ୍ତ୍ରଣ ବାହାରେ ।

ଜାତୀୟ ଓ ବିଶ୍ୱସ୍ତରରେ ସାମାଜିକ ପରିବର୍ତ୍ତନରେ ବିବିଧ କାରକ ଓ ପ୍ରକ୍ରିୟା ସବୁକୁ ଦୃଷ୍ଟିରେ ରଖି ଏବେ ଆବଶ୍ୟକତା ଅଛି ଫେରିଚାହିଁବା ପାଇଁ ଆମ ଗାଆଁଆଡ଼େ, ଯାହାର ଅନେକ ସ୍ମୃତି ଆମ ଭିତରେ ଅଛି । ଆମ ଗାଁ, ତାଙ୍କ ଗାଆଁ ବା ଆପଣଙ୍କ ଗାଆଁ ଭିତରେ କିଛି ଫରକ ନାହିଁ । ଓଡ଼ିଶାର ସବୁ ଗାଆଁର ଭୂଗୋଳ ଓ ଇତିହାସ ଏକାପରି । କବି ସଚ୍ଚିରାଉତରାୟଙ୍କ "ଛୋଟ ମୋର ଗାଆଁଟି" କବିତାରେ ବର୍ଣ୍ଣିତ ଆଦର୍ଶ ଗାଆଁକୁ ଆମେ ଗାଆଁ ଭାବରେ ଗ୍ରହଣ କରିପାରିବା । କାରଣ ସେଇ କବିତା ପ୍ରାୟ ସମସ୍ତେ ପଢ଼ିଛନ୍ତି ଓ ନିଜର ସ୍ମୃତି ମାଧ୍ୟମରେ ଗାଆଁ ସହ ଯୋଡ଼ି ହୋଇ ପାରିଛନ୍ତି । ଭୂଗୋଳ ପୋଥି ପତ୍ରରେ ଏକ ଲୋକପ୍ରିୟ ନାଆଁ ନ ହୋଇଥିଲେ ବି ଷଠୀଘରଠୁଁ ପାଠଶାଳା, ମନ୍ଦିର ପ୍ରାଙ୍ଗଣଠୁଁ ଶ୍ମଶାନ ଯାଏ ଅନେକ ସ୍ମୃତିର ଜ୍ୱଳନ୍ତ ପରିପ୍ରକାଶ ହିଁ ଗାଆଁ ।

ଗାଁ ଆମ ଅବସ୍ଥାନର ଏକ ସରଳ ବାସ୍ତବତା । ଗାଁ ରାଜସ୍ୱ ପ୍ରଶାସନର କ୍ଷୁଦ୍ରତମ ପ୍ରଶାସନିକ ଏକକ, ଏହା ଏକ ଭୌଗୋଳିକ ଅଞ୍ଚଳ ଯାହାର ଏକ ଚୌହଦୀ ଅଛି ଏବଂ ଯେଉଁଠାରେ କିଛିଲୋକ ପୁରୁଷାନୁକ୍ରମିକଭାବେ ବାସ କରି ଆସୁଛନ୍ତି ଏବଂ ଯେଉଁ ଅଞ୍ଚଳ ମଧ୍ୟରେ ଚାଷଜମି, ବାସଜମି ଓ ସରକାରୀ ଜମି ଥାଏ । ଏହା ଗାଆଁ ସମ୍ବନ୍ଧୀୟ ସର୍ବାଧିକ ନିରସ ସଂଜ୍ଞା । ସମାଜ ବିଜ୍ଞାନୀଙ୍କ ମତରେ ମୁହାଁମୁହିଁ ସମ୍ପର୍କ ଥାଇ ପୁରୁଷାନୁକ୍ରମିକଭାବେ ଏକ ସ୍ୱୟଂ ସମ୍ପୂର୍ଣ୍ଣ ଗୋଷ୍ଠୀ ବସବାସ କରି ଆସୁଥିବା ଏବଂ ବ୍ୟକ୍ତିଗତଭାବେ ବା ସାମୁହିକଭାବେ ଭୋଗଦଖଲ କରି ଆସୁଥିବା କ୍ଷୁଦ୍ରତମ ଭୌଗୋଳିକ ଅଞ୍ଚଳକୁ ଗାଆଁ କୁହାଯାଏ । ଗାଁ ମୁହାଁମୁହିଁ ସାମାଜିକ ସମ୍ପର୍କ ଓ ବଳିଷ୍ଠ ମାନବିକ ବନ୍ଧନର ଏକ ବୁଢ଼ିଆଣୀ ଜାଲ । ପ୍ରତି ଗାଆଁର ଏକ ନାଆଁ ଅଛି । ସେଇ ନାଆଁ ଅନୁସାରେ ସେଇ କ୍ଷୁଦ୍ର ଅଞ୍ଚଳଟିରେ ଜନ୍ମ ହୋଇଥିବା ବା ବସବାସ କରୁଥିବା ସବୁଲୋକଙ୍କର ଠିକଣା ନିର୍ଣ୍ଣୟ ହୋଇଥାଏ । ଗାଁ ଆମକୁ ପ୍ରାଥମିକ ପରିଚୟ ଦେଇଥାଏ, ଆପଣ କିଏ ପଚାରିଲେ ଉତ୍ତର ମିଳେ ମୁଁ ଅମୁକ ଗାଆଁର ଲୋକ । ମୋ ନାଆଁ ସମୁକ । ଗୋଟିଏ ଗାଆଁର ସବୁ ଲୋକଙ୍କର ସେଇ ଗୋଷ୍ଠୀ ବା ସମୁଦାୟ ପ୍ରତି ଏକ ଗୋଷ୍ଠୀ ଭାବନା ଥାଏ ଏବଂ ଏହି ଗାଆଁର ନାଆଁ ଏହି ଭାବନାକୁ ଅଧିକ ସମ୍ବେଦନଶୀଳ କରାଇଥାଏ । ଆଜି ବି ଏହି ଗୋଷ୍ଠୀଭାବନା ହେତୁ ଦୁଇ ଜଣଙ୍କର ବ୍ୟକ୍ତିଗତ ଗଣ୍ଡଗୋଳ ଗାଁ ଗାଁ ଭିତରେ ଗଣ୍ଡଗୋଳର ସୂତ୍ରପାତ କରାଉଛି । ଏହା ନିଜ ଗାଁ ପ୍ରତି ଉଗ୍ର ଗୋଷ୍ଠୀ ଭାବନାର ଉଦାହରଣ ମାତ୍ର ।

ଗାଁ ବା ଗ୍ରାମ୍ୟ ସମାଜର କେତୋଟି ଗୁରୁତ୍ୱପୂର୍ଣ୍ଣ ଉପାଦାନଗୁଡ଼ିକ ହେଲା:- (୧) ଜାତିଭିତ୍ତିକ ବସତି (୨) ଯୌଥ ପରିବାର (୩) ଯଜମାନି ବ୍ୟବସ୍ଥା (୪) ପ୍ରାକୃତିକ ନିର୍ମଳ ପରିବେଶ (୫) କୃଷିଭିତ୍ତିକ ଅର୍ଥନୀତି ଓ କୃଷି ସମ୍ପର୍କୀୟ ପର୍ବପର୍ବାଣୀ (୬) ସ୍ୱାବଲମ୍ବନ (୭) ରକ୍ଷଣଶୀଳତା (୮) ସରଳ ଜୀବନଯାପନ ପ୍ରଣାଳୀ ଓ ସାଧାସିଧା ପୋଷାକପତ୍ର ଏବଂ (୯) ଗୋଷ୍ଠୀ ବା ସମୁଦାୟ ଭାବନା। ଗାଆଁରେ ପ୍ରତ୍ୟେକ ଲୋକ ପ୍ରତ୍ୟେକ ଅନ୍ୟ ଲୋକ ସହ ଏକ ସମ୍ପର୍କରେ ଯୋଡ଼ା। ଏଣୁ ପରସ୍ପରକୁ ସମ୍ବୋଧନ ଥାଏ। ଉଦାହରଣ ସ୍ୱରୂପ ଦୁଇଜଣ ଗାଆଁ ଲୋକ ନିଜ ଜ୍ଞାତିରେ ନ ହୋଇଥିଲେ ବି ଏକା ଗାଆଁର ବା ପଡ଼ୋଶୀ ହୋଇଥିବାରୁ ଭାଇ, ଦାଦା, ମଉସା, ଜେଜେବାପା ଆଦି ସମ୍ବୋଧନ କରି ଆନ୍ତରିକତାର ସ୍ୱତଃ ପରିପ୍ରକାଶ କରିଥା'ନ୍ତି। ଏହା ଗ୍ରାମ୍ୟ ସମୁଦାୟକୁ ଏକ ପ୍ରାଥମିକ ଗୋଷ୍ଠୀ (Primary Group) ଭଳି ଉପସ୍ଥାପନ କରିଥାଏ।

ଏହିସବୁ ସମାଜ ତାତ୍ତ୍ୱିକ ବା ଅର୍ଥନୈତିକ ଉପାଦାନ ମାଧ୍ୟମରେ ମୁଁ ଗାଆଁକୁ ଫେରି ଚାହିଁବାକୁ ଚାହୁଁନି, କି ଆପଣମାନଙ୍କୁ ଏକ ନିରସ, ଅଦରକାରୀ ତାତ୍ତ୍ୱିକ ଆଲୋଚନା ଭିତରେ ବୋର୍ କରିବାକୁ ଚାହୁଁନି। ମାତ୍ର ଆପଣମାନଙ୍କୁ ବା ଏଇ ପିଢ଼ିର ସମସ୍ତଙ୍କୁ ଗାଁ ମୁହାଁ କରିବା ପାଇଁ ଗାଁ ଗହଳିରେ ପ୍ରଚଳିତ କିଛି ଶବ୍ଦପୁଞ୍ଜ ଉପସ୍ଥାପନ କରିବାକୁ ଯାଉଛି, ଯାହା ଆପଣଙ୍କୁ ଆପଣଙ୍କ ଗାଆଁ ମନେପକାଇ ଦେବ ଓ ପ୍ରତ୍ୟେକ ଶବ୍ଦପୁଞ୍ଜ ଭିତରେ ଆପଣ ଅତୀତକୁ ଫେରି ପାରିବେ, ଗାଁ' କୁ ଖୋଜି ପାଇପାରିବେ। ଏଥର ମନେପକାନ୍ତୁ ପିଲାଦିନ, ପାଣିପବନ, ଗାଁ' ନଈ, ଭଜା ଖଇ, ଆମ୍ବ ତୋଟା, ଏଣ୍ଡୁରୀ ପିଠା, ସୋରିଷ ଫୁଲ, ବିରି ଅମଳ, ବହୁଚୋରୀ କି କବାଡ଼ି ଖେଳ, କଣ୍ଢେଇ କୋଳି, ରଜ ଦୋଳି, ପିଠାପଣା, ଡକାହକା, ଅପାଣିଆ ପାଟ, ଅଗିରା ପୁନେଇ ପାଳଭୂତ, ଗୋରୁହାଟ, ବତାସୀ ସଞ୍ଜ, ହଳିଆ କଣ୍ଠରେ ଉପେନ୍ଦ୍ର ଭଞ୍ଜ, ପୁଚିଖେଳ, ଖିଲିପାନ, ଜହ୍ନରାତି, ଅଭିମାନ, ପାଦ ଅଳତା, ରିବନ ଫିତା, ସଞ୍ଜ ସଳିତା, ମୁହଁ ମୋଡ଼ା, ଖଇ ପୋଡ଼ା, ଦାଦି ବୁଢ଼ା, ଦହିଚୁଡ଼ା, ମୁଢ଼ିମୁଆଁ ଓ ଗାଈଦୁହାଁ। ଗାଁ କ୍ରମଶଃ ଜିଇଁ ଉଠୁଥିବ ନିଜ ଭିତରେ ଏଇ ଶବ୍ଦମାନଙ୍କୁ ପଢ଼ି ତା'ର ଆନୁସଙ୍ଗିକ ଗ୍ରାମୀଣ ଚିତ୍ରକୁ ମନେ ପକାଇବାବେଳେ।

ସେଇଭଳି;
ଲଙ୍ଗଳକଣ୍ଠି, ଅଖିମୁଠି
ପିଢ଼ାପାଣି, ଖୁଦୁରୁକୁଣୀ
ରଂଜା ଲାଉ, ନୂଆବୋଉ
ହୁଳହୁଳି, କାନ୍ଦବୋବାଳି

ଝିଅ ବିଦା, କାଞ୍ଜିଆ ହୋଦା
ବେଲ ପଣା, ଢିଅ ମାଜଣା
ଦାସୀ କାଳିସୀ, ପତିପ୍ରବାସୀ
ଉଦଣ୍ଡି କଳି, ନାତୁଣୀ ଅଳି
ମଗା ତିଅଣ, ଯଚା କଲ୍ୟାଣ
କ୍ଲବ ଡ୍ରାମା, ଭଡ଼ା ପାଇଜାମା
ଚାଟଶାଳୀ, କନ୍ଦାଚୂଲୀ
ପଣକିଆ, ଖରାପୁହାଁ, ଗଣ ଖିଆ
ଦଧି ବାମନ, ନଗର କୀର୍ତ୍ତନ, ଡାକପିଅନ
ଆକାଶବାଣୀ, ବାଉଁଶ ରାଣୀ
ବଢ଼ିପାଣି, ଗାଁ ମଶାଣୀ
ଅବଧୂତ, ସୈତାନ ଭୂତ
ବାଉଁଶ ପୋଲ, ତେଲିଙ୍ଗି ଢୋଲ
ଚାଳଛପର, ଖପରଘର
ହଳଦୀ କାଠୁଆ, କଜଳପାତିଆ
କଷ ଦୁଧ, ମୂଷା ଦାନ୍ତ
ଧୂଳି ଧୂମାଳ, ମେଘମହ୍ଲାର
ଗଇଁଠା ପିଠା, ବନିଶୀ କଣ୍ଟା, ନାହିକଟା
ଦହି କାଞ୍ଜି, ବିରଜା ପାଞ୍ଜି
ମଳମାସ, ଅଧିବାସ
ମୁଠି ଶାଗ, ଷଠୀଘର
ଗାଆଁ ପାଣ୍ଠି, ଧୋବା ଗାଣ୍ଠି, ଦାନ୍ତକାଠି
ଦାସ କାଠିଆ, ଦଣ୍ଡ ପାଟୁଆ
ମୁଠି ଚାଉଳ, ଆମ୍ବକସି ପଖାଳ
ବୋହୂବୋହୂକା, ଦାଣ୍ଡ ଝରକା
ଟଙ୍କିକିଆ ଚାଉଳ, ରାନ୍ଧୁଣୀ ଗାଧୁଳା ବେଳ

ଏସବୁ ଶବ୍ଦ, କେବଳ ଗାଁରେ ଅଧିକ ବ୍ୟବହୃତ ହୁଏ ନାହିଁ, ଏହା ଗ୍ରାମୀଣ ଜୀବନଧାରା ଓ ଚଳଣି ସମ୍ପର୍କରେ ସୂଚୀତ କରାଉଥାଏ। ପ୍ରତ୍ୟେକ ଶବ୍ଦ ସହ ଗାଁ ପରିବେଶର ଘଟଣାଟିଏ ଯେ ମନେ ନ ପଡ଼ିଯିବ, ଏ କଥା ବି କହି ହେବ ନାହିଁ।

ମାତ୍ର ଏସବୁ ଶବ୍ଦକୁ ସିଢ଼ି କରି ଫେରି ଚାହିଁଲେ ପଛକୁ ଆମେ ଯେଉଁଠି ପହଞ୍ଚିବା ସେଇ ଗାଆଁ କ'ଣ ଏବେ ସେମିତି ଅଛି, ଯେମିତି ଆମେ ଛାଡ଼ି ଆସିଥିଲେ? ନା, ପୂର୍ବ ସୂଚିତ ରାଷ୍ଟ୍ରୀୟ ଓ ବିଶ୍ୱସ୍ତରୀୟ ସାମାଜିକ ପରିବର୍ତ୍ତନର ବୟାରରେ ଉଡ଼ିଗଲାଣି ସେ ଗାଆଁର ଚିତ୍ର, ଏତେ ବର୍ଷ ପରେ ଗାଁ ବଦଳିବା ସ୍ୱାଭାବିକ, ଉଚିତ ବି। ମାତ୍ର କେମିତି ବଦଳିଛି, କେତେ ବଦଳିଛି, ଫେରି ଚାହିଁବା ଦରକାର।

ଏବେ ତ ଗାଁ ଆଉ ଆଗଭଳି ନାହିଁ। ଗାଁ ଦାଣ୍ଡ ଯେଉଁଠି ଆଗରୁ ଜହ୍ନ ରାତିରେ ସଂଧ୍ୟା ମାଳତୀ ଫୁଲର ଆସର ଭିତରେ ପୁଚିଖେଳ ହେଉଥିଲା, ସେ ଦାଣ୍ଡ ଏବେ କଂକ୍ରିଟ ରାସ୍ତା ହୋଇଯାଇଛି। ପୁଚିଖେଳ ଭୁଲିଗଲେଣି ଗାଁ ଝିଅ। ଆଗରୁ ଯେଉଁ ଧାଡ଼ି ଧାଡ଼ି ଖଂଜା ଘରଥିଲା, ଏବେ ତା'ର ବ୍ୟତିକ୍ରମ ଦିଶୁଛି। ଯେଉଁମାନଙ୍କର ପିଲା ପାରି ଗଲେଣି, ବାହାରେ ଚାକିରୀବାକିରୀ କଲେଣି, ସେମାନେ ଘର ପକ୍କା କରି ଦେଲେଣି। ଏପରିକି, ଅତି ଗରୀବ ଲୋକମାନେ ଇନ୍ଦିରାଆବାସ ବା ବିଜୁ ପକ୍କାଘର ଯୋଜନାରେ ସରକାରୀ ସାହାଯ୍ୟ ପାଇ ପକ୍କାଘର କରି ନେଲେଣି। ଯେଉଁମାନଙ୍କର ଏବେ ବି ମାଟି ଘର ଅଛି, ସେମାନେ ଘାସ ଠୁଁ ମୋଟ ଗଛଠୁଁ ଛୋଟ ଶ୍ରେଣୀଭୁକ୍ତ। ସେମାନେ ବି.ପି.ଏଲ୍ ଶ୍ରେଣୀଭୁକ୍ତ ହୋଇ ନଥିବାରୁ ବା ରାଜନୈତିକ ବିଦ୍ୱେଷ ହେତୁରୁ ସରକାରୀ ସହାୟତା ପାଇପାରି ନାହାନ୍ତି। କିମ୍ବା ସେମାନେ ଗାଁର ଉଚ୍ଚପିଣ୍ଡା ଚାଷୀ ବନ୍ଦୀ ଘର। ଖାନଦାନିର ଦ୍ୱାହି ଦେଇ ରାଜନୈତିକ ଲୋକଙ୍କୁ ଖୋସାମତି କରି ପାରି ନାହାନ୍ତି କି ନିଜର କୃଷିଜାତ ସାମର୍ଥ୍ୟ ସେତେବେଶୀ ହୋଇ ନଥିବାରୁ ପୁରୁଣା ଖଞ୍ଜାଘର ଭାଙ୍ଗି ପକ୍କାଘର କରିପାରି ନାହାନ୍ତି। ଏମାନଙ୍କର ସଂଖ୍ୟା ଏବେ ବି ପ୍ରତି ଗାଆଁରେ ପ୍ରାୟ ପଚାଶ ପ୍ରତିଶତରୁ ଅଧିକ। ପ୍ରଧାନମନ୍ତ୍ରୀଙ୍କ ସ୍ୱଚ୍ଛଭାରତ ଯୋଜନାରେ ଏବେ ପାଇଖାନା ନଥିବା ସବୁ ଘରକୁ ପାଇଖାନା ପାଇଁ ସହାୟତା ଦିଆଯାଇଛି। ତେଣୁ ପ୍ରାୟ ଘରେ ପାଇଖାନା ତିଆରି ହୋଇଛି, ସରକାରୀ ସହାୟତାରେ ହେଉ କି ନିଜସ୍ୱ ପ୍ରଚେଷ୍ଟାରେ ହେଉ। ମାତ୍ର ପାଇଖାନାର ଶତପ୍ରତିଶତ ବ୍ୟବହାର ଉପରେ ଏବେ ବି ସନ୍ଦେହ ଅଛି। କେଉଁଠି ନବନିର୍ମିତ ପାଇଖାନା ଘରେ ଘସି, କାଠ ଜାଳ ରଖାଯାଇଛି ତ ଅନ୍ୟ କେଉଁଠି ଅନ୍ୟକାମରେ ଲଗାଯାଇଛି। ଗ୍ରାମାଞ୍ଚଳରେ ପାଇଖାନା ତିଆରି ହୋଇ ବି ଶତପ୍ରତିଶତ ବ୍ୟବହାର ନ ହୋଇ ପାରିବାର ଏକ ପ୍ରମୁଖ କାରଣ ହେଉଛି ପାଇଖାନାକୁ ପାଇପ ଜଳଯୋଗାଣ ନ ଥିବା। ପ୍ରତି ଗାଆଁରେ ଅଳ୍ପ କିଛି ଲୋକ ନିଜସ୍ୱ ପ୍ରଚେଷ୍ଟାରେ ପାଇପଜଳ ବ୍ୟବସ୍ଥା କରିଲେଣି। ଅନେକ ଗାଆଁରେ ମୁଖ୍ୟତଃ ଶିଳ୍ପସମୃଦ୍ଧ ଜିଲ୍ଲାଗୁଡ଼ିକର ଗାଆଁରେ ସମ୍ପୃକ୍ତ ଶିଳ୍ପସଂସ୍ଥାମାନଙ୍କର ସହାୟତାରେ ଗାଆଁକୁ ପାଇପ ଯୋଗେ ପାନୀୟଜଳ ଯୋଗାଣର ବ୍ୟବସ୍ଥା ହେଲାଣି। ପିଇବା ପାଣି ପାଇଁ ଆଗରୁ ଯେଉଁ କୂଅ

ପୋଖରୀ ଉପରେ ଲୋକ ନିର୍ଭର କରୁଥିଲେ, ଏବେ ପ୍ରାୟ ଆଉ ନାହିଁ। ଅଧିକାଂଶ ଗାଆଁରେ ଏବେ ଗଭୀର ଜଳକୂପ ସରକାରୀ ସହାୟତାରେ ଯୋଗାଇ ଦିଆଯାଇଛି। ଅନେକ ଗାଁ ଲୋକ ନିଜ ପ୍ରଚେଷ୍ଟାରେ ବି ନିଜ ଘରପାଖରେ ନଳକୂଅ ଖୋଳିଛନ୍ତି।

ଗାଁ ସ୍କୁଲର ଚିତ୍ର ସମ୍ପୂର୍ଣ୍ଣ ବଦଳି ଯାଇଛି। ଆଗରୁ ଯେଉଁ ଝାଟିମାଟି ଚାଳଛପର ସ୍କୁଲଘର ଥିଲା ଏବଂ ଗାଆଁର ଘରମାନଙ୍କୁ ନଡ଼ା ଓ ବାଉଁଶ ଆଣି ଗାଆଁଲୋକେ ଶ୍ରମଦାନ କରି ଛପର କରୁଥିଲେ। ସେ ପରମ୍ପରା ଆଉ ନାହିଁ। ସର୍ବଶିକ୍ଷା ଅଭିଯାନରେ ସ୍କୁଲଘର ପକ୍କା ହୋଇଛି - ଅଧିକ ଶ୍ରେଣୀଗୃହ ବି ତିଆରି ହୋଇଛି। ମାତ୍ର ୫ଟି କ୍ଲାସକୁ ମାତ୍ର ୨ଜଣ ଶିକ୍ଷକ ସେଥିରେ ପୁଣି ମଧ୍ୟାହ୍ନ ଭୋଜନ ଆୟୋଜନର ଦୈନିକ ଦାୟୀତ୍ୱ ଶିକ୍ଷକଙ୍କର ପାଠ ପଢ଼ାଇବାକୁ ସମୟ ନାହିଁ। ସବୁଠାରୁ ଗୁରୁତ୍ୱପୂର୍ଣ୍ଣ କଥା ହେଉଛି ସ୍କୁଲରେ ଉପସ୍ଥାନ ସଂଖ୍ୟା। ସରକାରୀ ସ୍କୁଲରେ ପିଲାଙ୍କର ନାମଲେଖା କମୁଛି। କାରଣ ଅଳ୍ପ ଦୂରରେ ପାଖ ବ୍ଲକ୍ ସଦରମହକୁମାରେ ଇଂରାଜୀ ମିଡିୟମ ସ୍କୁଲ ଖୋଲିଲାଣି - ନହେଲେ ଶିଶୁମନ୍ଦିର ବି ଖୋଲିଛି। ଏଣୁ ଗାଆଁର ଅଭିଭାବକମାନେ ପିଲାର ଭବିଷ୍ୟତକୁ ଦୃଷ୍ଟିରେ ରଖି ମାସିକ ଦେୟ ଦେଇ ଇଂରାଜୀ ମିଡିୟମ ସ୍କୁଲ କିମ୍ବା ସରସ୍ୱତୀ ଶିଶୁମନ୍ଦିରକୁ ପିଲାକୁ ପଠାଇବାକୁ ପସନ୍ଦ କରୁଛନ୍ତି, ମାତ୍ର ମାଗଣାରେ ପୁଣି ମଧ୍ୟାହ୍ନ ଭୋଜନର ଲୋଭ ଦେଖାଇ ବି ସରକାରୀ ପ୍ରାଥମିକ ବିଦ୍ୟାଳୟକୁ ପିଲା ପଠାଇବାକୁ ପସନ୍ଦ କରୁନାହାନ୍ତି। ଯେତିକି ପିଲା ନାଆଁ ବି ଲେଖାଇଛନ୍ତି, ତନ୍ମଧ୍ୟରୁ ବହୁତ କମ୍ ପିଲା ଦୈନିକ ପ୍ରକୃତ ଉପସ୍ଥାନ ଦେଇଥାଆନ୍ତି ଯଦିଓ ମଧ୍ୟାହ୍ନ ଭୋଜନପାଇଁ ସେମାନଙ୍କର ପୂର୍ଣ୍ଣ ଉପସ୍ଥାନ ଦେଖାଇ ଦିଆଯାଇଥାଏ। ପୂର୍ବରୁ କୌଣସି ପିଲା ଅନୁପସ୍ଥିତି ରହିଲେ, ଶିକ୍ଷକ କ୍ଲାସ ମନିଟର ଓ ଆଉ ୨ଜଣ ପିଲାକୁ ତା' ଘରକୁ ପଠାଉଥିଲେ, ଡାକି ଆଣିବାକୁ, ନୋଚେତ ଅନୁପସ୍ଥିତିର ପ୍ରକୃତ କାରଣ ବୁଝିବାକୁ। ଏବେ ସେ ପରମ୍ପରା ଆଉ ନାହିଁ। ସ୍କୁଲର ଭିତ୍ତିଭୂମି ବଢ଼ିଛି ମାତ୍ର ଏହାର ପରିଣାମ ଆଦୌ ଆଶାନୁରୂପ ନୁହେଁ। ପୂର୍ବରୁ ସେଇ ପ୍ରାଥମିକ ବିଦ୍ୟାଳୟରୁ ଶିକ୍ଷାର ମୂଳଦୁଆ ପାଇଥିବା ଅନେକ ଛାତ୍ର ପରବର୍ତ୍ତୀ ପର୍ଯ୍ୟାୟରେ ଉଚ୍ଚଶିକ୍ଷିତ ହେବା ସହ ସମାଜରେ ପ୍ରତିଷ୍ଠିତ ହୋଇପାରିଛନ୍ତି। ମାତ୍ର ବର୍ତ୍ତମାନର ବିଦ୍ୟାଳୟରେ ଅଧିକ ଭିତ୍ତିଭୂମି ଥାଇ ବି ପିଲାମାନଙ୍କର ସଫଳତାର ହାର ତା ତୁଳନାରେ ଯଥେଷ୍ଟ କମ୍ ଅଛି। ମାତ୍ର ଶିକ୍ଷା ସମ୍ବନ୍ଧୀୟ ସମସ୍ତ ନକାରାତ୍ମକ ଚିନ୍ତା ସତ୍ତ୍ୱେ ଗୋଟିଏ ସକାରାତ୍ମକ ପ୍ରବଣତା ଗାଆଁ ଲୋକମାନଙ୍କ ପାଖରେ ପରିଲକ୍ଷିତ ହୋଇଛି ଯେ ସେମାନେ ତାଙ୍କର ପିଲାମାନଙ୍କର ଶିକ୍ଷା ପାଇଁ ଚିନ୍ତିତ ହୋଇଛନ୍ତି ଏବଂ କିଛିଲୋକ ବେସରକାରୀ ଉଦ୍ୟମରେ ଆରମ୍ଭ ହୋଇଥିବା ଶିଶୁମନ୍ଦିର କିମ୍ବା ଇଂରାଜୀ ମିଡିୟମ ସ୍କୁଲକୁ ପିଲା ପଠାଇବାକୁ ନିଷ୍ପତ୍ତି ନେଉଛନ୍ତି।

ଗାଁ ଠାକୁରାଣୀ କି ଅନ୍ୟ ଦେବମନ୍ଦିର ଯେମିତି ଥିଲା ପ୍ରାୟ ସେମିତି ଅଛି। କିଛି ଗାଁରେ ଆଉ ଗୋଟିଏ ମନ୍ଦିର କି ତାରିଣୀ ଠାକୁରାଣୀ ପ୍ରତିଷ୍ଠା କରାଯାଇଛି ଯାହାକୁ କିଛିଲୋକ ଜନତା ଠାକୁରାଣୀ - କଂଗ୍ରେସ ଠାକୁରାଣୀ ବୋଲି ଲଘୁମନ୍ତବ୍ୟ ଦିଅନ୍ତି। ଗୋଚର ଓ ଶ୍ମଶାନ, ଜମି ପ୍ରାୟ ଆଉ ନାହିଁ। ଅଧିକାଂଶ ଏବେ ଜବରଦଖଲରେ ମୁଷ୍ଟିମେୟ ଲୋକଙ୍କଦ୍ୱାରା। ହଁ ଗାଁ ମୁଣ୍ଡ ଶ୍ମଶାନ ଆଗରୁ ଯେଉଁଠି ଏକ ଝଙ୍କାଳିଆ ବରଗଛ ଥିଲା ଓ ତାହାକୁ ବୟସ୍କ ଲୋକମାନେ ଭୂତ ବରଗଛ ବୋଲି କହି ପିଲାମାନଙ୍କୁ ଡରାଉଥିଲେ ଓ କହୁଥିଲେ କି ସେ ଗଛରୁ ଭୂତମାନେ ମୁଣ୍ଡ ତଳକୁ କରି ଓହଳି ଥା'ନ୍ତି ଓ ରାତିରେ ସେଇବାଟେ ଯିବା ଲୋକଙ୍କୁ ବା ଅଝଟ ହେଉଥିବା ପିଲାଙ୍କୁ ଟାଣି ନେଇ ଖାଇଯାଆନ୍ତି ଏବଂ ସେ ଭୂତମାନଙ୍କ ଭିତରେ ପଠାଣ ସଇତାନ ଭୂତ ଭାରି ବଦମାସ, - ସେ ଗଛ ଆଉ ନାହିଁ। ଏବେ ସରକାରୀ ସହାୟତାରେ ୪ଟି ଖୁଣ୍ଟ ଉପରେ ଏକ ଛାତପକା ଚଉତରା ଯାହାକୁ ଗାଁ ଶ୍ମଶାନ ବୋଲି କୁହାଯାଉଛି। ଅନ୍ୟଗାଆଁ ସହ, ପଞ୍ଚାୟତ ଅଫିସ ଓ ବ୍ଲକ ଅଫିସକୁ ଯୋଡୁଥିବା ରାସ୍ତା ପ୍ରଧାନମନ୍ତ୍ରୀ ଗ୍ରାମ ସଡ଼କ ଯୋଜନାରେ ପକ୍କା ରାସ୍ତା ହୋଇଯାଇଛି। ଗାଆଁକୁ ଅଟୋ, ଟ୍ରେକର ଚାଲିଲାଣି। ଟ୍ରାକ୍ଟର ତ ଗାଁରେ ମିଳୁଛି। ପ୍ରାୟ ସବୁ ଗାଁରେ ବିଜୁଳି ପହଞ୍ଚିଲାଣି, ଯଦିଓ ଖାଉଟି କିରୋସିନି ବିକ୍ରି କମି ନାହିଁ, କାହିଁକି ନା, କେତେବେଳେ ଲାଇନ କଟିଥାଏ ଓ କେବେ ଆସେ ତାର ଠିକଣା ନଥାଏ। କେନ୍ଦ୍ର ସରକାରଙ୍କ ଉଜ୍ଜଳା ଯୋଜନାରେ ଏବେ ଜାଳେଣି ଗ୍ୟାସ ବି ଯୋଗାଇ ଦିଆଗଲାଣି।

ଗାଆଁରେ ଲୋକସଂଖ୍ୟା, ଘର ସଂଖ୍ୟା ଓ ଭୋଟର ସଂଖ୍ୟା ବଢ଼ିଛି। ସ୍ୱାଭାବିକ ବି। ଗାଁରେ ପଞ୍ଚାୟତ ୱାର୍ଡ ସଂଖ୍ୟା ବି ବଢ଼ିଛି। ନିର୍ବାଚିତ ପ୍ରତିନିଧିମାନେ ଗାଆଁ ବିକାଶରେ ଭାଗ ନେଉଛନ୍ତି। କେବେ କେମିତି ଦଳୀୟ ଲୋକଙ୍କ ସ୍ୱାର୍ଥ ମୁତାବକ ଗ୍ରାମ ସଭା କାଳେ ହୁଏ। ଅନେକ ଲୋକ ଯାଆନ୍ତିନି କାହିଁକିନା ସେଠାରେ ରାଜନୀତି ଅଧିକ ହୁଏ ବୋଲି। ମହିଳାମାନଙ୍କର ରାଜନୈତିକ ଭାଗିଦାରୀ ବଢ଼ିଛି। ମହିଳାମାନେ ୱାର୍ଡ ମେମ୍ବର ଓ ସରପଞ୍ଚ ହୋଇଛନ୍ତି। କାହିଁକିନା ସେ ଆସନ ମହିଳାଙ୍କ ପାଇଁ ସଂରକ୍ଷିତ ହୋଇଛି ବୋଲି। ଅନେକ କ୍ଷେତ୍ରରେ ମହିଳାଙ୍କ ସ୍ୱାମୀମାନେ ନିଜକୁ ସରପଞ୍ଚଭାବେ ଉପସ୍ଥାପନ କରି ପ୍ରକୃତ କ୍ଷମତା ଭୋଗ କରୁଛନ୍ତି। ପ୍ରକୃତ ନିର୍ବାଚିତ ମହିଳା ସରପଞ୍ଚ କେବଳ ଔପଚାରିକ ଦସ୍ତଖତ କରିଥା'ନ୍ତି। ଆଉ ଗୋଟିଏ ଦୁର୍ଭାଗ୍ୟଜନକ ପରିବର୍ତ୍ତନ ହୋଇଛି ଗ୍ରାମୀଣ ପରିବେଶରେ। ଗାଁରେ ରାଜନୈତିକ ପ୍ରତିଦ୍ୱନ୍ଦିତା ଅତି ତୀବ୍ର ହୋଇଛି।

ଆଗରୁ ଗାଁର ଗୋଷ୍ଠୀଭାବନା ହେତୁ ଯେଉଁ ଏକତା ଥିଲା ଏବେ ଆଉ ନାହିଁ। ଏହା ରାଜନୈତିକ ଦଳମାନଙ୍କ ହାତବାରିସି ହୋଇ ଗାଁ ଦଳାଦଳି ବଢ଼ିଯାଇଛି।

ଅନେକ କ୍ଷେତ୍ରରେ ଏହା ରକ୍ତାକ୍ତ ସଂଘର୍ଷର ରୂପ ବି ନେଉଛି। ଏଇଥି ପାଇଁ ବି ସରକାରୀ ସହାୟତା ପାଇଁ ଇନ୍ଦିରାଆବାସ, ବାର୍ଦ୍ଧକ୍ୟଭତ୍ତା, ଉଜ୍ଜଳୀ ଯୋଜନା ହିତାଧିକାରୀ ଚୟନ ସମୟରେ ସଂପୃକ୍ତ ବ୍ୟକ୍ତିର ଯୋଗ୍ୟତା ଅପେକ୍ଷା ଦଳୀୟ ଆନୁଗତ୍ୟକୁ ଅଧିକ ଗୁରୁତ୍ୱ ଦିଆଯିବା ଫଳରେ ପ୍ରକୃତ ହିତାଧିକାରୀ ଚୟନ ହୋଇପାରୁ ନାହିଁ। ଏଣୁ ବହୁ ଯୋଗ୍ୟ ବ୍ୟକ୍ତି ବି ଆବାସ ଯୋଜନାରେ ଘର, ବାର୍ଦ୍ଧକ୍ୟଭତ୍ତା, ଟଙ୍କିକିଆ ଚାଉଳ ଇତ୍ୟାଦି ପାଇବାରୁ ବଞ୍ଚିତ ହୋଇଥିବାର ଅଭିଯୋଗ କାଳକେ ହୋଇ ଆସିଅଛି। ପଞ୍ଚାୟତିରାଜ ଶାସନ ବ୍ୟବସ୍ଥା ଅଧିକ କ୍ରିୟାଶୀଳ ହୋଇଛି। ତ୍ରିସ୍ତରୀୟ ପଞ୍ଚାୟତିରାଜ ବ୍ୟବସ୍ଥାରେ ଗ୍ରାମ ପଞ୍ଚାୟତ ପାଇଁ ୱାର୍ଡ ମେମ୍ବର ଓ ସରପଞ୍ଚ, ପଞ୍ଚାୟତ ସମିତି (ବ୍ଲକ ସ୍ତରରେ) ପାଇଁ ସମିତି ସଭ୍ୟ ଏବଂ ଜିଲ୍ଲା ପରିଷଦ (ଜିଲ୍ଲା ସ୍ତରରେ) ପାଇଁ ଜିଲ୍ଲା ପରିଷଦ ସଭ୍ୟଙ୍କୁ ନିର୍ବାଚିତ କରିବାର କ୍ଷମତା ଏବେ ଗାଆଁ ଲୋକଙ୍କ ହାତରେ। ସାଧାରଣ ନିର୍ବାଚନ ଯଥା ବିଧାନସଭା (ରାଜ୍ୟ ସ୍ତରରେ) ଓ ଲୋକସଭା (କେନ୍ଦ୍ର ସ୍ତରରେ) ନିର୍ବାଚନ ବ୍ୟତିରେକେ, ଏହି ପଞ୍ଚାୟତିରାଜ ଅନୁଷ୍ଠାନମାନଙ୍କ ପାଇଁ ନିର୍ବାଚନର ଅଂଶଗ୍ରହଣ କରିବା ଫଳରେ ଗାଆଁ ଲୋକମାନଙ୍କର ରାଜନୈତିକ ସଚେତନତା, ଭାଗୀଦାରୀ ଓ ପରିପକ୍ୱତା ବଢ଼ିଛି। ତଥାପି ଗାଆଁ ଯେ ଏକ ତୃଣମୂଳ ସ୍ତରରେ ସ୍ୱାବଲମ୍ବୀ ଏକକ, ଯେଉଁଠି ସମସ୍ତଙ୍କ ଏକମତରେ ବିକାଶ ସମ୍ବନ୍ଧୀୟ ନିଷ୍ପତ୍ତି ନିଆଯାଉଥିବ, ମହାତ୍ମାଗାନ୍ଧୀଙ୍କର ଏ ସ୍ୱପ୍ନ ସାକାର ହୋଇପାରି ନାହିଁ। ରାଜନୈତିକ ବିଦ୍ୱେଷ ଏହାର ମୁଖ୍ୟ ପ୍ରତିବନ୍ଧକ ସାଜିଛି।

ଗାଆଁରେ ମୋଟ ଚାଷଜମି କମିଛି। ଏହାର ପ୍ରମୁଖ କାରଣ ଦୁଇଟି ହେଲା;- (୧) ଚାଷଜମିକୁ ଅଣଚାଷ ପାଇଁ ବ୍ୟବହାର କରିବାର ପ୍ରବଣତା ଓ (୨) ବିଭିନ୍ନ ବିକାଶମୂଳକ ପ୍ରକଳ୍ପ ପାଇଁ ଜମି ଅଧିଗ୍ରହଣ। ଗାଆଁରେ ଲୋକସଂଖ୍ୟା ତ ବଢ଼ିଛି - ପରିବାର ସଂଖ୍ୟା ବି ବଢ଼ିଛି। କାହିଁକି ନା ଯୌଥ ପରିବାର (ଯାହା ପୂର୍ବରୁ ଗ୍ରାମ୍ୟ ଜୀବନର ଏକ ପ୍ରମୁଖ ଉପାଦାନ ଥିଲା)ର ଦ୍ରୁତ ବିଘଟନ ଘଟିଛି। ଅର୍ଥାତ ଭାଇ ଭାଇମାନଙ୍କ ମଧ୍ୟ ଭିନେଘର ହେବା ଫଳରେ ଏକକ ପରିବାର ସଂଖ୍ୟା ବଢ଼ିଛି। ଫଳରେ ସ୍ୱତନ୍ତ୍ର ହୋଇଥିବା ପରିବାର, ଏପରିକି ଯୌଥ ପରିବାରରେ ସ୍ଥାନାଭାବ ହେତୁ ନୂଆ ଘର ତିଆରି କରିବାର ଆବଶ୍ୟକତା ବଢ଼ିଯିବାରୁ ଚାଷଜମିକୁ ପୋତି ଘରବାଡ଼ି ଯୋଗ୍ୟ କରି ଘରତିଆରି କରିଛନ୍ତି। ଏହାଛଡ଼ା ଗାଆଁର ଆଗମ୍ୟ ପାର୍ଶ୍ୱରେ ଥିବା ଘରମାନଙ୍କରୁ କିଛିଲୋକ ରାସ୍ତାପାଖକୁ ଉଠି ଆସିବାର ପ୍ରଚେଷ୍ଟା କରି ଚାଷଜମିକୁ କିଣି ଘରକରି ରହୁଛନ୍ତି। ଓଡ଼ିଶା ଭୂସଂସ୍କାର ଆଇନ ୧୯୬୦ର ୮(କ) ଧାରା ଅନୁସାରେ ଏଥିପାଇଁ ସରକାର ନିରୁତ୍ସାହିତ କରିବା ପାଇଁ ଉଚ୍ଚଦରର ପରିବର୍ତ୍ତନ ଫି

(conversion fee)ର ବ୍ୟବସ୍ଥା କରିଥିଲେହେଁ ଲୋକମାନେ ସରକାରୀ ଦେୟ ଦେଇ ମଧ୍ୟ ଜରୁରୀ ଆବଶ୍ୟକତାକୁ ଦର୍ଶାଇ ଚାଷଜମିକୁ ଅଣଚାଷ ପାଇଁ ବ୍ୟବହାର କରିବାକୁ ଆଗ୍ରହୀ ହେଉଛନ୍ତି ।

ତା'ଛଡ଼ା ରାସ୍ତା ପାଖ ଜମି ବାସୋପଯୋଗୀ ବା ଶିଳ୍ପ ଉପଯୋଗୀ ହୋଇଥିବାରୁ ଏହାର ବଜାରଦର ଚାଷଜମିଠାରୁ ଯଥେଷ୍ଟ ଅଧିକ ଏବଂ ଚାଷଜମିର ବାର୍ଷିକ ଦରବୃଦ୍ଧି ହାରଠାରୁ ଅଣଚାଷ, ବାସ ବା ଶିଳ୍ପ ଉପଯୋଗୀ ଜମିର ବାର୍ଷିକ ଦରବୃଦ୍ଧି ହାର ଗୁଣାତ୍ମକ ଭାବରେ ଅଧିକ । ସହର ତଳି ଗ୍ରାମମାନଙ୍କରେ ଗୃହ ବିକ୍ରିକାରୀ ବିଲ୍‌ଡରମାନଙ୍କ ଦ୍ୱାରା ପ୍ରେରିତ ହୋଇ ଅନେକ ଚାଷୀ ସେମାନଙ୍କର ଜମିକୁ ମଧ୍ୟ ଅଣଚାଷ ପାଇଁ ବିକ୍ରି କରୁଛନ୍ତି କିମ୍ବା ପରିବର୍ତ୍ତନ କରୁଛନ୍ତି । ଫଳରେ ମୋଟ ଚାଷଜମିର ପରିମାଣ କମି କମି ଚାଲୁଛି । ଦ୍ୱିତୀୟତଃ, ବିଭିନ୍ନ ପ୍ରକଳ୍ପ ପାଇଁ ଯଥା ଜଳସେଚନ, ରେଳ ଲାଇନ, ଜାତୀୟ ରାଜପଥ କିମ୍ବା କୌଣସି ଶିଳ୍ପ ପାଇଁ ଜମିର ଆବଶ୍ୟକତା ଥିଲେ ସରକାର ଭୂମି ଅଧିଗ୍ରହଣ ଆଇନ ଅନୁସାରେ ବ୍ୟକ୍ତିଗତ ମାଲିକାନାରେ ଥିବା ଜମିକୁ ଅଧିଗ୍ରହଣ କରିଥା'ନ୍ତି । ଅବଶ୍ୟ ସେଥିପାଇଁ ଲୋକଙ୍କୁ ଉଚିତ୍ କ୍ଷତିପୂରଣ ଦିଆଯାଇଥାଏ । ଯେହେତୁ ଗୋଟିଏ ଗାଆଁର ମୋଟ ଜମିର ପରିମାଣ ସୀମିତ, ସେଇ ଅନୁସାରେ ମୋଟ ଚାଷଜମିର ପରିମାଣ ବି ନିର୍ଦ୍ଧାରିତ । ଏଣୁ ଉପରୋକ୍ତ ବର୍ଣ୍ଣନା ଅନୁସାରେ ଚାଷଜମିକୁ ଅଣଚାଷ ପାଇଁ ଦ୍ରୁତ ପରିବର୍ତ୍ତନ ହେଉଥିବା ହେତୁ ମୋଟ ଚାଷଜମିର ପରିମାଣ କମିବା ଧାର୍ଯ୍ୟ ଏବଂ ତାହାହିଁ ପରିଲକ୍ଷିତ ହେଉଛି ।

ଚାଷ ଆଉ ଲାଭଜନକ ବୃତ୍ତି ହୋଇ ରହି ନାହିଁ । ଏ ବୃତ୍ତି ସହ ଜଡ଼ିତ ପ୍ରବାସୀ ଜମି ମାଲିକ, ଚାଷୀ ଓ ଭାଗଚାଷୀ – ସମସ୍ତର ସେଇ ଏକା କଥା । ଚାଷଜମିରୁ ଆୟ ତୁଳନାରେ ବ୍ୟୟ ବଳିପଡୁଛି । ଏହା ପଛରେ ଅନେକ କାରଣ ଅଛି । ସରକାର ପ୍ରତ୍ୟେକ ବି.ପି.ଏଲ୍. ପରିବାରକକୁ ମାସିକ ୩୫ କେଜି ଚାଉଳ ଏକ ଟଙ୍କା ଦରରେ ପ୍ରଦାନ କରୁଛନ୍ତି । ଚାଷୀକୂଳର ଧାରଣା ଏ ଚାଉଳ ଅତି ଶସ୍ତାରେ ପାଇବା ଫଳରେ ଗାଁରେ ଲୋକମାନେ ଆଉ ମୂଲିଆ (କୃଷି ଶ୍ରମିକ)ଭାବେ କାମ କରିବାକୁ ରାଜି ହେଉନାହାନ୍ତି । ତା' ଛଡ଼ା ସର୍ବନିମ୍ନ ମଜୁରୀ ଅଣକୁଶଳା ଶ୍ରମିକ ପାଇଁ ଦୈନିକ ୩୦୩ ଟଙ୍କା ହେଲାଣି । ଏମାନେ ସରକାରଙ୍କ ନିୟମ ଅନୁସାରେ ୮ ଘଣ୍ଟା କାମ ନ କରି ବି ସର୍ବନିମ୍ନ ମଜୁରୀଠାରୁ ଅଧିକ ଦାବୀ କରୁଛନ୍ତି । ସରକାରଙ୍କ ଦ୍ୱାରା ସାର, ବିହନ ଓ କୀଟନାଶକ ଔଷଧର ସବ୍‌ସିଡି ଠିକ୍ ସମୟରେ ଉପଲବ୍ଧ ହେଉନାହିଁ । ଗାଁରେ ଆଉ ଗୋଟିଏ ପରିବର୍ତ୍ତନ ଘଟିଛି । ଚାଷଜମି କମିବା ସହ ଅନେକ ଜମିମାଲିକ ଏବେ ପ୍ରବାସୀ, ଅର୍ଥାତ ଜମିମାଲିକ ଚାକିରୀ ବା ବ୍ୟବସାୟ ପାଇଁ ସହରରେ ରହୁଛନ୍ତି । ଏଣୁ ଜମି

ଭାଗ ବା କାଟରେ ଦେଉଛନ୍ତି। ଗାଁରେ ଯେଉଁ ଚାଷୀଘରେ ୨ହଳ ବଳଦ ଓ ଯୋଡ଼େ ଗାଈ ଥିଲେ - ଏବେ କାଁ ଭାଁ ପଟେ ବଳଦ ଓ ଗୋଟିଏ ଗାଈ ଥିବାର ଜଣାପଡୁଛି। ଏହାର କାରଣ ପରିବାରର ସବୁଲୋକେ ଗାଁରେ ରହୁ ନାହାନ୍ତି। ଅଧିକାଂଶ ଜମି ଭାଗରେ ଦିଆଯାଉଛି। ଅଳ୍ପ କିଛି ଜମି ଯଦି ହାତରେ ଚାଷ କରାଯାଏ, ତେବେ ପଟେ ବଳଦରେ କାମ ଚଳେଇ ନେବେ ଜରୁରୀ ସମୟରେ। ତା'ଛଡ଼ା ଗାଁରେ ଟ୍ରାକ୍ଟର, ପାୱାର ଟିଲର, ଧାନବୁଣା, ଧାନକଟା ଯନ୍ତ୍ର ଆଦି ବି ମିଳିଲାଣି। ଖାଲି ଘଣ୍ଟା ପିଛା ଧାର୍ଯ୍ୟ ଦରରେ ଟଙ୍କା ଦେଲେ, ଜମି ଟ୍ରାକ୍ଟରରେ ହଳ ହୋଇଯିବ - ଯନ୍ତ୍ରରେ ଧାନବୁଣା ବି ହୋଇଯିବ। ଆଉ ଲଙ୍ଗଳ ପଛରେ ଉପେନ୍ଦ୍ର ଭଂଜ କବିତା ଗାଇ ହଳ କରୁଥିବା ମୂଲିଆ ଲୋଡ଼ା ନାହିଁ।

ଜମି ଚାଷପାଇଁ ଭାଗ ଦେଲେ ଅମଳ ହେଉଥିବା ଧାନ ଆଗରୁ ୫୦:୫୦ ଅନୁପାତରେ ଜମିମାଲିକ ଓ ଭାଗଚାଷୀ ମଧ୍ୟରେ ବଣ୍ଟନ ହେଉଥିଲା। ଏବେ ଚାଷକାମରେ ଖର୍ଚ୍ଚ ବଢ଼ିଯିବାରୁ ଓ ଭାଗନେବା ଚାଷୀ କମିଯିବାରୁ, ଏହି ଅନୁପାତ କେଉଁଠି ୬୦:୪୦ ତ ଅନ୍ୟ କେଉଁଠି ୭୦:୩୦ରେ ଆସି ପହଞ୍ଚିଲାଣି। ଏବଂ ଅନେକ ଗ୍ରାମରେ ଜମି ଚାଷ ହେବା ଆଗରୁ ଅମଳ ଧାନ ନୁହେଁ ଟଙ୍କାରେ କାଟ ଛିଡ଼ି ଯାଉଛି। ଧାନଚାଷରେ ଏକର ପିଛା କେଉଁଠି ୫୦୦୦/- ତ କେଉଁଠି ୭୦୦୦/- ରହିଛି। ଏଥିରେ ନଇକେ ବାଙ୍କ୍ ଦେଶକେ ଫାଙ୍କ୍ ଅଛି। ଅନେକ ସ୍ଥାନରେ ଚାଷକାର୍ଯ୍ୟ ସମୟରେ ସାର, ବିହନ ଓ ଔଷଧ ଖର୍ଚ୍ଚ ବାବଦକୁ ଜମିମାଲିକ ଟଙ୍କା ଦେବାର କଣ୍ଟ ବି ଅଛି। ଧାନ ହିଁ ଓଡ଼ିଶାର ମୁଖ୍ୟ ଚାଷ। ଧାନସହ ମୁଗବିରି ବି ହୁଏ। ଆଉ ବାଡ଼ିରେ କିଛି ପନିପରିବା ହୋଇଗଲେ ଓଡ଼ିଆ ଘର ଖୁସିରେ ଚଳିଯାଏ। ବାଡ଼ିରେ ପରିବା, ରଞ୍ଜାରେ ଲାଉ, ପିଢ଼ାରେ କଖାରୁ, ମାଟିରେ କାକୁଡ଼ି ଗଛ ଲଗାଇବା, ଶାଗ ପଟାଳି, ବାଇଗଣ, ବିଲାତି ବାଇଗଣ - ଏସବୁ ଛୋଟ ବାଡ଼ିରେ ବି ସମ୍ଭବ - ମୁଖ୍ୟତ ଘରର ମହିଳାମାନଙ୍କ କାମ। ଏଣୁ ଗାଆଁରେ ପ୍ରତ୍ୟେକ ପରିବାରର ସମସ୍ତ ସଦସ୍ୟ - ମହିଳା ପିଲାମାନଙ୍କର ବି ଧାନଚାଷ, ବେଉଷଣ, ପନିପରିବା ଚାଷ ଇତ୍ୟାଦି ବିଷୟରେ ପ୍ରାରମ୍ଭିକ ଜ୍ଞାନ ଥାଏ। ସେମିତି ଗୋପାଳନ - ଛେଳି କୁକୁଡ଼ାପାଳନ ଆଦି ମଧ୍ୟ ଗାଁରେ ପ୍ରାୟ ପରିବାରରେ ଚାଲିଥାଏ।

ଗାଆଁ ଓ କୃଷି ଅଙ୍ଗାଙ୍ଗୀଭାବେ ଜଡ଼ିତ। କେନ୍ଦ୍ରରେ ନରେନ୍ଦ୍ର ମୋଦୀଙ୍କ ସରକାର ୨୦୨୨ ମସିହାସୁଦ୍ଧା କୃଷକର ଆୟ ୨ଗୁଣା କରିବାର ଲକ୍ଷ୍ୟ ଘୋଷଣା କରିଛନ୍ତି। ରାଜ୍ୟ ସରକାରବି କୃଷିର ଉନ୍ନତି ପାଇଁ ବିଭିନ୍ନ ସମୟରେ କୃଷି ନୀତି ଘୋଷଣା କରି ଆସିଛନ୍ତି। ପୂର୍ବରୁ ୧୯୯୬ ମସିହାରେ ଓଡ଼ିଶା ସରକାର ପ୍ରଥମ କୃଷିନୀତି ଘୋଷଣା

କରି କୃଷିକୁ ଶିଳ୍ପର ମାନ୍ୟତା ଦେଇଥିଲେ । କୃଷି କ୍ଷେତ୍ରରେ ଶତକଡ଼ା ୪ ଅଭିବୃଦ୍ଧି ଓ ଚିରସ୍ଥାୟୀ କୃଷି ବିକାଶ, ସମନ୍ୱିତ କୃଷି, ଜୈବ କୃଷି, କୃଷି ପ୍ରକ୍ରିୟାକରଣ ଓ କୃଷି ସଂପ୍ରସାରଣ ପୁନର୍ବିନ୍ୟାସ ମାଧ୍ୟମରେ କୃଷକଙ୍କର ଆର୍ଥିକ ସ୍ଥିତିର ଉନ୍ନତି ଆଣିବା ଉପରେ ଗୁରୁତ୍ୱ ଦିଆଯାଇ ୨୦୦୮ ମସିହାରେ ରାଜ୍ୟ ସରକାର ଦ୍ୱିତୀୟ କୃଷିନୀତି ପ୍ରଣୟନ କରିଥିଲେ । କୃଷକଙ୍କ ଆୟ ବୃଦ୍ଧି ଓ ସାମାଜିକ ମଙ୍ଗଳକୁ ସର୍ବାଧିକ ଗୁରୁତ୍ୱ ଦେବା ନିମନ୍ତେ ତୃତୀୟ କୃଷିନୀତି ୨୦୧୩ ମସିହାରେ ପ୍ରଣୟନ କରାଗଲା । କୃଷକ "ସମୃଦ୍ଧି" (SAMRUDHI) ଉଦ୍ଦେଶ୍ୟରେ ପଞ୍ଚବାର୍ଷିକ ଯୋଜନା ରଖି ୨୦୨୦ ମସିହାରେ ଚତୁର୍ଥ କୃଷିନୀତି ପ୍ରଣୟନ କରିଛନ୍ତି । ମାତ୍ର ନୀତି ପ୍ରଣୟନ ଓ ତା'ର କାର୍ଯ୍ୟାନ୍ୱୟନ ଏବଂ ତୃଣମୂଳସ୍ତରରେ ଏହାର ଦୃଶ୍ୟମାନ ହେବା ଭିତରେ ଅନେକ ପାର୍ଥକ୍ୟ ରହି ଆସିଅଛି । କୃଷିବିଭାଗର ଗ୍ରାମ ସେବକ (VAW)ଙ୍କୁ ଅନେକ କୃଷକ କେବେ ଦେଖି ହିଁ ନ ଥା'ନ୍ତି, ବିହନ ଓ ସାର କ୍ରୟ ଓ ବଣ୍ଟନ/ବିତରଣରେ ଦୁର୍ନୀତି କୃଷି ବିଭାଗର ତୃଣମୂଳ କର୍ମୀଙ୍କର ଏକ ପୁରୁଣା ଅଭ୍ୟାସ ।

୨୦୧୮ ମସିହାରେ ଡିସେମ୍ବର ମାସରେ ରାଜ୍ୟ ସରକାର କାଳିଆ (Kalia) ଯୋଜନା କଲେ । କାଳିଆ ଅର୍ଥ KrushakAssistance for Livelihood and Income Augmeatatin . ଏହି ଯୋଜନାରେ କ୍ଷୁଦ୍ର ଓ ନାମମାତ୍ର ଚାଷୀ, ଭାଗଚାଷୀ ଏବଂ ଭୂମିହୀନ କୃଷି ଶ୍ରମିକ ପରିବାରଙ୍କ ପ୍ରଥମ କିସ୍ତିରେ ସିଧାସଳଖ ୫୦୦୦/- ଟଙ୍କା ଲେଖାଏ ବ୍ୟାଙ୍କ ଏକାଉଣ୍ଟକୁ ଟ୍ରାନ୍ସଫର କଲେ । ଦ୍ୱିତୀୟ କିସ୍ତି ଓ ତୃତୀୟ କିସ୍ତିର ପ୍ରତିଶ୍ରୁତି ବି ଥିଲା । କୃଷିକାମ ଆରମ୍ଭ ପୂର୍ବରୁ ଉପରୋକ୍ତ ପରିବାରମାନଙ୍କୁ (ମୋଟ ୭୫ ଲକ୍ଷ ପରିବାର) କାଳିଆ ଟଙ୍କା ଦିଆଗଲା । ଏହା ପୁଣି ୨୦୧୯ ସାଧାରଣ ନିର୍ବାଚନର ଅବ୍ୟବହିତ ପୂର୍ବରୁ । ଯେଉଁମାନେ ସରକାରୀ ଦଳୀୟ ଲୋକ କିମ୍ବା ସରକାରୀ ଦଳକୁ ଭୋଟ ଦେବାର ପ୍ରତିଶ୍ରୁତି ଦେଲେ, ସେମାନଙ୍କ ଖାତାକୁ ସିଧାସଳଖ ଟଙ୍କା ଟ୍ରାନ୍ସଫର ହେଲା । ଗାଆଁ ଗହଳିରେ ବହୁଲୋକ ଟଙ୍କା ପାଇଲେ । ବହୁ ଅଯୋଗ୍ୟ ଲୋକ ବି ପାଇଲେ । ଏପରିକି ଗୋଟିଏ ପରିବାରରୁ ବିଭିନ୍ନ ଲୋକ ନାଆଁରେ ଟଙ୍କା ପ୍ରଦାନ କରାଯାଉଥିବାର ଅଭିଯୋଗ ବି ହେଲା । କେନ୍ଦ୍ର ସରକାର ବି PMKISAN ପ୍ରୋଗ୍ରାମ ଜରିଆରେ କୃଷକଙ୍କୁ ୩ଟି କିସ୍ତିରେ ଟ.୨୦୦୦/- ଲେଖାଏଁ ମୋଟ ଟ.୬୦୦୦/- ପ୍ରଦାନ କରିବାର ଯୋଜନା କରି ପ୍ରଥମ କିସ୍ତି ପ୍ରଦାନ କଲେ । ନିର୍ବାଚନ ସରିଯିବା ପରେ କାଳିଆ ଯୋଜନାର ୨ୟ କିସ୍ତି ଆସୁନି । ଏବେ ଶୁଣାଯାଉଛି, ରାଜ୍ୟ ସରକାର PMKISAN ଯୋଜନାରେ ଏହାକୁ ମିଶାଇ ଦେବାକୁ କେନ୍ଦ୍ରକୁ ଅନୁରୋଧ କରିଛନ୍ତି । ସେମିତି କେନ୍ଦ୍ର ସରକାରଙ୍କ 'ଉଜ୍ଜଳା' ଯୋଜନାରେ ଗରିବ

ଲୋକଙ୍କୁ ମାଗଣା ଗ୍ୟାସଚୂଲା ଓ ପ୍ରଥମ ଗ୍ୟାସ ସିଲିଣ୍ଡର ଯୋଗାଇ ଦେବାର ବ୍ୟବସ୍ଥା କରିଛନ୍ତି। ଏ ଯୋଜନାରେ ବି ଅନେକ ଲୋକଙ୍କୁ ରୋଷେଇ ଗ୍ୟାସଚୂଲା ଓ ଗ୍ୟାସ ମିଳିଲା। ୨୦୧୯ ମସିହା ସାଧାରଣ ନିର୍ବାଚନ ପୂର୍ବରୁ ଗାଁ ଉଠିଲା ପଡ଼ିଲା। ତୀବ୍ର ରାଜନୈତିକ ପ୍ରତିଯୋଗୀତାର କେନ୍ଦ୍ରସ୍ଥଳୀ ପାଲଟିଗଲା। ନିର୍ବାଚନରେ ଉଭୟ ଦଳ ଜିତିଲେ। ରାଜ୍ୟରେ ବିଜୁ ଜନତା ଦଳ, କେନ୍ଦ୍ରରେ ଭାରତୀୟ ଜନତା ପାଟିର ସରକାର ପୁନଃସ୍ଥାପିତ ହେଲା। ଗାଁ ଲୋକେ ଯେଉଁଠି ଥିଲେ ସେଇଠି।

କୃଷକମାନଙ୍କୁ କୃଷିରଣ ପ୍ରାଥମିକ କୃଷି ସମବାୟ ସମିତି ମାଧ୍ୟମରେ କେନ୍ଦ୍ରୀୟ ସମବାୟ ବ୍ୟାଙ୍କ (District Central Cooperative Bank) ରୁ ମିଳିଥାଏ। ସାଧାରଣତଃ ଏହି ଋଣ ୨ ସ୍ତରରେ ଥାଏ (୧) ଅର୍ଥ ଋଣ ଓ (୨) ବିହନ, ସାର ଓ ଔଷଧ ଜିନିଷ ଆକାରରେ ଦିଆଯାଏ। ପ୍ରକାରାନ୍ତରେ ନାବାର୍ଡରୁ ଅର୍ଥ ଆଣି ରାଜ୍ୟ ସମବାୟ ବ୍ୟାଙ୍କ ଏହି ଋଣ ପ୍ରଦାନ କରିଥାଏ। ସମବାୟ ଆନ୍ଦୋଳନବେଳେ କୃଷକମାନଙ୍କ ସହଯୋଗରେ ସେମାନଙ୍କୁ ସଶକ୍ତ କରିବା ଏହାର ଉଦ୍ଦେଶ୍ୟ। ମାତ୍ର ପରବର୍ତ୍ତୀ ପର୍ଯ୍ୟାୟରେ ସମବାୟ ବ୍ୟାଙ୍କଗୁଡ଼ିକ ଦୁର୍ନୀତିର ଗନ୍ତାଘର ପାଲଟିଲେ। ଅନେକ କ୍ଷେତ୍ରରେ ଋଣଟଙ୍କା ବୁଡ଼ିଲା। ବ୍ୟାଙ୍କମାନେ ବି ଦେବାଳିଆ ପରିସ୍ଥିତିରେ। ସରକାରଙ୍କ ଦ୍ୱାରା ନିର୍ଦ୍ଧାରିତ ସର୍ବନିମ୍ନ ପାଇକାରୀ ମୂଲ୍ୟରେ ଚାଷୀଠାରୁ ଧାନକିଣିବା ସରକାରଙ୍କ କର୍ତ୍ତବ୍ୟ। ଏହା ଧାନମଣ୍ଡିରେ କୃଷକମାନେ ନିଜର ଧାନନେଇ ଦେଇଥା'ନ୍ତି। ସେଥିପାଇଁ ଜମିଥିବା କୃଷକମାନଙ୍କୁ ଚିହ୍ନଟ କରାଯାଇ ସେମାନଙ୍କୁ ଟୋକନ୍ ଦିଆଯାଇଥାଏ। ସେଇ ଟୋକନ୍ ଅନୁସାରେ ସେମାନେ ଧାନ ବିକ୍ରି କରନ୍ତି ଏବଂ ସେମାନଙ୍କର ପ୍ରାପ୍ୟ ଟଙ୍କା ସିଧାସଳଖ ସେମାନଙ୍କ ବ୍ୟାଙ୍କ ଏକାଉଣ୍ଟକୁ ଯାଇଥାଏ। ଧାନ କିଣିବା ସଂସ୍ଥା ହେଲା FCI (Food Corporation of India)। ଏଥିରେ ବି ଅନେକ ସମସ୍ୟା ଓ ଅଭିଯୋଗ ଆସୁଛି। ଚାଷୀମାନେ ଠିକ୍ ସମୟରେ ଓ ଠିକ୍ ମୂଲ୍ୟରେ ବିକ୍ରି କରି ପାରୁନାହାନ୍ତି। ଅନେକ ଚାଷୀ ଗାଁ ମହାଜନଠାରୁ କରଜ ନେଇ ଗୁଜୁରାଣ କିମ୍ବା ଚାଷକାମରେ ଖଟାଇଥା'ନ୍ତି। ମାତ୍ର ଧାନ ଅମଳ ହେବା ମାତ୍ରେ ମହାଜନ କମ୍ ଦରରେ ଧାନ ନେଇଯାଏ ଓ ପରେ ବେଶୀ ଦରରେ ଧାନ ମଣ୍ଡିରେ ଦେଇଥାଏ। କେତେକ କ୍ଷେତ୍ରରେ ଭାଗଚାଷୀ ଧାନ ବିକିଲେ ଜମିମାଲିକ ଖାତାକୁ ଟଙ୍କାଯାଏ।

ଗାଆଁର ସ୍ୱାସ୍ଥ୍ୟସେବା ବି ବଦଳିଛି। ଆଗରୁ ଧାଈମାନେ ଥିଲେ। ପରେ ଏ.ଏନ୍.ଏମ୍.ମାନେ ସରକାରଙ୍କ ବିଭିନ୍ନ ଯୋଜନା ଗାଁରେ ପହଞ୍ଚାଉଥିଲେ। ଏବେ ସେ କାମ ଆଶାକର୍ମୀଙ୍କର। ଗର୍ଭବତୀ, ପ୍ରସୂତୀ ସୁରକ୍ଷା, ଟୀକାକରଣ, ପରିବାର ନିୟୋଜନ, ଜନନୀ ସୁରକ୍ଷା ଆଦି ବିଭିନ୍ନ ଯୋଜନା ଗାଁ ଗାଁରେ କାର୍ଯ୍ୟକାରୀ ହେଉଛି।

ମ୍ୟାଲେରିଆ, ପୋଲିଓ ନିରାକରଣ ଠାରୁ କରୋନା ଭୂତାଣୁ ସଂକ୍ରମଣରୁ ସୁରକ୍ଷା ପର୍ଯ୍ୟନ୍ତ ଗ୍ରାମବାସୀମାନଙ୍କର ସ୍ୱାସ୍ଥ୍ୟ ସଚେତନତା ବଢ଼ିଛି।

ଗାଆଁରେ ଆଉ ଏକ ଦୃଶ୍ୟମାଣ ପରିବର୍ତ୍ତନ ହେଉଛି ଗାଁ ଗାଁରେ ସ୍ୱୟଂ ସହାୟକ ଗୋଷ୍ଠୀ, ମହିଳା ସ୍ୱୟଂ ସହାୟକ ଗୋଷ୍ଠୀର ଗଠନ ଏବଂ ବିଭିନ୍ନ ଅର୍ଥନୈତିକ ଓ ସାମାଜିକ କାର୍ଯ୍ୟକ୍ରମରେ ଏହି ଗୋଷ୍ଠୀଗୁଡ଼ିକର ଅଂଶଗ୍ରହଣ। ମହିଳା ଓ ଶିଶୁବିକାଶ ମନ୍ତ୍ରାଳୟ ଅଧିନରେ ମିଶନ ଶକ୍ତି ମାଧ୍ୟମରେ ଏହି ସ୍ୱୟଂ ସହାୟକ ଗୋଷ୍ଠୀମାନ ଗଠନ କରାଯାଇ ସେମାନଙ୍କୁ ବିଭିନ୍ନ ଅର୍ଥନୈତିକ କାର୍ଯ୍ୟକ୍ରମ କରି ଲାଭାଂଶରେ ଏହି ଗୋଷ୍ଠୀର ସଭ୍ୟମାନେ ନିଜ ପରିବାରକୁ ଆର୍ଥିକ ସହଯୋଗ କରିପାରୁଛନ୍ତି। ଗୋଷ୍ଠୀର କାର୍ଯ୍ୟକ୍ରମ ପାଇଁ ସେମାନଙ୍କୁ ଟ୍ରେନିଂ ଦେବା ସହ ବ୍ୟାଙ୍କ ଋଣ ମଧ୍ୟ ଯୋଗାଇ ଦିଆଯାଉଛି। ବର୍ତ୍ତମାନ ଗାଁ ଗାଁରେ ଏହି ମହିଳା ସ୍ୱୟଂ ସହାୟକ ଗୋଷ୍ଠୀଗୁଡ଼ିକ ଜୀବନ୍ତ ସଂଗଠନଭାବେ କାର୍ଯ୍ୟ କରିବା ସହ ନିଜ ପରିବାରକୁ ଆର୍ଥିକ ସହଯୋଗ ଦେଇପାରୁଛନ୍ତି। ଆର୍ଥିକ ଅବଦାନ ବ୍ୟତିରେକ ଏହି ମହିଳା ସ୍ୱୟଂ ସହାୟକ ଗୋଷ୍ଠୀ ଜରିଆରେ ଗାଁର ମହିଳାମାନେ ସ୍ୱାବଲମ୍ବୀ ଓ ସଶକ୍ତ ହୋଇଛନ୍ତି। ସେମାନଙ୍କର ରାଜନୈତିକ ଆର୍ଥନୀତିକ, ବ୍ୟାଙ୍କ ସେବା, ବଜାର ଖବର ଇତ୍ୟାଦିରେ ଜ୍ଞାନ ବଢ଼ିଛି। ଫଳରେ ଆଗପରି ମହିଳାମାନଙ୍କ ଗତି ଘର ଭିତରେ ବା ଅତିବେଶୀରେ ଗାଁ ପୋଖରୀ ତୁଠଯାଏ ସୀମିତ ହୋଇ ଆଉ ନାହିଁ।

୧୯୭୭ ମସିହା ପରଠାରୁ ଗ୍ରାମାଞ୍ଚଳରେ କଲେଜ ଖୋଲିବା ଆରମ୍ଭ ହୋଇଯାଇଥିଲା, ଯାହା ବ୍ୟକ୍ତିଗତ ଉଦ୍ୟମରେ ଆରମ୍ଭ ହୋଇ, ସରକାରଙ୍କଦ୍ୱାରା ଅଧିଗୃହୀତ ହୋଇ ଆସୁଛନ୍ତି। ଏଣୁ ପ୍ରତି ଗାଁରେ ନ ହେଲେବି ୩।୪ କି.ମି. ମଧ୍ୟରେ କଲେଜ ଅଛି। ଗାଁ ପୁଅଝିଅମାନେ ପାଖ କଲେଜରେ ଉଚ୍ଚଶିକ୍ଷା ପାଇବାର ସୁଯୋଗ ପାଇଛନ୍ତି। କଲେଜ ଖୋଲିବା ସହ ଗ୍ରାମାଞ୍ଚଳରେ ଅନେକ ଆନୁସଙ୍ଗିକ ସୁବିଧା ସୁଯୋଗ ସୃଷ୍ଟି ହୋଇଛି। ଆଗରୁ ସବୁ କାମରେ ଏପରିକି Xerox ବା ଫଟୋ କପି କରିବାକୁ, ଟାଇପ ବା ପ୍ରିଣ୍ଟ କରିବାକୁ ସହରକୁ ଯିବାକୁ ପଡୁଥିଲା। ଏବେ ସେ ସମସ୍ୟା ନାହିଁ। ଏବେ କଲେଜ ପାଖରେ ଏପରିକି କଲେଜ ଯିବା ବାଟରେ ପଡୁଥିବା ଛକରେ ବି ଜେରକ୍ସ ଦୋକାନ, କମ୍ପ୍ୟୁଟର, ଡିଟିପି ସେଣ୍ଟର, ଏବଂ ଇଣ୍ଟରନେଟ କାଫେ ବି ହେଲାଣି। ଆହୁରି ସୁବିଧା ହୋଇଛି Common Service Centre (ସାଧାରଣ ସେବା କେନ୍ଦ୍ର), ଯାହା ଅଧିକାଂଶ ଜାଗାରେ ଖୋଲିଛି, ଯେଉଁଠି e-mail download କରିହେବ, mail ପଠାଇ ହେବ, ନେଟରେ ଦରଖାସ୍ତ ପକାଇ ହେବ, ଇତ୍ୟାଦି ଅନେକ ସେବା ମିଳିପାରୁଛି। ଗାଁରେ ବି ଘରେ ଘରେ ମୋବାଇଲ୍ ଫୋନ୍ ହେଲାଣି। ବହୁ ଯୁବକ

ଯୁବତୀଙ୍କ ପାଖରେ ବି Android ଫୋନ୍। Jio ଫୋନ୍ ତ internet ସଂଯୋଗର ବାଟ ଖୋଲି ଦେଇଛି। ଅନ୍ୟ କମ୍ପାନୀ ମୁଖ୍ୟତ BSNL ଓ Airtel ବି ବେଶ୍ ଜମେଇ ସାରିଲେଣି କଲେଜ ଯାଉଥିବା ପୁଅଝିଅଙ୍କ ପାଖରେ। ଏମାନେ ସୋସିଆଲ ମିଡିଆରେ ବି ବେଶ୍ ଆକ୍ଟିଭ। ଫେସ୍‌ବୁକ୍ ଓ ହ୍ୱାଟ୍ସଅପରେ ତ ନିଶ୍ଚିତ ଅଛନ୍ତି ପ୍ରତ୍ୟେକ କଲେଜ ପିଲା। ଏହା ଦ୍ୱାରା ସେମାନେ ସଂଯୋଜିତ ହୋଇପାରୁଛନ୍ତି ବାହାର ବିଶ୍ୱ ସହ। ଆଗରୁ ଗାଆଁ ଲୋକଙ୍କର ପହୁଞ୍ଚ ଖୁବ୍ ବେଶୀରେ ପାଖ ସହର ପର୍ଯ୍ୟନ୍ତ ଥିଲା। ଏବେ ଇଣ୍ଟରନେଟ୍ ଯୁଗରେ ଗାଆଁ ସହରର ଫରକ୍ କିଛି ନାହିଁ କହିଲେ ଚଳେ।

ଆଗରୁ ଯେଉଁ ପାଲା, ଦାସକାଠିଆ, କ୍ଲବ୍ ଡ୍ରାମା, ଅଷ୍ଟ ପ୍ରହରୀ ଇତ୍ୟାଦି ହେଉଥିଲା, ତାହା ହ୍ରାସ ପାଉଛି, କ୍ରିକେଟ୍ ଖେଳର ଚାହିଦା ବଢ଼ିଛି। ଦୁର୍ନୀତି ଏବେ ଗାଁ ଆଲୋଚନାର ମୁଖ୍ୟ ପ୍ରସଙ୍ଗ ପାଲଟିଛି। ହାଟରେ ହେଉ କି ବାଟରେ, କ୍ଲବ୍ ଘରେ ହେଉ କି ଚା' ଦୋକାନରେ, କ୍ରିକେଟ ଓ corruption ଆଲୋଚନାର ବିଷୟବସ୍ତୁ ହେବା ନିଶ୍ଚିତ। କେଉଁଠି ରାସ୍ତା କାମରେ, କେଉଁଠି ବିଜୁ ପକ୍କାଘର ହିତାଧିକାରୀ ଚୟନରେ ଅଥବା ଅନ୍ୟ କେଉଁଠି ପୋଖରୀ ଖୋଳାରେ ଦୁର୍ନୀତି ହୋଇଛି, ସେ ବିଷୟରେ ଖୁଲମ୍ ଖୋଲା ଆଲୋଚନା କରିବାକୁ ଲୋକେ ସାହସ କରୁ ନଥିଲେ ବି କଥା ପଡୁଛି। ଯୁକ୍ତ ତର୍କ ବି ହେଉଛି। ଏହାକୁ "ଲୋକେ କୁହାକୁହି ହେଉଛନ୍ତି" ନ୍ୟାୟରେ ଗ୍ରହଣ କରାଯାଇପାରେ। ଏହା ସାମାଜିକ ନିୟନ୍ତ୍ରଣ (social control) ପ୍ରକ୍ରିୟାର ଏକ ଅଂଶ ଅଟେ। ଲୋକ ଜାଣୁଥିଲେ ଓ କୁହାକୁହି ହେଉଥିଲେ ବି ସାଂପ୍ରତିକ ବ୍ୟବସ୍ଥାରେ କିଛି ସିଧାସଳଖ କରି ପାରୁ ନାହାନ୍ତି। ସମାଜ ନୀତି ବା ନ୍ୟାୟ ଶାସ୍ତ୍ର ନୁହେଁ ରାଜନୀତି ଅଧିକ କବଳିତ କରିଛି ଗାଆଁରେ ସରକାରୀ ଯୋଜନା କାର୍ଯ୍ୟାନ୍ୱୟନ ପ୍ରଣାଳୀକୁ। ଗାଁ ଦୋକାନରେ ମଦ ମିଳିଲାଣି, ଅଧା ଯୁବକ ସେଥିରେ ବାଇ, ବଡ଼ ସାନ, ଗୁରୁଜନ ମାନ୍ୟତା ନାହିଁ।

ମୋଟ ଉପରେ ଦେଖିଲେ ଗାଁ ବଦଳିଛି। ଗାଁର ସ୍ୱରୂପ, ଗାଁ ଲୋକଙ୍କ ଆର୍ଥିକ ସ୍ଥିତି, ଗାଁକୁ ସଂଯୋଗ କରୁଥିବା ରାସ୍ତା ଘାଟ, ମଶାଣି, ପାଟ ସବୁ ବଦଳିଯାଇଛି। ଗାଁ ଆଉ ପାଣି କାଦୁଅ ପଚପଚ, ସାପ ବେଙ୍ଗ, ମଶାଣି ଅନ୍ଧାର ଭୂତର ଗାଁ ହୋଇ ନାହିଁ। ଏହା ପ୍ରଗତିର ଏକ ଭିନ୍ନ ରୂପ ଦର୍ଶାଉଛି। ଆହୁରି ଅନେକ ବି ବଦଳିବାର ଅଛି। ଗାଁ କ୍ରମଶଃ ସହରୀକରଣ ହେଉଛି। ସହରର ସମସ୍ତ ସୁବିଧା ଗାଁରେ ମିଳିବାକୁ ଯାଉଛି। ଭଲ କଥା। ମାତ୍ର ଆମେ ଫେରି ଚାହିଁ ଖୋଜୁଥିଲେ ଯେଉଁ ଗାଆଁକୁ, ସେ କଣ ଅଛି ? ଗାଁ ନାମକ ସେଇ କ୍ଷୁଦ୍ର ଭୌଗୋଳିକ ଅଞ୍ଚଳଟି ସିନା ଅଛି, ପକ୍କାଘର, ପିଚୁ ରାସ୍ତା, ବିଜୁଳି ବତୀରେ ଗାଁ ଝଲସିଛି ସତ। ମାତ୍ର ଗାଁ କହିଲେ ଯେଉଁ ଏକାତ୍ମ ଏକ ଗୋଷ୍ଠୀକୁ

ବୁଝାଏ, ସେ ନାହିଁ ? ଜଣେ ଲୋକ ଗୋଡ଼ରେ କଣ୍ଟା ବାଜିଲେ, ସାରା ଗାଆଁ ଲୋକଙ୍କ ଛାତିରୁ ରକ୍ତ ଝରିବାର ସେ ଆତ୍ମୀୟତା, ଦୁଃଖ ବତୁରା ବସା ଭିତରୁ ବି କୋଟି ଶରଧାର ସ୍ରୋତ ବହୁଥିବା ଟଙ୍କ ତୋରାଣିର ପଖାଳ କଂସା, ମଗୁଶୀର ଗୁରୁବାର ଝୋଟି, ଶଙ୍ଖ ହୁଳହୁଳି, ଝିଅ ବିଦା ବେଳେ ସାରା ଗାଆଁରେ କାନ୍ଦବୋବାଳି, ଆଉ ଗାଁରେ ନାହିଁ। ଗାଁ କଥା କହିଲେ ଯେଉଁ ମଧୁର ଆତ୍ମୀୟତା, ଯେଉଁ ଫଗୁଣ ଶିହରଣ, ଝଡ଼ିବର୍ଷାର ଫାଜିଲ ଅପରାହ୍ନ, କଟିକଟିର ମୁହଁ ମୋଡ଼ା ଅଭିମାନ, ଭଲପାଇବାର ଲୁହ ଭିଜା ଗୁମାନ, ପାଦ ଅଳତାର ରଜଦୋଳି, କଥାରେ କଥାରେ ମାଇପି କଳି - ଆଉ ନାହିଁ। ଗାଁର ସୌହାର୍ଦ୍ଦ୍ୟ, ଗାଁର ନିଶାପ, ବଡ଼ବଡ଼ିଆଙ୍କ ଆଶୀର୍ବାଦ ଆଉ ନାହିଁ।

■

ବୋଉଲୋ, ହେବି ନାହିଁ ବାହା

ଘଟଣାଟିଏ ଘଟିଥିଲା ଏମିତି । ଗୋଟିଏ ଝିଅର ବାହାଘର ପ୍ରସ୍ତାବ ଗୋଟିଏ ପୁଅ ସହ ପଡ଼ିଥିଲା । ପୁଅ ITରେ TCS ରେ ଚାକିରୀ କରିଛି, ୨-୩ ବର୍ଷର ପ୍ରୋଜେକ୍ଟ କାମ ସାରି, ଫେରିଛି ଜର୍ମାନୀରୁ । ଝିଅବି B.Tech, MBAପରେ ଚାକିରୀ କରିଛି YES Bankରେ, ମୁମ୍ବାଇରେ । ଯିବା ଆସିବା ଲାଗିଲା, ଦେଖାଚାହାଁ ହେଲା । ପୁଅର ବାପା-ମାଆ ଦେଖିଲେ, ହଁ ମାରିଲେ, ପୁଅ ନିଜେ ଦେଖିଲା, ୨୧ ଦିନ ସମୟ ନେଇ ହଁ ମାରିଲା ରାଜି ଅଛି କହିଲା । ପୁଅଘର ଭାଇ-ବନ୍ଧୁ, ଝିଅଘର ଭାଇ-ବନ୍ଧୁ ଦେଖା ସାକ୍ଷାତ, ଘରବର ଦେଖା ସରିଲା । ସମସ୍ତେ ରାଜି । ପରସ୍ପରର ସହାବସ୍ଥାନ କ୍ଷମତା (compatibility) ଜାଣିବା ପାଇଁ ଫୋନରେ କଥାବାର୍ତ୍ତା ଜାରି ରଖିଲେ । ପୁଅ ନାଁ ନ କହିଲେ ବି ବେଳେବେଳେ ନକାରାତ୍ମକତା ଦେଖାଇଲା । ଏଥର ଝିଅର ବାପା-ମାଆ ପୁଅକୁ ଏକାନ୍ତରେ ପଚାରିଲେ ତାଙ୍କ ଘରେ । ପୁଅ ହଁ ମାରିଲା, ଆଗେଇବାକୁ କହିଲା । ଜାତକ ପଡ଼ିଥିଲା ରାଜଯୋଟକ, ସବୁ କଥା ଏଥର ଛିଡ଼ିଲା । ନିର୍ବନ୍ଧ ଓ ରିଂ ସେରିମନି ଏବଂ ବିବାହ ତାରିଖ ଠିକ୍ ହେଲା । ହୋଟେଲ ଓ ବିବାହମଣ୍ଡପ ଏବଂ catering ବାଲା ଅଗ୍ରିମ ଦିଆ ହୋଇଗଲା । ନିମନ୍ତ୍ରଣ ପତ୍ର ଛାପିବା ପାଇଁ ବି ଅଗ୍ରିମ ଦିଆ ହୋଇଗଲା ।

ନିର୍ବନ୍ଧ ତାରିଖ ପାଖେଇ ଆସିବାରୁ କପଲ ରିଂ କିଣାହେଲା, ପୁଅ ଆଙ୍ଗୁଳିରେ ମାପ କରାଗଲା । କଥା ଅନୁସାରେ ନିର୍ବନ୍ଧ ଓ ରିଂ ସେରିମନି ଡ୍ରେସ ପାଇଁ ଟଙ୍କା ଦିଆଗଲା ପୁଅକୁ । ତାଙ୍କ ଘରେ ବି ରଖିଥିଲେ । ନିର୍ବନ୍ଧର ଦିନ ଆଗରୁ ଝିଅ ଆସିଲା ମୁମ୍ବାଇରୁ, ପୁଅଝିଅ କଥା ହୋଇ ସ୍ଥିରକଲେ କଥା ହେବେ ସାମ୍ନାସାମ୍ନି ଭୁବନେଶ୍ୱରରେ । ତାହାହିଁ ହେଲା, ଭୁବନେଶ୍ୱରର ଏକ କଫିବାରରେ ଉଭୟ ପରସ୍ପର ସହ ପ୍ରାୟ ୩ ଘଣ୍ଟା କଥାହେଲେ । ସେମାନେ କ'ଣ କଥା ହେଲେ କେଜାଣି । ପୁଅ ଫେରିଲା ତାଙ୍କ

ଘରକୁ, ଝିଅ ଫେରିଲା ଘରକୁ। ଉଭୟ କହିଲେ "ବୋଉଲୋ, ହେବି ନାହିଁ ବାହା।" ଅତଏବ ନିର୍ବନ୍ଧର ଅବ୍ୟବହିତ ପୂର୍ବରୁ ବାହାଘର ଭାଙ୍ଗିଗଲା।

ଦ୍ୱିତୀୟ ଘଟଣା ଆଉ ଟିକିଏ ଆଗକୁ ଯାଇଛି। ପୁଅ ଆଇ.ଟି. କମ୍ପାନୀ, ବେଙ୍ଗାଲୁରୁରେ ଅଛି। ପୁଅଝିଅ ବାହାଘର ହୋଇଗଲା। ଅଷ୍ଟମଙ୍ଗଳା ପରେ ପୁଅ କହିଲା ଝିଅକୁ "ତୁମକୁ ଯେ ବାପା-ମାଆ ବହୁତ ପସନ୍ଦ କରନ୍ତି। ସେମାନଙ୍କ କହିବା ହେତୁ ମୁଁ ବାହା ହୋଇଛି। ସେମାନଙ୍କର ସେବା କରିବା ପାଇଁ ତୁମେ ତାଙ୍କ ପାଖରେ ଥାଅ। ମୁଁ ଚାକିରୀ କ୍ଷେତ୍ରକୁ ଯାଉଛି।" ଗୁଇନ୍ଦା ସୂତ୍ରରୁ ଜଣାପଡ଼ିଲା, ପୁଅ ବେଙ୍ଗାଲୁରରେ ଆଉ ଜଣକୁ ରଖିଛି-ସ୍ୱାମୀ ସ୍ତ୍ରୀ ପରି ଗୋଟିଏ ଫ୍ଲାଟରେ ରହୁଛନ୍ତି। ଝିଅ ପାଖରେ ଅନ୍ୟ ଉପାୟ ହିଁ ନ ଥିଲା। Divorce (ବିବାହ ବିଚ୍ଛେଦ) ହେଲା ବିବାହର ୬ମାସ ଭିତରେ।

ତୃତୀୟ ଘଟଣାଟି ଏମିତି ଥିଲା। ପୁଅ ଡାକ୍ତର, ଝିଅ ଅଧ୍ୟାପିକା। ବାହାଘର ହୋଇଗଲା। ପୁଅ କଳାହାଣ୍ଡିରେ, ଝିଅର ପୋଷ୍ଟିଂ କୋରାପୁଟରେ। ଚାହୁଁ ଚାହୁଁ ଝିଅଟିଏ ଜନ୍ମ ହେଲା। ଝିଅର ପୋଷ୍ଟିଂ ସ୍ଥାନକୁ କ୍ରମଶଃ ଯିବା କମେଇ ଦେଲା ପୁଅ। କଥାବାର୍ତ୍ତାର ଆକର୍ଷଣ ଓ ସମ୍ବେଦନଶୀଳତା ବି କମିଲା। ଝିଅ ବଦଳି ହୋଇ ଫେରିଆସିଲା ଭୁବନେଶ୍ୱର, ପୁଅ ଫେରିଲା କଟକ। ପୁଅ ଜଣେ ଷ୍ଟାଫନର୍ସ ସହ ଦ୍ୱିତୀୟ ବିବାହ କଲା, ଯଦିଓ ପ୍ରଥମ ସହ ଆନୁଷ୍ଠାନିକ ବିଚ୍ଛେଦ ହୋଇନାହିଁ।

ଏମିତି ଅନେକ ଘଟଣା ଘଟୁଛି। ବିବାହ ଯାହା ଆମ ସମାଜର ସର୍ବପୁରାତନ ସାମାଜିକ ଅନୁଷ୍ଠାନ ଏବଂ ଏକ ପବିତ୍ର ବନ୍ଧନ, ଆଜିକାଲି କଥା କଥାକେ ଭାଙ୍ଗିଯାଉଛି। କେଉଁଠି ବାହାଘର ପୂର୍ବରୁ ତ କେଉଁଠି ବାହାଘର ପରେ, ଆଉ କେଉଁଠି ପିଲାପିଲି ହେବାପରେ ବିବାହ ବିଚ୍ଛେଦ ହେଉଛି-ଅର୍ଥାତ୍ ପୁଅଝିଅ ବିବାହ ପୂର୍ବରୁ ପରସ୍ପର ସହ ସହାବସ୍ଥାନକ୍ଷମ ହୋଇପାରୁ ନାହାନ୍ତି। ଏପରିକି ବିବାହ ପରେ ଉଭୟଙ୍କର ସହାବସ୍ଥାନ ଜାରି ରହିପାରୁ ନାହିଁ କୌଣସି ନା କୌଣସି କାରଣରୁ, ଯେଉଁଥିପାଇଁ ବିବାହ ବିଚ୍ଛେଦ ଘଟୁଛି। ଏହା ଏକ ପରିବର୍ତ୍ତିତ ପରିସ୍ଥିତିକୁ ଇଙ୍ଗିତ କରୁଛି। ଭାରତୀୟ ସମାଜରେ ବିବାହ ଏକ ଅତି ଗୁରୁତ୍ୱପୂର୍ଣ୍ଣ ଅନୁଷ୍ଠାନ। ଯାହା ପରିବାର ସ୍ଥାପନର ଭିତ୍ତି ସ୍ଥାପନ କରିଥାଏ, ସ୍ଥଳ ବିଶେଷରେ, ସମ୍ପ୍ରଦାୟ ଭିତ୍ତିରେ, ଗୋଷ୍ଠୀ ବା ଧନ ଆଧାରରେ ବିବାହର ତରିକା ବା ପ୍ରଥା ଫରକ ହୋଇପାରେ ମାତ୍ର ବିବାହର ଗୁରୁତ୍ୱ କୌଣସି ସମୁଦାୟ ବା ସମାଜରେ କମ୍ ନୁହେଁ।

ତିନି ପିଢ଼ି ତଳର କଥା ମନେ ପକାନ୍ତୁ। ଜେଜେମା କହିବା ଅନୁସାରେ ସେ ଯେତେବେଳେ ବାହାହୋଇ ଆସିଥିଲା। ସେତେବେଳେ ସମାଜରେ ଝିଅମାନଙ୍କର ପଢ଼ିବାର ସୁଯୋଗ ନ ଥିଲା। ବାହାଘର ପୂର୍ବରୁ ଝିଅ ପୁଅକୁ ଦେଖିବାର ବା କଥା

ହେବାର ସମ୍ଭାବନା ନ ଥିଲା। ସମାଜ ଏତେ ରକ୍ଷଣଶୀଳ ପୁରୁଷ କୈନ୍ଦ୍ରିକ ଥିଲା ଯେ ଝିଅମାନଙ୍କୁ ତାଙ୍କ ସ୍ୱାମୀର ନାଆଁ ଧରିବାକୁ ବି ମନାଥିଲା। ବାପା-ମାଆ ସ୍ଥିର କରିଥିବା ପୁଅ ସହ ବାହାକରାଇ ଝିଅକୁ ବିଦା କରି ଦିଆଯାଉଥିଲା ଶାଶୁଘରକୁ। ବେଳେବେଳେ ଶାଶୁଘର ଗାଁ ନାଆଁ ବା ପୁରା ଠିକଣା ଜଣା ନ ଥିଲା ଝିଅକୁ। ଖୁବ୍ ବେଶୀରେ ସେ ଜାଣିଥିଲା ନଈ ସେପାରି ଗାଆଁରେ। ପରମ୍ପରାରେ ଏ କଥା ବି କହି ଦିଆ ଯାଇଥିଲା ଯେ ଝିଅର ବାପା-ମାଆ, ଝିଅ ଘରେ ଖାଇପାରିବେ ନାହିଁ, ଖାଇଲେ ନର୍କ ଭୋଗିବେ। ଏଣୁ ଝିଅ ଘରକୁ ଯିବାର ସମ୍ଭାବନା କମ୍, ଝିଅର ଭଲମନ୍ଦ ବୁଝିବାର ସୁଯୋଗ ମଧ୍ୟ ନାହିଁ। ସେ ସମୟରେ ବି ଜଣେ ଖୁବ୍ କମ୍ ବୟସର (ସେତେବେଳେ ସର୍ବନିମ୍ନ ବିବାହ ବୟସ ସ୍ଥିର ନ ଥିଲା ଏଣୁ କମ୍ ବୟସରେ ଝିଅମାନଙ୍କୁ ବିବାହ କରାଯାଉଥିଲା) ଅଶିକ୍ଷିତା ଝିଅ, ବୋହୂ ହୋଇ ଶାଶୁଘରେ କାଟୁଥିଲା। ଜେଜେମା' କହେ ବାହାଘରର କେତେ ମାସ ପର ପର୍ଯ୍ୟନ୍ତ ବି ସେ ଜେଜେବାପାଙ୍କୁ ଦିନରେ ସାମ୍ନାସାମ୍ନି ଦେଖି ନ ଥିଲା। ତଥାପି ସେ ୬୦-୭୦ ବର୍ଷ ବୈବାହିକ ଜୀବନ ସୁଖରେ କାଟିଥିଲା। କାରଣ, ବିବାହ ଏକ ସଂସ୍କାର ବି, ଏକଥା ନୁହେଁ ଯେ ସେ କେବେ ଘର ବାହାରକୁ ଯାଇନି। ତା' କହିବା କଥା ଅନୁସାରେ ସେ ଜେଜେବାପାଙ୍କ ସାଙ୍ଗରେ ତୀର୍ଥ କରିବାକୁ ଯାଇଛି- ପୁରୀ ବି ଯାଇଛି। ଗାଁରୁ କେତେବାଟ ଶଗଡ଼ରେ ଯିବାପରେ ମଦନପୁର ଘାଟରେ ନଈପାରି ହୋଇ ୨କୋଶ ବାଟ ଚାଲିବା ପରେ ଗୋଟେ ଛକଠୁ ବସ ଧରି ଯାଇଥିଲେ ପୁରୀ। ଫେରିବା ବେଳକୁ ପୁରୀରେ ବସଷ୍ଟାଣ୍ଡରେ କେଉଁ ଗୋଟେ ଦୋକାନ ପାଖରେ ଜେଜେମା'କୁ ବସେଇ ଦେଇ ପାଣି ଓ ଭୋଗ ଆଣୁଛି କହି ଜେଜେବାପା କୁଆଡ଼େ ଗାଏବ ହୋଇଗଲେ। ବହୁ ସମୟ ଯିବାରୁ, ଏକୁଟିଆ ସ୍ତ୍ରୀ ଲୋକଟିଏ ଏତେ ସମୟ ବସିଥିବା ଦେଖି ବହୁଲୋକ ଘେରି ପଚାରିଲେ। ଶେଷରେ ପୋଲିସବାବୁ ଆସି ପଚାରିଲା। ତୁମ ସ୍ୱାମୀଙ୍କ ନାଁ କ'ଣ ? ଜିଭ କାମୁଡ଼ି ପକାଇଥିଲା ପଛେ, ନା' କହି ନଥିଲା ଜେଜେମା'। ତୁମେ କେଉଁଠୁ ଆସିଛ, କୁଆଡ଼େ ଯିବ। ଗାଆଁ ନାଁ, କି ପୁର ଠିକ୍ ଭାବରେ ମନେ ପଡ଼ିଲାନି। ଏଣୁ କହିପାରିଲାନି। ଯେତେ ଲୋକ, ପୋଲିସବାଲା, ସମସ୍ତେ କହିଲେ ସେପଟକୁ ଚାଲ, ମନ୍ଦିର ପାଖକୁ ଛାଇକୁ ଯାଅ, ନଚେତ୍ ସେ ଧର୍ମଶାଳାକୁ ଯାଅ, ଅପେକ୍ଷା କରିବ। ଜେଜେମା' କହିଲା, ନାଇଁ ମୋତେ ଏଇଠି ବସେଇ ଦେଇ ଯାଇଛନ୍ତିମାନେ, ମୁଁ ଏଠୁ ହଲିବି ନାହିଁ। ସେ ଏଇଠିକି ଆସିବେ। ସେୟା ହିଁ ହେଲା, ୩ଘଣ୍ଟା ପରେ, ବେଳ ରତରତ ହେବା ବେଳକୁ ଜେଜେବାପା ଫେରିଲେ। କୁଆଡ଼େ ଯାଇଥିଲେ କେଜାଣି, ଶେଷ ପର୍ଯ୍ୟନ୍ତ ଜେଜେମା' ଜାଣି ନଥିଲା କି କେବେ ଜାଣିବାକୁ ଚେଷ୍ଟା କରି ନଥିଲା।

କୁଆଡ଼େ ଯାଇଥିଲେ, କାହିଁକି ବିଳମ୍ବ ହେଲା, ଗୁରୁତ୍ୱପୂର୍ଣ୍ଣ ପ୍ରସଙ୍ଗ ଏଠି ନୁହେଁ। ଗୁରୁତ୍ୱପୂର୍ଣ୍ଣ କଥା ହେଉଛି ଜଣେ ଅପାଠୁଆ ଗ୍ରାମୀଣ ଯୁବତୀ ସ୍ତ୍ରୀକୁ ଅଜଣା ଏକ ସହରରେ କେଉଁ ନିର୍ଦ୍ଦିଷ୍ଟ ସ୍ଥାନରେ ବସେଇଦେଇ ତା'ର ସ୍ୱାମୀ ଚାଲିଯାଏ କୁଆଡ଼େ। ସ୍ତ୍ରୀଟି ଭରସା କରି ଅପେକ୍ଷା କରିଥାଏ ଯେ ତା' ସ୍ୱାମୀ ନିଶ୍ଚୟ ଫେରିବ। ଡେରି ହେଉ ପଛକେ ସ୍ୱାମୀ ଫେରେ। ଯଦି ନ ଫେରିଥା'ନ୍ତା, ସେ ସ୍ତ୍ରୀ ଲୋକଟି ଯିଏ ନିଜ ସ୍ୱାମୀ ନାଁ ଓ ଗାଁ ନାଁ କହିପାରୁ ନାହିଁ, କ'ଣ କରିଥା'ନ୍ତା କିଏ ଜାଣେ। ହୁଏତ କିଛି ଅସୁବିଧା ହୋଇ ନ'ଥାନ୍ତା, ଏ ବିଶ୍ୱାସ ପରସ୍ପରର ପରସ୍ପର ଉପରେ ଥାଏ। ଜେଜେମା' ଅମଳରେ ଇଏ ଗୋଟିଏ କଥା ବା, ଗପ ନୁହେଁ, ସତଟିଏ। ଏମିତି ଅନେକ ଘଟଣା ଜେଜେମା ଅମଳରେ ପରିବାରରେ ଘଟୁଥାଏ। କିନ୍ତୁ କେବେ କିଛି ଅଘଟଣ ଘଟିନାହିଁ। ସ୍ୱାମୀ ଓ ସ୍ତ୍ରୀଙ୍କର ପରସ୍ପର ଉପରେ ବିଶ୍ୱାସ ଓ ଭରସା ହିଁ ଏହି ସଫଳ ବିବାହ ବା ସଫଳ ପାରିବାରିକ ସମ୍ପର୍କର ମୂଳ ଭିତ୍ତି। ତାହାହିଁ ସୁଦୃଢ ଥିଲେ, ଅନ୍ୟ ସମସ୍ତ ପ୍ରକାରର ବାହ୍ୟ ଅସାମଞ୍ଜସ୍ୟ ବା ସମସ୍ୟା, ସମ୍ପର୍କର ମୂଳ ଭିତ୍ତିକୁ ଦୋହଲାଇ ପାରିବ ନାହିଁ।

ଏବେ ତ ପାରିପାର୍ଶ୍ୱିକ ସାମାଜିକ ସ୍ଥିତି ଓ ଆଇନଗତ ବ୍ୟବସ୍ଥାରେ ଅନେକ ପରିବର୍ତ୍ତନ ଆସିଛି। ପିଲାମାନେ ମୁଖ୍ୟତଃ ଝିଅମାନେ ଉଚ୍ଚଶିକ୍ଷିତା ହେଲେଣି। ଅଧିକାଂଶ ଝିଅ ବି ଚାକିରୀ କରିଛନ୍ତି। ଅର୍ଥାତ୍ ସେମାନଙ୍କର ଅର୍ଥନୈତିକ ସ୍ୱାଧୀନତା ଅଛି ଏବଂ ଶାଶୁଘର ପରିବାରକୁ ଆର୍ଥିକ ସହଯୋଗ ଦେଇପାରିବାର କ୍ଷମତା ରଖନ୍ତି। ସେମାନଙ୍କର ବି ଜାଣିବା ଓ ବୁଝିବାର ଶକ୍ତି ଅଧିକ ହେଲାଣି। ପୁଅମାନେ ବି ପୂର୍ବ ଭଳି କେବଳ କୃଷିଭିତ୍ତିକ କାର୍ଯ୍ୟ ବା ଗ୍ରାମ୍ୟ ପରିବେଶରେ ସୀମିତ ନ ରହି, ଉଚ୍ଚଶିକ୍ଷା ଲାଭ କରି ଦେଶ ବିଦେଶରେ ଚାକିରୀ କଲେଣି। ଏଣୁ ସେମାନଙ୍କର ବାହାର ଜଗତ ସହ ଖୋଲାଖୋଲି ମିଶିବା ହେଲାଣି, ଜ୍ଞାନ ବଢ଼ିଲାଣି। ଏହା ସ୍ୱାଭାବିକ୍, ଏପରି ପରିସ୍ଥିତିରେ ଯେହେତୁ ଉଭୟ ଶିକ୍ଷିତ ପିଲା, ପରସ୍ପରର ବ୍ୟକ୍ତିତ୍ୱ, ମତିଗତି, ଭଲମନ୍ଦ, ସୁବିଧା ଅସୁବିଧାକୁ ଅଧିକ ଆକଳନ କରିପାରିବା କଥା। ଏହା ହେଲେ ଉଭୟ ପରସ୍ପର ପ୍ରତି ଅଧିକ ସମ୍ବେଦନଶୀଳ ହେବା କଥା। ସେହି ନ୍ୟାୟରେ ସେମାନଙ୍କ ଭିତରେ ସମ୍ପର୍କ ଅଧିକ ନିବିଡ଼ ଓ ସ୍ଥାୟୀ ହେବା କଥା। ମାତ୍ର ସେମିତି ହେଉନାହିଁ ବରଂ ଓଲଟା ହେଉଛି, ବାହାଘର ଆନୁଷ୍ଠାନିକଭାବେ ହେବା ପୂର୍ବରୁ ଭାଙ୍ଗିଯାଉଛି, କେତେକ ସ୍ଥାନରେ ବିବାହ ପରେ ପରେ ହିଁ ବିଚ୍ଛେଦ ହେଉଛି। ଅନ୍ୟ କିଛି କ୍ଷେତ୍ରରେ ଓ ପରିବାର ପାକଳ ହେବା ପରେ, ପୁଅଝିଅ ହେବା ପରେ ବି ବିଚ୍ଛେଦ ହେଉଛି, ଏହାହିଁ ଚିନ୍ତାର ବିଷୟ।

ବିବାହ ସମ୍ପର୍କରେ ଆଉ କିଛି ପାର୍ଶ୍ୱ ପ୍ରକ୍ରିୟା ଏବେ ସମାନ୍ତରାଳଭାବେ ଚାଲୁଛି, ଯାହା ବିଷୟରେ ଆଲୋକପାତ କରିବା ଜରୁରୀ। ସେଗୁଡ଼ିକ ହେଲା;

୧- ପ୍ରାକ୍ ବିବାହ ଯୌନ ଉଚ୍ଛୃଙ୍ଖଳା ବା ଯୌନ ଉଦାରତା
୨- ଲିଭ-ଇନ-ସମ୍ପର୍କ
୩- ପ୍ରେମ ବିବାହ
୪- ସମଲିଙ୍ଗି ସମ୍ପର୍କ
୫- ପତ୍ନୀ ବଦଳ
୬- ମହିଳା ସଶକ୍ତିକରଣ ଓ ପରିବର୍ତ୍ତିତ ଭୂମିକା

ବିବାହ ହେବା ପର୍ଯ୍ୟନ୍ତ ବ୍ରହ୍ମଚର୍ଯ୍ୟ ରକ୍ଷାକରିବା ଅର୍ଥାତ ପୁଅମାନେ ନାରୀସଙ୍ଗ ବର୍ଜନ ଏବଂ ଝିଅମାନେ ଅନୂଢ଼ା ରହିବା ଆମ ସଂସ୍କାରର ଏକ ଅଂଶ। ବିବାହ ହେଉଛି ଏକ ସାମାଜିକ ଅନୁଷ୍ଠାନ ଯାହା ନାରୀ ପୁରୁଷଙ୍କୁ ପରସ୍ପର ସହ ଯୌନ ସଂପର୍କ ରଖି ସ୍ୱାମୀ ସ୍ତ୍ରୀଭାବେ ରହି ପରିବାର ଗଠନ ପାଇଁ ସାମାଜିକ ସ୍ୱୀକୃତି ଦେଇଯାଏ। ପ୍ରକାରାନ୍ତରେ ଏହା ନାରୀ ଓ ପୁରୁଷର ଯୌନ ବ୍ୟବହାରକୁ ନିୟନ୍ତ୍ରିତ କରିଥାଏ। ମାତ୍ର ଆଜିକାଲି ବିବାହ ବୟସର ବୃଦ୍ଧି ହେତୁ ବିଳମ୍ବିତ ବିବାହ, ନିଜ ପରିବାରର ନିୟନ୍ତ୍ରଣଠାରୁ ବାହାରେ ଦୂର ସ୍ଥାନରେ (କଲେଜରେ ହେଉ କି ଚାକିରୀ କ୍ଷେତ୍ରରେ), ଉଭୟ ନାରୀ ଓ ପୁରୁଷ ଏକାଠି ପଢ଼ିବା, କାମ କରିବା ବା ମିଶିବାର ସୁବିଧା ସୁଯୋଗ ବଢ଼ିବା ହେତୁ, ଗର୍ଭନିରୋଧ ଦ୍ରବ୍ୟର ସହଜ ଉପଲବ୍ଧ ଏପରିକି ସଙ୍ଗଦୋଷ ହେତୁ, ଉଭୟ ନାରୀ ଓ ପୁରୁଷ ବିବାହ ପୂର୍ବରୁ ଯୌନ ଉଦାରତା ଦେଖାଉଛନ୍ତି। ଏହାର ଅନ୍ୟ କାରଣଗୁଡ଼ିକ ହେଉଛି ବିବାହର ମିଥ୍ୟା ପ୍ରତିଶୃତିକୁ ସହଜରେ ଗ୍ରହଣ କରିବା, ଯୌନୋଦ୍ଦିପକ ଛବି ଓ ଦୃଶ୍ୟର ଇଣ୍ଟରନେଟରେ ସହଜ ଉପଲବ୍ଧି ନିଶା ଦ୍ରବ୍ୟ ସେବନ, ପାଶ୍ଚାତ୍ୟ ଢାଞ୍ଚାରେ କ୍ଲବ୍ ବା ବାରର ସୁଲଭ ଉପସ୍ଥିତି, ଇତ୍ୟାଦି। ଯୌନ ଉଦାରତା ପାଇଁ ହେଉ ବା ଯୌନ ଉଚ୍ଛୃଙ୍ଖଳା ହେତୁ ହେଉ ରତିଜ ସୁଖର ଦୈହିକ ଆବଶ୍ୟକତା ବିବାହ ପୂର୍ବରୁ ମେଣ୍ଟି ଯାଉଥିବାରୁ, ବିବାହ ପାଇଁ ଉଭୟ ଭାବଗତ ଓ ଶାରୀରିକ ଉତ୍କଣ୍ଠା ଆଉ ରହୁ ନାହିଁ। ଏହାଠାରୁ ଅଧିକ ଘୃଣ୍ୟ କଥାଟି ହେଉଛି ଏପରି ଯୌନ ଉଦାରତା ଅନେକ କ୍ଷେତ୍ରରେ ଉଭୟ ପୁରୁଷ ଓ ନାରୀ ମଧ୍ୟରେ ବହୁ ସଂସର୍ଗ ବା ବହୁ-ସମ୍ଭୋଗ ଅଭ୍ୟାସ/ଉତ୍ସାହ ସୃଷ୍ଟି କରିଥାଏ, ଯାହା ବିବାହ ପରେ ବି ବିବାହୋତ୍ତର ଯୌନ ସଂପର୍କ (extra marital relation) ରଖିବାକୁ ଉତ୍ସାହିତ କରିଥାଏ, ଫଳରେ ପାରିବାରିକ ଶାନ୍ତି ଓ ସ୍ଥିରତା କ୍ଷୁଣ୍ଣ ହୁଏ ଏବଂ ବିବାହ ଭାଙ୍ଗିବା, ଏପରିକି ବିବାହ ପରେ ବିଚ୍ଛେଦ ହେବାର ଏହା ମୁଖ୍ୟ କାରଣ ହୋଇଥାଏ।

ପାଶ୍ଚାତ୍ୟ ସଂସ୍କୃତିଦ୍ୱାରା ପ୍ରଭାବିତ ହୋଇ ଆଉ ଗୋଟିଏ ଘୃଣ୍ୟ ପରମ୍ପରା, ଲୁଚାଛପାରେ ଚାଲିଲାଣି, ତାହା ହେଲା ଲିଭ-ଇନ-ସଂପର୍କ। ଆନୁଷ୍ଠାନିକ ବିବାହ

ବନ୍ଧନରେ ବାନ୍ଧି ନ ହୋଇ, ପରସ୍ପରର ସହମତିରେ, ପରସ୍ପର ସହାବସ୍ଥାନ କ୍ଷମତା ଜାଣିବା ପାଇଁ ବିବାହ ପୂର୍ବରୁ ଗୋଟିଏ ଘରେ ସ୍ୱାମୀ-ସ୍ତ୍ରୀଭାବେ ରହିବାକୁ ଲିଭ୍-ଇନ୍-ସଂପର୍କ କୁହନ୍ତି। ଏପରି ରହଣିର କୌଣସି ସମୟସୀମା ନ ଥାଏ। ଯେବେ ଉଭୟ ପୁରୁଷ ଓ ନାରୀ ଅନୁଭବ କରିବେ ଯେ ସେମାନେ ପରସ୍ପର ପ୍ରତି ସହାବସ୍ଥାନକ୍ଷମ, ତେବେ ସେମାନେ ବିବାହ କରିପାରନ୍ତି। ନୋଚେତ୍ ସେମାନେ ସହମତିରେ ଅଲଗା ହୋଇ ଯାଆନ୍ତି। ଏହା ଯୌନ ଉଦାରତାର ଚରମ ଅବସ୍ଥା। ଓଡ଼ିଆ ପୁଅଝିଅ ଯେଉଁମାନେ ବାହାରେ ବାଙ୍ଗାଲୋର/ଦିଲ୍ଲୀ କି ପୁନେରେ ପଢୁଛନ୍ତି କି ଚାକିରୀ କରୁଛନ୍ତି, ଅନେକ ସମୟରେ ଅନ୍ୟ ପୁଅ/ଝିଅଙ୍କ ସହ ଲିଭ୍-ଇନ୍-ସଂପର୍କରେ ରହିବାର ନଜର ଆସିଲାଣି। ଯଦିଓ ଏକଥା ଓଡ଼ିଶାରେ ଥିବା ସେମାନଙ୍କର ପରିବାର ଲୋକେ ଜାଣିନାହାନ୍ତି। ବାପା-ମାଆ ଭାବୁଛନ୍ତି, ପୁଅ ବା ଝିଅ ପି.ଜି.ରେ ଅଛି। ମାତ୍ର ପୁଅ ସେଠାରେ ଲିଭ୍-ଇନ୍‌ରେ ରହିଲାଣି, ଏକଥା ବାପା-ମାଆଙ୍କ ମଗଜରେ ପଶି ନାହିଁ। ଏଭଳି ସଂପର୍କରେ ଥିବା ପୁଅଝିଅମାନଙ୍କ ମଧ୍ୟରେ ଖୁବ୍ କମ୍ ପିଲାଙ୍କର ପରସ୍ପର ବିବାହ ହେଉଛି। କାରଣ ବିବାହର ସମସ୍ତ ମଜା ଯଦି ଏଥିରେ ମିଳୁଛି, ତେବେ ବିବାହ କରି ନିଜକୁ ଆଇନ୍‌ର ପରିସର ମଧ୍ୟକୁ ଆଣିବା, ନିଜେ ଛନ୍ଦି ହେବା ଏବଂ ବିବାହ ପରର ପାରିବାରିକ ଦାୟିତ୍ୱ ନେବାକୁ କିଏ ବା ଚାହିଁବେ? ବିବାହ ଆମ ପରମ୍ପରାରେ ଏକ ସାମାଜିକ ଓ ଧାର୍ମିକ ଦାୟୀତ୍ୱ ବି। ଏଣୁ ଏ ଦାୟୀତ୍ୱର ବୋଝ ନ ଉଠାଇ, compatibility ନାଆଁରେ ଯୌନ କ୍ଷୁଧା ମେଣ୍ଟାଇବାର ଏହି ସହଜିଆ ମାଧ୍ୟମ ହେଲା ଲିଭ୍-ଇନ୍-ସଂପର୍କ। ଏହା ବିବାହ ଓ ପରିବାର-ଉଭୟ ସାମାଜିକ ଅନୁଷ୍ଠାନକୁ ଅଧିକ ଅବକ୍ଷୟ ଓ ବିପର୍ଯ୍ୟସ୍ତ କରିବ।

ପ୍ରେମ ଏକ ଶାଶ୍ୱତ ସଂପର୍କ। ପ୍ରେମ ବିବାହ ବି ଆମର ଶାସ୍ତ୍ର ଓ ପରମ୍ପରା ସମ୍ମତ। ରୁକ୍ମିଣୀ ବିବାହ ବା ସୁଭଦ୍ରା ପରିଣୟ ପ୍ରେମ ବିବାହ ହିଁ ଥିଲା। ବିବାହ ପରେ ପରିବାରରେ ସ୍ୱାମୀ-ସ୍ତ୍ରୀ ମଧ୍ୟରେ ପରସ୍ପର ପ୍ରତି ପ୍ରେମ ରହିବା ବି ଜରୁରୀ। ଏହା ବିବାହ ଓ ପରିବାରକୁ ସ୍ଥାୟୀତ୍ୱ ପ୍ରଦାନ କରିଥାଏ। ମାତ୍ର ବିବାହ ପୂର୍ବରୁ ପ୍ରେମ ଥିଲେ, ସମାଜର କିଛି ରକ୍ଷଣଶୀଳ ଲୋକଙ୍କର ଆପତ୍ତି ଥାଏ। ଏହି ଆପତ୍ତି କେତେବେଳେ ଜାତି, ଧର୍ମ, ସାମାଜିକ ସ୍ଥିତି କୁ ନେଇ ହୋଇଥାଏ। ମାତ୍ର ଯଦି ଉଭୟ ପରସ୍ପରକୁ ପ୍ରକୃତରେ ଭଲ ପାଉଥା'ନ୍ତି, ତେବେ ପ୍ରେମ ବିବାହ କରିବା ଉଚିତ। ଅନେକ କ୍ଷେତ୍ରରେ ପରିବାର ସ୍ୱୀକୃତ ଓ ପରମ୍ପରା ଅନୁଯାୟୀ ପ୍ରଥା ଅନୁସରଣ କରି ପ୍ରେମ ବିବାହକୁ ସାଧାରଣ ବିବାହ ଭଳି ସମ୍ପନ୍ନ କରାଯାଉଛି। ଅର୍ଥାତ କେବଳ ବର ଖୋଜା ବା ଝିଅ ଦେଖା କାମ ଦରକାର ପଡୁନାହିଁ। ଯେହେତୁ ସେମାନେ ପରସ୍ପରକୁ ଗ୍ରହଣ କରିଛନ୍ତି।

ଅନ୍ୟସବୁ ପ୍ରକ୍ରିୟା ପ୍ରଥା ଅନୁସାରେ କରାଯାଉଛି। ଏଥିରେ କିଛି ସମସ୍ୟା ନାହିଁ। ମାତ୍ର ଯେଉଁଠି ପରିବାର ପ୍ରେମ ବିବାହକୁ ଗ୍ରହଣ କରୁନାହିଁ, ସେଠାରେ କିଛି ସମସ୍ୟା ଦେଖାଯାଏ। ଅନେକ ସମୟରେ ଛଳନାକୁ ପ୍ରେମ ବୋଲି ଧରିନେବାର ଭୁଲ କରିଥା'ନ୍ତି ଉଭୟ ପୁଅ ଓ ଝିଅ। ଏପରି କ୍ଷେତ୍ରରେ ଥରେ ବିବାହ ସରିଗଲେ ବିଭିନ୍ନ ପ୍ରକାରର ଶୋଷଣ ଓ ଘରୋଇ ହିଂସା ଆରମ୍ଭ ହୁଏ। ଯେହେତୁ ପ୍ରକୃତ ପ୍ରେମ ନ ଥାଏ, ତେଣୁ ଏହା ଘରୋଇ କଳିରୁ ହିଂସା ବଢ଼ି ବିଚ୍ଛେଦ ପର୍ଯ୍ୟନ୍ତ ଯାଏ। ପ୍ରକୃତ ପ୍ରେମ ପରସ୍ପର ପ୍ରତି ତ୍ୟାଗ ସ୍ୱୀକାର କରିବାକୁ ପ୍ରେରଣା ଦିଏ ପରସ୍ପରକୁ ଆଘାତ ବା ଶୋଷଣ କରିବାକୁ ନୁହେଁ। ଅନ୍ୟ ସମସ୍ୟାଟି ହେଲା ସମ୍ମାନ ପାଇଁ ହତ୍ୟା (Honour Killing) ପ୍ରେମ ବିବାହରେ ଅତିଷ୍ଠ ହୋଇ, ଏହା ସେମାନଙ୍କ ପରିବାର ବା ଜାତି ବା ଗୋଷ୍ଠୀର ସମ୍ମାନହାନି କରିଛି ବୋଲି, ଗ୍ରହଣ କରି ସଂଘବଦ୍ଧ ଆକ୍ରମଣ କରି ଝିଅ ବା ପୁଅକୁ ମାରିଦେବାର ଘଟଣାକୁ ସମ୍ମାନପାଇଁ ହତ୍ୟା (Honour Killing) କୁହାଯାଏ। ଏହା ଅତି ରକ୍ଷଣଶୀଳ, ଜାତିବାଦୀ ଗୋଷ୍ଠୀଦ୍ୱାରା ସୃଷ୍ଟି କରାଯାଉଛି ଯଦିଓ, ଏହା ଆଇନ ବିରୁଦ୍ଧ।

ଦୁଇ ବିପରୀତ ଲିଙ୍ଗ ବ୍ୟକ୍ତି ଅର୍ଥାତ ସ୍ତ୍ରୀ ଓ ପୁରୁଷଙ୍କର ମିଳନରେ ରତିଜ ସୁଖ ମିଳିଥାଏ ଏବଂ ସନ୍ତାନ ସମ୍ଭବ ହୋଇଥାଏ। ଏଣୁ ବିବାହ ସ୍ତ୍ରୀ ଓ ପୁରୁଷ ମଧ୍ୟରେ ହିଁ ହୋଇଥାଏ। ମାତ୍ର କିଛି ଲୋକ ଏମିତି ବି ଅଛନ୍ତି ଯେଉଁମାନେ ସମଲିଙ୍ଗି ସମ୍ପର୍କକୁ ଭଲ ପାଆନ୍ତି। ପୁଅ-ପୁଅ ସମ୍ପର୍କକୁ Gay ଏବଂ ଝିଅ-ଝିଅ ସମ୍ପର୍କକୁ Lesbian କୁହାଯାଏ। ଏହାଛଡ଼ା କିଛି ଉଭୟ ଲିଙ୍ଗଥିବା ବ୍ୟକ୍ତି ଅଛନ୍ତି ଏବଂ ତୃତୀୟ ଲିଙ୍ଗ ହିଂଜଡ଼ାମାନେ ବି ଅଛନ୍ତି। ଏ ସମସ୍ତଙ୍କୁ LGBT କମ୍ୟୁନିଟି କୁହାଯାଏ। ପୁଅ-ପୁଅ ବା ଝିଅ-ଝିଅ ସମ୍ପର୍କ ଅପ୍ରାକୃତିକ ଯୌନ ସମ୍ପର୍କ ସଦୃଶ। ଏଭଳି ସମ୍ପର୍କ ଭାରତୀୟ ପିଙ୍ଗଲ କୋର୍ଡ଼ର ୩୭୭ ଧାରା ଅନୁସାରେ ଏକ ଦଣ୍ଡନୀୟ ଅପରାଧ। ବେଶ୍ କିଛି ବର୍ଷ ହେଲା ସାରା ବିଶ୍ୱରେ ସମଲିଙ୍ଗୀ ସମ୍ପର୍କ ଓ ବିବାହକୁ ବୈଧ ଓ ଆଇନ ସମ୍ମତ କରିବା ପାଇଁ ଦାବୀ ହୋଇ ଆସୁଅଛି। ଅଦ୍ୟାବଧି ପ୍ରାୟ ୨୫ଟି ଦେଶ, ପମୁଖତଃ ଆମେରିକୀୟ ଓ ୟୁରୋପୀୟ ଦେଶମାନେ ଏହାକୁ ସ୍ୱୀକୃତି ଦେଇ ସାରିଲେଣି। LGBT କମ୍ୟୁନିଟିର ସଦସ୍ୟ ସଂଖ୍ୟା କ୍ରମଶଃ ବଢ଼ିବାରେ ଲାଗିଛି। ଏ ସମ୍ପର୍କରେ ଭାରତର ଉଚ୍ଚତମ ନ୍ୟାୟାଳୟର ମୁଖ୍ୟ ନ୍ୟାୟାଧୀଶ ଶ୍ରୀଯୁକ୍ତ ଜଷ୍ଟିସ୍ ଦୀପକ ମିଶ୍ର, ନ୍ୟାୟାଧୀଶ ଏ.ଏମ୍. ଖାନ୍‌ଲିନର ଆର୍.ଏଫ୍. ନରିମାନ, ଏବଂ ଜି.ୱାଇ. ଚନ୍ଦ୍ରଚୂଡ଼ ଏବଂ ଇନ୍ଦ୍ରମାଲ ହୋତ୍ରାଙ୍କୁ ନେଇ ଗଠିତ ଖଣ୍ଡପୀଠ ଏକ ଗୁରୁତ୍ୱପୂର୍ଣ୍ଣ ରାୟ ଗତ ୦୬.୦୯.୨୦୧୮ ମସିହାରେ WP (Criminal) No.-76 of 2016 (ନଉତେଜ ସିଂ ଜୋହର ଭାରତ ସରକାର)

କେସ୍‌ରେ ଶୁଣାଇଛନ୍ତି। ଏହି ରାୟ ଅନୁସାରେ ଦୁଇଜଣ ବୟସ୍କ ବ୍ୟକ୍ତିଙ୍କ ମଧ୍ୟରେ ସହମତିରେ ସମଲିଙ୍ଗୀ ସମ୍ପର୍କକୁ ଧାରା ୩୭୭ରେ ଦଣ୍ଡନୀୟ କରିବା ଅଣସାମ୍ବିଧାନିକ ଅଟେ। LGBT କମ୍ୟୁନିଟିର ସଭ୍ୟମାନଙ୍କର ଅନ୍ୟ ନାଗରିକମାନଙ୍କ ପରି ସମାନ ସାମ୍ବିଧାନିକ ଅଧିକାର ଅଛି, ଅର୍ଥାତ ଭାରତୀୟ ପିଙ୍ଗଲ କୋର୍ଡ଼ର ଧାରା ୩୭୭ରେ ଥିବା ଦଣ୍ଡନୀୟ ବ୍ୟବସ୍ଥାକୁ ମାନ୍ୟବର ଉଚ୍ଚତମ ନ୍ୟାୟାଳୟ ଉଠାଇ ଦେଇଛନ୍ତି। ସମଲିଙ୍ଗୀ ସମ୍ପର୍କକୁ ପ୍ରାୟ ସବୁଧର୍ମ ବିରୋଧ କରୁଥିଲେ ବି ଏହା ଏକ ବାସ୍ତବିକତା ଏବଂ ଅନେକ ଲୋକ ଏହି ସମ୍ପର୍କ ଯୋଡୁଛନ୍ତି। ଏପରିକି ସମଲିଙ୍ଗୀ ବିବାହ ପାଇଁ ମଧ୍ୟ ପ୍ରସ୍ତୁତ ହେଲେଣି।

ସମଲିଙ୍ଗୀ ସମ୍ପର୍କରେ ଥିବା ଉଭୟ ପୁଅ ଓ ଝିଅ, ଯେହେତୁ ଏ ସମ୍ପର୍କ ବୈଧ ନୁହେଁ, ଅନେକ ସମୟରେ ସାଧାରଣ ବିବାହ ପାଇଁ ସେମାନଙ୍କର ଇଚ୍ଛା ବିରୁଦ୍ଧରେ ହଁ ମାରୁଛନ୍ତି, ଯାହା ପରବର୍ତ୍ତୀ ସମୟରେ ବିଚ୍ଛେଦରେ ସମାପ୍ତ ହେଉଛି। ଫଳତଃ ଉଭୟଙ୍କ ଜୀବନ ନଷ୍ଟ ହେଉଛି।

ଆଉ ଏକ ଘୃଣ୍ୟ ପ୍ରଥା ଯାହା ଭାରତର ବଡ଼ ବଡ଼ ସହରରେ ଆରମ୍ଭ ହୋଇ ଖୁବ୍ ଦ୍ରୁତଗତିରେ କ୍ଷୁଦ୍ର ସହରକୁ ବ୍ୟାପିବା ଆରମ୍ଭ କଲାଣି, ତାହା ହେଉଛି ପତ୍ନୀବଦଳ ପ୍ରଥା। କୁହାଯାଉଥିଲା ଯେ ବିକୃତ ମାନସିକତାର ଶୀକାର ଲୋକମାନେ ବିବାହିତ ସ୍ତ୍ରୀ ପୁରୁଷଙ୍କୁ ଛାଡ଼ି ପରସ୍ତ୍ରୀ ବା ପରପୁରୁଷ ସହ ଅନୈତିକ ସମ୍ପର୍କ ରଖୁଥିଲେ। ଏହାକୁ ସମାଜରେ ଘୃଣା ଚକ୍ଷୁରେ ଦେଖନ୍ତି ଏବଂ ଏହା ଆଇନତଃ ଦଣ୍ଡନୀୟ ଅପରାଧ ଅଟେ। ଏହା ବି ବିବାହ ବିଚ୍ଛେଦର ଏକ ବୈଧ କାରଣ ହୋଇପାରେ ହିନ୍ଦୁ ବିବାହ ଆଇନ, ୧୯୫୬ ଅନୁସାରେ। ମାତ୍ର ଏହାଠାରୁ ଆଉ ଗୋଟିଏ ପାଦ ଆଗକୁ ଯାଇ, ଉଭୟ ସ୍ୱାମୀ-ସ୍ତ୍ରୀଙ୍କ ସହମତିରେ ଉଚ୍ଚ ସମ୍ଭ୍ରାନ୍ତ ବର୍ଗର ଲୋକମାନେ ଏବେ ପତ୍ନୀବଦଳ ପ୍ରଥାକୁ ଆପଣାଉଛନ୍ତି। ଏହାକୁ ସ୍ୱାମୀବଦଳ ବି କୁହାଯାଇ ପାରିବ। ଅପରାଧ ବୋଧ ନ ଥାଇ ଉଭୟ ସ୍ୱାମୀ-ସ୍ତ୍ରୀ ପରସ୍ପରକୁ ଧୋକା ଦେବାର ଘୃଣ୍ୟ ପ୍ରଥା ହେଉଛି ପତ୍ନୀବଦଳ। କେତେଜଣ ସମ୍ଭ୍ରାନ୍ତ ପରିବାରର ସ୍ୱାମୀ-ସ୍ତ୍ରୀ ଏକ ଆୟୋଜକ ସଂସ୍ଥା ମାଧ୍ୟମରେ କୌଣସି ବଡ଼ ହୋଟେଲର ଏକ ପାର୍ଟିପାଇଁ ଏକତ୍ର ହୁଅନ୍ତି। ଏବଂ ଏହି ପାର୍ଟି ଶେଷରେ ପୁରୁଷମାନଙ୍କୁ କୁହାଯାଏ ମହିଳାମାନଙ୍କ ଯୋତାମଧ୍ୟରୁ ଗୋଟିଏ ହଳ ଯୋତା ଚୟନ କରିବା ପାଇଁ କିମ୍ବା ମହିଳାମାନଙ୍କୁ କୁହାଯାଏ, ଗୋଟିଏ କାର ଚାବି ନେବା ପାଇଁ। ଯେଉଁ ମହିଳା ଯେଉଁ ପୁରୁଷଙ୍କ କାର ଚାବି ନେଲେ ସେ ତାଙ୍କ ସହ ରାତି କାଟିବେ। କିମ୍ବା ଯେଉଁ ପୁରୁଷ ଯେଉଁ ମହିଳାଙ୍କ ଯୋତା ଧରିଛନ୍ତି, ତାଙ୍କ ସହ ରାତି କାଟିବେ। ଏହା ସହମତିରେ ଗଣ ବ୍ୟଭିଚାର, ରାତିପାହିଲେ ନିଜ ନିଜ ପରିବାରକୁ ଫେରିଯାଆନ୍ତି

ଉଭୟ ସ୍ୱାମୀ-ସ୍ତ୍ରୀ। ଅନେକ ସମୟରେ ଉଭୟ ସ୍ୱାମୀ-ସ୍ତ୍ରୀ ଏପରି ବହୁ ସଂସର୍ଗ ଅଭ୍ୟାସରେ ପଡ଼ିଯାଆନ୍ତି। ଏଭଳି ସମ୍ପର୍କ ରଖୁଥିବା ପରିବାରରେ ପରସ୍ପର ପ୍ରତି ନା ଭଲପାଇବା ରହେ, ନା ଶ୍ରଦ୍ଧା ନା ବିଶ୍ୱାସ ନା ସମ୍ମାନ। ବିବାହ ବାହାରେ ଅନୈତିକ ସମ୍ପର୍କ (ପରପୁରୁଷ ବା ପରନାରୀ ସହ) ରେ ଲୁଚାଛପା ଥାଏ ଏବଂ ପରସ୍ପର ପ୍ରତି ଅପରାଧ ବୋଧ ଥାଏ। ମାତ୍ର ପତ୍ନୀବଦଳ ଘଟଣା ସହମତିରେ ଘଟୁଥିବାରୁ ସେଇ ଅପରାଧ ବୋଧଟି ବି ରହେ ନାହିଁ।

କେତେକ କ୍ଷେତ୍ରରେ ଏହି ପତ୍ନୀବଦଳ (wife swapping) ଏକ ଭିନ୍ନ ରୂପ ନେଉଛି। କେତେକ କ୍ଷେତ୍ରରେ ସ୍ୱାମୀମାନେ ନିଜ ସ୍ତ୍ରୀକୁ ବାଧ୍ୟ କରୁଛନ୍ତି ତାଙ୍କର ସାଙ୍ଗସାଥୀ ଉପର ଅଫିସର, (ପ୍ରମୋସନ ପାଇଁ) କିମ୍ବା ମହାଜନ (ଋଣ ପରିଶୋଧ ବଦଳରେ) ସହ ରାତି କାଟିବା ପାଇଁ। ଏ ବିଷୟରେ ବମ୍ବେରେ ଘଟିଥିବା ଜଣେ ଓଡ଼ିଆ ଝିଅ ଓ ନାଭାରେ ଅଫିସରଙ୍କ ପତ୍ନୀବଦଳ କାହାଣୀ ସର୍ବଜନ ବିଦିତ। ଏଭଳି ପ୍ରଥା ସମାଜର ତଳସ୍ତରକୁ ମଧ୍ୟ ବ୍ୟାପୁଛି। ଏହା ଏକ ଘୃଣ୍ୟ ଓ ନିନ୍ଦନୀୟ କଥା।

ବିବାହ ଏକ ସାମାଜିକ ଅନୁଷ୍ଠାନ ଭାବରେ ଅନ୍ୟ ଏକ ପରିବର୍ତ୍ତନର ମଧ୍ୟ ଶୀକାର ହେଉଛି। ଅତୀତର ମହିଳାମାନେ ଘରର ଚାରିକାନ୍ଥ ଭିତରେ ରହି ଘର ପରିଚାଳନା, ସନ୍ତାନ ଜନ୍ମ ଓ ଲାଳନପାଳନ ଭଳି କାର୍ଯ୍ୟ କରୁଥିଲେ। ମାତ୍ର ଆଜିକାଲି ଝିଅମାନେ ଉଚ୍ଚଶିକ୍ଷିତ ହେଲେଣି, ଚାକିରୀବାକିରି କରି ସଶକ୍ତ ବି ହେଲେଣି। ଏଣୁ ସେମାନେ ଚାରିକାନ୍ଥ ଭିତରେ ଆବଦ୍ଧ ହୋଇ ରହିବା ଅବସ୍ଥାରେ ନାହାନ୍ତି। ପୁଅମାନଙ୍କ ସହ ସମାନ ଶିକ୍ଷାଗତ ଯୋଗ୍ୟତା, ସମାନ ଚାକିରୀ ଥାଇ ଝିଅମାନେ ସ୍ୱାବଲମ୍ବୀ ହେଲେଣି। କେତେକ କ୍ଷେତ୍ରରେ ପୁଅମାନଙ୍କଠାରୁ ଶିକ୍ଷାଗତ ଯୋଗ୍ୟତା ଓ ଦରମା, ଝିଅମାନଙ୍କର ଅଧିକ ବି ହେଉଛି। ସେମାନେ ବି ବାହାରେ ଚାକିରୀ କରୁଛନ୍ତି। ଏ କ୍ଷେତ୍ରରେ ବି ପୁଅ-ଝିଅଙ୍କ ଭିତରେ ବ୍ୟବହାରିକ ଅସାମଞ୍ଜସ୍ୟ ରହୁଛି, ଯାହା ବିବାହ-ବିଚ୍ଛେଦର ରୂପ ନେଉଛି। ବର୍ତ୍ତମାନ ଆଇ.ଟି. ଚାକିରୀ କରିଥିବା ପୁଅ-ଝିଅମାନଙ୍କ ଭିତରେ ଅନ୍ୟମାନଙ୍କ ତୁଳନାରେ ବିବାହ ବିଚ୍ଛେଦର ଆନୁପାତିକ ହାର ସର୍ବାଧିକ।

ଏ ସମ୍ପର୍କରେ ବି ଘଟଣାଟିଏ ମନେପଡୁଛି। ଦୁଇଜଣ ଓଡ଼ିଆ ପୁଅ ଓ ଝିଅ ଦିଲ୍ଲୀ (ନୋଇଡା)ରେ ଏକ ଖ୍ୟାତନାମା ଆଇ.ଟି. କମ୍ପାନୀରେ ଚାକିରୀ କରୁଥିଲେ। ଉଭୟ ବ୍ରାହ୍ମଣ ପରିବାରର, ଏକା ଅଞ୍ଚଳର ବି। ଉଭୟଙ୍କ ଭିତରେ ପ୍ରେମ ହେଲା। ଉଭୟଙ୍କ ପରିବାରର ସାମାଜିକ ସ୍ଥିତି ଠିକ୍ ଥିବାରୁ ଏବଂ ଜାତକ ମେଳ, ରାଜଯୋଟକ ହେବାରୁ ଉଭୟ 'ପରିବାରର ସହମତିରେ ବାହାଘର ବି ହୋଇଗଲା। ବାହାଘର ପରେ ଉଭୟ ଚାକିରୀ କ୍ଷେତ୍ରକୁ ବାହୁଡ଼ିଗଲେ। ଏହାର ଛଅମାସ ପରେ ପୁଅ ଏକ ପ୍ରୋଜେକ୍ଟ କାମରେ

କମ୍ପାନୀ ତରଫରୁ ଅଷ୍ଟ୍ରେଲିଆ ଗଲା ୨ବର୍ଷ ପାଇଁ। ଦୁଇବର୍ଷ ପୂରିବା ପରେ ଆଉ ଗୋଟିଏ ବର୍ଷର ରହଣି ସଂପ୍ରସାରଣ କଲା। ଏହି ୩ବର୍ଷର ସମୟ ଭିତରେ ପୁଅ ଘରକୁ ଆସିପାରିଲା ନାହିଁ, କି ଝିଅ ବି ଅଷ୍ଟ୍ରେଲିଆ ଯାଇପାରିଲା ନାହିଁ। ପୁଅ ଫେରିବା ପୂର୍ବରୁ ଝିଅ ଅନ୍ୟ ଏକ ପ୍ରୋଜେକ୍ଟରେ ଜର୍ମାନୀ ୨ବର୍ଷ ପାଇଁ ଚାଲିଗଲା। ଫେରିବା ପରେ ବିବାହ ବିଚ୍ଛେଦ ପାଇଁ କୋର୍ଟର ଆଶ୍ରୟ ନେଲା। ବିବାହ ବିଚ୍ଛେଦ ହୋଇଗଲା।

ଆଜିକାଲି ଶିକ୍ଷିତ ପିଲାଙ୍କ ସମ୍ପର୍କ ଏମିତି, ପୁଅ ଯଦି ଅଷ୍ଟ୍ରେଲିଆ ଗଲା, ୨ବର୍ଷ ଭିତରେ ନବବିବାହିତା ସ୍ତ୍ରୀ ପାଖକୁ ଆସିବାର ଉଚିତ ଥିଲା, କିମ୍ବା ସ୍ତ୍ରୀକୁ ବୁଲିଯିବା ପାଇଁ ନିମନ୍ତ୍ରଣ କରିବାର ଥିଲା। ପଇସା ପ୍ରତିବନ୍ଧକ ନଥିଲା। କାରଣ ଉଭୟ ଭଲ ପ୍ୟାକେଜ୍‌ରେ ଚାକିରୀ କରୁଥିଲେ। ବର୍ତ୍ତମାନର ଶିକ୍ଷିତ ଓ ଉଭୟ ଚାକିରୀ କରୁଥିବା ପୁଅ-ଝିଅଙ୍କର ବୈବାହିକ ଜୀବନରେ ଉତ୍ତେଜନା ରହିବାର କେତୋଟି କାରଣ ବି ଏମିତି:-

(୧) ପୁଅମାନଙ୍କର ରକ୍ଷଣଶୀଳ ମନୋଭାବ ଓ ଅତିଶୟ ପୌରୁଷ ଜାହିର କରିବାର ପ୍ରବଣତା।

(୨) ଝିଅ ଅଫିସ୍‌ରୁ ଫେରିବା ପରେ ବି ସବୁକାମ କରିବା ଆଶା କରିବା, କାମରେ ସାହାଯ୍ୟ ନ କରିବା।

(୩) ନିଜ ରୋଜଗାର ଟଙ୍କା ଖର୍ଚ୍ଚ ନ କରି, ଝିଅର ଆୟକୁ ପ୍ରଥମେ ଖର୍ଚ୍ଚ କରିଦେବା।

(୪) ଝିଅମାନଙ୍କର ଅଧିକ ସଫଳତାରେ ଅସହିଷ୍ଣୁ ହେବା।

(୫) ଝିଅମାନଙ୍କର ବି ବିକଳ୍ପ ଜାଣିବାର ସ୍ୱାଧୀନତା ଅଛି, ଏହା ଜାଣିବା ଦରକାର।

ପୂର୍ବରୁ ଗୋଟିଏ ସମୟ ଥିଲା, ଯେତେବେଳେ ଝିଅର ବାପା-ମାଆମାନେ ଝିଅ ପାଇଁ ଗୋଟିଏ ଭଲ ବର ଓ ଘର ଖୋଜିବାରେ ନୟାନ୍ତ ହୋଇଯାଉଥିଲେ, ଅନେକ ସମୟରେ ଆଶାନୁରୂପ ପାଉ ନଥିଲେ। ଏବେ ପୁଅର ବାପା-ମାଆଙ୍କର ବି ସେତିକି ଟେନସନ୍ ଗୋଟିଏ ଭଲ ଝିଅ ବୋହୂ ଭାବରେ ଖୋଜିବା ପାଇଁ। ଝିଅମାନଙ୍କର ପରିବର୍ତ୍ତିତ ଆତ୍ମବିଶ୍ୱାସ, ଅର୍ଥନୈତିକ ସ୍ୱାଧୀନତା, ବୃତ୍ତିଗତ ସଫଳତା ଇତ୍ୟାଦି ଏକ ନୂଆ ପରିବେଶ ସୃଷ୍ଟି କରୁଛି। ସେମାନେ ବି ପରିବାରକୁ ଏବଂ ସମାଜକୁ ସମଭାବରେ ତାଙ୍କର ଭାଗିଦାରୀ ଦେବାକୁ ଚାହୁଁଛନ୍ତି। ଏହାକୁ ଆମକୁ ଗ୍ରହଣ କରିବାକୁ ହେବ ଏବଂ ସେଇ ଅନୁସାରେ ପୁଅମାନେ ନିଜକୁ ପ୍ରସ୍ତୁତ କରିବାକୁ ହେବ। କେତେକ କ୍ଷେତ୍ରରେ ଝିଅମାନେ ନାରୀ ସ୍ୱାଧୀନତା ଓ ସଶକ୍ତିକରଣ ବଳରେ, ସେମାନଙ୍କ ସପକ୍ଷରେ

ଥିବା ଆଇନ ଯଥା ହିନ୍ଦୁ ବିବାହ ଆଇନ ୧୯୫୫, ଯୌତୁକ ନିରୋଧ ଆଇନ ୧୯୬୧ ଏବଂ ଘରୋଇ ହିଂସା ଆଇନ ୨୦୦୫ର ବିଭିନ୍ନ ଧାରାକୁ ଅପବ୍ୟବହାର କରି ପୁଅମାନଙ୍କ ବିରୁଦ୍ଧରେ ମିଛ କେସ୍ ମଧ୍ୟ କରୁଛନ୍ତି। ଫଳରେ ପୁଅମାନଙ୍କ ପରିବାର ଲୋକେ ଯଥା- ଶାଶୁ, ଶ୍ୱଶୁର, ନଣନ୍ଦ, ଦିଅର ଇତ୍ୟାଦି ଅନେକ ସମୟରେ ମିଛ କେସ୍‌ରେ ବି ପଡୁଛନ୍ତି। ଏହା ମଧ୍ୟ ଏକ ଉଦ୍‌ବେଗଜନକ ବିଷୟ।

ମୋଟ ଉପରେ ଦେଖିଲେ 'ବିବାହ'ର ପାରମ୍ପରିକ ସ୍ୱରୂପ ବଦଳୁଛି। ଜୀବନସଙ୍ଗୀ ନିର୍ବାଚନର ତରିକା ବଦଳୁଛି। ପରସ୍ପର ସହାବସ୍ଥାନ କ୍ଷମତା, ପରିବାର ପରିଚାଳନା, ପରିବାରରେ ନାରୀମାନଙ୍କର ଭୂମିକା। ଏବଂ ସାମଗ୍ରିକ ନୈତିକତା ବଦଳୁଛି। ଭାରତୀୟ ସମାଜର ପାରମ୍ପରିକ ମୂଲ୍ୟବୋଧର ନିୟନ୍ତ୍ରଣ ଯୁବପିଢ଼ି ଉପରେ କମୁଛି, ଅଭିଭାବକମାନଙ୍କର ଭୂମିକା ମଧ୍ୟ କମି କମି ଯାଉଛି। ଏହି ସମୟରେ ଭାରତୀୟ ସଂସ୍କୃତି ବହିର୍ଭୂତ କିଛି ପ୍ରଥା ଯଥା- ଲିଭ୍-ଇନ୍-ସମ୍ପର୍କ, ସମଲିଙ୍ଗୀ ସମ୍ପର୍କ, ଅନୈତିକ ସମ୍ପର୍କ ଓ ପତ୍ନୀବଦଳ ଭଳି କୁପ୍ରଥାର ଜାଲ ଆମ ଯୁବସମାଜକୁ କବଳିତ କରିବାକୁ ଯାଉଛି। ଏହାର ନିୟନ୍ତ୍ରଣ ପାଇଁ ଆଇନ ହେବା ଦରକାର। ଯଦି ଏହା ଅନିୟନ୍ତ୍ରିତଭାବେ ଜାରି ରହେ, ତେବେ ଭବିଷ୍ୟତରେ ଆମର ଦୁଇଟି ଅତି ଗୁରୁତ୍ୱପୂର୍ଣ୍ଣ ସାମାଜିକ ଅନୁଷ୍ଠାନ ଯଥା ବିବାହ ଓ ପରିବାର ଭୟଙ୍କରଭାବେ କ୍ଷତିଗ୍ରସ୍ତ ହେବାର ଆଶଙ୍କା ରହିଛି।

ଓଲଟ ଯାତ୍ରାରେ ଭାରତ

ଚୀନର ଉହାନ ସହରରୁ ନଭେମ୍ବର ୨୦୧୯ ମସିହାରେ ଆରମ୍ଭ ହୋଇ ସାରା ବିଶ୍ୱରେ ପ୍ରାୟ ୨୧୨ ଦେଶରେ କାୟା ବିସ୍ତାର କରିଥିବା କରୋନା ଭାଇରସ ଡିଜିଜ୍ ବା କୋଭିଡ-୧୯ ପ୍ରତିକାର ବା ପ୍ରତିଷେଧକ ପାଇଁ କୌଣସି ଔଷଧ କିମ୍ବା ଟୀକା ଏ ପର୍ଯ୍ୟନ୍ତ ପ୍ରସ୍ତୁତ ହୋଇପାରି ନଥିବାରୁ ଏହାର ଦ୍ରୁତ ପ୍ରସାରକୁ ରୋକିବା ପାଇଁ ବ୍ୟକ୍ତିଗତ ସ୍ତରରେ ସଙ୍ଗରୋଧ ଓ ସାମାଜିକ ଦୂରତା ରକ୍ଷାକରିବା ଏବଂ ରାଷ୍ଟ୍ରୀୟ ସ୍ତରରେ ଲକ୍‌ଡାଉନ ବା ତାଲାବନ୍ଦକୁ ଏକ କୌଶଳଭାବେ ବିଭିନ୍ନ ଦେଶ ବିଭିନ୍ନ ସମୟରେ ଗ୍ରହଣ କରି ପାଳନ କରି ଆସୁଛନ୍ତି। ଭାରତରେ ଏହା ମାର୍ଚ୍ଚ ୨୨,୨୦୨୦ ତାରିଖରେ ଜନତା କର୍ଫ୍ୟୁ ଏବଂ ମାର୍ଚ୍ଚ ୨୫ରୁ ମେ ମାସ ୧୨ ତାରିଖ ଥାଏ ତାଲାବନ୍ଦ ପାଳନ କରାଯାଇଅଛି। ଏହି ତାଲାବନ୍ଦ ୩ଟି ପର୍ଯ୍ୟାୟରେ ଯଥା-ମାର୍ଚ୍ଚ ୨୫ରୁ ଏପ୍ରିଲ-୧୪, ଏପ୍ରିଲ-୧୫ ତାରିଖରୁ ମେ-୩ ତାରିଖ ଏବଂ ତୃତୀୟ ପର୍ଯ୍ୟାୟ ମେ-୪ ତାରିଖରୁ ମେ-୧୭ ତାରିଖ ପର୍ଯ୍ୟନ୍ତ କାର୍ଯ୍ୟକାରୀ ହୋଇ ଆସିଛି। କୋହଳ ନିୟମାବଳୀ ସହ ମେ-୧୮ ତାରିଖରୁ ଅକ୍ଟୋବର ୩୧ ତାରିଖ ଥାଏ, ପର୍ଯ୍ୟାୟ କ୍ରମେ କୋହଳ କାରଯାଇଛି। କେବେ ସମ୍ପୁର୍ଣ୍ଣ ଖୋଲିବ ଏବଂ ଅର୍ଥନୈତିକ କାର୍ଯ୍ୟକ୍ରମ ପୂରାମାତ୍ରାରେ ଚ୍ଛଳିବ, କେହିବି କହିପାରୁ ନାହାନ୍ତି।

ପ୍ରଥମ ପର୍ଯ୍ୟାୟ ତାଲାବନ୍ଦ ପରେ ଦ୍ୱିତୀୟ ପର୍ଯ୍ୟାୟ ତାଲାବନ୍ଦ ଘୋଷଣା ହେବା ମାତ୍ରେ ସାରା ଦେଶରେ ଏକ ବିଚିତ୍ର ପରିସ୍ଥିତି ପରିଲକ୍ଷିତ ହେଲା। ଯେତେବେଳେ ସାରା ଦେଶରେ ସମସ୍ତ ଗାଡ଼ିମୋଟର, ବସ ସେବା, ରେଳ ସେବା, ଉଡ଼ାଯାହାଜ ସେବା ସମ୍ପୂର୍ଣ୍ଣ ବନ୍ଦ ହୋଇଯାଇଥିଲା, ସେତେବେଳେ ଶହ ଶହ ସଂଖ୍ୟାରେ ଲୋକ ବିଭିନ୍ନ ସହରମାନଙ୍କରୁ ରାଜପଥ ଉପରେ କିମ୍ବା ରେଳ ଲାଇନ୍ କଡ଼େ କଡ଼େ ପିଲାଛୁଆଙ୍କୁ ସାଥିରେ ଧରି ମୁଣ୍ଡରେ ଛୋଟ ଛୋଟ ଗଣ୍ଠିଲିରେ ନିଜର ଅତ୍ୟାବଶ୍ୟକ ଜିନିଷ ରଖି ଚାଲିବା ଆରମ୍ଭ କଲେ।

ଏମାନେ ସମସ୍ତେ ନିଜ ରାଜ୍ୟ ଛାଡ଼ି ଦୂର ସହରରରେ ଦାଦନଭାବେ ବା ଶ୍ରମିକଭାବେ କିମ୍ବା ଅସ୍ଥାୟୀ କର୍ମଚାରୀଭାବେ କାର୍ଯ୍ୟ କରୁଥିବା ଲୋକ। ଏମାନଙ୍କର ଗନ୍ତବ୍ୟ ଦିଗ ଏକା ନ ଥିଲେ ବି ଲକ୍ଷ୍ୟ ପ୍ରାୟ ଏକା ଥିଲା। ସମସ୍ତେ ବାହାରିଥିଲେ ଫେରିଯିବେ ନିଜ ନିଜର ଗାଆଁକୁ ଏମାନଙ୍କର ଗନ୍ତବ୍ୟ ଦୂରତା ୧୫୦ କି.ମି. ରୁ ଆରମ୍ଭ ହୋଇ ୧୫୦୦ କି.ମି. ପର୍ଯ୍ୟନ୍ତ ବ୍ୟାପ୍ତ ଥିଲା। ଏହି ଚାଲିବା ସମୟରେ ଏତେ ବାଟ ଚାଲି ହେବ କି ନାହିଁ, ବାଟରେ ଖାଇବା ପିଇବା ମିଳିବ କି ନା, କିମ୍ବା ବାଟରେ ପୋଲିସ୍ ହଇରାଣ କରିବ କି ନା - କୌଣସି ପ୍ରଶ୍ନକୁ ଖାତିର ନ ଥିଲା ଏମାନଙ୍କର।

ତୃତୀୟ ପର୍ଯ୍ୟାୟ ତାଲାବନ୍ଦ ଆରମ୍ଭ ବେଳକୁ ଅର୍ଥାତ ମେ ମାସ ୪ ତାରିଖ ବେଳକୁ ଉଭୟ କେନ୍ଦ୍ର ଓ ରାଜ୍ୟ ସରକାର ତାଲାବନ୍ଦ ନିୟମର କିଛି କୋହଳ କରିବା ଆରମ୍ଭ କଲେ। ସେତେବେଳକୁ କେତେକ ରାଜ୍ୟ ସରକାର ମୁଖ୍ୟତଃ ଉତ୍ତର ପ୍ରଦେଶ ସରକାର ଦିଲ୍ଲୀ, ରାଜସ୍ଥାନ ଓ ହରିଆନାରେ ରହିଯାଇଥିବା ଶ୍ରମିକମାନଙ୍କୁ ଶହ ଶହ ବସ୍ ପଠାଇ ନିଜ ରାଜ୍ୟକୁ ଫେରେଇ ନେବାର ବ୍ୟବସ୍ଥା କଲେ। କେନ୍ଦ୍ର ସରକାର ବି ମେ-୪ ତାରିଖରୁ ବିଭିନ୍ନ ରୁଟରେ ପ୍ରାୟ ୧୦୦ଟି ଶ୍ରମିକ ସ୍ପେଶାଲ ଟ୍ରେନ ମାଧ୍ୟମରେ ଶ୍ରମିକମାନଙ୍କୁ ନିଜ ରାଜ୍ୟକୁ ଫେରେଇ ନେବାର ବ୍ୟବସ୍ଥା କରିଥିଲେ। ଏତଦ୍‌ବ୍ୟତୀତ କେନ୍ଦ୍ର ସରକାର ବିଦେଶରେ ରହିଯାଇଥିବା ଭାରତୀୟମାନଙ୍କୁ ସ୍ୱଦେଶକୁ ଫେରେଇ ଆଣିବା ପାଇଁ "ବନ୍ଦେ ଭାରତ ମିଶନ" ଅଧିନରେ ବିମାନ ସେବା ମାଧ୍ୟମରେ ଏବଂ "ସମୁଦ୍ର ସେତୁ ମିଶନ" ଜରିଆରେ ଦୁଇଟି ଜଳ ଜାହାଜରେ ଭାରତୀୟମାନଙ୍କୁ ଫେରେଇ ଆଣିବା ବ୍ୟବସ୍ଥା କରିଥିଲେ।

ଏ ପ୍ରବନ୍ଧ ଲେଖା ହେବା ବେଳକୁ ଏ ତିନିଟିଯାକ ମାଧ୍ୟମରେ ଓଲଟ ଯାତ୍ରା ଚାଲୁ ରହିଅଛି। ସମସ୍ତ ବାରଣ ସତ୍ତ୍ୱେ, ନିଜ ଅଞ୍ଚଳରୁ ଦୂର ସହରକୁ ଜୀବିକା ଅନ୍ୱେଷଣରେ ଯାଇଥିବା ଶ୍ରମଜୀବିମାନଙ୍କର ଘରବାହୁଡ଼ା ଚାଲୁ ରହିଛି-ଆରମ୍ଭ ହୋଇଥିବା ଚାଲିବା ସରୁନାହିଁ, ବସ୍, ଟ୍ରେନ୍, ଉଡ଼ାଜାହାଜ ଓ ଜଳଜାହାଜ ସେବା ସତ୍ତ୍ୱେ ଏହି ଲୋକମାନଙ୍କର ଘରବାହୁଡ଼ା ରୋକୁ ନାହିଁ। ଏକ ବିଶ୍ୱସନୀୟ ଆକଳନ ଅନୁଯାୟୀ ଭାରତରେ ପ୍ରାୟ ୨୦ କୋଟି ଲୋକ ନିଜ ଅଞ୍ଚଳ ବା ପ୍ରଦେଶ ବାହାରେ କାର୍ଯ୍ୟରତ ଅଛନ୍ତି। ରାଜ୍ୟ ସରକାରଙ୍କ ମୁଖ୍ୟ ପରାମର୍ଶଦାତା ଶ୍ରୀଯୁକ୍ତ ସୁବ୍ରତ ବାଗ୍‌ଚୀ ଗତ ତା-୦୭.୦୫.୨୦୨୦ରିଖ ଦିନ କରୋନା ଭୂତାଣୁ ସମ୍ପର୍କୀୟ ତାଙ୍କର ଦୈନିକ ସୂଚନା ସମୟରେ ଏ କଥା ପ୍ରକାଶ କରିଥିଲେ। ଏମାନଙ୍କ ମଧ୍ୟରୁ ପ୍ରାୟ ୯୨ ପ୍ରତିଶତ ଲୋକ ଅଣସଂଗଠିତ କ୍ଷେତ୍ରରେ କାର୍ଯ୍ୟ କରନ୍ତି। ଓଡ଼ିଶାରେ ଏହି ସଂଖ୍ୟା ପ୍ରାୟ ୧୨.୭୦ ଲକ୍ଷ ହେବ।

ଏକ ସମୟରେ ଏତେ ଲୋକ ସମସ୍ତ ଅସୁବିଧା ସତ୍ତ୍ୱେ ସରକାରଙ୍କ ତାଲାବନ୍ଦ ନିର୍ଦ୍ଦେଶକୁ ଅମାନ୍ୟ କରି, ଓଲଟ ଯାତ୍ରାରେ ବାହାରିବା ଏବଂ ଚାଲି ଚାଲି ଯିବା ଭିନ୍ନ ବାସ୍ତବତା ଆଡ଼କୁ ଦୃଷ୍ଟି ଆକର୍ଷଣ କରୁଛି। କରୋନା ଭୂତାଣୁ ଭୟରେ ଏକ ମଧ୍ୟବିତ୍ତ ଭାରତ ସମ୍ପୂର୍ଣ୍ଣ ତାଲାବନ୍ଦ ଓ ସଙ୍ଗରୋଧରେ ଘର ଭିତରେ ଥିବାବେଳେ ଭିନ୍ନ ଏକ ପାଦଚଲା ଶ୍ରେଣୀର ଭାରତ ନିର୍ଭୟରେ ଅବିରତ ଚାଲିବାରେ ବ୍ୟସ୍ତ ଥିଲେ। ଏକଥା ସତ ଯେ ତାଲାବନ୍ଦରେ ସବୁ କଳକାରଖାନା, ନିର୍ମାଣ କାର୍ଯ୍ୟ ସରକାରୀ ବେସରକାରୀ ପ୍ରତିଷ୍ଠାନ ଓ ଦୋକାନ ବଜାର ସମ୍ପୂର୍ଣ୍ଣ ବନ୍ଦ ହୋଇଯିବା ଫଳରେ ଦୈନିକ ମଜୁରୀ ବା ସ୍ୱଳ୍ପ ବେତନର ଅଣସଂଗଠିତ କ୍ଷେତ୍ରରେ କାର୍ଯ୍ୟ କରୁଥିବା ଅଗଣିତ ଲୋକଙ୍କର ରୋଜଗାର ଶେଷ ହୋଇ ଯାଇଛି। ସବୁ ବର୍ଗର ଲୋକ ରୋଜଗାର ହରାଇ ଥିଲେ ହେଁ କେଉଁ ବର୍ଗର ଲୋକ କେତେଦିନ ପର୍ଯ୍ୟନ୍ତ ବିନା ରୋଜଗାରରେ ନିଜକୁ ଓ ନିଜ ପରିବାରକୁ ପ୍ରତିପୋଷଣ କରିପାରିବ-ତା'ର ଆକଳନ ଏହି ଓଲଟ ଯାତ୍ରାରୁ ଜଣା ପଡ଼ିଲା। ପ୍ରଥମ-ପର୍ଯ୍ୟାୟ ତାଲାବନ୍ଦ (ମାର୍ଚ୍ଚ ୨୫ରୁ ଏପ୍ରିଲ୍ ୧୪) ସମୟରେ ଏହି ଓଲଟ ଯାତ୍ରା ଆରମ୍ଭ ହୋଇ ନ ଥିଲା। ଲୋକମାନେ ସମସ୍ତ ଦୁଃଖ କଷ୍ଟ ଓ ଭୋକ ଉପାସ ସହ ତାଲାବନ୍ଦ ହଟିଯିବ ଓ ପୁଣି କାମ ଆରମ୍ଭ ହେବା ଆଶାରେ ରହିଥିଲେ। ମାତ୍ର ଦ୍ୱିତୀୟ ପର୍ଯ୍ୟାୟ ତାଲାବନ୍ଦ (ଏପ୍ରିଲ୍ ୧୫ ରୁ ମେ ୩ ତାରିଖ) ଘୋଷଣା ହେବା ପରେ ଦୂର ସହରରେ ବିନା ରୋଜଗାରରେ ନିଜକୁ ଓ ପରିବାରକୁ ଚଳେଇ ପାରିବାର ଆତ୍ମବିଶ୍ୱାସ ତୁଟିଗଲା। ନିକଟ ଭବିଷ୍ୟତରେ ତାଲାବନ୍ଦ ଖୋଲିବାର ଆଶା ମଉଳିଯିବାରୁ, ଏମାନେ ନିଜ ଗାଁକୁ ବା ଭିଟାମାଟିକୁ ଫେରି ଆସିବାକୁ ଶ୍ରେୟ ମନେ କଲେ। ଅର୍ଥାତ ଭୂତାଣୁର ଭୟ ନୁହେଁ, ବରଂ ଭୋକର ତାଡ଼ନା ଏହି ଲୋକମାନଙ୍କର ଓଲଟ ଯାତ୍ରାକୁ ଅବଶ୍ୟମ୍ଭାବୀ କରିଦେଲା। ଏମାନଙ୍କୁ ଚାଲିବା ଶ୍ରେଣୀ ବୋଲି କୁହାଯାଇପାରେ।

ଏହି ଓଲଟ ଯାତ୍ରା ଏବେ ଆଖି ଖୋଲି ଦେଇଛି। କରୋନା ପରବର୍ତ୍ତୀ ପରିସ୍ଥିତିରେ ଏହାର ଅର୍ଥନୀତି ଓ ସମାଜ ଉପରେ କି ପ୍ରଭାବ ପଡ଼ିବ ତା'ର ଏକ ଆର୍ଥ-ସାମାଜିକ ବିଶ୍ଳେଷଣ ହେବା ଆବଶ୍ୟକ। ଏହି ଘଟଣା ଜରିଆରେ ସାମ୍ନାକୁ ଆସିଥିବା ନିମ୍ନଲିଖିତ ଗୁରୁତ୍ୱପୂର୍ଣ୍ଣ ବିଷୟ ପ୍ରତି ଧ୍ୟାନ ଦିଆଯିବା ଜରୁରୀ।

୧-ଏହି ଚାଲିବା ଶ୍ରେଣୀର ଲୋକମାନଙ୍କ ପାଖରେ ବିନା ରୋଜଗାରରେ ନିଜ ପରିବାରକୁ ୧୫ ଦିନରୁ ଅଧିକ ଦିନ ପ୍ରତିପୋଷଣ କରିପାରିବାର କ୍ଷମତା ନାହିଁ। ସେମାନଙ୍କ ପାଖରେ ସେ ସମ୍ବଳ ଥିଲେ, ଏତେ ଅସୁବିଧାରେ ପିଲାଛୁଆଙ୍କୁ ଧରି ଏମାନେ ଶହ ଶହ କିଲୋମିଟର ରାସ୍ତା ଚାଲି ଚାଲି ଆସିବାକୁ ଚାହିଁ ନଥା'ନ୍ତେ।

୨-ସମସ୍ତ ସରକାରୀ ଘୋଷଣା, ରାଜନୈତିକ ଓ ସାମାଜିକ ଆହ୍ୱାନ ସତ୍ତ୍ୱେ ଏହି ଲୋକମାନଙ୍କ ପାଖରେ ସରକାରୀ କି ବେସରକାରୀ ଏପରିକି ବିଦାନ୍ୟ ସାହାଯ୍ୟ ପହଞ୍ଚି ପାରିଲା ନାହିଁ। ଯଦିଓ କାଁ ଭାଁ ପହଞ୍ଚି ଥାଇପାରେ, ମାତ୍ର ତାହା ଏମାନଙ୍କର ଆତ୍ମବିଶ୍ୱାସ ବଢ଼ାଇବା ପାଇଁ ଯଥେଷ୍ଟ ନ ଥିଲା। ଏହି ସାହାଯ୍ୟ କ୍ଷଣିକ ଓ କାମଚଳା ପ୍ରକୃତିର। ଏହାର ସ୍ଥାୟୀତ୍ୱ, ଆନୁଷ୍ଠାନିକତା ଓ ନିରନ୍ତରତା ଉପରେ ଭରସା ପାଉନାହିଁ। ଅର୍ଥାତ ଏକ ବିପର୍ଯ୍ୟୟ ବା ଅସାଧାରଣ ସମୟରେ ଅଧିକ ପ୍ରଭାବିତ ବର୍ଗର ଲୋକଙ୍କୁ ସେଇ ପରିସ୍ଥିତିରୁ ବାହାର କରିବା ପାଇଁ ଆମର ଆନୁଷ୍ଠାନିକ ବ୍ୟବସ୍ଥା ବିଫଳ ହୋଇଛି।

୩-ସରକାରଙ୍କଦ୍ୱାରା ଘୋଷଣା କରାଯାଇଥିବା ୩ମାସର ଅଗ୍ରିମ ରାସନ (ଖାଦ୍ୟ ସାମଗ୍ରୀ) ଏମାନଙ୍କ ପାଖରେ ପହଞ୍ଚି ପାରିଲା ନାହିଁ। ଏହାର ୨ଟି କାରଣ ହୋଇପାରେ- (କ) ଏହି ପ୍ରବାସୀ ଲୋକମାନେ କେଉଁମାନେ କେଉଁଠାରେ ରହୁଛନ୍ତି, ତା'ର ତାଲିକା ଉଭୟ ରାଜ୍ୟ ସରକାର (ମୂଳ ବାସିନ୍ଦା ଥିବା ରାଜ୍ୟ ଏବଂ କାମ କରୁଥିବା ରାଜ୍ୟ)ଙ୍କ ପାଖରେ ନାହିଁ। (ଖ) ଏଭଳି ପରିସ୍ଥିତିରେ ପ୍ରବାସୀମାନଙ୍କ ପାଖରେ ଖାଦ୍ୟ ପହଞ୍ଚାଇବାର ସମନ୍ୱିତ ଯୋଜନା ନାହିଁ। ଏଣୁ କୌଣସି ରାଜ୍ୟ ସରକାର ଏମାନଙ୍କ ପାଖରେ ଖାଦ୍ୟ ସାମଗ୍ରୀ ପହଞ୍ଚାଇଲେ ନାହିଁ।

୪-ଏମାନଙ୍କର ମୂଳବାସିନ୍ଦା ରାଜ୍ୟରେ ସାଧାରଣ ସମୟରେ ବି ଯଥେଷ୍ଟ ରୋଜଗାର ଉପଲବ୍ଧ ହୋଇ ନ ଥିବାରୁ ଏମାନେ ଜୀବିକା ଅନ୍ୱେଷଣରେ ଦୂର ରାଜ୍ୟର ସହରକୁ ଯାଇଥିଲେ। ସେମାନେ ଲକ୍ଷ ଲକ୍ଷ ସଂଖ୍ୟାରେ ନିଜ ରାଜ୍ୟକୁ ଫେରିବା ପରେ କରୋନା ପ୍ରପୀଡ଼ିତ ଏକ ଅସାଧାରଣ ପରିସ୍ଥିତିରେ ସେମାନଙ୍କୁ ପର୍ଯ୍ୟାପ୍ତ କର୍ମ ସଂସ୍ଥାନ ନ ମିଳିବାର ସମ୍ଭାବନା ଅଧିକ। ସୀମିତ ରୋଜଗାର ଉପଲବ୍ଧ ହେଉଥିବା ରାଜ୍ୟରେ ଏହି ଘରବାହୁଡ଼ା ଶ୍ରମିକମାନେ ସ୍ଥାନୀୟ ଶ୍ରମିକମାନଙ୍କ ପାଇଁ ପ୍ରତିଦ୍ୱନ୍ଦୀ, ଏପରିକି ବୋଝ ହେବାର ଆଶଙ୍କା ଅଛି। ଏଣୁ ସ୍ଥାନୀୟ ଅଞ୍ଚଳରେ ସାମାଜିକ ସଂଘର୍ଷ ଉପୁଜି ପାରେ।

୫- ଅପର ପକ୍ଷରେ ଏମାନଙ୍କ ମଧ୍ୟରୁ ଅଧିକାଂଶ ଲୋକ ଅଣସଂଗଠିତ କ୍ଷେତ୍ରରେ କାର୍ଯ୍ୟରତ ଥିଲେ। ଏଣୁ ସେ କ୍ଷେତ୍ରରେ ଏମାନଙ୍କର ଅନୁପସ୍ଥିତି ବେଶୀଦିନ ଜାଣି ହେବ ନାହିଁ। ତାଲାବନ୍ଦ ପରେ ସେଠାରେ କାମ ଆରମ୍ଭ ହେଲେ ସେଠାକାର ସ୍ଥାନୀୟ, କିମ୍ବା ତତ୍କାଳ ଉପସ୍ଥିତି ଶ୍ରମିକ ଏପରିକି ପାଖ ଅଞ୍ଚଳର ଶ୍ରମିକମାନେ ସେ କାମ କରିନେବେ। ଏଣୁ ଫେରି ଆସିଥିବା ଲୋକମାନେ ପୁଣି ଥରେ ସେ ଅଞ୍ଚଳକୁ ଗଲେ, ସେଇ ଧରଣର କାମ ଆଉ ତାଙ୍କ ପାଇଁ ଅଟକି ନ ଥାଇପାରେ।

୬-ଏମାନଙ୍କ ମଧ୍ୟରୁ ଅନେକ ଅଣୁ, କ୍ଷୁଦ୍ର ଓ ମଧ୍ୟମ ଶିଳ୍ପରେ ନିୟୋଜିତ

ଥିଲେ। କେହି କେହି ସ୍ୱରୋଜଗାର ପ୍ରକ୍ରିୟାରେ ଯଥା ଅଟୋ ଡ୍ରାଇଭର, ଉବେର ଡ୍ରାଇଭର, ହୋଟେଲ ବୟ ଇତ୍ୟାଦି ସ୍ୱଳ୍ପ ବେତନ କାମରେ ନିଯୁକ୍ତ ଥିଲେ। ଘରକୁ ଫେରିବା ପରେ ସେମାନଙ୍କର କୌଶଳ ଅନୁସାରେ ସ୍ଥାନୀୟ ଅଞ୍ଚଳରେ ସେମାନଙ୍କୁ ରୋଜଗାର ମିଳିବାରେ ଅସୁବିଧା ହୋଇପାରେ।

୭-ଅଣୁ ଓ କ୍ଷୁଦ୍ର ଶିଳ୍ପ ସଂସ୍ଥାର ମାଲିକମାନେ ଅଧିକାଂଶ ଏକକ ବା ନିଜସ୍ୱ ଏକାଉଣ୍ଟ ସଂସ୍ଥାଭାବେ ଜଣା। ଖୁବକମ୍ ସଂସ୍ଥାରେ ୨୦ଜଣରୁ ଅଧିକ ଲୋକ ନିୟୋଜିତ ଥାଆନ୍ତି। ଏହି ସଂସ୍ଥାଗୁଡ଼ିକ ଆର୍ଥିକ ଦୃଷ୍ଟିରୁ ଏତେ କ୍ଷୁଦ୍ର ଯେ ସଂସ୍ଥା ବନ୍ଦ ଥିବାବେଳେ ଶ୍ରମଜୀବିମାନଙ୍କୁ ଅଗ୍ରିମ ମଜୁରୀ ପ୍ରଦାନ କରିପାରିବାର ଆର୍ଥିକ କ୍ଷମତା ସେମାନଙ୍କ ପାଖରେ ପ୍ରାୟତଃ ନ ଥାଏ। ମାଲିକମାନେ ନିଜେ ତ ରୋଜଗାର ହରାଇ ସାରିଛନ୍ତି ଏବଂ ସେମାନେ ନିଜେ ଋଣଗ୍ରସ୍ତ ଥିବା ହେତୁ ତାଲାବନ୍ଦ ସମୟରେ ଋଣ କିସ୍ତି ନ ଦେଇପାରି ଦୟନୀୟ ଅବସ୍ଥାରେ ଅଛନ୍ତି, ସେଥିରେ ସଂସ୍ଥା ବନ୍ଦ ଥିବା ସମୟରେ ନିୟୋଜିତ ଶ୍ରମଜୀବିମାନଙ୍କୁ ଅଗ୍ରିମ ମଜୁରୀ କିମ୍ବା ବଦାନ୍ୟ ସହଯୋଗ କରିବାର ଆର୍ଥିକ କ୍ଷମତା ନ ଥିବାରୁ, ସରକାରୀ ନିର୍ଦ୍ଦେଶ ସତ୍ତ୍ୱେ ସେମାନେ ତାହା କରିପାରୁ ନାହାନ୍ତି।

୮-ଏତେ ସଂଖ୍ୟକ ଲୋକ ସ୍ଥାନୀୟ ଅଞ୍ଚଳକୁ ବାହୁଡ଼ି ଆସିବା ପରେ ତୁରନ୍ତ ରୋଜଗାର ବ୍ୟବସ୍ଥା ନ ହେଲେ ସେମାନେ ସ୍ଥାନୀୟ ମହାଜନଙ୍କଠାରୁ ଋଣ ନେଇ ଚଳିବାକୁ ବାଧ୍ୟହେବେ ଓ ପ୍ରକାରାନ୍ତରେ ଏକ ଋଣଯନ୍ତାରେ ପଡ଼ିବାର ସମ୍ଭାବନା ଅଛି।

୯-ସେମାନେ ଯଦି ସାମାଜିକ ସ୍ଥିତାବସ୍ଥାକୁ ସହଜରେ ଗ୍ରହଣ କରି ନ ପାରନ୍ତି ତେବେ 'ଅଭାବେ ସ୍ୱଭାବ ନଷ୍ଟ' ନ୍ୟାୟରେ ସ୍ଥାନୀୟ ଅଞ୍ଚଳରେ ସାମାଜିକ ହିଂସା ଓ ଅପରାଧ ବଢ଼ିବାର ଆଶଙ୍କାକୁ ଏଡ଼ାଇ ଦିଆଯାଇ ନ ପାରେ। ଏହାଛଡ଼ା ଘରୋଇ ହିଂସା ମଧ୍ୟ ବଢ଼ିବାର ଯଥେଷ୍ଟ ସମ୍ଭାବନା ଅଛି।

ଏସବୁ ସମ୍ଭାବିତ ଆର୍ଥ ସାମାଜିକ ସମସ୍ୟାଗୁଡ଼ିକୁ ଦୃଷ୍ଟିରେ ରଖି ଏହି ତାଲାବନ୍ଦରେ ଓଲଟ ଯାତ୍ରାରେ ଥିବା ଅସଂଖ୍ୟ ଲୋକଙ୍କର ପ୍ରକୃତ ଥଇଥାନ ପାଇଁ ଉଭୟ ସରକାରୀ ଓ ସାମାଜିକ ସ୍ତରରେ ପଦକ୍ଷେପ ନିଆଯିବା ଦରକାର। କରୋନା ଭୂତାଣୁଜନିତ ସମସ୍ୟା ବେଶ୍ କିଛି ଦିନ ରହିବ। ଏହାର ସମ୍ପୂର୍ଣ୍ଣ ନିରାକରଣ ସମ୍ଭବ ନ ହେଲେ ବି ଆମମାନଙ୍କୁ ଏହା ସହ ବଞ୍ଚିବାକୁ ହେବ। ଅବଶ୍ୟ ମାନବ ଇତିହାସର ବିପୁଳ ଯାତ୍ରାରେ ଏହା ଏକ ସାମୟିକ ସମସ୍ୟା। ଯେତେ କ୍ଷତି କରୁ ପଛେ ଓ ଯେତେଦିନ ଲାଗୁ ପଛକେ, ଏ ସମସ୍ୟା ଦିନେ ଦୂରୀଭୂତ ହେବ ଯେତେବେଳେ ମାନବ ସମାଜ ଏପରି ସମସ୍ୟା ସହ

ବଞ୍ଚିବାକୁ ଶିଖିଯିବ। ତଥାପି ଏହି ସମସ୍ୟା ବା ଭବିଷ୍ୟତରେ ଆସିବାକୁ ଥିବା ଏପରି ସମସ୍ୟାର ପ୍ରଭାବ ହ୍ରାସ କରିବା ପାଇଁ ବିହିତ ପଦକ୍ଷେପ ନେବା ଜରୁରୀ। ପ୍ରତ୍ୟେକ ବିପର୍ଯ୍ୟୟରୁ ମିଳିଥିବା ଶିକ୍ଷା ନୂଆ ବିପର୍ଯ୍ୟୟକୁ ସାମ୍ନା କରିବାରେ ସାମର୍ଥ୍ୟ ଯୋଗାଇଥାଏ। ଜାତୀୟ ନାଗରିକ ରେଜିଷ୍ଟର ହେଉ ବା ନ ହେଉ, ପ୍ରବାସୀ ରେଜିଷ୍ଟର ହେବା ଏବେ ଜରୁରୀ ହେଲାଣି। ଜାତୀୟ ରାସନ କାର୍ଡ ହେବା ବି ଆବଶ୍ୟକ। ଉଭୟ ସଂଗଠିତ ଓ ଅଣସଂଗଠିତ କ୍ଷେତ୍ରରେ କର୍ମ ନିଯୁକ୍ତ ଲୋକମାନଙ୍କର ବିସ୍ତୃତ ତାଲିକା ପ୍ରସ୍ତୁତ ହେବା ଦରକାର ଏବଂ ଏହା ସମସ୍ତଙ୍କ ପାଇଁ ଉପଲବ୍ଧ ଥିବା ଆବଶ୍ୟକ। ପ୍ରବାସୀ ସମସ୍ୟା କ୍ଷେତ୍ରରେ କାର୍ଯ୍ୟରତ ଆମର ସରକାରୀ ଓ ସାମାଜିକ ଅନୁଷ୍ଠାନଗୁଡ଼ିକୁ ଅଧିକ ପ୍ରଭାବୀ ଓ ସଶକ୍ତ କରିବା ମଧ୍ୟ ଆବଶ୍ୟକ। ସ୍ଥାନୀୟ ଅଞ୍ଚଳରେ ତୁରନ୍ତ କର୍ମ ନିଯୁକ୍ତି ପାଇଁ ବ୍ୟବସ୍ଥା କରିବା ସର୍ବପ୍ରଧାନ କାର୍ଯ୍ୟ, ଯାହାକି ଏହି ଓଲଟ ଯାତ୍ରାର ଲୋକମାନଙ୍କୁ ଥଇଥାନ କରିପାରିବ।

ଦୃଶ୍ୟ ଓ ଦୃଷ୍ଟି

ଯାହା ଦେକାଯାଏ ତାହା ଦୃଶ୍ୟ। ଅର୍ଥାତ୍ ଯେଉଁ ବସ୍ତୁ ବା ଘଟଣା ଦର୍ଶନୀୟ ବା ଦର୍ଶନ ଯୋଗ୍ୟ ବା ଦର୍ଶନ କରାଯାଏ ତାହା ଦୃଶ୍ୟ। ବ୍ୟକ୍ତିର ଆଖିରେ ଦେଖିବା ବା ନଜର ବା ଦର୍ଶନକୁ ଦୃଷ୍ଟି କୁହାଯାଏ। ଆଖି ଖୋଲିବା ମାତ୍ରେ ହିଁ ପ୍ରକୃତିର ଅପରୂପ ସୌନ୍ଦର୍ଯ୍ୟ, ଅନେକ ବସ୍ତୁ, ବହୁ ଘଟଣା ଆମକୁ ଦେଖାଯାଏ। ଯୁଆଡ଼େ ଚାହିଁଲେ, ଯାହା ଦିଶିଲେ ବି-ତାହା ଗୋଟିଏ ଗୋଟିଏ ଦୃଶ୍ୟ। ଯଦିଓ ସୁନ୍ଦର ପଦାର୍ଥ ଦେଖିବାକୁ ସବୁବେଳେ ମନ ଚାହୁଁଥାଏ ଏବଂ ଆଖି ଖୋଜୁଥାଏ, ତଥାପି ଦୃଶ୍ୟ ଯେ ସବୁବେଳେ ସୁନ୍ଦର ହେବ ଏ କଥା ନୁହେଁ। ଏହା ଅସୁନ୍ଦର, କଦର୍ଯ୍ୟ ବି ହୋଇପାରେ, ଆମ ମନ ଚାହିଁବା ମୁତାବକ ବା ଆମ ଆଖି ଖୋଜିବା ମୁତାବକ, ଦୃଶ୍ୟ ସବୁବେଳେ ସୁଖଦାୟୀ ନ ହୋଇପାରେ। ଏହା ଦୁଃଖ ପ୍ରଦାନକାରୀ ଏପରିକି ଭୟ ଉଦ୍ରେକକାରୀ ବି ହୋଇପାରେ। ଅର୍ଥାତ୍ ଦୃଶ୍ୟ ଉପରେ ଦେଖିବା ଲୋକର ପ୍ରଭାବ ନଥାଏ। ଗୋଟିଏ ବସ୍ତୁ ବା ଘଟଣା ଯେମିତି ଘଟିବାର କଥା ଘଟିସାରି ଆମ ଆଖିକୁ ଦେଖାଯାଏ ତାହା ଦୃଶ୍ୟ। ତେବେ ଦୃଶ୍ୟ କ'ଣ ଏକ ବାସ୍ତବତା ? ଅର୍ଥାତ୍ ଯାହା ଘଟୁଥାଏ, ବାସ୍ତବତାରେ ଥାଏ ଓ ସେ ପଦାର୍ଥ ବା ଘଟଣା ଆମକୁ ଯେମିତି ଦିଶୁଥାଏ, ତାହା କ'ଣ ଦୃଶ୍ୟ ?

ଯଦି ବାସ୍ତବତା ହିଁ ଦୃଶ୍ୟ ଓ ଦୃଶ୍ୟ ହିଁ ବାସ୍ତବତା, ତେବେ ଏହି ଦୃଶ୍ୟ ଦେଖିବା ପାଇଁ ଆଖି ଲୋଡ଼ା। ଆଖି ମାଧ୍ୟମରେ ହିଁ ଆମେ ଦେଖିଥାଉଁ। ତେବେ ଆଖିରେ ଦେଖିଥିବା ବସ୍ତୁ, ବା ଘଟଣା ହିଁ ଦୃଶ୍ୟ। ଅର୍ଥାତ୍ ଆଖିରେ ଦେଖି ନଥିବା ବା ଆଖି ବାହାରେ କୌଣସି ବସ୍ତୁ ବା ଘଟଣା କ'ଣ ଦୃଶ୍ୟ ନୁହେଁ ? ବେଳେବେଳେ ଆଖି ବନ୍ଦ କଲେ ବି ଦୃଶ୍ୟ ଦେଖିହୁଏ। ଅତୀତରେ ଦେଖିଥିବା କିମ୍ବା ଭ୍ରମଣରେ ଯାଇ ବାହାରେ ଦେଖିଥିବା କିଛି ଦୃଶ୍ୟ, ଅତୀତରେ ଘଟିଯାଇଥିବା କିଛି ଘଟଣା, ଯାହା ଏବେ ବି ମନରେ ସାରତା ହୋଇ ରହିଛି, ଆଖିବନ୍ଦ କଲେ ବି ସେଗୁଡ଼ିକ ଦିଶିଯାଏ। ଏପରିକି

ଆଖି ବନ୍ଦ ଥାଇ ବି, ତତ୍କାଳ ସେ ଦୃଶ୍ୟ ଘଟୁ ନଥିଲେ ବି ଆମେ ସେ ଘଟଣା ବା ଦୃଶ୍ୟ ପ୍ରତି ଏବେ ବି ପ୍ରତିକ୍ରିୟା ଦେଖାଇ ଥାଉଁ। ଅନୁରୂପ ପ୍ରେମ, କ୍ରୋଧ ଓ ଉତ୍ତେଜନା ଆମେ ଅନୁଭବ କରିଥାଉଁ, ଯଦିଓ ବାସ୍ତବରେ ସେ ଦୃଶ୍ୟ ଏବେର ନୁହେଁ କି ବାସ୍ତବତାରେ ସେମିତି କିଛି ଘଟୁନାହିଁ, ଯଦିଓ ଆମେ ଆଖି ବନ୍ଦ କରି ସେ ଦୃଶ୍ୟକୁ ଦେଖିପାରୁଛେ, ଅନୁଭବ କରୁଛେ ବି। ବେଳେବେଳେ ଆମେ କଳ୍ପନାରେ ବି କିଛି ଦୃଶ୍ୟ ନିଜେ ଭାବି ଆଖି ବନ୍ଦ କରି ଦେଖିଥାଉଁ, ଯଦିଓ ବାସ୍ତବରେ ସେମିତି କିଛି ଘଟି ନଥାଏ। ଆମ ମନରେ ଚାଲିଥିବା ଉଦ୍‌ବେଳନ ଅନୁସାରେ ଆଖି ବନ୍ଦ ଥାଇ ବି ବିଭିନ୍ନ ଦୃଶ୍ୟ ଆମକୁ ଦିଶିଯାଏ। ଉଦାହରଣତଃ ଭଲପାଉଥିବା ଏକ ଝିଅ ବିଷୟରେ ଜଣେ ଯୁବକ ଅନେକ ଦୃଶ୍ୟ ନିଜ ଭାବନାରେ ଦେଖିପାରେ। ନିରୋଳାରେ ଚିନ୍ତାମଗ୍ନ ଥାଇ ଏମିତି ଦୃଶ୍ୟ ବି ଦେଖିପାରେ। ମାତ୍ର ବାସ୍ତବରେ ସେମିତି କିଛି ଘଟି ନ ଥାଇପାରେ। ଏହା ଯଦି ସତ୍ୟ, ତେବେ ଆଖି ବନ୍ଦ କରି ଦେଖିଥିବା ସେ ଦୃଶ୍ୟ କ'ଣ ଦୃଶ୍ୟ ନୁହେଁ ବା ଦୃଶ୍ୟ କ'ଣ ଏକ ମନର ଅବସ୍ଥା? ଏହା କ'ଣ ଅବାସ୍ତବ ବି ହୋଇପାରେ। ଏମିତି ଅନେକ ପ୍ରଶ୍ନ ଆସିବା ସ୍ୱାଭାବିକ୍।

ଅପର ପକ୍ଷରେ ଦୃଶ୍ୟ ଯଦି କେବଳ ଏକ ମନର ଅବସ୍ଥା, ତେବେ ଏହା କେବଳ ଆମେ ଚେଇଁ ଥିବାବେଳେ ବା ଆମର ମନ ସଜାଗ ବା ସଚେତନ ଥିବାବେଳେ ଦେଖାଯିବା କଥା। ମାତ୍ର ଅନେକ ସମୟରେ ଆମେ ସ୍ୱପ୍ନରେ ବି ବହୁ ସୁନ୍ଦର, ଅସୁନ୍ଦର, ଭୀତିକାରୀ ଦୃଶ୍ୟ ବି ଦେଖୁଁ। ଏପରିକି ସ୍ୱପ୍ନରେ ଦେଖିଥିବା ସେଇ ଦୃଶ୍ୟକୁ ଆମେ ପ୍ରତିକ୍ରିୟା ବି ଦେଖାଇଥାଉଁ, ଗଭୀର ନିଦ୍ରା ବା ଅଚେତନ ଅବସ୍ଥାରେ ଦେଖିଥିବା ସେ ଦୃଶ୍ୟ କ'ଣ ଦୃଶ୍ୟ ନୁହେଁ? ମାତ୍ର ଆମେ ସେମିତି ଦୃଶ୍ୟ ପ୍ରତି ଶାରୀରିକ ଭାବରେ ପ୍ରତିକ୍ରିୟା ରଖିଥା'ନ୍ତି। ଯୁବାବସ୍ଥାରେ କୌଣସି ସୁନ୍ଦର ଝିଅ ବା ପୁଅ ବିଷୟରେ ସ୍ୱପ୍ନ ଦେଖି ଶାରୀରିକ ଭାବେ ଉତ୍ତେଜିତ ହେବା ସ୍ୱାଭାବିକ, ଏପରିକି ଭୟ ଉଦ୍ରେକକାରୀ ସ୍ୱପ୍ନ ଦେଖି ଦେହରୁ ଝାଳ ବାହାରିବା, ନିଦରେ ପାଟି କରିବା ଇତ୍ୟାଦି ଅଭିଜ୍ଞତା ବହୁଲୋକଙ୍କର ଥାଏ। ସ୍ୱପ୍ନ ତ ବାସ୍ତବ ନୁହେଁ, ତେବେ ସ୍ୱପ୍ନରେ ଦେଖିଥିବା ସେ ଦୃଶ୍ୟ ବି ତ ବାସ୍ତବ ନୁହେଁ। ଏଣୁ ଦୃଶ୍ୟ କ'ଣ ଅବାସ୍ତବ ବି ହୋଇପାରେ?

ଦୃଶ୍ୟ ସାଧାରଣତଃ ଦେଖୁଥିବା ଲୋକଠାରୁ ଭିନ୍ନ ଓ ସ୍ୱତନ୍ତ୍ର। ଏହା ସ୍ୱତନ୍ତ୍ରଭାବେ ଥାଏ ବା ଘଟୁଥାଏ। ଆମେ ନ ଦେଖିଲେ ଆଉ କିଏ ଦେଖିଥିବ। ଏଣୁ ଦେଖିବା ଲୋକ ଉପରେ ଏହା ନିର୍ଭରଶୀଳ ନୁହେଁ, ଯଦିଓ ଦେଖିବା ଲୋକର ଆଖି ମାଧ୍ୟମରେ ସେଇ ବସ୍ତୁ ବା ଘଟଣା ଦୃଶ୍ୟର ରୂପନିଏ। ଏହା ଯଦି ସତ୍ୟ, ତେବେ କଳ୍ପନାରେ, ସ୍ୱପ୍ନରେ ବା ସ୍ମୃତିରେ ଦେଖୁଥିବା ବସ୍ତୁ ବା ଘଟଣାକୁ ଦୃଶ୍ୟ ବୋଲି ଗ୍ରହଣ କରାଯିବ ନା ନାହିଁ।

ଅତଏବ ଦୃଶ୍ୟ କେବଳ ଏକ ବାସ୍ତବତା ବା ଅତି ବାସ୍ତବତା, କେବଳ ମାନସିକ ଅବସ୍ଥା ବା ସ୍ୱପ୍ନଗତ ପରିସ୍ଥିତି ନୁହେଁ-ଏସବୁ ପରିସ୍ଥିତିରେ ବି ଦୃଶ୍ୟ ଦିଶିପାରେ। ଦିଶୁଥିବା ଦୃଶ୍ୟ ଓ ଦେଖୁଥିବା ବ୍ୟକ୍ତି ଦୁଇଟି ସ୍ୱତନ୍ତ୍ର ସତ୍ତା ଅଟେ। ଯଦିଓ ଅନେକ ସମୟରେ ଦେଖୁଥିବା ବ୍ୟକ୍ତି ବି ସେଇ ଦୃଶ୍ୟର ଏକ ଚରିତ୍ର ହୋଇ ଥାଇପାରେ ଓ ସେଇ ଚରିତ୍ର ମାଧ୍ୟମରେ ସେ ଦୃଶ୍ୟକୁ ନିଜେ ବି ଦେଖୁଥାଇପାରେ। ଚକ୍ଷୁ ଏକ ଶକ୍ତିଶାଳୀ କ୍ୟାମେରା ପରି ଯନ୍ତ୍ରଟିଏ, ଯାହା ବସ୍ତୁକୁ ବା ଘଟଣାକୁ କ୍ଷଣିକ ମଧ୍ୟରେ ଅବିକଳ ଫଟୋ ଉଠାଇ ନେଇପାରେ। ମାତ୍ର ମଣିଷ କେବଳ ଏକ ଯନ୍ତ୍ର ନୁହେଁ କି ତା' ମଧ୍ୟରେ ଘଟୁଥିବା ମୁଖ୍ୟତଃ ମାନସିକ ସ୍ତରରେ ଘଟୁଥିବା ଘଟଣା କେବଳ ଏକ ଯାନ୍ତ୍ରିକ ପ୍ରକ୍ରିୟା ନୁହେଁ। ଚକ୍ଷୁ ନାମକ କ୍ୟାମେରାରେ ଉତ୍ତୋଳନ କରାଯାଇଥିବା ଚିତ୍ର ନିଜ ଭିତରେ ଥାଏ। ଦେଖିଥିବା ଚିତ୍ରକୁ ଚାହିଦା ମୁତାବକ ପରିବର୍ତ୍ତିତ, ପରିବର୍ଦ୍ଧିତ ଏବଂ ପୁନର୍ଜୀବିତ କରିପାରିବାର କ୍ଷମତା ମଣିଷ ଭିତରେ ଥାଏ।

ଦେଖିବା ଏକ ଜୈବିକ ପ୍ରକ୍ରିୟା। ବିଜ୍ଞାନ ମତରେ ସୂର୍ଯ୍ୟର କିରଣ ବସ୍ତୁ ଉପରେ ପଡ଼ି ପ୍ରତିଫଳିତ ହୋଇ ଆମ ଆଖିରେ ପଡ଼ିଲେ ଯାଇ ଆମେ ସେ ବସ୍ତୁକୁ ଦେଖିପାରୁ। ସୂର୍ଯ୍ୟର କିରଣ ପୃଥିବୀରେ ପହଞ୍ଚିବାକୁ ପ୍ରାୟ ଆଠ ସେକେଣ୍ଡ ସମୟ ଲାଗେ। ଏଣୁ ଆମେ ଏଇ ମୁହୂର୍ତ୍ତରେ ଯେଉଁ ବସ୍ତୁକୁ ଦେଖୁଛେ, ତାହା ବାସ୍ତବରେ ଆଠ ସେକେଣ୍ଡ ପୂର୍ବର ବସ୍ତୁ କାରଣ ସୂର୍ଯ୍ୟଠାରୁ ଆଠ ସେକେଣ୍ଡ ପୂର୍ବରୁ ନିର୍ଗତ ହୋଇଥିବା କିରଣ ଏବେ ବସ୍ତୁ ଉପରେ ପଡ଼ି ପ୍ରତିଫଳିତ ହୋଇ ଆମ ଆଖି ପାଖରେ ପହଞ୍ଚିଛି। ଏହି ଦେଖିବା ଏକ ଯାନ୍ତ୍ରିକ ପ୍ରକ୍ରିୟା, ମାତ୍ର ଏହାର ଏକ କଳାତ୍ମକ ଦିଗ ବି ଅଛି। ବସ୍ତୁରୁ ଆସିଥିବା ଆଲୋକରୁ ଆଖିରେ ଛବି ଅବିକଳ ଭାବରେ ପ୍ରତିଫଳିତ ହୋଇଥିଲେ ହେଁ କ୍ୟାମେରା ପରି ଏହା ଅବିକଳ ଛବି ପ୍ରକାଶ କରେ ନାହିଁ। ମଣିଷ ପାଖରେ ମନ ଓ ଚେତନା ଭଳି ଦୁଇଟି ଅତି ପ୍ରଭାବଶାଳୀ ଶକ୍ତି ଅଛି, ଯାହା ଆଖିରେ ଧରି ରଖିଥିବା ଛବିକୁ ପ୍ରଭାବିତ କରିଥା'ନ୍ତି। ଛବିକୁ ଚାହିଦା ମୁତାବକ ପରିବର୍ତ୍ତିତ ବା ପରିବର୍ଦ୍ଧିତ କରି ପୁନଃପ୍ରକାଶ କରିପାରେ ମନ। ବାସ୍ତବରେ ବସ୍ତୁର ସ୍ୱରୂପ ଯେମିତି ହୋଇଥାଉ ନା କାହିଁକି, ଚେତନା ତାକୁ ଯେମିତି ଓ ଯେତିକି ଗ୍ରହଣ କରିଥାଏ, ମନ ତାକୁ ଯେମିତି ପୁନଃପ୍ରକାଶ କରିବାକୁ ଚାହିଁଥାଏ, ସେ ବସ୍ତୁ ସେ ଲୋକକୁ ସେମିତି ଦେଖାଯାଇଥାଏ। ତା'ଛଡ଼ା ଚେତନା ଓ ମନ, ଏହି ଦୃଶ୍ୟକୁ ନିଜ ଭିତରେ ଅଟକ ରଖିପାରନ୍ତି ଏବଂ ପରେ ଆବଶ୍ୟକତା ଅନୁସାରେ ଓ ମନ ଯେମିତି ଚାହିଁଥାଏ ଏହାକୁ ପୁନର୍ଜୀବିତ କରି ଦେଖାଇ ପାରନ୍ତି। ମନର ଅବସ୍ଥା ଅନୁସାରେ ଏହା ପରିବର୍ତ୍ତିତ ବା ପରିବର୍ଦ୍ଧିତ ହୋଇ ବ୍ୟକ୍ତିକୁ ଦେଖାଯାଇପାରେ। ଏଇଥି ପାଇଁ ବହୁ ପୁରାତନ ଦୃଶ୍ୟଟିଏ

ଏବେ ଆଖି ବନ୍ଦ କଲେ ଓ ମନେ ପକାଇଲେ ଆମକୁ ଦେଖାଯାଏ-ତାହା ଅବିକଳ ହୋଇପାରେ, ବା ପରିବର୍ତ୍ତିତ ଓ ପରିବର୍ଦ୍ଧିତ ବି ହୋଇପାରେ। ଏହାକୁ ଆମେ ସ୍ମୃତିଚାରଣ କହନ୍ତି। ଏହି ଚିତ୍ର ଅବିକଳଠାରୁ ଅତ୍ୟଧିକ ପରିବର୍ଦ୍ଧିତ ହୋଇ ଦିଶିଲେ-ଏହା କଳ୍ପନାରେ ପରିଣତ ହୁଏ। କଳ୍ପନାରେ ଦେଖିଥିବା ଦୃଶ୍ୟ ଏଇଥିପାଇଁ ବାସ୍ତବତା ସହ ସର୍ବନିମ୍ନ ସାଦୃଶ୍ୟ ଥାଏ। ସେହିପରି ଏକ ଦୃଶ୍ୟ ମନରେ ଗଭୀର ରେଖାପାତ କରିଥିଲେ, ସାଇତା ହୋଇ ରହିଥିବା ସ୍ୱରୂପ ବିଚିତ୍ର ଭଙ୍ଗୀରେ ସ୍ୱପ୍ନରେ ବି ଦିଶିଯାଇପାରେ। ଆଖିରେ ସଂଗ୍ରହ କରାଯାଇଥିବା ସେଇ ଏକା ଚିତ୍ର ପରିବର୍ତ୍ତିତ ଓ ପରିବର୍ଦ୍ଧିତ ହୋଇ, କଳ୍ପନାରେ ଏପରିକି ଗଭୀର ନିଦ୍ରାରେ ସ୍ୱପ୍ନରେ ଦେଖାଯାଏ, ଏସବୁ ରୂପାନ୍ତର ମନଦ୍ୱାରା ହୋଇଥାଏ।

କୁହାଯାଏ ସୌନ୍ଦର୍ଯ୍ୟ ବସ୍ତୁରେ ନୁହେଁ, ଦେଖିବା ଲୋକର ଆଖିରେ ଥାଏ। ଅର୍ଥାତ୍ ସୌନ୍ଦର୍ଯ୍ୟ ଦୃଶ୍ୟରେ ନୁହେଁ ଦୃଷ୍ଟିରେ ଥାଏ। ତେବେ ଏଇ ଦୃଷ୍ଟି କ'ଣ ଆଖି ଦେଖିଥିବା ଦୃଶ୍ୟଠାରୁ ଭିନ୍ନ? ଏ ସମ୍ପର୍କରେ ପୂର୍ବ ଆଲୋଚନାରେ ଆଭାସ ଦିଆ ସରିଛି। ମାତ୍ର ଏହାକୁ ସହଜ କରିବା ପାଇଁ କେତୋଟି ବହୁ ଜଣାଶୁଣା ପ୍ରସଙ୍ଗକୁ ନିଆଯାଇପାରେ। ଗୋଟିଏ ଅଧାପାଣି ଭର୍ତ୍ତି ଗ୍ଲାସ୍‌କୁ ଦେଖାଇ ଅନେକ ଲୋକଙ୍କର ମତ ପଚାରିଲେ, କିଛି ଲୋକ "ଅଧା ଭର୍ତ୍ତି ଅଛି" ବୋଲି କହିବେ ଓ ଅନ୍ୟ କିଛି ଲୋକ "ଗ୍ଲାସ୍‌ଟି ଅଧା ଖାଲି ଅଛି" ବୋଲି ଉତ୍ତର ଦେବେ। ସମସ୍ତେ ସଠିକ୍ ଉତ୍ତର ଦେଇଛନ୍ତି, ମାତ୍ର ସେମାନଙ୍କ ଦୃଷ୍ଟିଭଙ୍ଗୀରେ ଫରକ ହେତୁ ଦୁଇଟି ଭିନ୍ନ ଉତ୍ତର ଆସିଲା। ସକାରାତ୍ମକ ଦୃଷ୍ଟିରେ ଗ୍ଲାସ୍‌ଟି ଅଧା ଭର୍ତ୍ତି ଅଛି, ନକାରାତ୍ମକ ଦୃଷ୍ଟିରେ ଗ୍ଲାସ୍‌ଟି ଅଧା ଖାଲି ଅଛି। ବସ୍ତୁ ଏକ ହୋଇଥିଲେ ହେଁ ଦେଖିଥିବା ଲୋକର ମନ ଓ ଚେତନା ବସ୍ତୁର ଯେଉଁ ଅଂଶକୁ ଅଧିକ ଗୁରୁତ୍ୱ ଦେଇ ପ୍ରକାଶ କରିବାକୁ ଚାହିଁଲେ, ସେଇ ଅନୁସାରେ ଉତ୍ତର ଆସିଲା।

ଆଉ ଗୋଟିଏ ଚର୍ଚ୍ଚିତ ପୌରାଣିକ ପ୍ରସଙ୍ଗକୁ ନିଆଯାଉ। ଗୁରୁ ଦ୍ରୋଣାଚାର୍ଯ୍ୟଙ୍କ ଆଶ୍ରମରେ ପାଣ୍ଡବ ପାଞ୍ଚଭାଇ ଏବଂ କୌରବ ଶହେ ଭାଇ ଶିକ୍ଷା ପ୍ରାପ୍ତ କରୁଥିଲେ। ଦିନେ ଦ୍ରୋଣାଚାର୍ଯ୍ୟ ଶିଷ୍ୟମାନଙ୍କର ଦକ୍ଷତା ପରୀକ୍ଷା ଆଳରେ ପାଖରେ ଥିବା ଏକ ଗଛର ଡାଳକୁ ଲକ୍ଷ୍ୟ କରି ପ୍ରତ୍ୟେକଙ୍କୁ ତୁମେ କ'ଣ ଦେଖୁଛ ବୋଲି ପଚାରିଲେ। କିଏ କହିଲା ଗଛର ଡାଳ ଦେଖୁଛି, କିଏ କହିଲା ଗଛର ପତ୍ର ଦେଖୁଛି, ଆଉ କିଏ କହିଲା ଗଛଡାଳରେ ବସିଥିବା ଏକ ପକ୍ଷୀ ଦେଖୁଛି। ଯେତେବେଳେ ଅର୍ଜୁନଙ୍କୁ ଏ କଥା ପଚରାଗଲା, ସେ ବୃକ୍ଷକୁ ଭଲଭାବେ ନିରୀକ୍ଷଣ କରିବା ପରେ ଉତ୍ତର ଦେଲେ, "ମୁଁ ଗଛ ଡାଳରେ ବସିଥିବା ପକ୍ଷୀର ଆଖି ହିଁ ଦେଖି ପାରୁଛି"। ଏଠି ବି ଦୃଶ୍ୟ

ଗୋଟିଏ, ମାତ୍ର ଦେଖିବା ଲୋକର ଦୃଷ୍ଟିରେ କେତେ ଫରକ ଆସୁଛି। ଏଇ ଉତ୍ତରକୁ ଭିତ୍ତି କରି ହିଁ ଗୁରୁ ଦ୍ରୋଣାଚାର୍ଯ୍ୟ ଅର୍ଜୁନଙ୍କୁ ଧନୁର୍ବିଦ୍ୟା ଶିକ୍ଷା ଦେବାପାଇଁ ନିଷ୍ପତ୍ତି ନେଇଥିଲେ। ଦୃଶ୍ୟ ଅନେକ ସମୟରେ ଦେଖିବା ଲୋକର ପ୍ରବୃତ୍ତି ଅନୁସାରେ ପ୍ରଭାବିତ ହୋଇ ପୁନଃପ୍ରକାଶିତ ହୋଇଥାଏ।

ସେହିପରି ମହାଭାରତରେ ବର୍ଣ୍ଣିତ ବ୍ୟାସଦେବ ଓ ଶୁକମୁନିଙ୍କ ପ୍ରସଙ୍ଗକୁ ନିଆଯାଉ। ବ୍ୟାସଦେବଙ୍କ ପୁତ୍ର ଶୁକମୁନି ଆବାଳ ବ୍ରହ୍ମଚାରୀ ଥିଲେ। ତାଙ୍କର ବୟଃପ୍ରାପ୍ତ ହେବା ପରେ ବ୍ୟାସଦେବ ଚାହୁଁଥିଲେ ତାଙ୍କୁ ବିବାହ କରାଇ ଦେବା ପାଇଁ। ମହାମୁନୀ ଶୁକ ଏହାକୁ ବିରୋଧ କରୁଥିଲେ ଏବଂ ବିବାହ ପାଇଁ ରାଜି ନଥିଲେ। ଶୁକଙ୍କ ଉପରେ ଅଧିକ ଚାପ ପଡ଼ିବାରୁ ସେ ଅନ୍ୟ କୌଣସି ଉପାୟ ନ ପାଇ ଘର ଛାଡ଼ି ଚାଲିଯିବାକୁ ନିଷ୍ପତ୍ତି ନେଲେ ଏବଂ ଦିନେ ସକାଳୁ ଦୌଡ଼ି ପଳାଇଲେ। ଏ କଥା ଜାଣିପାରି ବ୍ୟାସଦେବ ତାଙ୍କ ପଛେ ପଛେ ତାଙ୍କୁ ଅଟକାଇବାକୁ ବି ଦୌଡ଼ିଲେ। ଆଗେ ଆଗେ ଦୌଡୁଥା'ନ୍ତି ଶୁକମୁନି। ତାଙ୍କର ବସ୍ତ୍ର ଖସିଗଲାଣି। କେବଳ କୌପିନ ପିନ୍ଧି ସେ ଆଗରେ ଦୌଡୁଛନ୍ତି ଏବଂ ତାଙ୍କ ପଛେ ପଛେ ବ୍ୟାସଦେବ। ଅନତିଦୂରରେ ଏକ ପୁଷ୍କରିଣୀ ଥିଲା ଯେଉଁଠି ମହିଳା ଓ ଲଳନାମାନେ ସ୍ନାନ କରୁଥିଲେ। ଶୁକମୁନି ଦୌଡ଼ି ଆସୁଥିବାର ଦେଖି ସେଇ ଲଳନାମାନେ ଓଦା ଲୁଗାରେ ପୁଷ୍କରିଣୀ ଉପରକୁ ଉଠିଆସି ତାଙ୍କୁ ଦେଖୁଥିଲେ। ଓଦା ଲୁଗାରେ ସେମାନେ ବି ଅର୍ଦ୍ଧ ନଗ୍ନ ପରିଥିଲେ। ଶୁକମୁନି ସେମାନଙ୍କୁ ନ ଦେଖି ଆଗକୁ ଦୌଡ଼ି ଦୌଡ଼ି ପଳାଇବା ପରେ ସେଇ ଲଳନାମାନେ ଦେଖିଲେ ଯେ ବ୍ୟାସଦେବ "ରୁହ ପୁତ୍ର ରୁହ ପୁତ୍ର" ଡାକି ଡାକି ଆସୁଛନ୍ତି। ବ୍ୟାସଦେବଙ୍କୁ ଦେଖିବା କ୍ଷଣି ସେ ଲଳନାମାନେ ପୁଣି ପୁଷ୍କରିଣୀ ଭିତରକୁ ପଶିଗଲେ। ଏ ଦୃଶ୍ୟ ବ୍ୟାସଦେବଙ୍କୁ ବିଚଳିତ କଲା। ସେ ଅଧବାଟ ଯାଇ ପୁଣି ପୁଷ୍କରିଣୀ ନିକଟକୁ ଫେରି ଆସିଲେ।

ସେତେବେଳକୁ ବ୍ୟାସଦେବ ମହା ତପସ୍ବୀ, ମହାଭାରତ ଓ ୧୮ଖଣ୍ଡ ପୁରାଣ ରଚନା କରି ସାରିଲେଣି। ବ୍ୟାସଦେବ ଫେରିଆସି ସେଇ ଲଳନାମାନଙ୍କୁ ପଚାରିଲେ:- 'ଶୁକ ଯୁବକ ଓ ଉଲଗ୍ନ' ମାତ୍ର ମୁଁ ବୃଦ୍ଧ ତପସ୍ବୀ। ଆପଣମାନେ ଶୁକଙ୍କୁ ଦେଖି ଲଜ୍ଜାଜନକ ହେବା କଥା। ଅଥଚ ଆପଣମାନେ ପୁଷ୍କରିଣୀ ଉପରକୁ ଓଦା ଲୁଗାରେ ଉଠିଆସି ତାଙ୍କୁ ଦେଖୁଥିଲେ। ମାତ୍ର ମୁଁ ଆସିବା ବେଳକୁ ଆପଣମାନେ ପୁଣି ଜଳମଧ୍ୟକୁ ପ୍ରବେଶ କରିଗଲେ କାହିଁକି? ଏ ପ୍ରଶ୍ନରେ ସମସ୍ତେ ନିରବ ରହିଲେ। ମାତ୍ର ବାରମ୍ବାର ପ୍ରଶ୍ନ ପଚାରିବାରୁ ଜଣେ ମହିଳା ସାହସ କରି ଉତ୍ତର ଦେଲା, "ମହାପ୍ରଭୁ, ଶୁକଦେବ ଯୁବକ ହେଲେ ବି ସମ୍ପୂର୍ଣ୍ଣ ନିର୍ଲିପ୍ତ ଓ ନିର୍ମୋହ। ତାଙ୍କର ସାଂସାରିକ ସ୍ଥିତି ପ୍ରତି ଆଦୌ

ଆସକ୍ତ ନାହିଁ । ମାତ୍ର ଆପଣ ନିଜ ପୁତ୍ର ପଛରେ "ପୁତ୍ର ପୁତ୍ର" ଚିତ୍କାର କରି ଧାଇଁଥିଲେ । ଏଥିରୁ ଆପଣଙ୍କର ସଂସାର ପ୍ରତି ମୋହ ଥିବାର ପ୍ରତୀୟମାଣ ହେଲା । ଏଣୁ ଆମେ ଶୁକମୁନିଙ୍କ ପାଖକୁ ଓଦାଲୁଗାରେ ଅର୍ଦ୍ଧ ନଗ୍ନ ଥାଇ ବି ଚାଲିଯାଇ ପାରିଲୁ, ମାତ୍ର ଆପଣ ଆସିବା ପରେ ଆମେ ପୁଣି ପୁଷ୍କରିଣୀ ମଧ୍ୟକୁ ଫେରି ଆସିଲୁ ନିଜର ଲାଜ ବଞ୍ଚାଇବା ପାଇଁ ।"

କଥା ଏତିକି । ପ୍ରସଙ୍ଗ ଏଠି ଶୁକମୁନି ବା ବ୍ୟାସଦେବଙ୍କର ସନ୍ୟାସ ବିଷୟରେ ନୁହେଁ । ଏଠି ସ୍ନାନରଣ ଲଳନାମାନଙ୍କର ଦୃଷ୍ଟି ପ୍ରତି ଆପଣମାନଙ୍କର ଦୃଷ୍ଟି ଆକର୍ଷଣ କରୁଛି । ଉଲଗ୍ନ ଯୁବ ସନ୍ୟାସୀ ଓ ବସ୍ତ୍ର ପରିହିତ ବୃଦ୍ଧ ସନ୍ୟାସୀ ପ୍ରତି ଲଳନାମାନଙ୍କର ଦୃଷ୍ଟି ଭିନ୍ନ ଥିଲା । ଏଣୁ ବ୍ୟବହାର ବି ଉଭୟଙ୍କ କ୍ଷେତ୍ରରେ ଭିନ୍ନ ହୋଇଥିଲା । ଜଣେ ଉଲଗ୍ନ ଯୁବକ ସନ୍ୟାସୀକୁ ଦେଖି ଲଳନାମାନଙ୍କ ମନରେ ସାଧାରଣତଃ ଯେଉଁ ଭାବ ଜାଗ୍ରତ ହେବା କଥା, ଏଠାରେ ତାହା ହୋଇ ନାହିଁ, କାରଣ ଶୁକଦେବ ସମ୍ପୂର୍ଣ୍ଣ ନିର୍ମୋହ ଥିଲେ । ମାତ୍ର ବ୍ୟାସଦେବଙ୍କ କ୍ଷେତ୍ରରେ ସେମାନଙ୍କ ଦୃଷ୍ଟି ଭିନ୍ନ ହୋଇଥିଲା । ଫଳତଃ ସେମାନେ ବ୍ୟାସଦେବଙ୍କୁ ଅନ୍ୟ ଯେକୌଣସି ସାଂସାରିକ ମଣିଷ ବୋଲି ଭାବି ବ୍ୟବହାର ପ୍ରଦର୍ଶନ କରିଥିଲେ ।

ଏ ସମ୍ପର୍କରେ ଆଉ ଗୋଟିଏ ଉପାଖ୍ୟାନ କହୁଛି । ପାବ୍‌ଲୋ ପିକାସୋ, ଫ୍ରାନ୍ସ ଦେଶର (ସ୍ପେନ ଜନ୍ମିତ) ଜଣେ ବିଶ୍ୱବିଖ୍ୟାତ ଚିତ୍ରକର ଥିଲେ । ଥରେ ସେ ନିଜ ଚିତ୍ରକଳା ସୃଷ୍ଟିରେ ବ୍ୟସ୍ତ ଥିବାବେଳେ ଜଣେ ଧନାଢ଼୍ୟ ବ୍ୟକ୍ତି ଆସି ତାଙ୍କୁ ତାଙ୍କର ଚିତ୍ର ନିର୍ମାଣ କରିବାକୁ ଅନୁରୋଧ କଲେ ଏବଂ ସେଥିପାଇଁ ସେ ଯେତେ ଟଙ୍କା ଦାବି କରିବେ ସେ ଦେବେ ବୋଲି କହିଲେ । ପିକାସୋ ତାଙ୍କୁ ଥରେ ମାତ୍ର ତୀର୍ଯ୍ୟକ ଚାହିଁ ଦେଇ ପୁଣି ଚିତ୍ର କରିବାରେ ବ୍ୟସ୍ତ ରହିଲେ । ସେ ଯୁବକ ପୁଣି ଥରେ ତାଙ୍କୁ ତାଙ୍କର ଚିତ୍ର ଆଙ୍କିବା ପାଇଁ କହିଲେ । ମାତ୍ର ପିକାସୋ ନିରବ ରହିଲେ । ଏଥର ସେ ଯୁବକ ଭୀଷଣ ଉତ୍ତେଜିତ ହୋଇଗଲେ ଏବଂ ତାଙ୍କୁ ଧମକ ଚମକ ବି ଦେବାକୁ ଲାଗିଲେ । ପରିସ୍ଥିତି ଅପ୍ରୀତିକର ହେବାକୁ ଯାଉଥିବାରୁ ଏବଂ ପିକାସୋ ଚିତ୍ରକଳାରେ ମନୋନିବେଶ କରି ନ ପାରୁଥିବାରୁ, ସେ ଯୁବକଙ୍କୁ ୭ଦିନ ପରେ ଆସି ତାଙ୍କର ଚିତ୍ରକଳା ନେଇଯିବାକୁ କହିଥିଲେ । ସମୟଗତେ ସେ ଯୁବକ ଜଣକ ପୁଣିଥରେ ପିକାସୋଙ୍କ ପାଖକୁ ଆସିଲେ । ଏଥର ପିକାସୋ ଜଣେ ବୃଦ୍ଧ ବ୍ୟକ୍ତିର ଅଙ୍କା ଯାଇଥିବା ତୈଳ ଚିତ୍ରକୁ ଦେଖାଇ ସେ ଚିତ୍ରଟି ନେଇ ଯିବାକୁ କହିଥିଲେ । ଏଥର ସେ ଯୁବକଙ୍କର ଆଉ କ୍ରୋଧ ବା ଉତ୍ତେଜନା ନ ଥିଲା । ତେଣୁ ସେ ବିନୟ ଭାବରେ କହିଲେ "ସାର୍, ଏ ଚିତ୍ର ତ ଜଣେ ବୃଦ୍ଧ ଲୋକର, ମୋର ନୁହେଁ" । ପିକାସୋ କହିଲେ, ନାଇଁ ଏ ଚିତ୍ର ଆପଣଙ୍କର । ଏମିତି

ବାରମ୍ବାର କଥା କଟାକଟି ହେବା ପରେ ପିକାସୋ କହିଲେ ଯେ ଆପଣ ୨୦ବର୍ଷ ପରେ ଠିକ୍ ଏମିତି ହିଁ ଦେଖାଯାଉଥିବେ। ସେଇ ଚିତ୍ର ମୁଁ ଆଙ୍କିଛି। ଅର୍ଥାତ୍ ଏବେ ଆପଣଙ୍କୁ ୨୦ବର୍ଷ, ୨୦ବର୍ଷ ପରେ ଆପଣଙ୍କର ବୟସ ମାତ୍ର ୪୦ବର୍ଷ ହୋଇଥିବ। ତଥାପି ଆପଣ ଜଣେ ୮୦ବର୍ଷର ବୃଦ୍ଧ ପରି ଦିଶୁଥିବେ। କାରଣ ଆପଣଙ୍କ ଭିତରେ ଯେଉଁ ଅହେତୁକ କ୍ରୋଧ ଓ ଆକ୍ରୋଶ ରହିଛି, ତାହାହିଁ ଆପଣଙ୍କର ବୟସ ଏମିତି ବଢ଼ାଇ ଦେବ। ପରେ ଦେଖାଯାଇଥିଲା ଯେ ୨୦ବର୍ଷ ପରେ ସେ ଭଦ୍ରବ୍ୟକ୍ତି ଜଣକ ପିକାସୋ ଆଙ୍କିଥିବା ଚିତ୍ରର ବୃଦ୍ଧ ପରି ଅବିକଳ ଦେଖାଯାଇଥିଲେ, ଏଠି ବି ପ୍ରସଙ୍ଗ ସେ ଚିତ୍ରକଳା ନୁହେଁ, କି ସେ ଧନ୍ନାଢ଼୍ୟ ଯୁବକଙ୍କର ବ୍ୟବହାର ନୁହେଁ। ଏଠି ବି ପ୍ରସଙ୍ଗ ସେଇ ଦୃଷ୍ଟିର ଯାହା ପିକାସୋଙ୍କ ପାଖରେ ଥିଲା ଏବଂ ସେ ୨୦ବର୍ଷର ଜଣେ ଯୁବକଙ୍କୁ ଲକ୍ଷ୍ୟ କରି ତାଙ୍କର ୪୦ବର୍ଷ ବେଳର ଚେହେରା ଆଙ୍କି ଦେଇପାରୁଥିଲେ। ପିକାସୋଙ୍କ ସାମ୍ନାରେ ଦୃଶ୍ୟ ଥିଲା ସେଇ ଉଗ୍ର ଯୁବକ ଜଣଙ୍କର। ମାତ୍ର ସେ ସେଇ ଦୃଶ୍ୟରେ ନିଜର ଦୃଷ୍ଟିବଳରେ ମିଶାଇ ଥିଲେ ନିଜର ଜ୍ଞାନ, ଅଭିଜ୍ଞତା ଓ ଚିତ୍ର କଳାର କାରିଗରୀ।

ଅତଏବ ଦୃଶ୍ୟ ଓ ଦୃଷ୍ଟି ଦୁଇଟି ସ୍ୱତନ୍ତ୍ର ବାସ୍ତବତା। ଦୃଶ୍ୟ ବ୍ୟକ୍ତିଠାରୁ ଭିନ୍ନ ଏକ ସତ୍ତା, ଯଦିଓ ଏହାକୁ ସେଇ ବ୍ୟକ୍ତି ହିଁ ଧରି ରଖିଥାଏ। ଅପର ପକ୍ଷରେ ଦୃଷ୍ଟି ବ୍ୟକ୍ତିର ଦେଖିବା ଲୋକର। ବ୍ୟକ୍ତିର ଦୃଷ୍ଟି ଦୃଶ୍ୟକୁ ପରିବର୍ତ୍ତିତ ଓ ପରିବର୍ଦ୍ଧିତ କରି ପୁନଃପ୍ରକାଶ କରିପାରେ।

ସୁଖ-ଦୁଃଖ

କଥା କହିବା ଆରମ୍ଭ ହେବା ପୂର୍ବରୁ ଆଈମା ପ୍ରତିଦିନ ପଚାରେ "କୁହ, କ'ଣ କହିବି ? ସୁଖ କହିବି ନା ଦୁଃଖ କହିବି, ନା ଅଙ୍ଗେ ନିଭେଇଥିବା କଥା କହିବି"। ଆମ କଥା କୁହା ପରମ୍ପରାରେ କଥା କହୁଥିବା ଲୋକ, ଶ୍ରୋତାକୁ ଦ୍ୱାହି ଦେଇ ଏମିତି କଥା ଆରମ୍ଭ କରେ। ଭାରତୀୟ ସଂସ୍କୃତିରେ କଥାକୁହା ଲୋକ ଦୁଃଖ କଥା ବେଶୀ କହେ। ମଝିରେ ମଝିରେ ଅଙ୍ଗେ ନିଭେଇଥିବା କଥା ବି କହେ। କଥାକୁ ରୋଚକ କରିବା ପାଇଁ ଆବଶ୍ୟକୀୟ ବଡ଼ିମା ବି ମିଶାଯାଇପାରେ। ମାତ୍ର ସୁଖ କଥା କମ୍ କୁହାଯାଏ, ପୁଣି ବ୍ୟକ୍ତିଗତ ସୁଖ ଆହୁରି କମ୍ ପ୍ରକାଶ କରାଯାଏ। ହଁ, ବେଳେବେଳେ ବ୍ୟକ୍ତିଗତ ଦୁଃଖକୁ ଲୁଚାଇବା ପାଇଁ ସୁଖର ଛଳନା କରାଯାଏ, ଯାହା କଥା ମଝିରେ ବା କଥା ସରିବା ପୂର୍ବରୁ ଧରା ପଡ଼ିଯାଏ।

ଆମ ସାମାଜିକ ପରମ୍ପରା ଏମିତି। ଲୋକ ନିଜ ସୁଖ ବଖାଣିବାକୁ ଲାଜ କରନ୍ତି। ଅଧିକ ସୁଖ ବଖାଣିବା ଫୁଲେଇ ବା ଫୁଟାଣି ବୋଲି କହନ୍ତି। ମାତ୍ର ଦୁଃଖ କହିବାରେ କୁଣ୍ଠା ନ ଥାଏ-ଦୁଃଖ କହିବା ବେଳେ ଅନେକ ଲୋକ ମାନସିକ ଶାନ୍ତି ବି ପାଇଥା'ନ୍ତି। ସାଧୁସନ୍ଥଙ୍କ ଠାରୁ ଆରମ୍ଭ କରି ପ୍ରବଚକ ଏପରିକି ସାଧାରଣ ଲୋକଙ୍କ ପର୍ଯ୍ୟନ୍ତ ସମସ୍ତେ ଜଗତ କଲ୍ୟାଣ, ସାମୁହିକ ସୁଖର କଥା କହନ୍ତି। ତା'ର ମାର୍ଗ ଓ ମାଧ୍ୟମ ବିଷୟରେ ମାର୍ଗ ଦର୍ଶନ କରାନ୍ତି। ପ୍ରାଣୀଙ୍କ ଅପ୍ରମିତ ଦୁଃଖ ବିଷୟରେ ଅନର୍ଗଳ ବକ୍ତୃତା ଦେଇଥା'ନ୍ତି। ଦୁଃଖର କାରଣ ଓ ଦୁଃଖ ଲାଘବର ମାର୍ଗ ବି ଦର୍ଶାବି ପାରନ୍ତି। କଥା ମଝିରେ କି ଶେଷରେ ଦୀର୍ଘଶ୍ୱାସ ପକାଇ ସନ୍ଥକବି ଅନ୍ଧକବି ଭୀମଭୋଇଙ୍କୁ ଉଦ୍ଧୃତ କରନ୍ତି-

"ପ୍ରାଣୀଙ୍କ ଆରତ ଦୁଃଖ ଅପ୍ରମିତ
ଦେଖୁ ଦେଖୁ କେବା ସହୁ
ମୋ' ଜୀବନ ପଛେ ନର୍କେ ପଡ଼ିଥାଉ
ଜଗତ ଉଦ୍ଧାର ହେଉ।"

ଦାରିଦ୍ର୍ୟ ଯେମିତି ଦୁଃଖର ପ୍ରମୁଖ କାରଣ ! ଦାରିଦ୍ର୍ୟକୁ ନେଇ ଦୁଃଖକୁ ନେଇ ଏବେ ସଗୌରବେ ଆଲୋଚନା କରିବାକୁ, ଏପରିକି ପ୍ରତିଯୋଗୀତାମୂଳକ ଉପସ୍ଥାପନା କରିବାକୁ, ନିଜର ଅଭିଜ୍ଞତା ବଖାଣିବାକୁ ଲୋକେ ଯେତେ ତତ୍ପର ବ୍ୟକ୍ତିଗତ ସୁଖ କଥା ପଡ଼ିଲେ, ଅନେକ ଲୋକ ପଛଘୁଞ୍ଚା ଦିଅନ୍ତି। ସୁଖ କହିବାକୁ ଜିଭ ଲେଉଟେନି ଯେମିତି ! ସଂସାରକୁ ଦୁଃଖମୟ ଓ ଜୀବନକୁ ଜଂଜାଳମୟ ବୋଲି ବାରମ୍ବାର ଶୁଣି ଆସିଥିବା ଲୋକ, ପ୍ରଚାରିତ କରିଥିବା ଜୀବନ ଦର୍ଶନ ଓ ଧାର୍ମିକ ପନ୍ଥା, ଦୁଃଖର ବିକଳ୍ପ କଥା ଚିନ୍ତା କରିନାହାନ୍ତି ଯେମିତି ! ତା'ଛଡ଼ା ଇତିହାସ ସାରା ବିବିଧ ବିପର୍ଯ୍ୟୟ, ଦାରୁଣ ଦାରିଦ୍ର୍ୟ ଓ ଅସରନ୍ତି ଦମନର ଶୀକାର ହୋଇ ଆସିଥିବା ଲୋକସତ୍ତା ସୁଖ କଥା ଭାବିବାକୁ, ଅନୁଭବ କରିବାକୁ ତର ପାଇନାହାନ୍ତି ଯେମିତି।

ଆଜି କଥା ପଡ଼ିଲାଣି ଯେତେବେଳେ, ଆସ ବସ, କଥା ହେବା-ସୁଖଦୁଃଖ ହେବା।

୨୦୧୯ ମସିହାରେ ଆମ ଦେଶରେ ସାଧାରଣ ନିର୍ବାଚନ ଅନୁଷ୍ଠିତ ହୋଇଥିଲା। ଓଡ଼ିଶାରେ ଉଭୟ ଲୋକସଭା ଓ ବିଧାନସଭା ପାଇଁ ନିର୍ବାଚନ ହୋଇଥିଲା। ଏହି ନିର୍ବାଚନ ପୂର୍ବରୁ ପ୍ରଚାର ଅବସରରେ ତତ୍କାଳୀନ ମୁଖ୍ୟମନ୍ତ୍ରୀ ତଥା ବିଜୁଜନତା ଦଳର ସଭାପତି ଓ ମୁଖ୍ୟ ଶ୍ରୀଯୁକ୍ତ ନବୀନ ପଟ୍ଟନାୟକ ସମବେତ ସାଧାରଣ ଲୋକମାନଙ୍କୁ ପଚାରୁଥିଲେ "ଆପଣମାନେ ଖୁସି ତ? ମୁଁ ବି ଖୁସି"। ଏହି ଛୋଟ କଥାଟି ଲୋକମାନଙ୍କ ଉପରେ ବେଶ୍ ପ୍ରଭାବ ପକାଇଥିଲା। ଅବଶ୍ୟ ଶ୍ରୀଯୁକ୍ତ ନବୀନ ପଟ୍ଟନାୟକଙ୍କର ଓଡ଼ିଆ ଉଚ୍ଚାରଣର ବ୍ୟତିକ୍ରମକୁ ନେଇ ଅନେକ ଲୋକ ସୋସିଆଲ ମିଡିଆ, ସାଧାରଣ ମିଡିଆ ଓ ବିଭିନ୍ନ ଚା' ଦୋକାନ ଆଲୋଚନାର ମୁଖ୍ୟ ବିଷୟ ବସ୍ତୁ ହେଲା। ଉଭୟ ସପକ୍ଷ ଓ ବିପକ୍ଷବାଦୀଙ୍କ ଦ୍ୱାରା ଏହା ଏତେ ବ୍ୟାପକ ଆଲୋଚିତ ହେଲା ଯେ ଏହା ପରୋକ୍ଷରେ ନବୀନବାବୁଙ୍କ ପ୍ରଚାରକୁ ଅଧିକ ରୁଚିକର କରିଥିଲା। ସକାରାତ୍ମକଭାବେ ଆରମ୍ଭ କରାଯାଇଥିବା ଏହି ଛୋଟ କଥା "ଆପଣମାନେ ଖୁସି ତ? ମୁଁ ବି ଖୁସି"। ବିରୋଧୀମାନଙ୍କର ସମସ୍ତ ନକାରାତ୍ମକ ପ୍ରଚେଷ୍ଟାକୁ ପ୍ରତିହତ କରିଥିଲା ଏବଂ ନିର୍ବାଚନରେ ବିଜୁଜନତା ଦଳକୁ ବିପୁଳ ବିଜୟ ପ୍ରଦାନ କରିଥିଲା। ୨୦୧୪ ମସିହାର ସାଧାରଣ ନିର୍ବାଚନରେ ଶ୍ରୀଯୁକ୍ତ ନରେନ୍ଦ୍ର ମୋଦୀଙ୍କର ମୁଖ୍ୟ ପ୍ରଚାର ସ୍ଲୋଗାନ- "ଏକ ଅଛେ ଦିନ ଆନେବାଲା ହେ", ତାଙ୍କୁ ଓ ଭାରତୀୟ ଜନତା ପାର୍ଟିକୁ ବିପୁଳ ବିଜୟ ପ୍ରଦାନ କରିଥିଲା ଏବଂ ଲୋକସଭାରେ ଭାରତୀୟ ଜନତା ପାର୍ଟି ପ୍ରଥମଥର ପାଇଁ ସଂଖ୍ୟା ଗରିଷ୍ଠତା ପାଇଥିଲା। ଏହି ପ୍ରଚାର ଏକ ସୁଖଦିନ ଆସିବାର ଅପେକ୍ଷା ଓ ସ୍ୱପ୍ନ ଉପରେ ପର୍ଯ୍ୟବସିତ ଥିଲା। ତତ୍କାଳିନ ସାମାଜିକ

ଓ ରାଜନୈତିକ ଜୀବନରେ ଅବସ୍ଥାପିତ କଂଗ୍ରେସ ସରକାରର ବିଫଳତା ହେତୁ ଭରି ରହିଥିବା ନିରାଶାବୋଧ ଭିତରେ "ଅଚ୍ଛେଦିନ" ଏକ ଆଶାବାଦ ଭରି ଦେଇଥିଲା ଏବଂ ଏକ ଆକାଂକ୍ଷିତ ସୁଖର ସ୍ୱପ୍ନ ଦେଖାଇଥିଲା। ମାତ୍ର ୨୦୧୯ ମସିହାର ନିର୍ବାଚନ ଏକ ସକାରାତ୍ମକ ପ୍ରଚାର ଥିଲା। ବି.ଜେ.ଡି ସେତେବେଳକୁ ୧୯ ବର୍ଷ ଶାସନ କରିସାରିଲାଣି। ଅର୍ଥାତ୍ "ଏତିକି ଦିନ ଭିତରେ ମୁଁ କରିଥିବା କାମ ଉପରେ ଆପଣମାନେ ଖୁସି ତ ? ମୁଁ ବି ଖୁସି"। ଯେ ଏକ ସାହସର କଥା-ସୁଖର କଥା-ଯାହା ବୋଧହୁଏ ଭାରତ ବର୍ଷର ନିର୍ବାଚନୀ ଇତିହାସରେ ପ୍ରଥମ ସକାରାତ୍ମକ ପ୍ରଚାରର ବିଜୟ। ପୁଣି ଏହା ସୁଖକୁ ନେଇ।

କଥା ସେଠି ନୁହେଁ। ପ୍ରସଙ୍ଗ ନିର୍ବାଚନ ନୁହେଁ। କଥା ହେଉଛି, ସବୁବେଳେ ଦୁଃଖକୁ ନେଇ-ବା ଦାରିଦ୍ର୍ୟକୁ ନେଇ ହୋଇ ଆସୁଥିବା ଆଲୋଚନାର ମୋଡ଼ ଯେ ସୁଖ ଆଡ଼କୁ ବଦଳି ପାରିବ,-ସାମୁହିକ ଆଲୋଚନା ସମାଲୋଚନା ହୋଇ ମଧ୍ୟ-ସଂଖ୍ୟାଧିକ ଲୋକ ସୁଖ ସପକ୍ଷରେ ମତଦେବେ-ସେଇଟା ବଡ଼ କଥା। ପ୍ରସଙ୍ଗକ୍ରମେ କଥା ହେବା, ସୁଖ କ'ଣ, କାହାକୁ କୁହାଯାଏ-ଏହାର ପ୍ରକୃତ ସଂଜ୍ଞା ବା ସ୍ୱରୂପ କ'ଣ ? ହଠାତ୍ ମିଳିଯାଇଥିବା ଏକ ଇପ୍‌ସିତ ବସ୍ତୁ ଯଥା ଗୋଟିଏ ଛୋଟ ପିଲା ଏକ ଚକୋଲେଟ, ଜଣେ ବୃଦ୍ଧ ଭିକାରୀ ଏକ ବାଉଁଶ ବାଡ଼ି, ବା ଜଣେ ତୃଷାର୍ତ୍ତ ଲୋକ ଗୋଟିଏ ଗ୍ଲାସ ଥଣ୍ଡାପାଣି ପିଇବାକୁ ପାଇଲେ ଯେଉଁ ଖୁସି ପାଏ, ତାହା କ'ଣ ସୁଖ ? ବିଭିନ୍ନ ବ୍ୟାଙ୍କରୁ ବିପୁଳ ଅର୍ଥ ଋଣ ଆକାରରେ ଉଠାଇ, ପରେ ଶୁଝି ନ ପାରି, ସପରିବାର ବିଦେଶକୁ ପଳାଇଥିବା ହୀରା ବ୍ୟବସାୟୀ ଓ ମଦ ବ୍ୟବସାୟୀ, ପ୍ରେମରେ ବିଫଳ ହୋଇ ଏକାନ୍ତ ଜୀବନ ବିତାଉଥିବା ଜଣେ ସଫଳ ସିନେଷ୍ଟାର କିମ୍ବା ପଦ ଓ ପଦବୀକୁ ବ୍ୟବହାର କରି ବିପୁଳ ଅର୍ଥର ଅସତ୍ ଅର୍ଜନ କରିଥିବା ଅଧିକାରୀ କ'ଣ ପ୍ରକୃତରେ ସୁଖୀ ? ପହିଲି ଆଷାଢ଼ର ଝରବର୍ଷା ପରେ ବିଲରେ ହଳ କରିବାବେଳେ ଉପେନ୍ଦ୍ର ଭଞ୍ଜଙ୍କ ଗୀତ ଗାଉଥିବା ରଇତ, ମଗୁଶୀର ସକାଳର ପବନରେ ପାଚିଲା ଧାନକ୍ଷେତକୁ ଚାହିଁ ଆତ୍ମସନ୍ତୋଷ ପାଇଥିବା ଚାଷୀ, ଦୀର୍ଘ ସମୟ ଅପେକ୍ଷା ପରେ ସାହାଣ ମେଳାରେ ଶ୍ରୀଜଗନ୍ନାଥଙ୍କ ପୂର୍ଣ୍ଣ ଦର୍ଶନ ପାଇଯାଇଥିବା ଭକ୍ତ, ପ୍ରାଚୁର୍ଯ୍ୟ ନ ଥାଉ ପଛକେ ମାଟିକାନ୍ଥର ଛୋଟ ଘରଟିରେ ପରିବାର ସହ ଭଲମନ୍ଦରେ ସମୟ ବିତାଉଥିବା ମଧ୍ୟବିତ୍ତ, କ'ଣ ସୁଖୀ ନୁହଁନ୍ତି ?

ସୁଖର ସଂଜ୍ଞା ଓ ସ୍ୱରୂପ ବିବାଦୀୟ ନ ହେଲେବି ବିବିଧ। ଦାର୍ଶନିକମାନେ ସୁଖର ସଂଜ୍ଞା ଯେଭଳି କରନ୍ତି ମନୋବିଜ୍ଞାନୀମାନେ ହୁଏତ ଏହାକୁ ଭିନ୍ନ ଦୃଷ୍ଟିରେ ଦେଖନ୍ତି। ପାଶ୍ଚାତ୍ୟ ଦାର୍ଶନିକ ଓ ଧର୍ମାଚାର୍ଯ୍ୟମାନେ ସୁଖ ବିଷୟରେ ଯେଉଁ ମତ ଦିଅନ୍ତି,

ପ୍ରାଚ୍ୟ ଦର୍ଶନ ଓ ଧର୍ମରେ ଏହାର ସ୍ୱରୂପ ଭିନ୍ନ ହୋଇପାରେ। ଏପରିକି ବିଭିନ୍ନ ଦେଶ ଓ ସଂସ୍କୃତିରେ ବା ସମ୍ପ୍ରଦାୟରେ ସୁଖ ଓ ଦୁଃଖ ପ୍ରତି ଦୃଷ୍ଟିକୋଣ ଭିନ୍ନ ହୋଇପାରେ। ବହୁନାରୀ ସମ୍ଭୋଗ କେଉଁ ସମ୍ପ୍ରଦାୟରେ ଐଶ୍ୱର୍ଯ୍ୟ ବୋଲି ଗ୍ରହଣ କରିପାରନ୍ତି, ଅଥଚ ଅନ୍ୟ ସଂସ୍କୃତିରେ ଏହା ଏକ ଦୁଷ୍କୃତି ବୋଲି ଗ୍ରହଣ କରାଯାଏ। କେଉଁଠି ଖାଲି ବାହ୍ୟ ଖୁସି ହେବା ବା ତତ୍କାଳ ସାମୟିକ ଖୁସିକୁ ସୁଖ ବୋଲି ବିବେଚନା କରାଯାଏ ତ ଆଉ କେଉଁଠି ସାମଗ୍ରିକ ଜୀବନର ପ୍ରାପ୍ତି-ଅପ୍ରାପ୍ତିର ଆକଳନକୁ ନେଇ ସୁଖର ପରିଧି ଚିହ୍ନଟ କରାଯାଏ। ସମ୍ପୂର୍ଣ୍ଣ ଜୀବନର ତୃପ୍ତିକୁ ନେଇ କିଏ କେତେ ସୁଖୀ ତାହା ନିର୍ଦ୍ଧାରଣ କରାଯାଏ। ଅନେକ ସମୟରେ ଦାରିଦ୍ର୍ୟ ଦୁଃଖର କାରଣ। ତେଣୁ ସମ୍ଭ୍ରାନ୍ତଭାବେ ବଞ୍ଚିବାପାଇଁ ଜୀବନର ସର୍ବନିମ୍ନ ଆବଶ୍ୟକତାପୂରଣ ପାଇଁ ଯେତିକି ଧନ ଆବଶ୍ୟକ-ସେତିକି ରହିବା ବି ଜରୁରୀ। ଅପରପକ୍ଷରେ ଅଧିକରୁ ଅଧିକ ଧନଲାଭର ଲାଳସା ହେତୁ ବିବିଧ ଅପକର୍ମରେ ଜଡ଼ିତ ହୋଇ ମାନସିକ ଅଶାନ୍ତି ଭୋଗିଲେ-କେଉଁ ସୁଖ ବା ମିଳିବ? ଏପରିକି ବୌଦ୍ଧ ଧର୍ମ ଓ ହିନ୍ଦୁଧର୍ମରେ ତ ଅସୀମ ଆନନ୍ଦ ବା ସୁଖକୁ ଜୀବନର ଅନ୍ତିମ ଲକ୍ଷ୍ୟ ବୋଲି ଗ୍ରହଣ କରାଯାଇଛି।

ମନୋବିଜ୍ଞାନୀମାନେ ସୁଖ ଶବ୍ଦର ପ୍ରୟୋଗ ମୁଖ୍ୟତଃ ଦୁଇଟି ପ୍ରସଙ୍ଗରେ କରିଥା'ନ୍ତି।

୧-ଖୁସି ହେବା, ଭଲ ଲାଗିବା ବା ଆମୋଦିତ ହେବା ଭଳି ତତ୍କାଳ ଅଭିଜ୍ଞତାକୁ କିଛି ଲୋକ ସୁଖ ବୋଲି ଧରି ନିଅନ୍ତି।

୨-ଏକ ଦୀର୍ଘକାଳୀନ ଏପରିକି ଜୀବନ ବ୍ୟାପି ସାମଗ୍ରିକ ସନ୍ତୋଷ ଅର୍ଥାତ ଜୀବନଧାରଣର ମାନକୁ ଅନ୍ୟମାନେ ସୁଖ ବୋଲି ଧରିଥା'ନ୍ତି।

ଅନେକ କ୍ଷେତ୍ରରେ ଏ ଉଭୟ ବ୍ୟବହାରକୁ ବି ସୁଖ ବୋଲି ଗ୍ରହଣ କରାଯାଇଥାଏ। ଜୀବନର ସାମଗ୍ରିକ ସନ୍ତୋଷକୁ ସୁଖ ବୋଲି ଗ୍ରହଣ କରିବା ଅଧିକ ପ୍ରଜୁଯ୍ୟ ଓ ପ୍ରାସଙ୍ଗିକ ମନେ ହେଲେ ହେଁ ସାମୟିକ ଖୁସି ଓ ସନ୍ତୋଷ ବି ଏହି ସାମଗ୍ରିକତାରେ ସାମିଲ ଥାଏ। ଯାହାର ଜୀବନ ଧାରଣର ମାନ ଅଧିକ ଓ ସାମଗ୍ରିକ ସନ୍ତୋଷ ବି ଅଧିକ ଥାଏ, ସେ ସହଜରେ ବିଭିନ୍ନ ବସ୍ତୁ ପ୍ରାପ୍ତ ହୋଇପାରେ ଓ ସାମୟିକ ଖୁସି ହୋଇପାରେ। ଅନ୍ୟପକ୍ଷରେ ଯାହାର ଜୀବନରେ ଦୁଃଖ ଅଧିକ, ସେ ସାମୟିକ ପ୍ରାପ୍ତିରେ ବେଶି ଖୁସି ହୋଇପାରେ ନାହିଁ, ସନ୍ତୋଷ କଥା ଦୂରେ ଥାଉ। ଅର୍ଥାତ ଗୋଟିଏ ଅର୍ଥରେ ସୁଖ ଏକ ତାତ୍କାଳିକ ମାନସିକ ଅବସ୍ଥା ଯେଉଁଥିରେ ପ୍ରୀତିକର ଆବେଗ, ତତ୍କାଳ ସନ୍ତୋଷ ଓ ସାମୟିକ ଖୁସି ବି ସାମିଲ ଥାଏ। ଏହା ମନର ଆବେଗ ଓ ମିଜାଜ୍‌କୁ ସହଜ କରୁଥିବା ଏକ ଅନୁଭବ। ଅନ୍ୟ ଅର୍ଥରେ ଏହା ଜୀବନର ସାମଗ୍ରିକ

ସନ୍ତୁଷ୍ଟିକୁ ବୁଝାଏ ଯେଉଁଥିରେ ପ୍ରାପ୍ତି-ଅପ୍ରାପ୍ତିର ହିସାବ ନିକାଶ ଓ ମାନସିକ ଶାନ୍ତି ଅନ୍ତର୍ନିହିତ ଥାଏ।

ଦର୍ଶନ ଶାସ୍ତ୍ରରେ ଅନେକ ସମୟରେ ସୁଖକୁ ନୀତିଶାସ୍ତ୍ର ସହ ଜଡ଼ିତ କରାଯାଇଥାଏ। ଗ୍ରୀକ୍ ଦାର୍ଶନିକ ଆରିଷ୍ଟୋଟଲ୍ ବି କହିଥିଲେ ଯେ ଧନ, ଯଶ, ସ୍ୱାସ୍ଥ୍ୟ ଓ ବନ୍ଧୁତା ଅପେକ୍ଷା ମଣିଷ ନିଜପାଇଁ ସୁଖକୁ ଅଧିକ ପ୍ରାଧାନ୍ୟ ଦେଇଥାଏ। ମଣିଷ ଯେଉଁ ଧନ, ଯଶ, ସ୍ୱାସ୍ଥ୍ୟ ଓ ବନ୍ଧୁତାର ଆକାଂକ୍ଷା ରଖିଥାଏ ତାହା ନିଜକୁ ସୁଖୀ କରାଇବା ପାଇଁ ହିଁ କରିଥାଏ। ପାଶ୍ଚାତ୍ୟ ନୀତିବାଦୀମାନଙ୍କ ମତରେ ମଣିଷ, ବ୍ୟକ୍ତିଗତ ଭାବରେ ବା ସାମୁହିକ ଭାବରେ ସେଇ କାର୍ଯ୍ୟହିଁ କରିଥାଏ ଯାହା ଶେଷରେ ତାକୁ ସୁଖ ପ୍ରଦାନ କରିଥାଏ। ଜନ୍ ଷ୍ଟୁଆର୍ଟ ମିଲ ଓ ଜେରେମ ବେନ୍‌ଥାମ ବି ଏହି ସର୍ବଶେଷ ସୁଖଦ ବ୍ୟବହାରର ସପକ୍ଷବାଦୀ ଥିଲେ। ଅପରପକ୍ଷରେ ଫ୍ରେଡେରିକ୍ ନିତ୍‌ସେ ସୁଖ ପ୍ରାପ୍ତିକୁ ସର୍ବଶ୍ରେଷ୍ଠ ଉଦ୍ଦେଶ୍ୟ ଭାବୁଥିବା ଲୋକଙ୍କୁ "ଶେଷ ଲୋକ" ଆଖ୍ୟା ଦେଇ ନୀଚ ଶ୍ରେଣୀଭୁକ୍ତ କରିଥିଲେ। ତାଙ୍କ ମତରେ ଯେଉଁମାନେ ଜୀବନର ଝଡ଼ଝଞ୍ଜା ଓ ସଂଗ୍ରାମକୁ ଅଣଦେଖା କରି କେବଳ ସୁଖର ପଶ୍ଚାଧାବନ କରନ୍ତି, ସେମାନେ ଏଇ ଶ୍ରେଣୀଭୁକ୍ତ। ଯାହା କଷ୍ଟ ଲବ୍ଧ, ଅନେକ ଝଡ଼ଝଞ୍ଜା ଓ ସଂଗ୍ରାମ ପରେ ପାଇ ହୁଏ ତାହା ଜୀବନକୁ ଅଧିକ ସୁଖଦ ସଫଳତା ଦେଇଥାଏ, ଏଇ କଷ୍ଟଲବ୍ଧ ଫଳ ହିଁ ଜୀବନର ଲକ୍ଷ୍ୟ ହେବା ଉଚିତ।

ହିନ୍ଦୁଧର୍ମରେ ସାମୁହିକ ଓ ସର୍ବଜନ ସୁଖକୁ ସର୍ବୋଚ୍ଚ ସ୍ଥାନ ଦିଆଯାଇଥାଏ। ଋକ୍‌ବେଦର ବାଣୀ "ବହୁ ଜନ ସୁଖାୟ, ବହୁଜନ ହିତାୟ ଚ"ରୁ ଏହା ବେଶ୍ ସ୍ପଷ୍ଟ। ସେହିପରି ଉପନିଷଦର ନିମ୍ନ ଶ୍ଳୋକଟି ସର୍ବତ୍ର ପ୍ରାର୍ଥନାଭାବେ ପରିଚିତ।

"ସର୍ବେ ଭବନ୍ତୁ ସୁଖୀନଃ
ସର୍ବେ ସନ୍ତୁ ନିରାମୟା
ସର୍ବେ ଭଦ୍ରାଣୀ ପଶ୍ୟନ୍ତୁ
ମା କଶ୍ଚିତ୍ ଦୁଃଖ ଭାଗ୍ ଭବେତ,
ଓଁ ଶାନ୍ତିଃ, ଶାନ୍ତିଃ, ଶାନ୍ତିଃ"

ଅର୍ଥାତ ବହୁଲୋକଙ୍କର ସୁଖ କାମନା କରିବା, ବହୁଲୋକଙ୍କର ହିତ କାମନା କରିବା, ସମସ୍ତଙ୍କର ନିରାମୟ ଜୀବନ କାମନା କରିବା ଜଣେ ହିନ୍ଦୁଲୋକର ମୁଖ୍ୟ ପ୍ରାର୍ଥନା ଅଟେ। କାହାରି ଜୀବନରେ ଦୁଃଖ ନ ରହୁ ବୋଲି ଇଚ୍ଛା କରିବା ଏକ ପ୍ରାତଃ ପ୍ରାର୍ଥନା ହିନ୍ଦୁ ଧର୍ମାବଲମ୍ବୀ ଲୋକମାନଙ୍କ ପାଇଁ। ଅଦ୍ୱୈତ ବେଦାନ୍ତ ଅନୁସାରେ ଏ ଜଗତ ମିଥ୍ୟା ଏବଂ ବ୍ରହ୍ମ ହିଁ ସତ୍ୟ, ସୁଖ ହିଁ ସର୍ବଶେଷ ଲକ୍ଷ୍ୟ। ଆତ୍ମା ଓ ବ୍ରହ୍ମର ଦ୍ୱୈତ

ଅବସ୍ଥିତିର ଅନୁଭବକୁ ଅତିକ୍ରମ କରିଗଲେ ହିଁ ଏହି ପରମ ସୁଖ ପ୍ରାପ୍ତି ହୋଇଥାଏ। ହିନ୍ଦୁଧର୍ମରେ 'ସ୍ୱର୍ଗ', 'ବୈକୁଣ୍ଠ' ଓ 'ମୋକ୍ଷ'ର ପରିକଳ୍ପନା ଅଛି ଯେଉଁଠାରେ ସର୍ବାଧିକ ସୁଖ ବା ପରମ ସୁଖ ମିଳିଥାଏ। ସେହିପରି ଦୁଃଖର ଚରମ ଅଧୋଗତି ହିଁ ନରକ, ଯେଉଁଠି ପାପୀମାନଙ୍କୁ ଦଣ୍ଡ ଦିଆଯାଏ ବୋଲି ପୌରାଣିକ ମତବାଦ ଅଛି।

ବୌଦ୍ଧଧର୍ମରେ ଦୁଃଖ ଓ ସୁଖକୁ ସର୍ବାଧିକ ପ୍ରାଧାନ୍ୟ ଦିଆଯାଇଅଛି। ଯେଉଁ ମୂଳତତ୍ତ୍ୱ ଉପରେ ବୌଦ୍ଧଧର୍ମ ପର୍ଯ୍ୟବସିତ, ତାହା ହେଲା:- "ଏ ସଂସାର ଦୁଃଖମୟ। ଦୁଃଖର କାରଣ କାମନା ବା ତୃଷ୍ଣା। କାମନାର ବିନାଶରେ ଦୁଃଖର ବିନାଶ, ସମସ୍ତ ଦୁଃଖରୁ ନିର୍ଜର ହେଲେ ନିର୍ବାଣ ପ୍ରାପ୍ତି ହୁଏ"। ଏଠି ଜୀବନ ଜଂଜାଳର କେନ୍ଦ୍ରସ୍ଥଳରେ ଦୁଃଖ ହିଁ ବିରାଜମାନ। ଇହ ଜନ୍ମରେ ସୁଖ ପାଇବା ପାଇଁ, ଏପରିକି ପରଜନ୍ମ (ଯଦିଥାଏ)ରେ ମଧ୍ୟ ସୁଖ ପାଇବା ପାଇଁ ବୁଦ୍ଧଦେବ ଅଷ୍ଟାଙ୍ଗ ମାର୍ଗ ଅନୁସରଣ କରିବାକୁ କରିଥିଲେ। ଦୁଃଖର କାରଣଗୁଡ଼ିକୁ ନିରାକରଣ କରି ନିଜକୁ ନିର୍ଜର କରି ପାରିଲେ ପରମ ସୁଖର ଅବସ୍ଥା, ନିର୍ବାଣ ମିଳିପାରିବ। ବୁଦ୍ଧଦେବ ସାଧାରଣ ଗୃହସ୍ଥ ଲୋକମାନଙ୍କ ଜୀବନରେ ସମ୍ଭାବ୍ୟ ୪ପ୍ରକାର ସୁଖ କଥା କହିଥିଲେ, ସେଗୁଡ଼ିକ ହେଲା-

୧-ଉଚିତ ମାର୍ଗରେ ଉପାର୍ଜିତ ଧନପ୍ରାପ୍ତିର ସୁଖ

୨-ପରିବାର, ସ୍ୱଜନ, ବନ୍ଧୁ ଓ ସତ୍‌ମାର୍ଗରେ ଧନ ଖର୍ଚ୍ଚ କରିବାର ସୁଖ ବା ଭୋଗସୁଖ

୩-ଋଣ ମୁକ୍ତି ବା ବିନା ଋଣ ଜୀବନର ସୁଖ

୪-ଅନିନ୍ଦିତ ଓ ଦୋଷମୁକ୍ତ ଜୀବନ ଜିଇଁବାର ସୁଖ

ଉପରୋକ୍ତ ପ୍ରଥମ ୩ପ୍ରକାରର ସୁଖ ବସ୍ତୁନିଷ୍ଠ ସୁଖ ଅଟେ। ମାତ୍ର ଚତୁର୍ଥ ପ୍ରକାରର ସୁଖ ଅର୍ଥାତ କୌଣସି ନିନ୍ଦା ବା ଦୋଷଯୁକ୍ତ ନ ହୋଇ ଜୀବନ ଜିଇଁପାରିବାର ସୁଖ ହିଁ ସଂସାରୀ ମଣିଷ ପାଇଁ ସର୍ବଶ୍ରେଷ୍ଠ ସୁଖ ଅଟେ। ଅନିନ୍ଦିତ ସୁଖ ଷୋହଳଅଣା ହେଲେ ବସ୍ତୁନିଷ୍ଠ ସୁଖର ଅବଦାନ ଏକ ଅଣାମାତ୍ର। ଯେଉଁ କାର୍ଯ୍ୟ, କୁଶଳ, ନିନ୍ଦାରହିତ, ଯାହା ବିଦ୍ୱାନମାନଙ୍କ ଦ୍ୱାରା ପ୍ରଶଂସିତ ଏବଂ ଯେଉଁ କାର୍ଯ୍ୟ କଲେ ଅନ୍ୟକୁ ସୁଖ ଦିଏ- ସେଇ କାର୍ଯ୍ୟ କରିବା ଉଚିତ ଓ ଯେଉଁ ପ୍ରଚାରିତ ଧର୍ମ ଏ କଥା କହେ ଏବଂ ଏହି ପରୀକ୍ଷାରେ ଉତ୍ତୀର୍ଣ୍ଣ ହୋଇପାରେ ସେ ଧର୍ମ ମାନିବା ଉଚିତ ବୋଲି ବୁଦ୍ଧଦେବ ତାଙ୍କ ଶିଷ୍ୟମାନଙ୍କୁ କହିଥିଲେ। ବୌଦ୍ଧ ଧର୍ମ ବ୍ୟକ୍ତିର ସୁଖ ଓ ସନ୍ତୋଷ ସହ ଅନ୍ୟମାନଙ୍କର ସୁଖ ସନ୍ତୋଷକୁ ବି ଗୁରୁତ୍ୱ ଦେଇଥାଏ। ସଂସାରରେ ସମସ୍ତେ ସୁଖରେ ରହିଲେ ହିଁ ନିଜର ସୁଖସାଧନ ହୋଇପାରିବ। ଉଭୟ ହିନ୍ଦୁ ଓ ବୌଦ୍ଧଧର୍ମରେ ସୁଖ ଅପେକ୍ଷା

ଦୁଃଖକୁ ଜୀବନ ଜିଇଁବାର ଏକ ଗୁରୁତ୍ୱପୂର୍ଣ୍ଣ ଉପାଦାନଭାବେ ଗ୍ରହଣ କରାଯାଇଛି। ସଂସାର ଏକ ଜନ୍ମ-ଜନ୍ମାନ୍ତରର ଚକ୍ରବ୍ୟୁହ। ଏହା ଦୁଃଖମୟ। ଏଠି ଜନ୍ମ ଦୁଃଖ, ଜରା ଦୁଃଖ, ବ୍ୟାଧି ଦୁଃଖ, ମୃତ୍ୟୁ ବି ଦୁଃଖ। ଯନ୍ତ୍ରଣା ପାଇବା, ଝୁରିହେବା ତ ଦୁଃଖ, ଭଲପାଉ ନ ଥିବା ଲୋକସହ ମିଳନ ପାଇଁ ବାଧ୍ୟହେବା ଓ ଭଲପାଉଥିବା ଲୋକସହ ବିଚ୍ଛେଦ ହେବା ବି ଦୁଃଖ। ଚାହୁଁଥିବା ବସ୍ତୁ ନ ପାଇବା ବି ଦୁଃଖ। ବୌଦ୍ଧଧର୍ମରେ ୩ପ୍ରକାରର ଦୁଃଖକଥା ଅବତାରଣା କରାଯାଇଛି-

୧-ଯନ୍ତ୍ରଣାଦାୟକ ଅନୁଭବର ଦୁଃଖ-ଜନ୍ମ, ଜରା ବ୍ୟାଧି ଓ ମୃତ୍ୟୁର ମାନସିକ ଓ ଶାରୀରିକ ଯନ୍ତ୍ରଣା

୨-ବିପରିଣାମ ଦୁଃଖ-ସୁଖଦ ଅନୁଭବ ପ୍ରଦାନର କାରଣ ଓ ସର୍ତ୍ତ ପରିବର୍ତ୍ତିତ ହୋଇଯିବାରୁ ଏହି ସୁଖଦ ଅନୁଭବ ବନ୍ଦ ହୋଇଯିବା ବା ଦୁଃଖଦ ଅନୁଭବ ଦେବାର ଦୁଃଖ

୩-ଶଙ୍ଖାର-ଦୁଃଖ-ଏକ ସାଧାରଣ ଅସନ୍ତୋଷଜନକ ପରିସ୍ଥିତିକୁ ଅଭ୍ୟସ୍ତ ହୋଇଯିବାର ଦୁଃଖ। ଏହା ଏକ ମୌଳିକ ଅସନ୍ତୋଷ, ଯାହା ଜୀବନର ସବୁ ଅବସ୍ଥାରେ ବିଦ୍ୟମାନ ଥାଏ, କାରଣ ଜୀବନର ସେଇ ଅବସ୍ଥା ସବୁ ଦୃତ ପରିବର୍ତ୍ତନଶୀଳ ଓ ଅସ୍ଥାୟୀ। ପ୍ରାପ୍ତିର ସନ୍ତୋଷ ନୁହେଁ, ଅପ୍ରାପ୍ତିର ଦୁଃଖ ମଣିଷର ବ୍ୟବହାରକୁ ଅଧିକ ପ୍ରଭାବିତ କରିଥାଏ। ଦୁଃଖ ଓ ସୁଖ ଦୁଇଟି ପରସ୍ପର ବିରୋଧାତ୍ମକ ଅନୁଭବ ବୋଲି ଶାସ୍ତ୍ରରେ ଅବତାରଣା କରାଯାଇଥିଲେ ହେଁ ଏହା ଜୀବନ ପରି ଏକ ବିସ୍ତୃତ ପ୍ରକ୍ରିୟା ମଧ୍ୟରେ ଦୁଇଟି ଲଗାଲଗି ହୋଇ ଘଟୁଥିବା ଅବସ୍ଥାକୁ ବୁଝାଇଥାଏ। ଯଦିଓ ସମସ୍ତେ ଚାହାନ୍ତି ଯେ ସୁଖହିଁ ସେମାନଙ୍କ ଜୀବନରେ ଅଧିକ ସ୍ଥାୟୀ ହେଉ ଏବଂ ବ୍ୟକ୍ତିର ଜୀବସତ୍ତାକୁ ସୁଖଦ ଅନୁଭବରେ ଭରି ଦେଇଥାଉ। ମାତ୍ର ଏହା ହୋଇ ନଥାଏ। ସୁଖ ସବୁବେଳେ ଅସ୍ଥାୟୀ ଓ ଅଳିକ ହୋଇଥାଏ। କେବଳ ଅପାର୍ଥିବ ବା ପରମ ଆନନ୍ଦ ଅବସ୍ଥା ମୋକ୍ଷ ବା ନିର୍ବାଣରେ ମିଳିପାରେ।

"ସୁଖ ବୋଲି ଯାହା ଜନ ନେତ୍ରେ ଦିଶେ
ହାତେ ଆସେ ହାତୁଁ ପଡ଼ିବା ପାଇଁ ସେ"।

ତେଣୁ ସୁଖ ଅପେକ୍ଷା ଦୁଃଖ ହିଁ ସାଂସାରିକ ଜୀବନକୁ ଅଧିକ ପ୍ରଭାବିତ କରିଥାଏ। ଏଣୁ ଏହା ତୁଳନାତ୍ମକଭାବେ ସୁଖଠାରୁ ଅଧିକ ସ୍ଥାୟୀ। ଯଦିଓ ଉଭୟ ସୁଖ ଓ ଦୁଃଖ କ୍ଷଣସ୍ଥାୟୀ। ଦୁଃଖର କାରଣକୁ ବିନାଶ କରିପାରିଲେ ସୁଖ ପ୍ରାପ୍ତ ହୁଏ। ମାତ୍ର ଏହି କାରଣକୁ ବିନାଶ କରିବା ପାଇଁ ଯେଉଁ ସଂଗ୍ରାମ ଓ ପରିଶ୍ରମ ଦରକାର ପଡ଼େ, ତାହା ଅନେକ ସମୟରେ ସାରା ଜୀବନଯାକ ବ୍ୟାପ୍ତ ହୋଇଯାଏ। ଉଦାହରଣତଃ ଦାରିଦ୍ର୍ୟକୁ

ନିଆଯାଇପାରେ। ଦାରିଦ୍ର୍ୟରୁ ମୁକ୍ତି ମିଳିଲେ ସୁଖ ମିଳିବା ଆଶାରେ ସାରାଜୀବନ କଠୋର ପରିଶ୍ରମ କରି ମଧ୍ୟ ସମ୍ପୂର୍ଣ୍ଣ ସୁଖ ମିଳିପାରେ ନାହିଁ। କାହିଁକି ନା ଦୁଃଖ ତା'ର କାୟା ବିସ୍ତାର କରି ଚାଲିଥାଏ-ଏହାର ସ୍ୱରୂପ ବଦଳାଇ ଦେଇଥାଏ-ଫଳତଃ ସୁଖ ଅପହଞ୍ଚ ହୋଇ ରହି ଯାଇଥାଏ। ଅତି ଦରିଦ୍ର ଲୋକଟିଏ କିଛି ଟଙ୍କା ରୋଜଗାର କରି ନିଜର ଖାଦ୍ୟପେୟ ସ୍ଥିର କରିନେବାପରେ ତା'ର ଆବଶ୍ୟକତା କମିବା ବଦଳରେ ବଢ଼ିଯାଇଥାଏ-ଭଲ ପିନ୍ଧିବା-ଭଲ ଖାଇବା-ଭଲ ଶିକ୍ଷା ଇତ୍ୟାଦି ଆଡ଼କୁ ମନବଳେ-ଫଳତଃ ପୁଣି ଅଭାବ ଦେଖା ଦେଇଥାଏ। ଜଂଜାଳ ପୁଣି ବଢ଼େ-ଦୁଃଖ ବଢ଼େ ସିନା କମ୍ ହୁଏ ନାହିଁ। ସଂସାର ଏମିତି ଏକ କଂଜାଳର ଚକ୍ରବ୍ୟୁହ ଯେଉଁଠି ମଣିଷ ଦୁଃଖର ନିଆଁରେ ଜଳୁଥାଏ ଚିରକାଳ।

ଅନେକ ସମୟରେ ସୁଖୀ ଜୀବନକୁ ଅର୍ଥପୂର୍ଣ୍ଣ ଜୀବନ ବୋଲି ସାଧାରଣ ଲୋକେ ଧରିନେଇଥା'ନ୍ତି। ମାତ୍ର ବାସ୍ତବରେ ଏହା ଠିକ୍ ନୁହେଁ। ସୁଖୀ ଜୀବନ ଓ ଅର୍ଥପୂର୍ଣ୍ଣ ଜୀବନ ଭିତରେ ଫରକ ଅଛି। ସୁଖୀ ଲୋକମାନେ ସର୍ବଦା ସେମାନଙ୍କର ବ୍ୟକ୍ତିଗତ ଆବଶ୍ୟକତା ମେଣ୍ଟାଇବାକୁ ଚେଷ୍ଟା କରିଥା'ନ୍ତି। ଏଭଳି ବ୍ୟବହାର ଅର୍ଥପୂର୍ଣ୍ଣ ଜୀବନ ପାଇଁ ଅନାବଶ୍ୟକ ହୋଇପାରେ। ଅର୍ଥାତ ସୁଖୀ ଜୀବନ ବ୍ୟକ୍ତି ସ୍ୱାର୍ଥ ବିଜଡ଼ିତ ଜୀବନ। ମାତ୍ର ଅର୍ଥପୂର୍ଣ୍ଣ ଜୀବନ ସମାଜ ପାଇଁ ଉତ୍ସର୍ଗୀତ ଜୀବନ ଅଟେ। ସୁଖୀ ଜୀବନ ବର୍ତ୍ତମାନ ଜୀବନ ଅବସ୍ଥାକୁ ଅଧିକ ଗୁରୁତ୍ୱ ଦେଇଥାଏ, ମାତ୍ର ଅର୍ଥପୂର୍ଣ୍ଣ ଜୀବନ ଅତୀତ, ବର୍ତ୍ତମାନ ଓ ଭବିଷ୍ୟତ ବିଷୟ ଓ ତା' ମଧ୍ୟସ୍ଥ ସମ୍ପର୍କ ବିଷୟରେ ଅଧିକ ଚିନ୍ତା କରିଥାଏ। ସୁଖୀ ଜୀବନ ଅନ୍ୟମାନଙ୍କଠାରୁ କେତେ ନେଇ ପାରିଛି (ପ୍ରାପ୍ତି ହୋଇଛି) ତା' ଉପରେ ନିର୍ଭର କରେ। ଅଥଚ, ଅର୍ଥପୂର୍ଣ୍ଣ ଜୀବନ ଅନ୍ୟମାନଙ୍କୁ କେତେ ଦେଇ ପାରିଛି ତା' ଉପରେ ନିର୍ଭର କରେ। ଅର୍ଥପୂର୍ଣ୍ଣ ଜୀବନ ଜିଇଁବା ପାଇଁ ଅଧିକ ସଂଘର୍ଷ ଓ ବଳିଦାନ ଦେବାକୁ ପଡ଼େ। ଏଥିରେ ବ୍ୟକ୍ତି ନିଜକୁ ଠିକ୍‌ଭାବେ ପ୍ରକାଶ କରିପାରିବାର ଅଧିକ ସୁଯୋଗ ମିଳିଥାଏ।

ସୁଖ ଯେ ସବୁବେଳେ ସନ୍ତୋଷ ପ୍ରଦାନ କରିଥାଏ-ଏହା ଭାବିବା ବି ଠିକ୍ କଥା ନୁହେଁ। ଅନେକ କ୍ଷେତ୍ରରେ ସୁଖ ବି ବ୍ୟକ୍ତିକୁ ଆଘାତ ଦେଇପାରେ। ଗୋଟିଏ ଭାବର ପ୍ରୀତିକର ଅନୁଭୂତି ଅନ୍ୟଭାବକୁ କ୍ଷତି ପହୁଞ୍ଚାଇ ପାରେ। କୁହାଯାଏ ପ୍ରାଚୁର୍ଯ୍ୟରେ କବିତ୍ୱ ଉଧାଏ ନାହିଁ। ବରଂ ଅଭାବରେ ଉଦ୍‌ଭାସିତ ହୁଏ। ଦୁଃଖର ନିଆଁରେ ଜଳି ଜଳି ଉତାରିଥିବା କବିତାରେ ଭାବର ସାନ୍ଦ୍ରତା ହୃଦୟସ୍ପର୍ଶୀ ହୋଇଥାଏ। ପ୍ରାଚୁର୍ଯ୍ୟ ସବୁ ପରିସ୍ଥିତିରେ ସହାୟକ ବି ହୋଇ ନ ପାରେ। ସୁଖ ସବୁବେଳେ ଉପଯୋଗୀ ବି ନ ହୋଇପାରେ। ଏହାଛଡ଼ା ସୁଖ ପ୍ରାପ୍ତି ପାଇଁ ଆଜୀବନ ଗଳିତଘର୍ମ ପ୍ରୟାସ ଓ ଅଣନିଃଶ୍ୱାସୀ

ସଂଘର୍ଷ ବରଂ ଦୁଃଖକାରୀ ବି ହୋଇଥାଏ। ଅପ୍ରାପ୍ତିର ଭୟ ବି ସାମାନ୍ୟ ପ୍ରାପ୍ତିର ସୁଖକୁ କମ୍ କରି ଦେଇଥାଏ।

ଆଜିକାଲି ତ ସୁଖକୁ ମାପିବାକୁ ପ୍ରୟାସ ହେଲାଣି ଏବଂ ସେଥିପାଇଁ ବିଭିନ୍ନ ସ୍କେଲ ମଧ୍ୟ ବାହାରିଲାଣି। ସେଗୁଡ଼ିକ ହେଲା Subjective Happiness Scale (SHS), Positive and Negative Affect Scale (PANAS), Satisfaction with Life Scale (SWLS), ଏବଂ Cantril Ladder Method । ୨୦୧୧ ମସିହା ପୂର୍ବରୁ କେବଳ ଭୁଟାନ ହିଁ ଏକମାତ୍ର ଓ ସର୍ବପ୍ରଥମ ଦେଶ ଯିଏ ମୋଟ ଜାତୀୟ ସୁଖ (Gross National Happiness) ଆକଳନ କରିଥିଲା ଏବଂ ତାହା ବିଶ୍ୱସ୍ତରରେ କରାଯାଉ ବୋଲି ଦାବି କରିଥିଲା। ଏଣୁ ଜୁନ୍ ୨୦୧୧ରେ ଜାତିସଂଘର ସାଧାରଣ ଅଧିବେଶନ ଭୁଟାନର ଥିମ୍ପୁଠାରେ ବସି ଏକ ସଂକଳ୍ପ (ରିଜୋଲୁସନ) ମାଧ୍ୟମରେ ବିଭିନ୍ନ ରାଷ୍ଟ୍ରମାନଙ୍କୁ ସାମାଜିକ ଓ ଅର୍ଥନୈତିକ ବିକାଶ ମାଧ୍ୟମରେ ଲୋକମାନଙ୍କୁ ସୁଖ ଓ ସନ୍ତୋଷ ଦେବା ଏବଂ ଏହାକୁ ମାପିବା ଉପରେ ଅଧିକ ଗୁରୁତ୍ୱ ଦେବାକୁ ଆହ୍ୱାନ ଦିଆଯାଇଥିଲା। ଏହାକୁ ପ୍ରଚ୍ଛଦପଟ୍ଟରେ ରଖି ପ୍ରଥମ ବିଶ୍ୱ ସୁଖ ରିପୋର୍ଟ (World Happiness Report) ୨୦୧୨ ମସିହାରେ କଲମ୍ବିଆ ବିଶ୍ୱବିଦ୍ୟାଳୟର Earth Institute ଦ୍ୱାରା ପ୍ରକାଶ କରାଯାଇଥିଲା। ଏହି ରିପୋର୍ଟ Gallup World Poll ଠାରୁ ତଥ୍ୟ ନେଇ ପ୍ରକାଶ କରାଯାଇଥାଏ। ୨୦୧୩ ମସିହାଠାରୁ ଏଯାବତ ବିଶ୍ୱ ସୁଖ ରିପୋର୍ଟ ପ୍ରତିବର୍ଷ ପ୍ରକାଶିତ ହୋଇ ଆସୁଛି ଏବଂ ଏଥିରେ ବିଭିନ୍ନ ରାଷ୍ଟ୍ରର ଅଧିବାସୀମାନଙ୍କର ଜୀବନର ମାନ ଓ ସାମଗ୍ରିକ ସନ୍ତୁଷ୍ଟିକୁ ଆକଳନ କରାଯାଇ ବିଭିନ୍ନ ରାଷ୍ଟ୍ରକୁ ସ୍ତର/ଶ୍ରେଣୀଭୁକ୍ତ (Ranking) କରାଯାଉଅଛି। ଏହାଛଡ଼ା ବିଶ୍ୱସ୍ତରରେ ମାର୍ଚ୍ଚ ୨୦ ତାରିଖକୁ ବିଶ୍ୱ ସୁଖ ଦିବସ (International Day of Happiness) ଭାବେ ପାଳିତ ହୋଇ ଆସୁଅଛି।

ଏହି ରିପୋର୍ଟରେ ସୁଖର ଛଅଟି କାରକୁ ନେଇ ଜୀବନ ମୂଲ୍ୟାୟନର ଜାତୀୟ ସ୍ତରୀକରଣ କରାଯାଇଅଛି। ଏହି ଛଅଟି କାରକ ମଧ୍ୟରୁ ୪ଟି ସାମାଜିକ ପରିବେଶର ବିଭିନ୍ନ ବିଷୟକୁ ମାପ କରିଥାଏ ସେଗୁଡ଼ିକ ହେଲା;

(୧) ନିର୍ଭର ଯୋଗ୍ୟ କେହି ଥିବା

(୨) ଜୀବନ ସମ୍ବନ୍ଧୀୟ ପ୍ରମୁଖ ନିଷ୍ପତ୍ତି ନେବାରେ ସ୍ୱାଧୀନତା ଥିବା

(୩) ସାମାଜିକ ବଦାନ୍ୟତା

(୪) ସାମାଜିକ ଓ ଆନୁଷ୍ଠାନିକ ବିଶ୍ୱାସ

ଅନ୍ୟ ଦୁଇଟି କାରଣ ହେଲା–ସାମାଜିକ ଅସମାନତା ଏବଂ ସହନୀୟ ପରିବେଶ।

ଏହି ବିଶ୍ୱ ସୁଖ ରିପୋର୍ଟ-୨୦୨୦ ମାଧ୍ୟମରେ ସୁଖସମ୍ବନ୍ଧରେ ଗବେଷଣା ଉପଲବ୍ଧ ସିଦ୍ଧାନ୍ତଗୁଡ଼ିକ ଅତି ଗୁରୁତ୍ୱପୂର୍ଣ୍ଣ। ସେଗୁଡ଼ିକ ହେଲା;

(୧) ବ୍ୟକ୍ତିଗତ ସ୍ତରରେ ଜୀବନର ମାନ ନିରୂପଣ ଏବଂ ସାମାଜିକ ପରିବେଶର ଗୁଣ ନିର୍ଦ୍ଧାରଣ ସମୟରେ ନିମ୍ନଲିଖିତ ବିପଦ ବା ଶଙ୍କାର ଭୂମିକା ଗୁରୁତ୍ୱପୂର୍ଣ୍ଣ। ଅଳ୍ପ ଆୟ, ଖରାପ ସ୍ୱାସ୍ଥ୍ୟ, ଅସମାନତା, ବେରୋଜଗାରୀ, ପରିତ୍ୟକ୍ତ ଅବସ୍ଥା, ବିବାହ ବିଚ୍ଛେଦ, ବୈଧବ୍ୟ ଏବଂ ରାସ୍ତାରେ ସୁରକ୍ଷା ଆଦି ବ୍ୟକ୍ତିର ସୁଖକୁ ପ୍ରଭାବିତ କରିଥାଏ। ଅର୍ଥାତ ଯେଉଁ ଲୋକର ଆୟ ସ୍ୱଳ୍ପ, ସ୍ୱାସ୍ଥ୍ୟ ଖରାପ, ସାମାଜିକ ଓ ଆର୍ଥିକ ଅସମାନତାର ଶୀକାର, ରୋଜଗାର ଶୂନ୍ୟ। ବିବାହ ବିଚ୍ଛେଦ ହୋଇସାରିଛି ବା ଯେ ରାତିରେ ରାସ୍ତାରେ ଯିବାକୁ ଅସୁରକ୍ଷିତ ମନେ କରେ-ସେ ଅପେକ୍ଷାକୃତ କମ୍ ସୁଖୀ ବା ଅସୁଖୀ ଅଟେ।

(୨) ଆୟର ଅସମାନତା ଅପେକ୍ଷା ଜୀବନରେ ସୁଖ ଓ ସନ୍ତୋଷର ଅସମାନତା ଅଧିକ ଗୁରୁତ୍ୱପୂର୍ଣ୍ଣ। ସନ୍ତୁଷ୍ଟି ଅବସ୍ଥାର ଅସମାନତା ଜୀବନର ହାରାହାରି ମାନକୁ ତାତ୍ପର୍ଯ୍ୟ ପୂର୍ଣ୍ଣଭାବେ କମେଇ ଦେଇଥାଏ। ଯେଉଁ ସମାଜରେ ଜୀବନର ମାନରେ ଅସମାନତା କମ୍, ସେଠାରେ ଲୋକମାନେ ଅଧିକ ସୁଖୀ।

(୩) ଯେଉଁ ବ୍ୟକ୍ତିର ଆପଦ ସମୟରେ ନିର୍ଭର କରିହେବା ଭଳି ସମ୍ପର୍କୀୟ, ସାମାଜିକ ଅନୁଷ୍ଠାନ ସହ ସମ୍ପର୍କ ଅଛି, ଏବଂ ଯେଉଁ ବ୍ୟକ୍ତିର ଜୀବନ ସମ୍ବନ୍ଧୀୟ ଗୁରୁତ୍ୱପୂର୍ଣ୍ଣ ନିଷ୍ପତ୍ତି ଯଥା-ବିବାହ, ବୃତ୍ତି ଇତ୍ୟାଦିରେ ନିଷ୍ପତ୍ତି ନେବାରେ ସ୍ୱାଧୀନତା ଅଛି, ସେ ବ୍ୟକ୍ତି ଅନ୍ୟ ଲୋକଠାରୁ ଅଧିକ ସୁଖୀ।

(୪) ଯେଉଁ ସମାଜରେ ବଦାନ୍ୟତାର ଓ ବଦାନ୍ୟ ଲୋକଙ୍କର ଉପସ୍ଥିତି ଅଧିକ ଓ ଯଦି ସେମାନଙ୍କ ସହ ଲୋକମାନେ ସମ୍ପର୍କରେ ଥାଆନ୍ତି, ସେ ସମାଜରେ ସାମାଜିକ ଶଙ୍କା ହ୍ରାସ ପାଇଥାଏ ଏବଂ ଲୋକମାନେ ଅଧିକ ସୁଖ ଅନୁଭବ କରନ୍ତି।

(୫) ଯେଉଁ ସମାଜରେ ଲୋକମାନଙ୍କ ମଧ୍ୟରେ ପରସ୍ପର ପ୍ରତି ବିଶ୍ୱାସ ଏବଂ ସାମାଜିକ, ରାଜନୈତିକ ଅନୁଷ୍ଠାନ ଉପରେ ବିଶ୍ୱାସ ଦୃଢ଼ିଭୂତ ରହିଥାଏ, ସେ ସମାଜର ଲୋକମାନେ ଅଧିକ ସୁଖୀ। ଅର୍ଥାତ ଯେଉଁ ଦେଶରେ ଦୁର୍ନୀତି କମ୍, ସେ ଦେଶର ଲୋକମାନଙ୍କର ସରକାରଙ୍କ ଉପରେ ବିଶ୍ୱାସ ଅଧିକ। ଏଣୁ ସେମାନେ ଅଧିକ ସୁଖୀ।

(୬) ଯେଉଁ ସମାଜରେ ସାମାଜିକ ଅସମାନତା, ଯଥା- ଜାତି, ଧର୍ମ, ବର୍ଣ୍ଣ ଓ ଆୟଭିତ୍ତିକ ଅସମାନତା କମ୍, ସେ ସମାଜରେ ଲୋକମାନେ ଅଧିକ ସୁଖୀ। ସୁଖର ସ୍ଥିତିର ତଳପାହଚରେ ଥିବା ଲୋକମାନଙ୍କ ଜୀବନରେ ବିପଦ ବା ଦୂରାବସ୍ଥା ଅଧିକ ଥାଏ, ଏଣୁ ଏକ ବିଶ୍ୱସନୀୟ ଓ ସହନଶୀଳ ସାମାଜିକ ପରିବେଶ ସେଇ ତଳସ୍ତରୀୟ ଲୋକମାନଙ୍କ ପାଇଁ ସୁଖର ସମ୍ଭାବନା ବଢ଼ାଇଥାଏ ଏବଂ ଅଧିକ ସନ୍ତୁଷ୍ଟିର ସମାନତା ପ୍ରଦାନ କରିଥାଏ।

(୭) ପ୍ରଥମ ଥରପାଇଁ ୨୦୨୦ ରିପୋର୍ଟରେ ସହରମାନଙ୍କର ଅଧିବାସୀମାନଙ୍କର ସୁଖ ମାପିବା ସହ ପୃଥିବୀର ସହରମାନଙ୍କୁ ସେଇ କ୍ରମରେ ଶ୍ରେଣୀଭୁକ୍ତ କରାଯାଇଛି। ଏହି ଗବେଷଣାରୁ ଏକଥା ସ୍ପଷ୍ଟ ହୋଇଛି ଯେ ସହରବାସୀମାନେ ଅନ୍ୟମାନଙ୍କଠାରୁ ଅଧିକ ସୁଖୀ।

(୮) ଏକ ସହନୀୟ ପ୍ରାକୃତିକ ପରିବେଶ ମଣିଷର ଜୀବନ ଧାରଣର ମାନକୁ ପ୍ରଭାବିତ କରିଥାଏ। ବିଭିନ୍ନ ପ୍ରଦୂଷଣକାରୀ ପଦାର୍ଥର ଉପସ୍ଥିତି, ଜଳବାୟୁ ଏବଂ ଭୂମି ରୂପ ମଧ୍ୟ ଏହି ବ୍ୟବହାରକୁ ପ୍ରଭାବିତ କରିଥାଏ। ଜଳବାୟୁର ମାନସିକ ସ୍ୱାସ୍ଥ୍ୟ ଉପରେ ପ୍ରଭାବ ଥାଏ। ଭଲ ସୂର୍ଯ୍ୟକିରଣ, ସ୍ୱଚ୍ଛ ଆକାଶ, ମନ୍ଦ ସମୀର ଏବଂ ଉଷ୍ମ ବାତାବରଣ ଅଧିକ ସୁଖଦ ହୋଇଥାଏ। ସେହିଭଳି ଘର ଭିତର ଅପେକ୍ଷା ବାହାରେ ମିଜାଜ ଠିକ୍ ରହିଥାଏ।

ଉପରୋକ୍ତ ମାପକ ଓ ସିଦ୍ଧାନ୍ତ ଅନୁସାରେ ଶ୍ରେଣୀଭୁକ୍ତ ଦେଶମାନଙ୍କ ମଧ୍ୟରେ ଫିନ୍‌ଲ୍ୟାଣ୍ଡର ଲୋକମାନେ ସର୍ବାଧିକ ସୁଖୀ ଅଛନ୍ତି। ଏହି ଦେଶ ବିଗତ ୩ବର୍ଷ ଧରି ସୁଖ ସୂଚକାଙ୍କରେ ଶୀର୍ଷସ୍ଥାନ ଗ୍ରହଣ କରିଆସିଛି। ଡେନମାର୍କ, ସ୍ୱିଜରଲ୍ୟାଣ୍ଡ, ଆଇସ୍‌ଲାଣ୍ଡ ଓ ନରୱେ ଯଥାକ୍ରମେ ଦ୍ୱିତୀୟରୁ ପଞ୍ଚମ ସ୍ଥାନ ଅଧିକାର କରିଛନ୍ତି। ଏହି ସୂଚକରେ ଭାରତର ସ୍ଥାନ ୧୪୪ ଅଟେ। କୁହାଯାଏ ଭାରତରେ ଜାତିଭିତ୍ତିକ ଅସମାନତା, ବ୍ୟକ୍ତିପିଛା ଆୟର ସ୍ୱଳ୍ପତା ଓ ଅସମାନତା, ସାର୍ବଜନୀନ ଜୀବନରେ ଦୁର୍ନୀତି ଆଦି କାରଣରୁ ଭାରତର ହାରାହାରି ସୁଖ କମ୍ ରହିଆସିଛି। ଏଣୁ ଏହାର ସ୍ଥାନ ଏତେ ତଳକୁ ଅଛି।

ଅତଏବ ସୁଖ ସମ୍ବନ୍ଧୀୟ ସମସ୍ତ ଦର୍ଶନ, ଯୁକ୍ତି ଓ ଚୁକ୍ତି ସତ୍ତ୍ୱେ ସୁଖ ମଣିଷ ପାଇଁ ଅସ୍ପଷ୍ଟ ଓ ଅପହଞ୍ଚ ରହି ଆସିଅଛି। ଦୁଃଖର ବ୍ୟାପକତା, ଦୁଃଖର ପ୍ରପଞ୍ଚ ଓ ଗଭୀରତା କାଳକେ ସୁଖକୁ ସୀମିତ କରି ଆସିଛି। ମାତ୍ର ସୁଖ ସର୍ବଦା ଅପେକ୍ଷିତ ଓ ଆକାଂକ୍ଷିତ ପାର୍ଥୀବ ଆକର୍ଷଣ ହୋଇ ରହିଛି ଓ ରହିବ। ସେଇ ଟିକିଏ ସୁଖର ଆକର୍ଷଣରେ ପତଙ୍ଗସମ କେତେ ବ୍ୟକ୍ତି ଭୀଷଣ ସଂଘାତ ଓ ସଂଘର୍ଷ ଦେଇ ଗତି କରିଛନ୍ତି ଓ ଜଳିଜଳି ପାଉଁଶ ହୋଇ ଯାଇଛନ୍ତି ଅଥଚ ସୁଖ ପାଇପାରି ନାହାନ୍ତି, ଇତିହାସ ତା'ର ସାକ୍ଷୀ। ସୁଖ ସର୍ବଦା ଚଞ୍ଚଳା ଓ କ୍ଷୀଣସ୍ଥାୟୀ। ସୁଖର ସଂଜ୍ଞା ବ୍ୟକ୍ତିରୁ ବ୍ୟକ୍ତିକୁ ଭିନ୍ନ ବି ହୋଇପାରେ। ଯିଏ ଏହାର ସ୍ୱରୂପକୁ ଯେମିତି ଅନୁଭବ କରିବାକୁ ଚାହୁଛି, ତା'ପାଇଁ ସୁଖ ସେମିତି ଆସିପାରେ, ସଂସାରର ସମସ୍ତ ପ୍ରାଚୁର୍ଯ୍ୟ ଯୋଗାଇ ଦେଲେବି ପ୍ରେମିକାର ପ୍ରତାରଣା ଓ ବିଚ୍ଛେଦରେ ଜର୍ଜରିତ ଲୋକଙ୍କୁ ସୁଖ ମିଳିବା କଷ୍ଟକର ବ୍ୟାପାର। ତଥାପି ସୁଖ ଉପରେ ଅନୁସନ୍ଧାନ ଜାରି ରହିବା ଉଚିତ୍ କାହିଁକି ନା ବିଶ୍ୱ ସୁଖ ରିପୋର୍ଟ ପରି ଏହା ବିଭିନ୍ନ

ରାଷ୍ଟ୍ରୀୟ ସରକାରମାନଙ୍କୁ ସେଠାକାର ଲୋକମାନଙ୍କୁ ସୁଖ ଦେବାପାଇଁ ବିକାଶର ପରିଭାଷା ବଦଳାଇ ବିହିତ ପଦକ୍ଷେପ ନେବାକୁ ପଡ଼ିବ। ଏହି ପ୍ରସଂଗରେ କବି ଦୀପକ ମିଶ୍ରଙ୍କ ସୁଖ ସମ୍ବନ୍ଧୀୟ ନିମ୍ନମତେ କାବ୍ୟିକ ଉଚ୍ଚାରଣ ବେଶ୍ ପ୍ରଣିଧାନଯୋଗ୍ୟ।

"କଳଙ୍କରେ ନାଇଁ ମୁଁ
ପଲଙ୍କରେ ନାଇଁ
ଖେଳୁଥାଏ ନିରୋଳା ପ୍ରେମରେ,
ସଙ୍ଗରେ ନାଇଁ ମୁଁ ଶ୍ରମଣରେ ନାଇଁ
ଶୋଇଥାଏ କାମନା ଓ କରୁଣାର କୁଶୀନଗରରେ;
କୃଷକର ନୁହଁ ମୁଁ
ଫସଲର ନୁହଁ
ଚୁମୁଥାଏ ମାଟିର ସଜଳ ମୁହଁ;
ମେଘର ନୁହଁ ମୁଁ
ପବନର ନୁହଁ
ପାତିଥାଏ ବାମନ ହାତ ମୋ'ର
ପାଇବାକୁ ତୁମ ନିର୍ଜନ ଆକାଶର
ନୀଳ ନିର୍ମଳ ମୋହ;
ମୋହରେ ଯେତିକି ମୁଁ
ମୁକ୍ତିରେ ସେତିକି, ଲୟରେ ଯେତେ ମୁଁ
ବିଲୟରେ ସେତେ
ତା'ଠୁଁ ଅଧିକ ଲୁଚିଥାଏ
ଶବ୍ଦର ଛାତି ତଳେ;
ଜିତିବାରେ ଯେତେ ମୁଁ
ହାରିବାରେ ସେତେ,
ତା'ଠୁଁ ଅଧିକ ବିସ୍ମିତ ସୁଖ ପାରତିରେ ମୁଁ
ଟୋପା ଟୋପା ଲୁହ ଗଡ଼ାଇବା ବେଳେ"।

(ସୁଖ ସଂହିତା - କବି ଦୀପକ ମିଶ୍ର ପୃ-୨୫, କବିତା - ସୁବର୍ଣ୍ଣ ସୁଖ।)

■

ପଛଧାଡ଼ିର ଲୋକ

ହାଇସ୍କୁଲରେ ପଢ଼ିବାବେଳେ କ୍ଲାସ୍ ରୁମ୍‌ରେ ପଛଧାଡ଼ିରେ ବସୁଥିବା ପିଲାମାନଙ୍କ ପ୍ରତି ଶିକ୍ଷକମାନଙ୍କର ଏପରିକି ସହପାଠୀ ପିଲାମାନଙ୍କର ଏକ ଭିନ୍ନ ପ୍ରକାର ଧାରଣା ଥାଏ। ଯେପରି ଏମାନେ ମେଧାବୀ ନୁହଁନ୍ତି। ପଢ଼ାରେ ଭଲ କରନ୍ତି ନାହିଁ। ସଂସ୍କୃତ ପଣ୍ଡିତେ କିମ୍ବା ଗଣିତ ସାର୍‌ଙ୍କ ମାଡ଼ ଭୟରେ ପଛରେ ବସନ୍ତି, ଇତ୍ୟାଦି। ଅନେକ ସମୟରେ ଏମିତି ଧାରଣା ସତ ବି ଥାଏ। ଶ୍ରେଣୀଗୃହରେ ଶିକ୍ଷକଙ୍କ ପ୍ରଶ୍ନର ତତ୍କାଳ ଉତ୍ତର ଦେଇପାରୁ ନଥିବା ଛାତ୍ର ବା ପୂର୍ବ ପ୍ରସ୍ତୁତ ହୋଇ ଆସି ନଥିବା ଛାତ୍ର ଅନେକ ସମୟରେ ଆଗଧାଡ଼ିରେ ବସିବାକୁ ପ୍ରସ୍ତୁତ ହୁଅନ୍ତି ନାହିଁ। କାରଣ ଆଗଧାଡ଼ିର ପିଲାଙ୍କର ସମସ୍ତ କାର୍ଯ୍ୟକଳାପ ଶିକ୍ଷକଙ୍କ ନଜରରେ ରହିଥାଏ ଏବଂ ଶିକ୍ଷକମାନେ ଆଗଧାଡ଼ି ପିଲାଙ୍କୁ ପ୍ରଥମେ ପ୍ରଶ୍ନ ପଚାରନ୍ତି ବୋଲି ଏକ ଧାରଣା ପିଲାମାନଙ୍କ ମନରେ ରହିଥାଏ। ବେଳେବେଳେ ସଙ୍ଗଦୋଷରୁ ମଧ୍ୟ ଆଗ ବେଞ୍ଚ କିମ୍ବା ଅତିକମ୍‌ରେ ମଝିସିଟ୍‌ରେ ବସିବାକୁ ଥିବା ପିଲା ନିଜର ସାଙ୍ଗ ପାଖରେ ବସିବା ପାଇଁ ପଛସିଟ୍‌କୁ ବି ଯାଇଥାଇ ପାରେ। ପଛଧାଡ଼ିରେ ବସୁଥିବା ପିଲାମାନେ ଭଲ ପଢ଼ନ୍ତି ନାହିଁ ବା ଶ୍ରେଣୀରେ ଅନ୍ୟମନସ୍କ ରହନ୍ତି-ଏମିତି ଏକ ଧାରଣା ସର୍ବତ୍ର ବିଦ୍ୟମାନ ଥାଏ। ସଂସ୍କୃତ ଶବ୍ଦରୂପ, ଇଂରାଜୀ ଅନୁବାଦ କିମ୍ବା ବୀଜଗଣିତ ଏ ପିଲାମାନଙ୍କ ଆୟତ୍ତ ବାହାରେ ଥାଏ ଯେମିତି। କେବେ କେମିତି ସ୍କୁଲ ଇନ୍‌ସ୍ପେକ୍ଟର କିମ୍ବା ଅନ୍ୟ କୌଣସି ପଦାଧିକାରୀ ପରିଦର୍ଶନରେ ଆସିଲେ ଶିକ୍ଷକମାନେ ବି ଆଗସିଟ୍ ବା ମଝିସିଟ୍‌ର ପିଲାଙ୍କୁ ସାମୟିକଭାବେ ପଛ ଧାଡ଼ିକୁ ପଠାଇଥା'ନ୍ତି। କାରଣ ପରିଦର୍ଶନକାରୀ କୌଣସି ପ୍ରଶ୍ନ ପଚାରିଲେ ପଛଧାଡ଼ିର ପିଲା ବି ଯେମିତି ସଠିକ୍ ଉତ୍ତର ଦେଇ ପାରିବେ ଏବଂ ଶିକ୍ଷକ ଠିକ୍‌ଭାବେ ସମସ୍ତଙ୍କୁ ଗୁରୁତ୍ୱର ସହ ପଢ଼ାଇଛନ୍ତି ବୋଲି ପ୍ରମାଣିତ ହେବ। ଅନ୍ୟ ସମୟରେ କୌଣସି ଟୀକାକରଣ କାର୍ଯ୍ୟକ୍ରମରେ ଡାକ୍ତର କିମ୍ବା ସ୍ଥାନୀୟ ସ୍ୱାସ୍ଥ୍ୟକର୍ମୀ ସ୍କୁଲକୁ ଆସି ଟୀକା

ଦେବାରଥିଲେ, ତେବେ ଆଗଧାଡ଼ିର ପିଲାମାନେ ଇଂଜେକ୍ସନ ଛୁଞ୍ଚି ଭୟରେ ପଛଧାଡ଼ି ପିଲାଙ୍କ ପଛରେ ଲୁଚିଥିବାର ନଜିର ବି ଅଛି। ଏହାଛଡ଼ା ଯଦି କ୍ଲାସ୍‌ରେ କିଛି ପିଲା ମୋଟା ଓ ଡେଙ୍ଗା ଥାଆନ୍ତି, ସେମାନଙ୍କୁ ବି ଉଚ୍ଚତା କ୍ରମରେ ପଛଧାଡ଼ିରେ ବସିବାକୁ କୁହାଯାଇଥାଏ, ଯଦିଓ ସେମାନଙ୍କର ମେଧା କିଛି କମ୍ ନ ଥାଏ।

ଏଣୁ ପଛଧାଡ଼ିରେ ବସୁଥିବା ପିଲା ଯେ ସବୁଥିରେ ଅପାରଗ ବା ଅନାବଶ୍ୟକ ଏ କଥା ନୁହେଁ। ସ୍କୁଲରେ ବହିପଢ଼ା ବ୍ୟତୀତ ଅନ୍ୟ ଅନେକ ଗୁରୁତ୍ୱପୂର୍ଣ୍ଣ କାର୍ଯ୍ୟ ଯଥା ଖେଳ କ୍ଲାସ୍‌ରେ, ଫୁଟବଲ ଟିମ୍ ଚୟନରେ, ବାର୍ଷିକ ଉତ୍ସବ ଆୟୋଜନରେ, ପୂଜାପାର୍ବଣ ପାଳନରେ, ଶାନ୍ତିଶୃଙ୍ଖଳା ବଜାୟ ରଖିବାରେ ଏଇ ପଛଧାଡ଼ି ପିଲାଙ୍କର ଅବଦାନ ବେଶୀ ଥାଏ। ସେମାନେ ଶିକ୍ଷକମାନଙ୍କର ଅଧିକ ପ୍ରିୟ ବି ଥାଆନ୍ତି। କାରଣ ଏମାନେ ଶାରୀରିକ କାର୍ଯ୍ୟ ଅଧିକ ଓ ନିଖୁଣଭାବେ କରିପାରନ୍ତି। ସମସ୍ତଙ୍କର ମେଧା ଓ ଶାରୀରିକ ଗଠନ ଏକା ସ୍ତରର ନ ଥାଏ। ଏଣୁ ଯେଉଁଠି ଜ୍ଞାନ ଓ ମେଧାର ପରୀକ୍ଷା ହେବାର ଥାଏ ସେଠି ଆଗଧାଡ଼ିରେ ଯେଉଁ ପିଲାମାନେ ଥାଆନ୍ତି, ସେମାନେ ଶାରୀରିକ ଶ୍ରମ ବା କ୍ରୀଡ଼ାକୂଦ ଦକ୍ଷତା ଆବଶ୍ୟକ ସ୍ଥାନରେ ଆଗରେ ନ ଥାଇ ବରଂ ସେଠି ପଛଧାଡ଼ିରେ ଥାଆନ୍ତି। ଶ୍ରେଣୀରେ ପଛଧାଡ଼ିରେ ବସୁଥିବା ପିଲାମାନେ ଖେଳକୂଦରେ, ଶାରୀରିକ ଶ୍ରମରେ ଆଗଧାଡ଼ିର ପିଲା। ସ୍କୁଲ ଭଳି ଏକ ଅନୁଷ୍ଠାନରେ ସବୁ ଧରଣର, ସବୁମାନର ପିଲାଙ୍କର ଆବଶ୍ୟକତା ଥାଏ-କେହି କମ୍ ବା ବେଶୀ ଗୁରୁତ୍ୱପୂର୍ଣ୍ଣ ନୁହଁନ୍ତି। ବାର୍ଷିକ ପରୀକ୍ଷା ବ୍ୟତିରେକେ ଅନ୍ୟ ଯେଉଁ କ୍ଷେତ୍ରରେ ଯଥା ଖେଳକୂଦ, ବଗିଚା କାମ, ଇତ୍ୟାଦିରେ ସ୍କୁଲର ଯେଉଁ ସୁଖ୍ୟାତି ମିଳିଥାଏ ସେଥିରେ ଏଇ ପଛଧାଡ଼ିର ପିଲାଙ୍କର ଅବଦାନ ସର୍ବାଧିକ। କେବଳ ପୁସ୍ତକଗତ ଜ୍ଞାନକୁ ନେଇ ମେଧା ନିରୁପଣ ହେବା ଉଚିତ୍ ନୁହେଁ।

ଯେମିତି ବସ୍‌ରେ ଯାତ୍ରା କରୁଥିବା ବେଳେ ପଛସିଟ୍‌ରେ ବସିବା ପାଇଁ କାହାରି ଇଚ୍ଛା ନ ଥାଏ। ସମସ୍ତଙ୍କର ବାଟ ପାଖ ସିଟ୍ ଓ ମଝି ସିଟ୍ ଉପରେ ଆଖି। ମାତ୍ର ଅତ୍ୟଧିକ ଭିଡ଼ଥିଲେ ଲୋକମାନେ ପଛସିଟ୍‌ରେ ନ ବସି ବରଂ ଆଗରେ ଛିଡ଼ା ହୋଇ ଯିବାକୁ ପସନ୍ଦ କରନ୍ତି। ପଛସିଟ୍‌ରେ ବସିଲେ ଧକଡ଼ ଚକଡ଼ ହେବ, ଦୂରଗାମୀ ଯାତ୍ରୀଙ୍କର ଅଣ୍ଟାପିଠି ଦରଜ ହୋଇଯିବ, ଏହି ଭୟରେ ଅନେକ ଯାତ୍ରୀ ପଛସିଟ୍‌କୁ ଯାଆନ୍ତି ନାହିଁ। କେବଳ ବିକଳ୍ପ ରହିତ ହେଲେ ହିଁ ଲୋକମାନେ ପଛଧାଡ଼ିକୁ ଯାଇଥା'ନ୍ତି।

ମାତ୍ର, "ପଛଧାଡ଼ିର ଲୋକ" (back benchers) ଶବ୍ଦ ଏକ ନିର୍ଦ୍ଦିଷ୍ଟ ଅର୍ଥରେ ବ୍ୟବହାର କରାଯାଇଥାଏ। ବ୍ରିଟିଶ୍ ପାର୍ଲିଆମେଣ୍ଟର ବା ଅନ୍ୟ ଦେଶର ପାର୍ଲିଆମେଣ୍ଟର ଯେଉଁ ସଦସ୍ୟମାନେ ସରକାରୀ ଦଳର ମନ୍ତ୍ରୀ କିମ୍ବା ବିରୋଧି ଦଳର ଛାୟା

କ୍ୟାବିନେଟର ସଦସ୍ୟ ହୋଇ ନ ଥା'ନ୍ତି କିମ୍ବା କୌଣସି ଗୁରୁତ୍ୱପୂର୍ଣ୍ଣ ପଦବୀରେ ନ ଥା'ନ୍ତି ସେମାନଙ୍କୁ ପଛଧାଡ଼ିଆ ବା ପଛଧାଡ଼ିର ଲୋକ ଆଖ୍ୟା ଦିଆଯାଇଥାଏ। ଏହି ପଛଧାଡ଼ିଆମାନେ କୌଣସି ପଦପଦବୀରେ ନ ଥା'ନ୍ତି କି ଅଧିକାଂଶ ସଂସଦୀୟ ଆଲୋଚନାରେ ଅଂଶ ଗ୍ରହଣ କରି ନଥା'ନ୍ତି କିମ୍ବା କ୍ୱଚିତ ଅଂଶଗ୍ରହଣ କରିଥା'ନ୍ତି। ବିଶ୍ୱର ଯେକୌଣସି ସଂସଦ ବା ବିଧାନସଭା କି ବିଧାନ ପରିଷଦରେ ଶାସକ ଦଳର ସଭ୍ୟମାନେ ପରମ୍ପରା ଅନୁସାରେ ବାଚସ୍ପତି ବା ସଭାପତିଙ୍କ ଦକ୍ଷିଣପାର୍ଶ୍ୱରେ ଥିବା ଧାଡ଼ିଗୁଡ଼ିକରେ ବସନ୍ତି। ସେଇପରି ବିରୋଧିଦଳର ସଭ୍ୟମାନେ ସଭାପତି ବା ବାଚସ୍ପତିଙ୍କ ବାମପାର୍ଶ୍ୱ ଧାଡ଼ିଗୁଡ଼ିକରେ ବସିଥା'ନ୍ତି। ଶାସକ ଦଳର ସଭ୍ୟମାନଙ୍କ ମଧ୍ୟରୁ ପ୍ରଧାନମନ୍ତ୍ରୀ ବା ମୁଖ୍ୟମନ୍ତ୍ରୀ ଏବଂ ତାଙ୍କ କ୍ୟାବିନେଟର ଅନ୍ୟ ଗୁରୁତ୍ୱପୂର୍ଣ୍ଣ ମନ୍ତ୍ରୀମାନେ ଆଗଧାଡ଼ିରେ ବସନ୍ତି। ବରିଷ୍ଠତା ଓ ଗୁରୁତ୍ୱ ଅନୁସାରେ ଅନ୍ୟମନ୍ତ୍ରୀ ଏବଂ ଅନ୍ୟ ସଭ୍ୟମାନଙ୍କର ଆସନ ନିର୍ଣ୍ଣୟ କରାଯାଇଥାଏ। ସେହିଭଳି ବିରୋଧିଦଳର ନେତା ଓ ତାଙ୍କ ଛାୟା ମନ୍ତ୍ରୀମଣ୍ଡଳର ସଭ୍ୟମାନେ ଗୁରୁତ୍ୱ ଅନୁସାରେ ଆଗଧାଡ଼ିରେ ବସିଥା'ନ୍ତି। ଯଦି ସମ୍ପୃକ୍ତ ବିରୋଧି ଦଳ ସଂଖ୍ୟା ଗରିଷ୍ଠ ହୋଇଥା'ନ୍ତେ ଏବଂ ବିରୋଧି ଦଳ ନେତା ସରକାର ଗଢ଼ିଥା'ନ୍ତେ, ତାଙ୍କର ସମ୍ଭାବ୍ୟ ମନ୍ତ୍ରୀମଣ୍ଡଳର ଯେଉଁମାନେ ସ୍ଥାନ ପାଇଥା'ନ୍ତେ ବା ଭବିଷ୍ୟତରେ ସେମିତି ହେଲେ ଯେଉଁମାନେ ସ୍ଥାନ ପାଇବେ, ସେମାନଙ୍କୁ ଛାୟା କ୍ୟାବିନେଟ ବୋଲି କୁହାଯାଏ।

ଅର୍ଥାତ ଶାସକ ଦଳର ମନ୍ତ୍ରୀଗଣ ଏବଂ ବିରୋଧି ଦଳ ବା ସାମ୍ମୁଖ୍ୟର ଛାୟା ମନ୍ତ୍ରୀମଣ୍ଡଳର ସମ୍ଭାବ୍ୟ ସଦସ୍ୟମାନଙ୍କୁ "ଆଗଧାଡ଼ିଆ" ବା "ଆଗଧାଡ଼ିର ନେତା" ବା front benchers କୁହାଯାଇଥାଏ। ଏହି ଆଗଧାଡ଼ିଆମାନେ ସଂସଦରେ ଅଧିକାଂଶ ଆଲୋଚନାରେ ଅଂଶଗ୍ରହଣ କରନ୍ତି-ପ୍ରଶ୍ନ ଓ ଉତ୍ତର ରଖନ୍ତି। ଗଣମାଧ୍ୟମ ତଥା ସରକାରଙ୍କର ଅଧିକ ନଜର ଏମାନଙ୍କ ଉପରେ ଥାଏ ଏବଂ ଏମାନଙ୍କର ଦାବୀ ଓ ଯୁକ୍ତିକୁ ସମ୍ମାନର ସହ ଗ୍ରହଣ କରାଯାଇଥାଏ। ବହୁଦଳୀୟ ଗଣତାନ୍ତ୍ରିକ ଶାସନ ବ୍ୟବସ୍ଥାରେ ଅନେକ ସଂସଦରେ ଛୋଟ ଦଳର ବହୁ କମ୍ ସଦସ୍ୟ ଜିତି ସଭ୍ୟ ହୋଇଥାଇ ପାରନ୍ତି କିମ୍ବା ନିର୍ଦ୍ଦଳୀୟ ସଭ୍ୟ ମଧ୍ୟ ଜିତି ଥାଇ ପାରନ୍ତି। ଏମାନେ ଶାସକ ଦଳ ବା ସାମ୍ମୁଖ୍ୟର ସଦସ୍ୟ ନୁହନ୍ତି କି ମୁଖ୍ୟ ବିରୋଧି ଦଳ ବା ସାମ୍ମୁଖ୍ୟର ବି ସଦସ୍ୟ ହୋଇ ନଥା'ନ୍ତି। ଏମାନେ ଉଭୟ ଶାସକ ଓ ବିରୋଧି ପକ୍ଷଙ୍କଠାରୁ ସମଦୂରତା ବା ଅସଂଲଗ୍ନତା ବା ନିରପେକ୍ଷତା ବଜାୟ ରଖିଥା'ନ୍ତି। ପ୍ରସଙ୍ଗ କ୍ରମେ ଓ ଆବଶ୍ୟକତା ଅନୁସାରେ ଏମାନେ ଯେକୌଣସି ପକ୍ଷ ସହ ବି ସାମିଲ ହୋଇଯାଇ ପାରିବାର ସମ୍ଭାବନା ଥାଏ-ଏମାନଙ୍କୁ "ବାଙ୍କ ଧାଡ଼ିଆ" ବା cross benchers ବୋଲି

କୁହାଯାଇଥାଏ। ଏହି ବାଙ୍କ ଧାଡ଼ିଆମାନଙ୍କୁ ଉଭୟ ଶାସକ ଓ ବିରୋଧି ଦଳଙ୍କ ମଝିରେ ବସିବାର ଆସନ ନିର୍ଦ୍ଧାରଣ କରାଯାଇଥାଏ। ବ୍ରିଟେନ, ଆମେରିକା, କାନାଡ଼ା, ଅଷ୍ଟ୍ରେଲିଆ, ନିଉଜିଲ୍ୟାଣ୍ଡ, ଆୟାର୍ଲ୍ୟାଣ୍ଡ ଆଦି ଦେଶର ସଂସଦରେ ଏହି ପଛଧାଡ଼ିଆ, ଆଗଧାଡ଼ିଆ ପରମ୍ପରା ରହି ଆସିଅଛି, ଭାରତର ସଂସଦ ଓ ରାଜ୍ୟ ବିଧାନସଭା ଗୁଡ଼ିକରେ ମଧ୍ୟ ଅନୁରୂପ ପରମ୍ପରା ପ୍ରଚଳିତ ଅଛି।

ସଂସଦୀୟ ଗଣତନ୍ତ୍ରରେ ପଛ ଧାଡ଼ିଆ ଲୋକମାନଙ୍କର ଗୁରୁତ୍ୱକୁ ଅନେକ ସମୟରେ ଅଣଦେଖା କରାଯାଇଥାଏ। ଗଣମାଧ୍ୟମ ଏମାନଙ୍କୁ ପ୍ରସାରର ପ୍ରମୁଖ ଆକର୍ଷଣଭାବେ ଉପସ୍ଥାପନ କରୁ ନ ଥିବାରୁ ଅନେକ ସ୍ଥଳରେ ସାଧାରଣ ଲୋକ ଏମାନଙ୍କର ଭୂମିକା ନଗଣ୍ୟ ବୋଲି ବିଚାର କରିଥା'ନ୍ତି। ମାତ୍ର ଗଣତନ୍ତ୍ରରେ ଏମାନଙ୍କର ଭୂମିକା ବି ଗୁରୁତ୍ୱପୂର୍ଣ୍ଣ ଅଟେ। ଜଣେ ନିର୍ବାଚିତ ପ୍ରତିନିଧିଙ୍କ ଠାରୁ ତାଙ୍କ ସଂସଦୀୟ କ୍ଷେତ୍ରର ଅଧିବାସୀମାନେ ଅନେକ କାର୍ଯ୍ୟ ଆଶା କରିଥା'ନ୍ତି। ତାଙ୍କ ଅଞ୍ଚଳର ସମସ୍ୟା ସଂସଦରେ ଉପସ୍ଥାପନ କରି ସରକାରଙ୍କ ଦୃଷ୍ଟି ଆକର୍ଷଣ କରିବା ସହିତ ତା'ର ସ୍ଥାୟୀ ସମାଧାନ କରିବାର ଦାୟୀତ୍ୱ ସାଂସଦ ବା ବିଧାୟକଙ୍କର ବୋଲି ଲୋକମାନେ ଆଶା କରନ୍ତି। ଏହି ପଛଧାଡ଼ିଆ ନେତାମାନେ ବି ଗୃହରେ ସାଧାରଣ ଆଲୋଚନା କିମ୍ବା ପ୍ରଶ୍ନୋତ୍ତର ମାଧ୍ୟମରେ ସରକାରଙ୍କ ଦୃଷ୍ଟି ଆକର୍ଷଣ କରିବାରେ ପ୍ରମୁଖ ଭୂମିକା ନେଇଥା'ନ୍ତି। ବିଭିନ୍ନ ଦଳର ପଛଧାଡ଼ିଆ ନେତାମାନଙ୍କୁ ସଂସଦର ବିଭିନ୍ନ ସ୍ଥାୟୀ କମିଟିର ସଭ୍ୟଭାବେ ଚୟନ କରାଯାଇଥାଏ। ଏହି କମିଟିର ସଭ୍ୟଭାବେ ସେମାନେ ନିଜର ଆଭିମୂଖ୍ୟ ସ୍ୱଷ୍ଟଭାବେ ଉପସ୍ଥାପନ କରିବାର ସୁଯୋଗ ପାଇଥା'ନ୍ତି। ଏହା ଫଳରେ ଏଇ ପଛଧାଡ଼ିଆମାନେ କ୍ରମଶଃ ନିଜର ପ୍ରଭାବ କ୍ଷେତ୍ର ବଢ଼ାଇବାର ସୁଯୋଗ ପାଇବା ସହ ଆଗଧାଡ଼ିଆ ହେବା ପାଇଁ ଟ୍ରେନିଂ ବି ପାଇପାରନ୍ତି। ଏହାଛଡ଼ା ପ୍ରତ୍ୟେକ ସଭ୍ୟଙ୍କର ଗୁରୁତ୍ୱପୂର୍ଣ୍ଣ ପ୍ରସଙ୍ଗରେ ବେସରକାରୀ ବିଲ୍ ପଢଠ କରିବାର କ୍ଷମତା ଅଛି। ଏ କ୍ଷମତା ବ୍ୟବହାର କରି ସେମାନେ ବେସରକାରୀ ବିଲ୍ ତିଆରି କରି ଉପସ୍ଥାପନ କରିପାରନ୍ତି। ଏପରିକି ସରକାରୀ ବିଲ୍‌ର ଆଲୋଚନାରେ ଅଂଶ ଗ୍ରହଣ କରି ନିଜ ମତ ଉପସ୍ଥାପନ କରିପାରିବାର ସୁଯୋଗ ଏମାନଙ୍କୁ ମିଳିଥାଏ। ସରକାରୀ ଦଳର ପୂର୍ଣ୍ଣ ସଂଖ୍ୟା ଗରିଷ୍ଠତା ନ ଥିବା ସମୟରେ ଅର୍ଥାତ ମିଳିତ ମନ୍ତ୍ରୀମଣ୍ଡଳ ଥିବା ସମୟରେ ବିଭିନ୍ନ ବିଲ୍‌ର ଆଲୋଚନା ଓ ପାରିତ କରିବା ପାଇଁ ସଂଖ୍ୟାର ଆବଶ୍ୟକତାକୁ ଦୃଷ୍ଟିରେ ରଖି ଏହି ପଛଧାଡ଼ିଆ ନେତା ବା ବାଙ୍କ ଧାଡ଼ିଆ ନେତାଙ୍କର ଗୁରୁତ୍ୱ ବହୁତ ବଢ଼ିଥାଏ। ସରକାରୀ ଦଳର ନେତାମାନେ ବାଙ୍କ ଧାଡ଼ିଆ ନେତାଙ୍କୁ ହାତ କରି ଆବଶ୍ୟକୀୟ ସଂଖ୍ୟା ହାସଲ କରିବାକୁ ଚେଷ୍ଟା କରିଥା'ନ୍ତି।

ଏଠି ପ୍ରସଙ୍ଗ ଆଗଧାଡ଼ିଆ, ପଛଧାଡ଼ିଆ କି ବାଙ୍କଧାଡ଼ିଆ ନେତାଙ୍କର ସଂସଦୀୟ ଭୂମିକା କୁ ନେଇ ନୁହଁ। ମାତ୍ର ଏହି ସାଦୃଶ୍ୟକୁ ସାଂପ୍ରତିକ ସାମାଜିକ ପରିବେଶରେ ପ୍ରୟୋଗ କରି ଆଲୋଚନା କରିବା-କଥା ହେବା।

ଆମେ ଏକ ସ୍ତରଭୁକ୍ତ ସମାଜରେ ବାସ କରୁଛେ। ଏହି ସ୍ତରୀକରଣର ଆଧାର ଜାତି ହେଉ କି ଅର୍ଥନୀତି, କିନ୍ତୁ ଏହା ସତ ଯେ ସମାଜରେ ବିଭିନ୍ନ ସ୍ତରର ବା ଶ୍ରେଣୀର ଲୋକ ବସବାସ କରୁଛନ୍ତି। ଜାତି ଆଧାରିତ ସ୍ତର ବ୍ୟବସ୍ଥାକୁ ଆମ ସମ୍ବିଧାନ ଗ୍ରହଣ ନ କରି ସମସ୍ତଙ୍କୁ ସମାନ ଅଧିକାରର ବ୍ୟବସ୍ଥା କରିଥିଲେ ହେଁ ଏହା ଏବେ ବି କେତେକ ସ୍ଥାନରେ ବଳବତ୍ତର ଅଛି। ମାତ୍ର ଆର୍ଥିକ ସ୍ଥିତି ଆଧାରିତ ଶ୍ରେଣୀ ବ୍ୟବସ୍ଥା ପ୍ରାୟ ସର୍ବତ୍ର ବେଶ୍ ପରିସ୍ଫୁଟ ଅଛି।

ଉଚ୍ଚ ଆୟକାରୀ - ଉଚ୍ଚବର୍ଗ - ଆଗ ଧାଡ଼ି

ମଧ୍ୟମ ଆୟକାରୀ - ମଧ୍ୟବିତ୍ତ - ମଝି ଧାଡ଼ି

ନିମ୍ନ ଆୟକାରୀ - ନିମ୍ନବର୍ଗ - ପଛ ଧାଡ଼ି

ଯଦି ଶ୍ରେଣୀକୁ ଧାଡ଼ିର ସାଦୃଶ୍ୟ ପ୍ରଦାନ କରି ଏହି ବିଚାର କରିବା ତେବେ ଉଚ୍ଚବର୍ଗର ଲୋକେ ଆଗଧାଡ଼ିଆ, ମଧ୍ୟବର୍ଗର ଲୋକେ ମଝିଧାଡ଼ିଆ ଓ ନିମ୍ନବର୍ଗର ଲୋକେ ପଛଧାଡ଼ିଆ ବୋଲି ବିବେଚିତ ହେବା କଥା। ମାତ୍ର ସାମାଜିକ ସ୍ତରୀକରଣ ଓ ଧାଡ଼ି ବ୍ୟବସ୍ଥା ଏତେ ସହଜ ଓ ସରଳ ପ୍ରକ୍ରିୟା ନୁହେଁ କି ଏହାର ସାଦୃଶ୍ୟ ଏତେ ଅବିକଳ ନୁହେଁ। ପ୍ରତି ବର୍ଗ ଭିତରେ କେତେକ ଉପବର୍ଗ ଅଛନ୍ତି। ଯେମିତି-

ଉଚ୍ଚବର୍ଗ - (ଉଚ୍ଚ ଉଚ୍ଚବର୍ଗ, ମଧ୍ୟମ ଉଚ୍ଚବର୍ଗ, ନିମ୍ନ ଉଚ୍ଚବର୍ଗ)

ମଧ୍ୟବିତ୍ତ - (ଉଚ୍ଚ ମଧ୍ୟବିତ୍ତ, ମଧ୍ୟମ ମଧ୍ୟବିତ୍ତ, ନିମ୍ନ ମଧ୍ୟବିତ୍ତ)

ନିମ୍ନବର୍ଗ - (ଗରୀବ ସୀମାରେଖା ତଳେ-ଅତି ନିମ୍ନବର୍ଗ)

ଉପରୋକ୍ତ ପ୍ରତି ଉପବର୍ଗ ଭିତରେ ଆଗଧାଡ଼ିଆ ଓ ପଛଧାଡ଼ିଆ ଲୋକେ ଥାଆନ୍ତି। ପଛଧାଡ଼ିଆ ଲୋକଙ୍କର ଏକ ଗୁରୁତ୍ୱପୂର୍ଣ୍ଣ ବିଶେଷତ୍ୱ ହେଲା ଏମାନେ କମ୍ ବ୍ୟକ୍ତ ବା ପ୍ରକାଶିତ ହୋଇଥା'ନ୍ତି। ଅପରପକ୍ଷରେ ଆଗଧାଡ଼ିଆମାନେ କୁହାଳିଆ, ଯୋଗାଡ଼ିଆ, ସଫଳ ନେତୃତ୍ୱ ନେବା ଲୋକ। ଏମାନେ ବହୁ ପ୍ରସାରିତ ଓ ପ୍ରକାଶିତ। ଏମାନେ ନିଷ୍ପତ୍ତି ନିଅନ୍ତି, କିମ୍ବା ନିଷ୍ପତ୍ତିକୁ ପ୍ରଭାବିତ କରିପାରନ୍ତି। ଏମାନଙ୍କ ତୁଳନାରେ ପଛଧାଡ଼ିଆ ଲୋକମାନେ ନିରବ କାର୍ମିକ। ସମୟକ୍ରମେ ପଛଲୋକ ଆଗ ହେବ। ଆଗଧାଡ଼ିକୁ ଯିବାର ଲକ୍ଷ୍ୟ ସମସ୍ତଙ୍କର ଥାଏ। ବିଭିନ୍ନ ବର୍ଗଭିତରେ ବା ଶ୍ରେଣୀ ଭିତରେ ଚଳମାନତା ଥାଏ। ନିମ୍ନବର୍ଗର ଲୋକେ ମଧ୍ୟବିତ୍ତ ବର୍ଗକୁ ପ୍ରବେଶ କରନ୍ତି। ସେମିତି ମଧ୍ୟବିତ୍ତ ଲୋକେ ବି ଉଚ୍ଚବର୍ଗକୁ ଯାଇପାରନ୍ତି। ଏହା ଆନ୍ତଃଶ୍ରେଣୀ ଚଳମାନତା। ସେଥିପାଇଁ

ଶୈକ୍ଷିକ ଓ ଆର୍ଥିକ ବିକାଶ ଲୋଡ଼ା । ଅର୍ଥନୀତି ସର୍ବସ୍ୱ ଶ୍ରେଣୀ ବ୍ୟବସ୍ଥାରେ ଏହା ସମ୍ଭବ । ଯଦିଓ ଜାତିଭିତ୍ତିକ ସ୍ତରୀକରଣରେ ଏହା ସମ୍ଭବ ହୋଇନଥାଏ କାରଣ ଯିଏ ବ୍ରାହ୍ମଣ ସେ ତା'ର ସମସ୍ତ ପରପିଢ଼ି ବ୍ରାହ୍ମଣଭାବେ ପରିଗଣିତ ହୁଅନ୍ତି । ଜାତିଭିତ୍ତିକ ସ୍ତରୀକରଣରେ ଆନ୍ତଃଶ୍ରେଣୀ ଚଳମାନତା ନଥାଏ ବା କ୍ୱଚିତ୍ ଥାଏ । ଗୋଟିଏ ଜାତିର ଲୋକ ଅନ୍ୟ ଏକ ଜାତିରେ ସାମିଲ ହୋଇପାରେ ନାହିଁ କାରଣ ଜନ୍ମ ଅନୁସାରେ ତା'ର ଜାତି ନିର୍ଣ୍ଣିତ ହୋଇଥାଏ । ଜଣେ ଯେଉଁ ଜାତିରେ ଜନ୍ମ ହୋଇଥାଏ-ସେ ଓ ତା'ର ଉତ୍ତରପିଢ଼ି ସମସ୍ତେ ସେଇ ଜାତି ଭିତରେ ହିଁ ରହିଥା'ନ୍ତି । ଜାତିଜାତି ମଧ୍ୟରେ ଚଳମାନତା ନଥାଏ ।

ମାତ୍ର ଆଗଧାଡ଼ିଆ ଓ ପଛଧାଡ଼ିଆ ଲୋକ ସବୁ ଶ୍ରେଣୀରେ, ସବୁ ଜାତିରେ ଥାଆନ୍ତି । ଏପରିକି ସବୁ ଉପବର୍ଗ ଓ ଉପଜାତି ମଧ୍ୟରେ ବି ଥାଆନ୍ତି । ସେମାନଙ୍କ ମଧ୍ୟରେ ଚଳମାନତା ଥାଏ । ପଛଧାଡ଼ିର ଲୋକ ଆଗଧାଡ଼ିଆ ହୋଇପାରନ୍ତି । ଗୋଟିଏ ବର୍ଗ ଭିତରେ, ଗୋଟିଏ ଉପବର୍ଗ ଏପରିକି ଉପଜାତି ବା ଜାତି ଭିତରେ ଆଗଧାଡ଼ିଆ ଓ ପଛଧାଡ଼ିଆଙ୍କ ଭିତରେ ସ୍ଥାନ ପରିବର୍ତ୍ତନ ହେଉଥାଏ । ସାଧାରଣତଃ ସମାଜରେ କହିପାରୁଥିବା ଲୋକ, ନେତୃତ୍ୱ ନେଇପାରୁଥିବା ଲୋକଙ୍କୁ ଅନ୍ୟମାନେ ଗ୍ରହଣ କରନ୍ତି । ଯେଉଁ ଶ୍ରେଣୀକୁ ସେ ପ୍ରତିନିଧିତ୍ୱ କରୁଥା'ନ୍ତି, ସେଇ ଶ୍ରେଣୀ ସମ୍ବନ୍ଧୀୟ ବିଭିନ୍ନ ବିଷୟରେ ସେମାନଙ୍କ ସହ ପରାମର୍ଶ କରନ୍ତି-ଫଳରେ ସେମାନେ ସେଇ ବର୍ଗ ବା ଶ୍ରେଣୀର ଆଗଧାଡ଼ିଆ ଲୋକ ବୋଲି ପରିଗଣିତ ହୋଇଥା'ନ୍ତି । ସେ ଲୋକ ସେତେବେଳ ପର୍ଯ୍ୟନ୍ତ ଆଗଧାଡ଼ିରେ ରହିବେ, ଯେତେବେଳ ଯାଏ ତାଙ୍କର ଶ୍ରେଣୀଭୁକ୍ତ ଲୋକମାନେ ତାଙ୍କୁ ସମର୍ଥନ କରୁଥିବେ ବା ତାଙ୍କ କଥାକୁ ମାନୁଥିବେ । ଯଦି ସେଇ ବର୍ଗର ଅନ୍ୟ ଜଣେ ଲୋକଙ୍କୁ ସାଧାରଣ ଲୋକେ ସମର୍ଥନ କଲେ ଓ ତାଙ୍କୁ ମାନିଲେ ତେବେ ପୂର୍ବରୁ ଏହିଲୋକ ପଛଧାଡ଼ିଆ ଥିଲେ ବି ସମୟକ୍ରମେ ଆଗଧାଡ଼ିଆ ହୋଇଯିବେ । ସମାଜରେ ଆଗଧାଡ଼ିଆ ଲୋକଙ୍କୁ ସ୍ଥଳବିଶେଷରେ ମାମଲତକାରିଆ ଲୋକ ବୋଲି ବି କହନ୍ତି । ଏଇ ଆଗଧାଡ଼ିଆ ଲୋକମାନେ ଅଧିକ ସୁବିଧା, ସୁଯୋଗ, ଖାତିର ଓ କ୍ଷମତା ଉପଭୋଗ କରନ୍ତି । କାଳକେ ଆଗଧାଡ଼ିଆ ଲୋକଙ୍କର ସଂଖ୍ୟା କମ୍ । ମାତ୍ର ପଛଧାଡ଼ିଆ ଲୋକ ସବୁବେଳେ ସଂଖ୍ୟା ଗରିଷ୍ଠ ଥାଆନ୍ତି । କିନ୍ତୁ ସେମାନଙ୍କର କହି ପାରିବାର ସାହସ ଓ ଶକ୍ତି ନଥିବାରୁ ସେମାନେ ପଛଧାଡ଼ିଆ ହୋଇ ରହିଯାଆନ୍ତି । ଅବଶ୍ୟ ପଛଧାଡ଼ିରୁ ଆଗଧାଡ଼ିକୁ ଯିବାକୁ ସେମାନଙ୍କ ପାଖରେ ସୁଯୋଗ ସବୁବେଳେ ଥାଏ ।

ସ୍ୱାଧୀନତା ପରବର୍ତ୍ତୀ ଭାରତରେ ଜାତି, ଧର୍ମ, ବର୍ଣ୍ଣ ନିର୍ବିଶେଷରେ ସମସ୍ତଙ୍କର ସମାନତାର ଅଧିକାର ସମ୍ବିଧାନରେ ପ୍ରଦାନ କରାଯାଇଛି । ଯେଉଁମାନେ ସମାଜରେ

ନିମ୍ନବର୍ଗରେ ଥିଲେ ସେମାନଙ୍କ ଉତ୍‌ଥାନ ପାଇଁ ବିଭିନ୍ନ ପଦକ୍ଷେପମାନ ନିଆଯାଇଛି। ସେମାନଙ୍କ ମଧ୍ୟମରେ ଗୁରୁତ୍ୱପୂର୍ଣ୍ଣ ହିତାଧିକାରୀମାନେ ହେଲେ।

୧- ଅନୁସୂଚିତ ଜାତି ଓ ଜନଜାତିମାନଙ୍କ ପାଇଁ ସଂରକ୍ଷଣ

୨-ଜନଜାତିମାନଙ୍କ ପାଇଁ ଭୂମି ଅଧିକାର

୩-ଦାରିଦ୍ର୍ୟ ସୀମାରେଖା ତଳେ (ବି.ପି.ଏଲ୍)ଥିବା ଲୋକଙ୍କ ଦାରିଦ୍ର୍ୟ ନିରାକରଣ ପାଇଁ ବିଭିନ୍ନ ଯୋଜନା

୪-ଅନ୍ୟ ପଛୁଆ ଜାତିଙ୍କ ପାଇଁ ସଂରକ୍ଷଣ ବ୍ୟବସ୍ଥା

୫-ଅର୍ଥନୈତିକଭାବେ ଦୁର୍ବଳ ଉଚ୍ଚଜାତିର ଲୋକଙ୍କ ପାଇଁ ଆରକ୍ଷଣ ଇତ୍ୟାଦି

ପାରମ୍ପରିକ ହିନ୍ଦୁସମାଜରେ ଅନେକ ଜାତି, ବର୍ଣ୍ଣ ବ୍ୟବସ୍ଥା ବାହାରେ ସୃଷ୍ଟି ହୋଇଥିଲା। ଚାରି ବର୍ଣ୍ଣ ଯଥା- ବ୍ରାହ୍ମଣ, କ୍ଷତ୍ରୀୟ, ବୈଶ୍ୟ ଓ ଶୁଦ୍ର ଭିତରେ ତ ଅନେକ ଜାତି ଥିଲେ। ମାତ୍ର ଏ ବ୍ୟବସ୍ଥା ବାହାରେ ଯେଉଁଜାତିମାନେ ସୃଷ୍ଟି ହୋଇଥିଲେ ସେମାନେ ମୁଖ୍ୟତଃ ଅଛୁଆଁ ବା ପଞ୍ଚମ ବର୍ଣ୍ଣ ବୋଲି କୁହାଯାଉଥିଲେ। ଏମାନେ ପ୍ରାୟତଃ ଗ୍ରାମ ବାହାରେ ରହୁଥିଲେ। ଏହି ଜାତିମାନେ ଶହଶହ ବର୍ଷ ଧରି ସାମାଜିକ ବାସନ୍ଦର ଶୀକାର ହୋଇ ଆସିଥିଲେ। ଏହି ଜାତିମାନଙ୍କୁ ସମ୍ବିଧାନରେ ଅନୁସୂଚିତ କରାଯାଇ ସେମାନଙ୍କର ଉନ୍ନତି ପାଇଁ ସ୍ୱତନ୍ତ୍ର ବ୍ୟବସ୍ଥା କରାଯାଇଛି। ସେହିଭଳି ବିଭିନ୍ନ ଆଦିବାସୀମାନଙ୍କୁ ମଧ୍ୟ ଅନୁସୂଚିତ କରାଯାଇ ସେମାନଙ୍କୁ ମୁଖ୍ୟସ୍ରୋତକୁ ଆଣିବାକୁ ଚେଷ୍ଟା କରାଯାଇଛି। ଶିକ୍ଷା ଓ ଚାକିରୀ କ୍ଷେତ୍ରରେ ଅନୁସୂଚିତ ଜାତି ଲୋକଙ୍କ ପାଇଁ ୧୫ ପ୍ରତିଶତ ଏବଂ ଅନୁସୂଚିତ ଜନଜାତିମାନଙ୍କ ପାଇଁ ୭.୫ପ୍ରତିଶତ ସଂରକ୍ଷଣ କରାଯାଇଛି। ସମ୍ବିଧାନର (ଅନୁସୂଚିତ ଜାତି) ଆଦେଶ, ୧୯୫୦ ଅନୁସାରେ ଭାରତର ୧୧୦୮ଟି ଜାତି ଏବଂ ଅନୁସୂଚିତ ଜନଜାତି ଆଦେଶ ୧୯୫୦ ଅନୁସାରେ ୭୪୪ଟି ଆଦିବାସୀଙ୍କୁ ଅନୁସୂଚିତ କରାଯାଇଛି। ଜନଜାତି ଓ ପାରମ୍ପରିକ ଜଙ୍ଗଲ ନିବାସୀମାନଙ୍କର ସଂରକ୍ଷଣ ପାଇଁ ଜନଜାତି ବହୁଳ ଅଞ୍ଚଳକୁ ଭାରତୀୟ ସମ୍ବିଧାନର ପଞ୍ଚମ ଅନୁସୂଚୀ ଅନୁସାରେ ସ୍ୱତନ୍ତ୍ର ଅନୁସୂଚିତ ଅଞ୍ଚଳଭାବେ ଘୋଷଣା କରାଯାଇଛି। ବର୍ତ୍ତମାନ ଦଶଟି ରାଜ୍ୟରେ ଯଥା- ଆନ୍ଧ୍ରପ୍ରଦେଶ, ଛତିଶଗଡ଼, ଗୁଜରାଟ, ହିମାଚଳ ପ୍ରଦେଶ, ଝାଡ଼ଖଣ୍ଡ, ମଧ୍ୟପ୍ରଦେଶ, ମହାରାଷ୍ଟ୍ର, ଓଡ଼ିଶା, ରାଜସ୍ଥାନ ଓ ତେଲେଙ୍ଗାନାରେ ଏହି ଅନୁସୂଚିତ ଅଞ୍ଚଳମାନ ଅଛି। ଓଡ଼ିଶାର ମୟୂରଭଞ୍ଜ, ସୁନ୍ଦରଗଡ଼, କୋରାପୁଟ, ମାଲକାନଗିରି, ନବରଙ୍ଗପୁର ଏବଂ ରାୟଗଡ଼ା ଜିଲ୍ଲା ସମ୍ପୂର୍ଣ୍ଣ ଏବଂ ସମ୍ବଲପୁର, କେଉଁଝର, କନ୍ଧମାଳ, ଗଜପତି, ଗଞ୍ଜାମ, କଳାହାଣ୍ଡି ଓ ବାଲେଶ୍ୱର ଜିଲ୍ଲା ଆଂଶିକଭାବେ ଅନୁସୂଚିତ ଅଞ୍ଚଳଭାବେ ପରିଚିତ।

ନବେ ଦଶକରେ ମଣ୍ଡଳ କମିଶନ ରିପୋର୍ଟ ଆଧାରରେ ପଛୁଆ ଜାତିମାନଙ୍କ ପାଇଁ ୨୭% ଆରକ୍ଷଣ ବ୍ୟବସ୍ଥା କରାଗଲା। ଏଥିରେ ବି ଯେଉଁ ଜାତିମାନେ ସାମାଜିକ ଓ ଆର୍ଥିକଭାବେ ପଛୁଆ ଥିଲେ ସେମାନେ ଏହି ଆରକ୍ଷଣର ହିତାଧିକାରୀ ପାଲଟିଗଲେ। ଗତ ୨୦୧୯ ମସିହାରେ କେନ୍ଦ୍ରରେ ନରେନ୍ଦ୍ର ମୋଦୀଙ୍କ ବି.ଜେ.ପି. ସରକାର ଅର୍ଥନୈତିକ ଦୁର୍ବଳ ଶ୍ରେଣୀର ଲୋକମାନଙ୍କୁ ଶିକ୍ଷା ଓ ଚାକିରୀ କ୍ଷେତ୍ରରେ ୧୦ ପ୍ରତିଶତ ସଂରକ୍ଷଣ ସୁବିଧା ଦେବାକୁ ସଂସଦରେ ଆଇନ ପାଶ କରାଇଲେ। ଏହି ଆଇନ ଅନୁସାରେ ଯେଉଁ ପରିବାର ଅନ୍ୟ କୌଣସି ସଂରକ୍ଷିତ ବର୍ଗ ଯଥା- ଅନୁସୂଚିତ ଜାତି, ଜନଜାତି କିମ୍ୱା ଅନ୍ୟ ପଛୁଆ ବର୍ଗରେ ସାମିଲ ହୋଇନଥିବେ ଏବଂ ଯଦି ତାଙ୍କ ପରିବାରର ବାର୍ଷିକ ଆୟ ୮(ଆଠ) ଲକ୍ଷ ଟଙ୍କାରୁ କମ୍ ଥିବ ତେବେ ସେ ପରିବାରର ସଦସ୍ୟମାନଙ୍କୁ ଶିକ୍ଷା ଓ ଚାକିରୀ କ୍ଷେତ୍ରରେ ୧୦% ସଂରକ୍ଷଣ ସୁବିଧା ମିଳିବ। ଅର୍ଥାତ ଅଣସଂରକ୍ଷିତ ଉଚ୍ଚଜାତିର ଗରିବ ପିଲାମାନଙ୍କୁ ଏ ସୁବିଧା ମିଳିପାରିବ।

ଦେଶରୁ ଦାରିଦ୍ର୍ୟ ଦୂରୀକରଣ ପାଇଁ ଅନେକ ଯୋଜନା କରାଯାଇଛି। ମାତ୍ର ଏହିସବୁ ଯୋଜନାର ହିତାଧିକାରୀ ଚୟନ ପାଇଁ ୧୯୭୮ ମସିହାରୁ ଦାରିଦ୍ର୍ୟ ସୀମାରେଖା ତଳେଥିବା ପରିବାର (ବି.ପି.ଏଲ୍) ଚୟନ କରାଯାଇ ଆସିଛି। ଏହି ଗରିବ ରେଖା ଭାରତରେ ବାର୍ଷିକ ଆୟ/ଖାଦ୍ୟ ଆବଶ୍ୟକତା ଭିତ୍ତିରେ ସ୍ଥିର କରାଯାଇଥାଏ। ଗ୍ରାମାଞ୍ଚଳରେ ଜଣେ ଲୋକର ଦୈନିକ ୨୪୦୦ କ୍ୟାଲୋରୀ ଏବଂ ସହରାଞ୍ଚଳରେ ଅନ୍ୟୁନ ଦୈନିକ ୨୧୦୦ କ୍ୟାଲୋରୀ ଶକ୍ତି ଆବଶ୍ୟକ ଏବଂ ଏହି କ୍ୟାଲୋରୀ ପାଇବା ପାଇଁ ଗୋଟିଏ ପରିବାରରେ ଯେତିକ ଖାଦ୍ୟଶସ୍ୟ ଆବଶ୍ୟକ ହୁଏ ଓ ତା'ର ବଜାରଦର ଅନୁପାତରେ ଏହି ଗରୀବ ରେଖା ସର୍ଭେ ମାଧ୍ୟମରେ ସ୍ଥିର କରାଯାଇଥାଏ। ୧୯୭୮ ମସିହାରେ ଏହି ଖର୍ଚ୍ଚ ପ୍ରତି ଲୋକପିଛା ମାସିକ ଖର୍ଚ୍ଚ ଗ୍ରାମାଞ୍ଚଳରେ ଟ.୬୧.୮୦ ଏବଂ ସହରାଞ୍ଚଳରେ ଟ.୭୧.୩୦ ଧାର୍ଯ୍ୟ କରାଯାଇଥିଲା।

ବିଭିନ୍ନ ସମୟରେ ଭାରତର ଗରୀବରେଖାର ସୀମା ପ୍ରତିଲୋକ ପିଛା ମାସିକ ଖର୍ଚ୍ଚ ଏହିପରି ହୋଇ ଆସିଅଛି-

ବର୍ଷ	ଗ୍ରାମାଞ୍ଚଳ	ସହରାଞ୍ଚଳ
୧୯୭୮	୬୧.୮୦	୭୧.୩୦
୨୦୦୦-୨୦୦୧	୩୨୮.୦୦	୪୫୪.୦୦
୨୦୦୫-୨୦୦୬	୩୬୮.୦୦	୫୫୮.୦୦

ଏହି ଗରୀବରେଖା ନିର୍ଣ୍ଣୟର ତରିକା ଓ ଏହାର ଆଧାର ସବୁବେଳେ ବିବାଦୀୟ

ହୋଇ ରହି ଆସିଅଛି । ଅନେକଙ୍କ ମତରେ ଏହା ସଠିକ୍ ମାନଦଣ୍ଡ ଭିତ୍ତିରେ କରାଯାଉ ନାହିଁ । କେବଳ ଲୋକପିଛା ଖାଦ୍ୟସାମଗ୍ରୀ ବ୍ୟବହାରକୁ ଭିତ୍ତିକରି ଗରୀବ ରେଖାର ସଠିକ୍ ଆକଳନ କରାଯାଇ ପାରିବ ନାହିଁ । ଉଦାହରଣ ସ୍ୱରୂପ ଜଣେ ଲୋକ ବ୍ୟବହାର କରୁଥିବା ଖାଦ୍ୟ ଆୟକରି ଆଣିଛି କି ମାଗିକରି ଆଣିଛି ଜାଣିବା ଦରକାର । ବି.ପି.ଏଲ୍ ତାଲିକା ପ୍ରକାଶ ହେବା ଦିନରୁ ସେଥିରୁ କାହାରି ନାମ ବାଦ ଦିଆଯାଇ ନାହିଁ । କେବଳ ନୂଆ ସର୍ଭେରେ ନାମ ଯୋଗ କରାଯାଉଛି । ବହୁ ବିତର୍କ ଓ ବିବାଦ ପରେ କେସ୍ ଉଚ୍ଚତମ ନ୍ୟାୟାଳୟ ପର୍ଯ୍ୟନ୍ତ ଗଲା ଏବଂ WP No.-୧୯୬/୨୦୦୧ ଦାୟର ହେଲା ଯେ ୨୦୦୨ ମସିହାର ସର୍ଭେ ପ୍ରକାଶ କରାନଯାଉ । ଏହି BPL ତାଲିକା ବିବାଦମାନ ହୋଇ ରହିଅଛି । ୨୦୦୫ ମସିହାଠାରୁ ଏଯାବତ୍ ଏ ତାଲିକା ଚୂଡ଼ାନ୍ତ ହୋଇପାରି ନାହିଁ । ଏହି ଗୋଟିଏ ତାଲିକାକୁ ଆଧାର କରି ସବୁ ଦାରିଦ୍ର୍ୟ ଦୂରୀକରଣ କାର୍ଯ୍ୟକ୍ରମ ଆରମ୍ଭ କରିବାର ପରମ୍ପରା ହେତୁ ଏହି ତାଲିକା ବହୁ ଗୁରୁତ୍ୱ ବହନ କରୁଥିଲା । ବି.ପି.ଏଲ୍ ତାଲିକାରେ ଥିବା ଲୋକ ସବୁ ଯୋଜନାରେ ହିତାଧିକାରୀ ଥିଲେ । ମାତ୍ର ଭୁଲବଶତଃ ଏହା ବାହାରେ ରହି ଯାଇଥିବା ଲୋକ କୌଣସି ଯୋଜନାର ଲାଭ ପାଇପାରୁ ନଥିଲେ । ଅବଶ୍ୟ ଏବେ କେନ୍ଦ୍ର ସରକାର ସବୁ ଯୋଜନା ପାଇଁ ଗୋଟିଏ ତାଲିକା ବଦଳରେ ବିଭିନ୍ନ ଯୋଜନା ପାଇଁ ଆବଶ୍ୟକତା ଅନୁସାରେ ହିତାଧିକାରୀ ତାଲିକା କରୁଛନ୍ତି ।

ଏ ପ୍ରବନ୍ଧର ପ୍ରସଙ୍ଗ ବି ଦେଶର ସଂରକ୍ଷଣ ନୀତି ବା ଦାରିଦ୍ର୍ୟ ଦୂରୀକରଣ ଯୋଜନାର ଆକଳନ କରିବା ନୁହେଁ । କେବଳ ପ୍ରସଙ୍ଗକ୍ରମେ ଏ କଥା ସବୁ ଉପସ୍ଥାପନ କରାଯାଇଛି । ମାତ୍ର କଥା ହେଉଛି ସ୍ୱାଧୀନତା ଠାରୁ ଦୀର୍ଘ ୭୩ବର୍ଷ ଧରି ଏତେ ଯୋଜନା ହେଲାଣି, ଏତେ ଜାତି, କେତେ ଜନଜାତି, କେତେ ଗରୀବ ଲୋକଙ୍କୁ ଚିହ୍ନଟ କରାଯାଇ କେତେ ଯୋଜନାରେ ସାମିଲ କରାଯାଇଛି-କୋଟି କୋଟି ଲୋକ ଉପକୃତ ହୋଇଛନ୍ତି । କୋଟି କୋଟି ଲୋକ ସଂରକ୍ଷଣର ଫାଇଦା ବି ଉଠାଇଛନ୍ତି-ନିଜ ଜାତି ବା ଜନଜାତି ସଂପ୍ରଦାୟକୁ ଦ୍ୱାହି ଦେଇ ସମାଜର ଆଗଧାଡ଼ିକୁ ଉଠି ପାରିଛନ୍ତି । ତଥାପି ସମସ୍ୟାର ସମାଧାନ ହୋଇନି କାହିଁକି ? ବିଭିନ୍ନ ଜାତି, ଜନଜାତି, ସମ୍ପ୍ରଦାୟ ମଧ୍ୟରେ ଏତେ ଅସନ୍ତୋଷ ବି କାହିଁକି ? ବି.ପି.ଏଲ୍ ତାଲିକା ଲମ୍ବି ଲମ୍ବି ଯାଉଛି କାହିଁକି ? ଏବେ ବି ଅନେକ ଲୋକ ବଞ୍ଚିତ ହୋଇ ରହିଯାଇଛନ୍ତି କାହିଁକି ବା କିପରି ?

ଏଠି ବି ଆଗଧାଡ଼ିଆ-ପଛଧାଡ଼ିଆଙ୍କୁ ନେଇ ଆଲୋଚନାର ପ୍ରାସଙ୍ଗିକତା ରହିଛି । ପୂର୍ବ ବର୍ଣ୍ଣିତ ସବୁ ନିମ୍ନବର୍ଗ ଲୋକଙ୍କୁ ଯଦି ପଛଧାଡ଼ିଆ ବୋଲି ଗ୍ରହଣ କରାଯାଏ,

ତେବେ ଉଚ୍ଚବର୍ଗ ଓ ଉଚ୍ଚ ମଧ୍ୟବର୍ଗ ଲୋକେ ଆଗଧାଡ଼ିଆ ବୋଲି ପରିଗଣିତ ହେବେ। ଏହି ନିମ୍ନବର୍ଗ ଭିତରେ ନିମ୍ନଲିଖିତ ବର୍ଗ ଅଛନ୍ତି-

୧-ଅନୁସୂଚିତ ଜାତି

୨-ଅନୁସୂଚିତ ଜନଜାତି

୩-ଅନ୍ୟ ପଛୁଆ ଜାତି

୪-ଦାରିଦ୍ର୍ୟ ସୀମାରେଖା ତଳେ ଥିବା ପରିବାର

୫-ଅର୍ଥନୈତିକ ଦୁର୍ବଳ ଶ୍ରେଣୀ

ମହାଭାରତୀୟ ସାମାଜିକ ଅବସ୍ଥାକୁ ସାମଗ୍ରିକଭାବେ ଦେଖିଲେ ଉପରୋକ୍ତ ସମସ୍ତେ ପଛଧାଡ଼ିଆ ହେବେ। ମାତ୍ର ଏହି ଅନୁସୂଚିତ ପ୍ରତ୍ୟେକ ବର୍ଗ ଭିତରେ ଆଗଧାଡ଼ିଆ ଜାତି ବା ଲୋକ ଓ ପଛଧାଡ଼ିଆ ଜାତି ଓ ସମ୍ପ୍ରଦାୟ ବା ଲୋକ ଅଛନ୍ତି। ଉଦାହରଣ ସ୍ୱରୂପ ଅନୁସୂଚିତ ଜାତି ବର୍ଗରେ 'ଧୀବର', ଅନୁସୂଚିତ ଜନଜାତି ବର୍ଗରେ 'ସାନ୍ତାଳ' ଓ ଅନ୍ୟ ପଛୁଆ ଜାତି ବର୍ଗରେ "ଯାଦବ"ମାନଙ୍କ କଥା ବିଚାର କରାଯାଉ। ଜାଲ ଓ ଡଙ୍ଗା ବ୍ୟବହାର କରି ମାଛ ଧରି ବେପାର କରୁଥିବା ଜାତି ହେଲେ ଧୀବର। ସ୍ଥଳବିଶେଷରେ ଡଙ୍ଗାରେ ଘାଟି ପାରି କରୁଥିବା ଲୋକ ବି ଧୀବର ସମ୍ପ୍ରଦାୟର। କେତେକ ସ୍ଥାନରେ ଚୂଡ଼ା କୁଟୁଥିବା ବୃତ୍ତିର ଲୋକ ବି ଧୀବର। ଏମାନେ ଅନ୍ତତଃ ଓଡ଼ିଶାରେ ଅଛୁଆଁ ଜାତି ନୁହଁନ୍ତି। ତଥାପି ଏମାନେ ଅନୁସୂଚିତ ଜାତି ତାଲିକା ଭୁକ୍ତ ଥିବାରୁ ଏବଂ ଏମାନେ ଆର୍ଥିକ ସ୍ୱଚ୍ଛଳ ବର୍ଗ ହୋଇଥିବାରୁ, ଶିକ୍ଷା ଓ ଚାକିରୀ କ୍ଷେତ୍ରରେ ସବୁ ସୁବିଧା ଏମାନେ ହାତେଇ ପାରୁଛନ୍ତି। ମାତ୍ର ସେଇ ବର୍ଗର ଅନ୍ୟ ଜାତିମାନେ, ଯେଉଁମାନେ ବାସ୍ତବରେ ସାମାଜିକ ବାସନ୍ଦର ଶୀକାର ଯଥା-ମେହେନ୍ତର, ଡମ ଇତ୍ୟାଦି, ସେମାନେ ସେଇ ଅନୁପାତରେ ସେତେ ସୁବିଧା ପାଇ ପାରୁନାହାନ୍ତି। ସେମିତି ଅନୁସୂଚିତ ଜନଜାତି ବର୍ଗରେ 'ସାନ୍ତାଳ', ଭୂୟାଁ ଆଦି ଆଦିବାସୀ ଲୋକମାନେ ସଂରକ୍ଷଣର ସମସ୍ତ ସୁବିଧା ନେଇ ପାରୁଛନ୍ତି। ଏପରିକି ଭୂମି ଅଧିକାର ଆଇନ ବା ଜଙ୍ଗଲ ଅଧିକାର ଆଇନ ୨୦୦୫ ଅନୁସାରେ ଏମାନେ ଅଧିକ ଉପକୃତ ହୋଇ ପାରୁଛନ୍ତି। ଏହାର କାରଣ ଏମାନେ ସଂଖ୍ୟାରେ ଅଧିକ, ସମତଳ ଅଞ୍ଚଳ ଲୋକମାନଙ୍କ ସହ ସମ୍ପର୍କ ଓ ଶାସନ ପ୍ରଣାଳୀର ଜ୍ଞାନ ଏମାନଙ୍କର ଅଛି। ଏମାନେ ପ୍ରଭାବୀ ଆଦିବାସୀ (dominant tribe) ଭାବେ ପରିଚିତ। ମଣ୍ଡଳ କମିଶନ ରିପୋର୍ଟ ଲାଗୁ ହେବା ପରେ ଅନ୍ୟ ପଛୁଆ ବର୍ଗରେ 'ଯାଦବ'ମାନେ ସର୍ବାଧିକ ଫାଇଦା ଉଠାଇଛନ୍ତି। ଉତ୍ତରପ୍ରଦେଶ ଓ ବିହାରରେ ତ ଏମାନେ ୨୦-୨୫ ବର୍ଷ ଧରି ଶାସନ କ୍ଷମତା ଅଧିକାର କରିନେଲେ। ବିହାରରେ ଲାଲୁ ଯାଦବ ଓ ଉତ୍ତରପ୍ରଦେଶରେ ମୁଲାୟମ ସିଂ

ଯାଦବଙ୍କ ପରିବାର ଏମିତି ଶାସନ କଲେ ଯେ କେବଳ ଯାଦବ ସମ୍ପ୍ରଦାୟର ଲୋକମାନେ ସରକାରୀ ସାହାଯ୍ୟର ସିଂହଭାଗ ହଡ଼ପ କଲେ। ଏମାନେ ସମସ୍ତେ ଆଗଧାଡ଼ିଆ ଜାତି ବା ଜନଜାତି ଅଟନ୍ତି। ମାତ୍ର ସେଇ ବର୍ଗମାନଙ୍କ ଭିତରେ ଆହୁରି ଶହଶହ ଜାତି ଓ ଜନଜାତି ଅଛନ୍ତି ଯେଉଁମାନେ ଏସବୁ ଯୋଜନାର ଆନୁପାତିକ ଫାଇଦା ପାଇ ପାରିନାହାନ୍ତି-ଏହାର ବିଭିନ୍ନ ଆର୍ଥ-ସାମାଜିକ କାରଣ ଥାଇପାରେ। ମାତ୍ର ଏହା ସତ ଯେ ସେମାନେ ନିରବ ଦ୍ରଷ୍ଟା ପଛଧାଡ଼ିଆ ହୋଇ ରହି ଯାଇଛନ୍ତି।

ଏହି ନ୍ୟାୟରେ ସରକାରୀ ଯୋଜନା କାର୍ଯ୍ୟାନ୍ୱୟନ କଥା ବିଚାର କରାଯାଉ। ଆମ ରାଜ୍ୟରେ BPL ତାଲିକାରେ ବହୁ ଯଥାର୍ଥ ଲୋକଙ୍କର ନାଆଁ ନାହିଁ, ମାତ୍ର ବହୁ ସମ୍ବଳ ଥିବା ଲୋକଙ୍କର ନାଆଁ ଅଛି। ସେଇଭଳି ଗ୍ରାମାଞ୍ଚଳର ଜଣେ ଜଣେ ଲୋକ ବା ଗୋଟିଏ ଗୋଟିଏ ପରିବାର ଏକାଧିକ ଯୋଜନାରେ ଏକାଧିକବାର ସୁବିଧା ପାଇ ପାରିଛନ୍ତି। ମାତ୍ର ଅନ୍ୟ କେତେଜଣ ଆଦୌ ସୁଯୋଗ ପାଇ ନାହାନ୍ତି। ରାଜନୀତି ପ୍ରେରିତ ଏକ ସମାଜ ବ୍ୟବସ୍ଥାରେ ବି ଆଗଧାଡ଼ିଆଙ୍କ ଭୂମିକା ଅଛି। କହିବୁଲି ପାରୁଥିବା ଲୋକ, ପାଟି କରିପାରୁଥିବା ଲୋକ, ନେତାଙ୍କ ଗୋଡ଼ାଣିଆ ହୋଇପାରୁଥିବା ଲୋକ, ଲାଞ୍ଚ ଦେଇ ପାରୁଥିବା ଲୋକ-ଏ ସମସ୍ତେ ଆଗଧାଡ଼ିଆ ସାଜି-ଯୋଜନାର ଅସଲ ଫାଇଦା ନେଇ ପାରିଛନ୍ତି। ଗୋଟିଏ ଗୋଟିଏ ପରିବାର ୨/୩ ଥର ଇନ୍ଦିରା ଆବାସ ଘର, ବି.ପି.ଏଲ୍ ଚାଉଳ, ସରକାରୀ ଜମି ସବୁ ପାଇପାରିଛନ୍ତି। ଏମାନେ ପାରିବାର ଲୋକ-ଆଗଧାଡ଼ିଆ ମାତ୍ର ଯେଉଁମାନେ ଏମିତି କରିପାରୁ ନାହାନ୍ତି-ସେମାନେ ପଛଧାଡ଼ିରେ ରହିଗଲେ-ସରକାରୀ ଯୋଜନାରୁ ବଞ୍ଚିତ ହେଲେ।

ଏଣୁ ପଛଧାଡ଼ିଆ ଲୋକଙ୍କ ବିଷୟରେ ଚିନ୍ତା କରିବାର ସମୟ ଆସିଛି। ଆଗଧାଡ଼ିଆଙ୍କ ପାଇଁ କାହାରି ଚିନ୍ତା କରିବା ଦରକାର ନାହିଁ, କାରଣ ସେମାନେ ସେତିକି ସଶକ୍ତ ଓ ବଚସ୍କର ଯେ ତାଙ୍କ କଥା ସେ କହିପାରିବେ ଏବଂ ତାଙ୍କ ପାଇଁ ଉଦ୍ଦିଷ୍ଟ ସୁବିଧା ସୁଯୋଗ ସେମାନେ କହି କହି ନେବେ। ମାତ୍ର ପଛଧାଡ଼ିଆ ଲୋକମାନେ ଏଇ ଆଗଧାଡ଼ିଆ ଲୋକଙ୍କ ଛାୟାତଳେ ଚାପି ହୋଇ ରହିଯାଆନ୍ତି। ସ୍ୱଭାବେ ନୀରବ ଓ ଅପ୍ରକାଶିତ, ତା'ଛଡ଼ା ପ୍ରଭାବୀ ଜାତି (dominant caste), ପ୍ରଭାବୀ ସମ୍ପ୍ରଦାୟ (dominant tribe) କିମ୍ବା ପ୍ରଭାବୀ ରାଜନୈତିକ ଦଳ (Ruling Political Party)ର ସଦସ୍ୟ ହୋଇ ନଥିବା କାରଣରୁ ଅନେକ ସମୟରେ ସରକାରୀ ସୁବିଧା ସୁଯୋଗରୁ ବଞ୍ଚିତ ହୋଇଥାଆନ୍ତି। ସରକାରୀ ଯୋଜନାର ସଫଳ କାର୍ଯ୍ୟାନ୍ୱୟନ ପାଇଁ ବ୍ୟବସ୍ଥା ପରିବର୍ତ୍ତନର ଆବଶ୍ୟକତା ଅଛି। ବ୍ୟବସ୍ଥା ସାଧାରଣତଃ ଏମିତି ହେବା ଦରକାର ଯେ ଏହା ବ୍ୟକ୍ତିଦ୍ୱାରା ପ୍ରଭାବିତ ନ ହୋଇ ବାସ୍ତବତା ଉପରେ ଆଧାରିତ ହେବା ଦରକାର।

ଏଥିପାଇଁ ବୈଷୟିକ ବିଦ୍ୟାର ବିପୁଳ ପ୍ରୟୋଗ ହେବା ଜରୁରୀ ଯାହା ଫଳରେ ପଛଧାଡ଼ିଆ ଲୋକଙ୍କ କଥା ଶୁଣା ନ ଗଲେ ବି ସେମାନଙ୍କର ଆବଶ୍ୟକତା ଆପେ ଆପେ ପୂରଣ ହୋଇପାରୁଥିବ।

ଆଗଧାଡ଼ିର ଲୋକମାନେ ଉପର ବର୍ଗ ବା ଶ୍ରେଣୀକୁ ଯାଆନ୍ତୁ। ପଛଧାଡ଼ିର ଲୋକମାନେ ବି ଆଗଧାଡ଼ିକୁ ଓ ଉପର ବର୍ଗକୁ ଉଠନ୍ତୁ, ଏହାହିଁ ସାମାଜିକ ସନ୍ତୁଳନ ଓ ଚଳମାନତାର ଅସଲ ଉଦ୍ଦେଶ୍ୟ।

ଭୂମି ଅଧିଗ୍ରହଣରେ ସାମାଜିକ ପ୍ରଭାବ ଆକଳନର ଗୁରୁତ୍ୱ

ଯେକୌଣସି ବିକାଶମୂଳକ, ଶିଳ୍ପଭିତ୍ତିକ କିମ୍ବା ଭିତ୍ତି ସଂରଚନା ପ୍ରକଳ୍ପ ପାଇଁ ଭୂମି ହିଁ ସବୁଠାରୁ ଗୁରୁତ୍ୱପୂର୍ଣ୍ଣ ଆବଶ୍ୟକତା। ବିନା ଜମିରେ କୌଣସି ପ୍ରକଳ୍ପ ସ୍ଥାପନ କରିବା ସମ୍ଭବ ହୁଏ ନାହିଁ। ପୂର୍ବରୁ ପ୍ରକଳ୍ପ ପ୍ରରୋଚିତ ଭୂମି ଅଧିଗ୍ରହଣ, ଭୂମି ଅଧିଗ୍ରହଣ ଆଇନ ୧୮୯୪ ମସିହା ଅନୁସାରେ କରାଯାଉଥିଲା। ମାତ୍ର "ଭୂମି ଅଧିଗ୍ରହଣ, ଥଇଥାନ ଓ ପୁନର୍ବାସରେ ନ୍ୟାୟସଙ୍ଗତ କ୍ଷତିପୂରଣ ଓ ସ୍ୱଚ୍ଛତା ଅଧିକାର ଆଇନ, ୨୦୧୩" ଅନୁସାରେ ଏବେ ଭୂମି ଅଧିଗ୍ରହଣ କରାଯାଉଛି। ଏହି ନୂତନ ଆଇନ ଗତ ଜାନୁଆରୀ ୧ ତାରିଖ ୨୦୧୪ ମସିହାଠାରୁ ଲାଗୁହେବା ପରେ ପୁରୁଣା ଭୂମି ଅଧିଗ୍ରହଣ ଆଇନ ରଦ୍ଦ ହୋଇଅଛି। ଏହି ନୂଆ ଆଇନରେ ପୁରୁଣା ଆଇନ୍‌ରେ ଥିବା ଅସଙ୍ଗତିଗୁଡ଼ିକୁ ଦୂର କରି, ଏହାକୁ ଅଧିକ ନ୍ୟାୟସଙ୍ଗତ, ସ୍ୱଚ୍ଛ ଓ ଲୋକାଭିମୁଖୀ କରିବା ପାଇଁ ଅନେକଗୁଡ଼ିଏ ନୂତନ ବ୍ୟବସ୍ଥା କରାଯାଇଛି। ତନ୍ମଧ୍ୟରୁ ପ୍ରକଳ୍ପ ସମ୍ବନ୍ଧୀୟ ସାମାଜିକ ପ୍ରଭାବ ଆକଳନ ଅଧ୍ୟୟନ (Social Impact Assessment Study) ଅନ୍ୟତମ।

ଏହି ନୂତନ ଆଇନ ଅନୁସାରେ ପ୍ରତ୍ୟେକ ଭୂମି ଅଧିଗ୍ରହଣ ପୂର୍ବରୁ ପ୍ରକ୍ରିୟାର ସାମାଜିକ ପ୍ରଭାବ ଆକଳନ ଅଧ୍ୟୟନ କରିବା ବାଧ୍ୟତାମୂଳକ। ଭୂମି ଅଧିଗ୍ରହଣର ଦୁଇଟି ମୌଳିକ ସତ୍ୟ ହେଲା; (୧) ବେସରକାରୀ ଜମି କେବଳ ସରକାରହିଁ ଅଧିଗ୍ରହଣ କରିପାରିବେ ଏବଂ (୨) ଏହି ଅଧିଗ୍ରହଣ କେବଳ ସର୍ବସାଧାରଣ ଉଦ୍ଦେଶ୍ୟରେ (Public purpose)ହିଁ କରାଯାଇ ପାରିବ। ଅର୍ଥାତ ଜମି ମାଲିକମାନଙ୍କର ଅନିଚ୍ଛା ସତ୍ତ୍ୱେ ଯଦି କୌଣସି ସର୍ବସାଧାରଣ ଉଦ୍ଦେଶ୍ୟରେ ଉକ୍ତ ଜମିର ଆବଶ୍ୟକତା ଥାଏ,

ତେବେ ସରକାର ନିଜର ସାର୍ବଭୌମ କ୍ଷମତା ବଳରେ ସେହି ଜମିକୁ ଅଧିଗ୍ରହଣ କରି ନିଜ ଦଖଲକୁ ନେଇ ପାରିବେ, ଯଦିଓ ଏଥିପାଇଁ ସଂପୃକ୍ତ ଜମିମାଲିକଙ୍କୁ ନ୍ୟାୟ ସଙ୍ଗତଭାବେ ନିର୍ଦ୍ଧାରିତ କ୍ଷତିପୂରଣ ଦେବାକୁ ପଡ଼ିବ ଏବଂ ଆବଶ୍ୟକସ୍ଥଳେ ପ୍ରଭାବିତ ପରିବାରକୁ ଥଇଥାନ ଓ ପୁନର୍ବାସ ବ୍ୟବସ୍ଥା କରିବାକୁ ହେବ। ନୂଆ ଆଇନ ୨୦୧୩ ମସିହାରେ ସଂସଦରେ ପାରିତ ହୋଇ ତା୦୧।୦୧।୨୦୧୪ ମସିହାରେ ଲାଗୁହେବା ପର୍ଯ୍ୟନ୍ତ ପୁରୁଣା ଆଇନବଳରେ କରାଯାଇଥିବା ଭୂମି ଅଧିଗ୍ରହଣରେ ୩ଟି ବିଷୟରେ ସଠିକ୍ ଓ ନିରପେକ୍ଷ ଆକଳନ ଏକ ସ୍ୱତନ୍ତ୍ର ଓ ନିରପେକ୍ଷ ଅଧ୍ୟୟନ ମାଧ୍ୟମରେ କରାଯାଉ ନଥିଲା, ଯଥା- (୧) ଭୂମି ଅଧିଗ୍ରହଣ କରାଯାଉଥିବା ପ୍ରକଳ୍ପରେ ସର୍ବସାଧାରଣ ଉଦ୍ଦେଶ୍ୟ ଅନ୍ତର୍ନିହିତ ଅଛି କି ନାହିଁ, (୨) ଅଧିଗ୍ରହଣ କରାଯାଇଥିବା ଜମିର ପରିମାଣ ପ୍ରକଳ୍ପ ପାଇଁ ସର୍ବନିମ୍ନ ଆବଶ୍ୟକତା କି ନୁହେଁ ଏବଂ (୩) ଅନ୍ୟ ବିକଳ୍ପ ଜମିକୁ ଅଧ୍ୟୟନ କରାଯାଇ, ତାହା ପ୍ରକଳ୍ପ ପାଇଁ ଅନୁପଯୁକ୍ତ ବୋଲି ନିର୍ଦ୍ଧାରଣ ହୋଇଛି ନା ନାହିଁ। ଯେହେତୁ ଆଇନତଃ କେବଳ ସରକାର ହିଁ ଭୂମି ଅଧିଗ୍ରହଣ କରୁଥିଲେ, ତେଣୁ ଅନେକ ସମୟରେ ସବୁ ପ୍ରକଳ୍ପରେ ସାର୍ବଜନୀନ ଉଦ୍ଦେଶ୍ୟ ରହିଛି ବୋଲି ଧରି ନିଆଯାଉଥିଲା ଏବଂ ପ୍ରକଳ୍ପ ପ୍ରସ୍ତାବକଙ୍କ କହିବା ମୁତାବକ ଜମିର ପରିମାଣକୁ ଅଧିଗ୍ରହଣ ହେବା ଜରୁରୀ ବୋଲି ଯୁକ୍ତି ଗ୍ରହଣ କରୁଥିଲେ। ଅର୍ଥାତ୍ କୌଣସି ନିରପେକ୍ଷ ତୃତୀୟ ପକ୍ଷର ଆକଳନ ଅନୁସାରେ ଏହା ନିର୍ଦ୍ଧାରଣ କରାଯାଉ ନଥିଲା ଯେ ଏଥିରେ ସାର୍ବଜନୀନ ଉଦ୍ଦେଶ୍ୟ ଅଛି ଏବଂ ପ୍ରସ୍ତାବିତ ଜମିର ପରିମାଣ ହିଁ ସର୍ବନିମ୍ନ ଆବଶ୍ୟକତା ପ୍ରକଳ୍ପ ପାଇଁ।

ଏହି ଅସଙ୍ଗତିର ଦୂରୀକରଣ ପାଇଁ, ନୂଆ ଆଇନରେ ଏକ ନିରପେକ୍ଷ ସଂସ୍ଥାଦ୍ୱାରା ସାମାଜିକ ପ୍ରଭାବ ଆକଳନ ଅଧ୍ୟୟନର ପ୍ରାବଧାନ କରାଯାଇଛି। ମାତ୍ର ୨ ପ୍ରକାରର ଅଧିଗ୍ରହଣ କ୍ଷେତ୍ରରେ ପ୍ରକଳ୍ପକୁ ଏହି ଅଧ୍ୟୟନରୁ ବାଦ ଦିଆଯାଇଛି। ସେଗୁଡ଼ିକ ହେଲା (୧) ଯଦିକୌଣସି ପ୍ରକଳ୍ପ ପାଇଁ ଅନ୍ୟ କୌଣସି ଆଇନ ଅନୁସାରେ ପରିବେଶ ପ୍ରଭାବ ଆକଳନ ଅଧ୍ୟୟନ (Environment Impact Assessment (EIA) Study) କରାଯାଇଥାଏ, ଯଥା ଜଳସେଚନ ପ୍ରକଳ୍ପ, ସେଥିରେ ସାମାଜିକ ପ୍ରଭାବ ଆକଳନ ଅଧ୍ୟୟନ କରିବାର ଆବଶ୍ୟକତା ନାହିଁ ଏବଂ (୨) କୌଣସି ପ୍ରକଳ୍ପ ପାଇଁ ଯଦି ଏହି ଆଇନର ୪୦ ଧାରା ଅନୁଯାୟୀ ଜରୁରୀକ୍ଷମତା ବଳରେ ଅଧିଗ୍ରହଣ କରାଯାଏ ଓ ସମୁଚିତ ସରକାର (Appropriate Government) ଯଦି ଏହି ଅଧ୍ୟୟନ ନ କରିବାକୁ ନିର୍ଦ୍ଦେଶ ଦିଅନ୍ତି, ତେବେ ସେ କ୍ଷେତ୍ରରେ ମଧ୍ୟ ସାମାଜିକ ପ୍ରଭାବ ଆକଳନ ଅଧ୍ୟୟନର ଆବଶ୍ୟକତା ନାହିଁ। ଓଡ଼ିଶାରେ ଏହି ଅଧ୍ୟୟନକୁ ନିରପେକ୍ଷ

ସୁସଂଗଠିତ କରିବା ପାଇଁ ରାଜ୍ୟ ସରକାର ଏକ ସ୍ୱଚ୍ଛ ପ୍ରକ୍ରିୟା ମାଧ୍ୟମରେ ଭୁବନେଶ୍ୱରସ୍ଥ ନବକୃଷ୍ଣ ଚୌଧୁରୀ ଇନ୍‌ଷ୍ଟିଚ୍ୟୁଟ ଅଫ୍ ଡେଭଲପମେଣ୍ଟ ଷ୍ଟଡିଜ୍ (ଏନ୍.ସି.ଡି.ଏସ୍) କୁ ମୁଖ୍ୟ ସମନ୍ୱୟକାରୀ ସଂସ୍ଥାଭାବେ ନିଯୁକ୍ତ କରିଛନ୍ତି। ଏହି ଅନୁଷ୍ଠାନରେ ରାଜ୍ୟ ଏସ୍.ଆଇ.ଏ. ୟୁନିଟ କାର୍ଯ୍ୟ କରୁଛି। ଓଡ଼ିଶାର ବିଭିନ୍ନ ଅଞ୍ଚଳରେ ନିଆଯାଉଥିବା ବିକାଶମୂଳକ ପ୍ରକଳ୍ପଗୁଡ଼ିକର ସାମାଜିକ ପ୍ରଭାବ ଆକଳନ କରିବା ପାଇଁ ଅଭିଜ୍ଞ ସମାଜ ବିଜ୍ଞାନୀମାନଙ୍କୁ ନେଇ ଗଠିତ ସଂସ୍ଥାମାନଙ୍କ ମଧ୍ୟରୁ ଏପରି ଅଧ୍ୟୟନ କରିବାର ଅଭିଜ୍ଞତା ଥିବା ପ୍ରାୟ ୫୦ଟି ଅନୁଷ୍ଠାନକୁ, ଏନ୍.ସି.ଡି.ଏସ୍. ଚିହ୍ନଟ କରି ତାଲିକାଭୁକ୍ତ କରି ରଖିଛନ୍ତି।

ନିୟମ ଅନୁସାରେ ଯଦିକୌଣସି ପ୍ରକଳ୍ପ ପାଇଁ ଜମି ଅଧିଗ୍ରହଣ କରିବା ଆବଶ୍ୟକ ପଡ଼େ, ତେବେ ପ୍ରକଳ୍ପ ପ୍ରସ୍ତାବକ ପ୍ରଥମେ ସଂପୃକ୍ତ ଜିଲ୍ଲାପାଳଙ୍କୁ ଆବଶ୍ୟକ ଜମିର ପରିମାଣ ଓ ବିସ୍ତୃତ ଜମିଜମା ବିବରଣୀ ଓ ପ୍ରକଳ୍ପ ଅଞ୍ଚଳ ମ୍ୟାପ୍ ସହ ସେଇ ପ୍ରକଳ୍ପ ପାଇଁ ସାମାଜିକ ପ୍ରକଳ୍ପ ଆକଳନ ଅଧ୍ୟୟନ କରାଇବାକୁ ଅନୁରୋଧ କରି ଦରଖାସ୍ତ ଦିଅନ୍ତି। ଏହାପରେ ଜିଲ୍ଲାପାଳ ଏନ୍.ସି.ଡି.ଏସ୍. ଙ୍କୁ ଅଧ୍ୟୟନ କରିବା ପାଇଁ ବିହିତ ପଦକ୍ଷେପ ନେବାକୁ ଅନୁରୋଧ କରିଥା'ନ୍ତି। ଜିଲ୍ଲାପାଳଙ୍କ ଅନୁରୋଧ କ୍ରମେ ଏନ୍.ସି.ଡି.ଏସ୍. ପ୍ରଥମେ ସଂପୃକ୍ତ ଅଧ୍ୟୟନ ପାଇଁ ପ୍ରାରମ୍ଭିକ ବ୍ୟୟ ଅଟକଳ ଓ ନିର୍ଦ୍ଦେଶ ନିବନ୍ଧନ (Terms of Reference) ପ୍ରସ୍ତୁତ କରି ଜିଲ୍ଲାପାଳଙ୍କୁ ଜଣାଇଥା'ନ୍ତି। ଜିଲ୍ଲାପାଳଙ୍କ ନିର୍ଦ୍ଦେଶ କ୍ରମେ ପ୍ରକଳ୍ପ ପ୍ରସ୍ତାବକ ଆବଶ୍ୟକୀୟ ଅର୍ଥ ଜିଲ୍ଲାପାଳଙ୍କ ଜରିଆରେ ଏନ୍.ସି.ଡି.ଏସ୍.କୁ ପ୍ରଦାନ କରିଥା'ନ୍ତି। ଏହାପରେ ଏନ୍.ସି.ଡି.ଏସ୍. ତରଫରୁ ତାଲିକାଭୁକ୍ତ ସଂସ୍ଥାମାନଙ୍କ ମଧ୍ୟର ଗୋଟିଏ ସଂସ୍ଥାକୁ ଏହି ସାମାଜିକ ପ୍ରଭାବ ଆକଳନ କରିବା ପାଇଁ ନିଯୁକ୍ତି ଦେବା ସହ ଚୁକ୍ତିବଦ୍ଧ ହୋଇଥା'ନ୍ତି ଏବଂ ରାଜସ୍ୱ ଓ ବିପର୍ଯ୍ୟୟ ପରିଚାଳନା ବିଭାଗକୁ ଏ ବିଷୟରେ ଜଣାଇଥା'ନ୍ତି। ଭୂମି ଅଧିଗ୍ରହଣ, ପୁନର୍ବାସ ଓ ଥଇଥାନର ନ୍ୟାୟସଙ୍ଗତ କ୍ଷତିପୂରଣ ଓ ସ୍ୱଚ୍ଛତା ଅଧିକାର ଆଇନ, ୨୦୧୩ର ଧାରା ୪(୧) ଅନୁସାରେ, ରାଜସ୍ୱ ବିଭାଗ, ରାଜ୍ୟ ସରକାରଙ୍କ ଅନୁମୋଦନ କ୍ରମେ ସାମାଜିକ ପ୍ରଭାବ ଆକଳନ ପାଇଁ ବିଜ୍ଞପ୍ତି ସ୍ଥାନୀୟ ଗ୍ରାମ ପଞ୍ଚାୟତ ବା ମୁନିସିପାଲିଟି ଅଫିସ୍, ତହସିଲ, ସବ୍ କଲେକ୍ଟର, ଜିଲ୍ଲାପାଳ ଏବଂ ପ୍ରକଳ୍ପ ଅଞ୍ଚଳରେ ଓଡ଼ିଆ ଭାଷାରେ ପ୍ରକାଶ କରିଥା'ନ୍ତି। ଏହାର ନକଲ ୱେବସାଇଟ୍‌ରେ ମଧ୍ୟ ପ୍ରକାଶରେ କରାଯାଇଥାଏ। ଏହାପରେ ସଂପୃକ୍ତ ସଂସ୍ଥା ପ୍ରକଳ୍ପ ଅଞ୍ଚଳରେ ପ୍ରଭାବ ଆକଳନ ଅଧ୍ୟୟନ କରିଥାଏ। ଏହି ଅଧ୍ୟୟନ ସମୟରେ ପ୍ରକଳ୍ପ ଅଞ୍ଚଳର ଗ୍ରାମ ସଭା, ଗ୍ରାମ ପଞ୍ଚାୟତ, ମୁନିସିପାଲିଟିର ସଭ୍ୟଙ୍କ ସହ ଆଲୋଚନା କରିବା ବିଧେୟ। ବିଜ୍ଞପ୍ତି ପ୍ରକାଶ ପାଇବାର ସର୍ବାଧିକ

ଛଅ ମାସ ମଧ୍ୟରେ ଏହି ଆକଳନ ଅଧ୍ୟୟନ ସମାପ୍ତ ହେବା ଆବଶ୍ୟକ।

ଆଇନତଃ, ଏହି ଅଧ୍ୟୟନ ଅନ୍ୟ ବିଷୟ ସହ ଅନ୍ୟୂନ ନିମ୍ନଲିଖିତ ବିଷୟରେ ନିର୍ଦ୍ଦିଷ୍ଟ ମତ ରଖିବା ଜରୁରୀ;

(୧) ପ୍ରସ୍ତାବିତ ଅଧିଗ୍ରହଣ ସାର୍ବଜନୀନ ଉଦ୍ଦେଶ୍ୟ ସାଧନ କରୁଛି କି ନାହିଁ।

(୨) ଯେତିକି ଜମି ଅଧିଗ୍ରହଣ ପାଇଁ, ପ୍ରସ୍ତାବିତ ଅଛି, ତାହା ସଂପୃକ୍ତ ପ୍ରକଳ୍ପ ପାଇଁ ସର୍ବନିମ୍ନ ଆବଶ୍ୟକତା (Barest Mini-mum Requirement) ନା ନୁହେଁ।

(୩) ପ୍ରସ୍ତାବିତ ପ୍ରକଳ୍ପ ଅଞ୍ଚଳ ପାଇଁ ଉପଲବ୍ଧ ବିକଳ୍ପ ଜମିକୁ ଅନୁଧ୍ୟାନ କରାଯାଇଛି ଏବଂ ତାହା ପ୍ରକଳ୍ପ ପାଇଁ ଉପଯୁକ୍ତ ନୁହେଁ ବୋଲି ଆକଳନ କରାଯାଇଛି।

(୪) ପ୍ରକଳ୍ପରେ ପ୍ରଭାବିତ ହେବାକୁ ଥିବା ମୋଟ ପରିବାର ସଂଖ୍ୟା ଏବଂ ବିସ୍ଥାପିତ ହେବାକୁ ଥିବା ପରିବାର ସଂଖ୍ୟା ଓ ବିବରଣୀ।

(୫) ପ୍ରଭାବିତ ହେବାକୁ ଥିବା ମୋଟ ଜମି, ସରକାରୀ ଓ ବେସରକାରୀ ଗୃହ, ଅନ୍ୟ ସର୍ବସାଧାରଣ ସମ୍ପତ୍ତିର ତାଲିକା।

(୬) ପ୍ରକଳ୍ପର ସମ୍ଭାବ୍ୟ ସାମାଜିକ ପ୍ରଭାବ, ଏହି ପ୍ରଭାବ ପ୍ରଶମନ ପାଇଁ ନେବାକୁ ଆବଶ୍ୟକ ପଦକ୍ଷେପର ପ୍ରକାର ଓ ବ୍ୟୟ ଅଟକଳ ଏବଂ ପ୍ରକଳ୍ପର ବ୍ୟୟ-ହିତ ବିଶ୍ଳେଷଣ (cost-benefit analysis) ଇତ୍ୟାଦି।

ଏହି ଅଧ୍ୟୟନ ସମୟରେ ପ୍ରଭାବିତ ପରିବାରର ଜୀବିକା, ସାର୍ବଜନୀନ ସମ୍ପତ୍ତି, ଢାଞ୍ଚାଗତ ସୁବିଧା ଯଥା; ରାସ୍ତା, ଯାନବାହାନ, ଡ୍ରେନ, ପରିମଳ, ପିଇବାପାଣିର ଉତ୍ସ, ପଶୁପକ୍ଷୀଙ୍କ ପାଇଁ ପାଣିର ଉତ୍ସ, ସାର୍ବଜନୀନ ପୋଖରୀ, ଗୋଚର ଜମି ଓ ବୃକ୍ଷରୋପଣ ଏବଂ ଜନ ଉପଯୋଗୀ ସେବା (Public utility Service) ଯଥା-ପୋଷ୍ଟ ଅଫିସ, କଣ୍ଟ୍ରୋଲ ଦୋକାନ, ଗୋଦାମ ଘର, ବିଦ୍ୟୁତ ସେବା, ସ୍ୱାସ୍ଥ୍ୟ ସେବା, ଶିକ୍ଷାନୁଷ୍ଠାନ ଓ ଶିକ୍ଷା ସମ୍ପର୍କୀତ ଟ୍ରେନିଂ ଅନୁଷ୍ଠାନ, ପୂଜାସ୍ଥଳୀ, ପାରମ୍ପରିକ ଆଦିବାସୀ ଅନୁଷ୍ଠାନ ଏବଂ ଶ୍ମଶାନ ବା କବରସ୍ଥାନ ଆଦି ଉପରେ ସମ୍ଭାବ୍ୟ ପ୍ରଭାବର ବିଶେଷ ଆକଳନ କରିବା ଆବଶ୍ରକ। ଏହାଛଡ଼ା, ଆକଳନ କରୁଥିବା ସଂସ୍ଥା, ସମ୍ଭାବ୍ୟ ସାମାଜିକ ପ୍ରଭାବର ପ୍ରଶମନ ପାଇଁ ନେବାକୁ ଥିବା ପଦକ୍ଷେପଗୁଡ଼ିକୁ ସାମିଲ କରି ଏକ ସାମାଜିକ ପ୍ରଭାବ ପରିଚାଳନା ଯୋଜନା (Social Impact Management Plau) ପ୍ରସ୍ତୁତ କରିବେ।

ଅଧ୍ୟୟନ ପରେ ଏକ ଚିଠା ରିପୋର୍ଟ ପ୍ରସ୍ତୁତ କରାଯାଇ ସଂପୃକ୍ତ ଗ୍ରାମ ପଞ୍ଚାୟତ, ଜିଲ୍ଲାପାଳ, ଉପଜିଲ୍ଲାପାଳ ଓ ତହସିଲ, ବ୍ଲକ୍ ଅଫିସରେ ପ୍ରକାଶିତ କରାଯାଏ ଏବଂ

ସଂପୃକ୍ତ ଗ୍ରାମ ପଞ୍ଚାୟତର ସରପଞ୍ଚଙ୍କୁ ଗ୍ରାମ ସଭା ଆହ୍ୱାନ କରିବାକୁ ଅନୁରୋଧ କରାଯାଏ। ଏହାପରେ ସରପଞ୍ଚ ପ୍ରଭାବିତ ଅଞ୍ଚଳରେ ନିର୍ଦ୍ଦିଷ୍ଟ ତାରିଖ, ସମୟ ଓ ସ୍ଥାନ ସହ ଜନଶୁଣାଣି ପାଇଁ ପ୍ରଭାବିତ ଲୋକଙ୍କର ଗ୍ରାମସଭା ଆହ୍ୱାନ କରନ୍ତି। ଏହାକୁ ଯଥେଷ୍ଟ ପ୍ରଚାର ଓ ପ୍ରସାର କରିବା ଉଚିତ। ଏହି ଗ୍ରାମ ସଭା ସରପଞ୍ଚଙ୍କ ଅଧ୍ୟକ୍ଷତାରେ ଅନୁଷ୍ଠିତ ହୁଏ ଏବଂ ସଂପୃକ୍ତ ଅଧିକାରୀମାନେ ଓ ଅଧ୍ୟୟନ କରିବା ସଂସ୍ଥା ଉପସ୍ଥିତ ରହି ଅଧ୍ୟୟନର ଆଭିମୁଖ୍ୟ ଓ ଫଳାଫଳ ସମ୍ବନ୍ଧରେ ବିସ୍ତୃତ ସୂଚନା ଦିଆଯାଇଥାଏ। ଏହି ଜନଶୁଣାଣି ଏବଂ ଗ୍ରାମସଭା ସମୟରେ ପ୍ରଭାବିତ ପରିବାରଙ୍କର ମତାମତ ମଧ୍ୟ ଗ୍ରହଣ କରାଯାଇଥାଏ। ଏହି ଗ୍ରାମସଭା ଚିଠା ରିପୋର୍ଟକୁ ଅନୁମୋଦନ କରିଥା'ନ୍ତି ଏବଂ ଏହି ଗ୍ରାମସଭାର ବିବରଣୀ ରିପୋର୍ଟର ଅଂଶ ହୋଇଥାଏ ଏବଂ ଚୂଡ଼ାନ୍ତ ରିପୋର୍ଟ ଓ ସାମାଜିକ ପ୍ରଭାବ ପ୍ରଶମନ ଯୋଜନା ଜିଲ୍ଲାପାଳଙ୍କୁ ସଂପୃକ୍ତ ସଂସ୍ଥା ପ୍ରଦାନ କରିଥା'ନ୍ତି। ଏହି ରିପୋର୍ଟ ଓ ସାମାଜିକ ପ୍ରଭାବ ପ୍ରଶମନ ଯୋଜନା ଓଡ଼ିଆ ଭାଷାରେ ପ୍ରସ୍ତୁତ କରି ସଂପୃକ୍ତ ଜିଲ୍ଲାପାଳ, ଉପଜିଲ୍ଲାପାଳ, ତହସିଲଦାର, ଗ୍ରାମ ପଞ୍ଚାୟତ ବା ମ୍ୟୁନିସିପାଲିଟିକୁ ଦିଆଯିବାର ବ୍ୟବସ୍ଥା ଅଛି ଏବଂ ଏହାକୁ ପ୍ରଭାବିତ ଅଞ୍ଚଳର ପ୍ରକାଶିତ କରିବା ସହ ୱେବସାଇଟ୍‌ରେ ରଖାଯିବାର ବ୍ୟବସ୍ଥା ଜିଲ୍ଲାପାଳ କରିଥା'ନ୍ତି।

ଦାଖଲ କରାଯାଇଥିବା ରିପୋର୍ଟର ମୂଲ୍ୟାଙ୍କନ ଏକ ବିବିଧ ବିଷୟ ସମ୍ମିଳିତ ସ୍ୱାଧୀନ ପ୍ରବୀଣ ସମୂହ (Multi disciplinary Expert Group) ଦ୍ୱାରା କରାଯାଇଥାଏ। ଏହି ସମୂହରେ ନିମ୍ନଲିଖିତ ସଭ୍ୟମାନେ ଥାଆନ୍ତି;

(୧) ଦୁଇଜଣ ସମାଜବିଜ୍ଞାନୀ

(୨) ଗ୍ରାମସଭା, ଗ୍ରାମ ପଞ୍ଚାୟତ ବା ମ୍ୟୁନିସିପାଲିଟିର ୨ଜଣ ସଭ୍ୟ

(୩) ପୁନର୍ବାସ ଓ ଥଇଥାନ ଉପରେ ପ୍ରବୀଣ ୨ଜଣ ସଭ୍ୟ

(୪) ପ୍ରକଳ୍ପ ସମ୍ବନ୍ଧୀୟ ବୈଷୟିକ ଜ୍ଞାନଥିବା ଜଣେ ସଭ୍ୟ

ସଂପୃକ୍ତ ସଭ୍ୟମାନଙ୍କ ମଧ୍ୟରୁ ଜଣଙ୍କୁ ଏହି ସମୂହର ଅଧ୍ୟକ୍ଷଭାବେ ଜିଲ୍ଲାପାଳ ନିଯୁକ୍ତ କରିଥା'ନ୍ତି। ଏହି ସମୂହ ଗଠନ ହେବାର ୨ମାସ ମଧ୍ୟରେ ଏହାର ମୂଲ୍ୟାୟନ ରିପୋର୍ଟ ଦାଖଲ କରିବେ। ଯଦି ଏହି ପ୍ରବୀଣ ସମୂହଙ୍କୁ ପ୍ରତିୟମାଣ ହୁଏ ଯେ (୧) ଏହି ପ୍ରକଳ୍ପରେ କୌଣସି ସାର୍ବଜନୀନ ଉଦ୍ଦେଶ୍ୟ ସାଧିତ ହେଉ ନାହିଁ କିମ୍ବା (୨) ପ୍ରକଳ୍ପରେ ସାମାଜିକ ବ୍ୟୟ ଓ ପ୍ରତିକୂଳ ସାମାଜିକ ପ୍ରଭାବ, ଏହାର ସମ୍ଭାବ୍ୟ ହିତଠାରୁ ଅଧିକ, ତେବେ ଏହି ପ୍ରକଳ୍ପକୁ ତୁରନ୍ତ ପରିତ୍ୟାଗ କରିବା ସହ ଜମି ଅଧିଗ୍ରହଣ ପାଇଁ ଅନ୍ୟ କୌଣସି ପଦକ୍ଷେପ ନ ନେବା ପାଇଁ ସୁପାରିଶ କରିପାରିବେ। ପରନ୍ତୁ ଏପରି ସୁପାରିଶ କରିବାର କାରଣ ଲିଖିତଭାବେ ଦେବାକୁ ପଡ଼ିବ। ଏପରି ସୁପାରିଶ ସତ୍ତ୍ୱେ

ଯଦି ସରକାର ଜମି ଅଧିଗ୍ରହଣ କରିବାକୁ ନିଷ୍ପତ୍ତି ନିଅନ୍ତି, ତେବେ ଏପରି ନିଷ୍ପତ୍ତିର କାରଣ ଲିପିବଦ୍ଧ କରି ନେବାକୁ ପଡ଼ିବ।

ସେହିପରି ଯଦି ପ୍ରବୀଣ ସମୂହଙ୍କ ମତରେ (୧) ଏହି ପ୍ରକଳ୍ପ ସର୍ବସାଧାରଣ ଉଦ୍ଦେଶ୍ୟ ସାଧିତ କରୁଛି ଏବଂ (୨) ଏହାଦ୍ୱାରା ସାଧିତ ହେବାକୁ ଥିବା ହିତ, ଏହାର ବ୍ୟୟ ଓ ପ୍ରତିକୂଳ ସାମାଜିକ ପ୍ରଭାବଠାରୁ ଅଧିକ, ତେବେ ଏହି ପ୍ରସ୍ତାବିତ ଜମି ସଂପୃକ୍ତ ପ୍ରକଳ୍ପ ପାଇଁ ସର୍ବନିମ୍ନ ଆବଶ୍ୟକତା ନା ନୁହେଁ ଏବଂ ଏହାଠାରୁ କମ୍ ବିସ୍ଥାପିତ ହେଉଥିବା ଜମି ଉପଲବ୍ଧ ନାହିଁ ବିଷୟରେ ସ୍ପଷ୍ଟ ସୁପାରିଶ ଏହି ସମୂହ କରିପାରିବେ। ଏପରି ସୁପାରିଶର ବିସ୍ତୃତ କାରଣ ମଧ୍ୟ ଲିଖିତଭାବେ ପ୍ରଦାନ କରିବେ।

ପ୍ରବୀଣ ସମୂହ (Expert Group)ର ସୁପାରିଶ ଆଧାରରେ ଜିଲ୍ଲାପାଳ ନିମ୍ନଲିଖିତ ୫ଟି ବିଷୟରେ ରାଜ୍ୟ ସରକାରଙ୍କୁ ରିପୋର୍ଟ ପ୍ରଦାନ କରିବେ ଯେ,

(୧) ପ୍ରସ୍ତାବିତ ଜମି ଅଧିଗ୍ରହଣରେ ଏକ ବିଧିସଙ୍ଗତ ଓ ଯଥାର୍ଥ ସାର୍ବଜନୀନ ଉଦ୍ଦେଶ୍ୟ ରହିଅଛି।

(୨) ଏହି ପ୍ରକଳ୍ପ ଜନିତ ସମ୍ଭାବ୍ୟ ହିତ ଓ ସାର୍ବଜନୀନ ଉଦ୍ଦେଶ୍ୟ ଏଥିରେ ଅଟକଳ କରାଯାଇଥିବା ସାମାଜିକ ବ୍ୟୟ ଓ ପ୍ରତିକୂଳ ପ୍ରଭାବଠାରୁ ଅଧିକ ଅଟେ।

(୩) ଏହି ପ୍ରକଳ୍ପ ପାଇଁ ଆବଶ୍ୟକ ସର୍ବନିମ୍ନ ପରିମାଣର ଜମି ହିଁ ଅଧିଗ୍ରହଣ ପାଇଁ ପ୍ରସ୍ତାବିତ ଅଛି।

(୪) ଏହି ଅଞ୍ଚଳରେ କୌଣସି ଜମି ପୂର୍ବରୁ ଅଧିଗ୍ରହଣ କରାଯାଇ ଅବ୍ୟବହୃତ ହୋଇ ରହି ନାହିଁ, ଯଦି ଥାଏ ତେବେ ଏହି ସାର୍ବଜନୀନ ଉଦ୍ଦେଶ୍ୟର ବ୍ୟବହୃତ ହେବାପାଇଁ ସୁପାରିଶ କରାଯାଉଛି।

(୫) ଏହି ପ୍ରସ୍ତାବିତ ଭୂମି ଅଧିଗ୍ରହଣରେ ସର୍ବନିମ୍ନ ଲୋକଙ୍କର ବିସ୍ଥାପନ, ଢାଞ୍ଚାଗତ ସୁବିଧା (Infrastructure) ଓ ପରିବେଶର ସର୍ବନିମ୍ନ କ୍ଷତି ଏବଂ ଲୋକମାନଙ୍କ ଉପରେ ସର୍ବନିମ୍ନ ପ୍ରତିକୂଳ ପ୍ରଭାବ ପଡ଼ିବ।

ଜିଲ୍ଲାପାଳ ନିଜ ରିପୋର୍ଟ ସହ, ପ୍ରବୀଣ ସମୂହର ସୁପାରିଶ ଏବଂ ସାମାଜିକ ପ୍ରଭାବ ଆକଳନ ଅଧ୍ୟୟନ ରିପୋର୍ଟ ମଧ୍ୟ ରାଜ୍ୟ ସରକାରଙ୍କୁ ପ୍ରଦାନ କରିବେ।

ଜିଲ୍ଲାପାଳଙ୍କ ରିପୋର୍ଟ ଏବଂ ସାମାଜିକ ପ୍ରଭାବ ଆକଳନ ରିପୋର୍ଟ ଉପରେ ଏକ୍ସପର୍ଟ ଗ୍ରୁପ୍‌ର ସୁପାରିଶ ତଥା ସର୍ବନିମ୍ନ ଜମି ଆବଶ୍ୟକତା ଏବଂ ସର୍ବନିମ୍ନ ସମ୍ଭାବ୍ୟ ବିସ୍ଥାପନକୁ ଦୃଷ୍ଟିରେ ରଖି ରାଜ୍ୟ ସରକାର ଭୂମି ଅଧିଗ୍ରହଣ ପାଇଁ ଚୂଡ଼ାନ୍ତ ନିଷ୍ପତ୍ତି ନିଅନ୍ତି ଏବଂ ସରକାରଙ୍କର ଏହି ନିଷ୍ପତ୍ତି ଆଇନର ଧାରା ୮(୨)ରେ ଏକ ଘୋଷଣା ମାଧ୍ୟମରେ ଓଡ଼ିଆ ଭାଷାରେ ସମ୍ପୃକ୍ତ ପ୍ରକଳ୍ପ ଅଞ୍ଚଳ, ପଞ୍ଚାୟତ ଅଫିସ, ତହସିଲ

ଅଫିସ, ଜିଲ୍ଲାପାଳ ଓ ଉପଜିଲ୍ଲାପାଳଙ୍କ ଅଫିସରେ ପ୍ରକାଶ କରାଯାଏ ଏବଂ ୱେବସାଇଟ୍‌ରେ ମଧ୍ୟ ଦିଆଯାଇଥାଏ।

ପରନ୍ତୁ ଯଦି ଏହି ଭୂମି ଅଧିଗ୍ରହଣ କୌଣସି ସରକାରୀ-ବେସରକାରୀ ସହଭାଗିତା ପ୍ରକଳ୍ପ (Public Private Partnership) (PPP) ପାଇଁ କିମ୍ବା ସାର୍ବଜନୀନ ଉଦ୍ଦେଶ୍ୟରେ ବେସରକାରୀ କମ୍ପାନୀ ପାଇଁ ହେଉଥାଏ, ତେବେ ଆଇନର ଧାରା ୨(୨) ଅନୁସାରେ ପ୍ରକଳ୍ପ ପ୍ରଭାବିତ ଲୋକଙ୍କର ସହମତି ମଧ୍ୟ ଏହି ସାମାଜିକ ପ୍ରଭାବ ଅଧ୍ୟୟନ ସମୟରେ ନିଆଯାଇଥାଏ। ରାଜ୍ୟ ସରକାର ଚୂଡ଼ାନ୍ତ ନିଷ୍ପତ୍ତି ନେବା ସମୟରେ ଏହା ନିଶ୍ଚିତ କରିବା ଆବଶ୍ୟକ। ପ୍ରକାଶ ଥାଉକି, ଆଇନର ଧାରା ୨(୨) ଅନୁସାରେ, PPP ପ୍ରକଳ୍ପ ପାଇଁ ଭୂମି ଅଧିଗ୍ରହଣ ପୂର୍ବରୁ ଅନ୍ୟୂନ ୭୦ ପ୍ରତିଶତ ପ୍ରଭାବିତ ଲୋକଙ୍କର ସହମତି ଏବଂ ବେସରକାରୀ କମ୍ପାନୀ ପାଇଁ ସାର୍ବଜନୀନ ଉଦ୍ଦେଶ୍ୟରେ ଅନ୍ୟୂନ ୮୦ ପ୍ରତିଶତ ପ୍ରଭାବିତ ଲୋକଙ୍କର ପ୍ରାକ୍ ସହମତି ଆବଶ୍ୟକ। ସେହିପରି ଆଦିବାସୀ ବହୁଳ ଅନୁସୂଚିତ ଅଞ୍ଚଳ (Scheduled Area)ରେ ଭୂମି ଅଧିଗ୍ରହଣକୁ ସମ୍ପୂର୍ଣ୍ଣ ବାରଣ କରାଯାଉଛି। ମାତ୍ର ବିଶେଷ ପରିସ୍ଥିତିରେ ସର୍ବଶେଷ ପ୍ରଦର୍ଶନୀୟ ପଦକ୍ଷେପ ସ୍ୱରୂପ (demonstrable last resort) ଅଞ୍ଚଳବାସୀଙ୍କ ପ୍ରାକ୍ ସହମତି ନେଇ ଏହି ଅନୁସୂଚିତ ଅଞ୍ଚଳରେ ଭୂମି ଅଧିଗ୍ରହଣ କରାଯାଇପାରେ। ଏଣୁ ଏହି ଅଞ୍ଚଳରେ ସାମାଜିକ ପ୍ରଭାବ ଆକଳନ ଅଧ୍ୟୟନ ପୂର୍ବରୁ ଗ୍ରାମସଭାର ବିବରଣୀ ମାଧ୍ୟମରେ ସହମତି ନେବା ଆବଶ୍ୟକ ହୋଇଥାଏ। ଏହି ସହମତି ନିଆଯାଇଛି କି ନା ତନଖି ନେବା ଜରୁରୀ ଅଟେ।

ଅତଏବ, ଯେକୌଣସି ପ୍ରକଳ୍ପ ପାଇଁ ଭୂମି ଅଧିଗ୍ରହଣ ପୂର୍ବରୁ ଏହାର ସାମାଜିକ ପ୍ରଭାବ ଆକଳନ କରିବା ଏକ ଗଣତାନ୍ତ୍ରିକ ଜରୁରୀ ଆବଶ୍ୟକତା। ଅନ୍ତତଃ ଏହି ପ୍ରକଳ୍ପରେ ସାର୍ବଜନୀନ ଉଦ୍ଦେଶ୍ୟ ଅଛି କି ନାହିଁ, ଅଧିଗ୍ରହଣ ପାଇଁ ପ୍ରସ୍ତାବିତ ଜମି ପ୍ରକଳ୍ପ ପାଇଁ ସର୍ବନିମ୍ନ ଆବଶ୍ୟକତା କି ନୁହେଁ, ଏହାର ସାମୂହିକ ହିତ ଓ ସାର୍ବଜନୀନ ଉଦ୍ଦେଶ୍ୟ, ପ୍ରକଳ୍ପର ବ୍ୟୟ ଓ ପ୍ରତିକୂଳ ପ୍ରଭାବଠାରୁ ଅଧିକ କି ନୁହେଁ ଏବଂ ଏହି ଅଧିଗ୍ରହଣରେ ସର୍ବନିମ୍ନ ବିସ୍ଥାପନ, ସର୍ବନିମ୍ନ କ୍ଷତି ଓ ସର୍ବନିମ୍ନ ପ୍ରତିକୂଳ ପ୍ରଭାବ ହେଉଛି କି ନା, ଏକ ନିରପେକ୍ଷ ଅନୁଷ୍ଠାନଦ୍ୱାରା ଏହି ଅଧ୍ୟୟନ ମାଧ୍ୟମରେ ସ୍ଥିରୀକୃତ ହୋଇଥାଏ।

ଓଡ଼ିଶାରେ ଏଯାବତ (ତା ୩୧.୦୩.୨୦୨୦ ସୁଦ୍ଧା) ୯୩ଟି ପ୍ରକଳ୍ପ ପାଇଁ ୭୩୭ଟି ଗାଁରେ ୬୦୨୭.୭୩ ଏକର ଜମି ଅଧିଗ୍ରହଣ ପାଇଁ ଏନ୍.ସି.ଡି.ଏସ୍. ମାଧ୍ୟମରେ ଏହି ସାମାଜିକ ପ୍ରଭାବ ଆକଳନ ଅଧ୍ୟୟନ ସମ୍ପୂର୍ଣ୍ଣ ହୋଇଅଛି। ଏଥିରେ

୫୯୧ଟି ଗାଁରେ ରେଳଲାଇନ ପାଇଁ, ୬୦ଟି ଗାଁରେ ରାଜପଥ, ୫୧ଟିରେ ଜଳସେଚନ, ୧୮ଟି ଗାଁରେ ଖଣି ଓ ୯ଟିରେ ଶିଳ୍ପ ପ୍ରକଳ୍ପ ପାଇଁ ଅଧ୍ୟୟନ କରାଯାଇଛି। ବର୍ତ୍ତମାନ ୫୪ଟି ପ୍ରକଳ୍ପ ପାଇଁ ୨୨୦ଟି ଗାଁରେ ୨୫୩୩.୪୫ ଏକର ଜମି ଅଧିଗ୍ରହଣ ପାଇଁ ସାମାଜିକ ପ୍ରଭାବ ଆକଳନ ଅଧ୍ୟୟନ ଚାଲୁ ଅଛି। ଏଥିରେ ରେଳବାଇ ପାଇଁ ୭୦ଟି ଗାଁ, ରାସ୍ତା ପାଇଁ ୬୭ଟି ଗାଁ, ଜଳସେଚନ ପାଇଁ ୩୪, ଶିଳ୍ପ ପାଇଁ ୩୮ଟି ଏବଂ ଖଣିପାଇଁ ୫ଟି ଗାଁ ସାମିଲ ଅଛି।

ଖାଲି ନିରପେକ୍ଷ ଅଧ୍ୟୟନର ଆଇନଗତ ବ୍ୟବସ୍ଥାକୁ ଯଥାକଥା କାର୍ଯ୍ୟାନ୍ୱୟନ କରିଦେଲେ ଆଇନରେ ପ୍ରଦତ୍ତ ସ୍ୱଚ୍ଛତା ପାଇଁ ଯଥେଷ୍ଟ ନୁହେଁ। ଅଧ୍ୟୟନ ପାଇଁ ନିଯୁକ୍ତ ସଂସ୍ଥାର କୌଶଳ, ପାରଙ୍ଗମତା ଓ ନିରପେକ୍ଷତା ଏବଂ ଅଧ୍ୟୟନରେ ବ୍ୟବହୃତ ବୈଜ୍ଞାନିକ ପଦ୍ଧତି ଉପରେ ରିପୋର୍ଟର ଗୁଣବତ୍ତା ନିର୍ଭର କରିଥାଏ। ଏକ ଗୁଣାତ୍ମକ ସାମାଜିକ ପ୍ରଭାବ ଆକଳନ ରିପୋର୍ଟ ଭୂମି ଅଧିଗ୍ରହଣର ଜଟିଳ ପ୍ରକ୍ରିୟାକୁ ସରଳ କରିବା ସହ, ଏଥିରେ ସାମାଜିକ ଭାଗିଦାରୀ ଥିବାରୁ ପ୍ରକଳ୍ପର ଗ୍ରହଣଶୀଳତା ବଢ଼ାଇଥାଏ, ଯାହା ପରବର୍ତ୍ତୀ ପର୍ଯ୍ୟାୟରେ ପ୍ରକଳ୍ପ କାର୍ଯ୍ୟାନ୍ୱୟନରେ ସୁବିଧା କରିଥାଏ।

■

ଈଶ୍ୱର ଜିନ୍ଦାବାଦ

ମାନବ ଇତିହାସରେ ସବୁଠାରୁ ବେଶୀଲୋକ ଅଂଶଗ୍ରହଣ କରିଥିବା ଓ ସବୁଠାରୁ ଲମ୍ବା ଚାଲି ଆସିଥିବା ବିତର୍କର ବିଷୟବସ୍ତୁ ହେଉଛନ୍ତି ଈଶ୍ୱର ବା ଭଗବାନ। ଈଶ୍ୱର ଅଛନ୍ତି କି ନାହାନ୍ତି, ଯଦି ଅଛନ୍ତି, ସେ ବାସ୍ତବ ନା ଅବାସ୍ତବ, ତାଙ୍କର ନିର୍ଦ୍ଦିଷ୍ଟ ରୂପ ଅଛି କି ନାହିଁ, ସେ ସସୀମ ନା ଅସୀମ - ଏମିତି ନାନାଦି ପ୍ରଶ୍ନ ମଣିଷର ମନକୁ ଆନ୍ଦୋଳିତ କରି ଆସିଛି। ଈଶ୍ୱର କ'ଣ ସତରେ ଏ ବିଶାଳ ଜଗତକୁ ସୃଷ୍ଟି କରିଛନ୍ତି। ସେ କ'ଣ ସବୁଆଡ଼େ ବ୍ୟାପି ରହିଛନ୍ତି ? ସେ କ'ଣ ସମସ୍ତଙ୍କ ମନକଥା ଜାଣିପାରନ୍ତି ? ନା ଈଶ୍ୱର ମଣିଷ ମନର ଏକ ଭ୍ରମ - ଏକ କାଳ୍ପନିକ ସତ୍ତା। ଈଶ୍ୱର ଏକ ଅନ୍ଧବିଶ୍ୱାସ। ଏମିତି କୌଣସି ସତ୍ତା ନାହିଁ, ସମଗ୍ର ଜୀବଜଗତ, ପ୍ରକୃତି ସବୁକିଛି ବିଜ୍ଞାନ ସମ୍ମତ କାରଣ ଯୋଗୁଁ ସୃଷ୍ଟି ହୋଇଛି, ଏଥିରେ କିଛି ଅଲୌକିକତା ନାହିଁ। ଏମିତି ଅନେକ ପ୍ରଶ୍ନ ଓ ବିବାଦ ମଣିଷର ଚିନ୍ତା ଓ ଚେତନାକୁ ଗ୍ରାସ କରିଆସିଛି। ମଣିଷ ସମାଜର ଇତିହାସ କେବଳ ଶକ୍ତିଶାଳୀ ରାଜନ୍ୟ ପରିବାରର ଉତ୍‌ଥାନ ଓ ପତନର କାହାଣୀ ନୁହେଁ କି ବିଭିନ୍ନ ଦେଶର ପ୍ରସାରଣ ଓ ସଂକୋଚନର ଦସ୍ତାବିଜ ନୁହେଁ। ଏହା ଧର୍ମଦର୍ଶନର, ବୌଦ୍ଧିକ ବିକାଶର ସମୟାନୁସାରେ ପରିବର୍ତ୍ତନଶୀଳ ମତବାଦର ଏକ ଗତିଶୀଳ ଧାରା ବି।

କୁହାଯାଏ ମାନବ ସମାଜ ଆରମ୍ଭ ହେବା ଦିନରୁ ହିଁ ଈଶ୍ୱର ଭାବନା ରହି ଆସିଅଛି। ଆଦିମାନବ ବି ପ୍ରକୃତିର ବିବିଧ ରୂପ ଯଥା- ପାହାଡ଼, ପର୍ବତ, ନଈ, ସମୁଦ୍ର, ଚନ୍ଦ୍ର, ସୂର୍ଯ୍ୟ, ଗ୍ରହ ଓ ନକ୍ଷତ୍ର ଆଦି ଏବଂ ମହାଜାଗତିକ ଘଟଣା ଯଥା- ଦିନରାତି, ଚନ୍ଦ୍ରଗ୍ରହଣ, ସୂର୍ଯ୍ୟପରାଗ, ବଜ୍ରପାତ ଓ ଭୂମିକମ୍ପ ଇତ୍ୟାଦିକୁ ଦେଖି କେବଳ ଆଶ୍ଚର୍ଯ୍ୟ ଓ ଚକିତ ହୋଇଥିବ ଏକଥା ନୁହେଁ ବରଂ ଏହାକୁ କିଏ କରୁଛି ବୋଲି ଭାବି ବସିଥିବ। ଏପରିକି ସାଂସାରିକ ଘଟଣା ଯଥା- ଜନ୍ମମୃତ୍ୟୁ ତଥା ଜନ୍ମପୂର୍ବ ଓ

ମୃତ୍ୟୁପରର ଅବସ୍ଥିତି ସଂପର୍କରେ ମଣିଷ ଚିନ୍ତା କରିବା ଆରମ୍ଭ କରିଥିବ। ଅର୍ଥାତ୍ ମଣିଷର ଚିନ୍ତା ଓ ଚେତନାର ଉଦୟ ହେବାଠାରୁ ପ୍ରକୃତିର ଏଇ ଆଶ୍ଚର୍ଯ୍ୟଜନକ ଘଟଣା ସବୁକୁ ବୁଝିବାକୁ ଚେଷ୍ଟା କରି ମଣିଷର ସୀମିତ ବୁଦ୍ଧିରେ ଏକ ଅସୀମ ଶକ୍ତିର ସତ୍ତା କଥା ପରିକଳ୍ପନା କରିଥିବ। ସେଇ ସର୍ବ ଶକ୍ତିମାନ ଅସୀମ ସତ୍ତା ହିଁ ଈଶ୍ୱର ବା ଭଗବାନ। ସିଏ ହିଁ ସବୁ ସୃଷ୍ଟିର ମୂଳ କର୍ତ୍ତା, କାରଣ ଓ କାରକ। ମଣିଷର ସୃଷ୍ଟି ସହ ସମାଜର ବି ସୃଷ୍ଟି ହୋଇଛି କାରଣ ମଣିଷ ଏକ ସାମାଜିକ ପ୍ରାଣୀ। ମଣିଷ ସମାଜର ଅଗ୍ରଗତି ସହ ବିଜ୍ଞାନ ବି ଗତିଶୀଳ ହୋଇଛି। ବନ ପୋଡ଼ିଯିବାର ଦୃଶ୍ୟରୁ କାଠକୁ କାଠରେ ଘଷି ବା ପଥରକୁ ପଥରରେଘଷି ନିଆଁ ସୃଷ୍ଟି ଓ ଏହାର ବ୍ୟବହାର ମଣିଷ ଶିଖିଛି। କ୍ରମଶଃ ଧାତୁର ବ୍ୟବହାର-ପ୍ରଯୁକ୍ତି ବିଦ୍ୟାର ବିକାଶ ଘଟି ଆସିଛି। ଅର୍ଥାତ ମଣିଷର ବୌଦ୍ଧିକ ବିକାଶ ଦୁଇଟି ଧାରାରେ ସମାନ୍ତରାଳଭାବେ ଗତି କରି ଆସିଛି। ଗୋଟିଏ ଧାରା ବିଶାଳ ପ୍ରକୃତିରୁ ବିଭିନ୍ନ ବସ୍ତୁକୁ ନେଇ ତା'ର ଗୁଣ, ରୂପ ଓ କ୍ଷମତାକୁ ବୁଝିବାକୁ ଚେଷ୍ଟା କରିଛି। ବିଭିନ୍ନ ପଦାର୍ଥର ଭୌତିକ ଅବସ୍ଥାକୁ ନେଇ ପରୀକ୍ଷା ନିରୀକ୍ଷା ମାଧ୍ୟମରେ ଯେଉଁ ଜ୍ଞାନ ଆହରଣ କରିଛି ଆମେ ତା'କୁ ବିଜ୍ଞାନ କହୁ। ସେଇ ଜ୍ଞାନକୁ ପ୍ରୟୋଗ କରି ନିଜର ଜୀବନକୁ ସରଳ ଓ ସୁଗମ କରିବା ପାଇଁ ମଣିଷ ବିଭିନ୍ନ ଯନ୍ତ୍ରପାତି ଉଦ୍‌ଭାବନ କରି ବ୍ୟବହାର କରି ଆସିଛି-ଏହାକୁ ଆମେ ପ୍ରଯୁକ୍ତିବିଦ୍ୟାଭାବେ ଅଭିହିତ କରୁଁ। ଅନ୍ୟ ଗୋଟିଏ ଧାରାରେ ମଣିଷ ନିଜର ଚିନ୍ତନ ଶକ୍ତିକୁ ବ୍ୟବହାର କରି, ବିଜ୍ଞାନ ବୁଝାଇପାରି ନ ଥିବା ମହାଜାଗତିକ ଦୃଶ୍ୟକୁ ବୁଝାଇବାକୁ ଚେଷ୍ଟା କରିଛି-ଯାହାକୁ ଆମେ ଦର୍ଶନଶାସ୍ତ୍ର ବୋଲି କହୁଁ। ମହାଜାଗତିକ ଦୃଶ୍ୟ ତୁଳନାରେ ଯେହେତୁ ମଣିଷର ବିଜ୍ଞାନ ସମ୍ବନ୍ଧୀୟ ବିଶ୍ଳେଷଣ ସୀମିତ, ଏଣୁ ବିଜ୍ଞାନ ବହିର୍ଭୁତ ଅଜ୍ଞାନତାର ବିଶାଳତାକୁ ମଣିଷ ଦର୍ଶନ ମାଧ୍ୟମରେ ବୁଝାଇବାକୁ ଚେଷ୍ଟା କରି ଆସିଛି। ଏଇ ଚିନ୍ତା, ଚେତନା ଓ ଦର୍ଶନର ସବୁଠାରୁ ବଡ଼ ଉଦ୍ଭାବନ ହେଉଛି ଈଶ୍ୱର। ତେଣୁ କୁହାଯାଏ ଯେଉଁଠି ବିଜ୍ଞାନ ସରିଛି, ସେଇଠୁଁ ଦର୍ଶନର ଆରମ୍ଭ। ପ୍ରକୃତିର ଅସୀମତା ଭିତରେ ବିଜ୍ଞାନର ଅଧିକାର ସୀମିତ ହୋଇ ରହିଆସିଛି।

ନିଃସନ୍ଦେହରେ କୁହାଯାଇପାରେ ଯେ ଦର୍ଶନର ସର୍ବପୁରାତନ ଓ ସର୍ବବୃହତ ଉଦ୍ଭାବନ ହେଉଛି ଈଶ୍ୱର ଭାବନା। ଈଶ୍ୱର ସର୍ବଜ୍ଞ, ସର୍ବବ୍ୟାପି ଓ ସର୍ବଶକ୍ତିମାନ। ସେ ହିଁ ଏ ଜଗତକୁ ସୃଷ୍ଟି କରିଛନ୍ତି, ସେ ବି ଏହାକୁ ବିଲୟ କରନ୍ତି। ଏ କଥା ବି ନୁହେଁ ଯେ ଈଶ୍ୱର ଭାବନାର ଏକାଧିପତ୍ୟକୁ ସମସ୍ତେ ଗ୍ରହଣ କରନ୍ତି। ଦାର୍ଶନିକମାନଙ୍କ ମଧ୍ୟରେ ବି ଈଶ୍ୱରଙ୍କ ଉପସ୍ଥିତିକୁ ନେଇ, ତାଙ୍କର ସ୍ୱରୂପକୁ ନେଇ ବିଭିନ୍ନମତ ରହି ଆସିଅଛି। ଯେଉଁମାନେ ଈଶ୍ୱର ଅଛନ୍ତି ଓ ସେସବୁ ସୃଷ୍ଟି କରିଛନ୍ତି ବୋଲି ବିଶ୍ୱାସ

କରନ୍ତି ସେମାନଙ୍କୁ ଆସ୍ତିକବାଦୀ (Theist) ବୋଲି ଅଭିହିତ କରାଯାଏ। ଯେଉଁମାନେ ଈଶ୍ୱରଙ୍କ ଅସ୍ତିତ୍ୱକୁ ଅସ୍ୱୀକାର କରନ୍ତି ସେମାନଙ୍କୁ ନାସ୍ତିକବାଦୀ (Atheist) ବୋଲି କୁହାଯାଏ। ମାତ୍ର କତିପୟ ଯୁଗଦ୍ରଷ୍ଟା ବି ଈଶ୍ୱରଙ୍କ ଅସ୍ତିତ୍ୱ ସଂପର୍କରେ ନିରବ ରହିଛନ୍ତି। ସେମାନେ ଈଶ୍ୱରଙ୍କ ଅସ୍ତିତ୍ୱ ପ୍ରମାଣ ସାପେକ୍ଷ ନୁହେଁ ବୋଲି ବିଶ୍ୱାସ କରନ୍ତି-ସେମାନଙ୍କୁ ଅବିଜ୍ଞେୟବାଦୀ (agnostic) ବୋଲି କୁହାଯାଏ। ବୁଦ୍ଧଦେବ ଈଶ୍ୱରଙ୍କ ସମ୍ବନ୍ଧୀୟ ପ୍ରଶ୍ନରେ ନିରବ ରହିଥିବାରୁ ତାଙ୍କୁ ଅବିଜ୍ଞେୟବାଦୀ କୁହାଯାଏ। ଈଶ୍ୱରହିଁ ସକଳ ସୃଷ୍ଟିର ମୂଳ କାରଣ ଓ ସେ ହିଁ ମୂଳ କାରକ - ଏ କଥାରେ ସମସ୍ତ ଆସ୍ତିକବାଦୀମାନେ ଏକ ମତ। ଦାର୍ଶନିକମାନଙ୍କ ମଧ୍ୟରେ ଈଶ୍ୱରଙ୍କ ସ୍ୱରୂପକୁ ନେଇ ବିବିଧମତ ଥିଲେ ହେଁ ଆସ୍ତିକବାଦୀମାନେ ଈଶ୍ୱରଙ୍କ ଅସ୍ତିତ୍ୱକୁ ନେଇ ନିସନ୍ଦେହ ଅଟନ୍ତି। ଅଦ୍ୱୈତ ବେଦାନ୍ତ ଦର୍ଶନର ପ୍ରଣୀତା ଆଦିଗୁରୁ ଶଙ୍କରାଚାର୍ଯ୍ୟଙ୍କ ମତରେ ଏ ଜଗତ ମିଥ୍ୟା। କେବଳ ବ୍ରହ୍ମ ହିଁ ସତ୍ୟ। ମାୟାଦ୍ୱାରା ଆଚ୍ଛାଦିତ ବ୍ରହ୍ମ ହେଉଛନ୍ତି ଈଶ୍ୱର। ଏଣୁ ଈଶ୍ୱରକୁ ରୂପ ଦିଆଯାଇଛି। ମାତ୍ର ବ୍ରହ୍ମର ନିର୍ଦ୍ଦିଷ୍ଟ ରୂପ ନାହିଁ। ବ୍ରହ୍ମ ବା ପରମାତ୍ମାଙ୍କର ପ୍ରତିଫଳନ ହେଉଛି ଆତ୍ମା। ଏହା ଜୀବଭିତରେ ପ୍ରତିଫଳିତ ହୋଇଥାଏ। ବ୍ରହ୍ମର ପ୍ରତିଫଳନ ବନ୍ଦ ହୋଇଗଲେ ବା ଆତ୍ମା ପରମାତ୍ମାକୁ ଫେରିଗଲେ ଜୀବ ଜଡ଼ ହୋଇଥାଏ - ଅର୍ଥାତ ମୃତ୍ୟୁହୁଏ। ବ୍ରହ୍ମରେ ଲୀନ ହେବା ବା ପରମାତ୍ମା ପ୍ରାପ୍ତି ହେବା ହେଉଛି ଜୀବନର ଅନ୍ତିମ ଲକ୍ଷ୍ୟ।

ଏକ ଅତିମାନବୀୟ ସତ୍ତା ବା ଈଶ୍ୱର ଉପରେ ଆସ୍ଥା ପ୍ରାୟ ସବୁ ଧର୍ମର ମୂଳମନ୍ତ୍ର। ସମସ୍ତଙ୍କ ଆସ୍ଥାର ଈଶ୍ୱର ଏକାପରି, ମାତ୍ର ତାଙ୍କୁ ପ୍ରାପ୍ତିର ମାର୍ଗର ଭିନ୍ନତା ଓ ଉପାସନା ବିଧିର ବିବିଧତାରୁ ସୃଷ୍ଟି ହୋଇଛି ବିଭିନ୍ନ ଧର୍ମ। ଈଶ୍ୱର ବିଶ୍ୱାସ ହିଁ ଆସ୍ତିକତାର ମୂଳତତ୍ତ୍ୱ। ଏହି ବିଶ୍ୱାସ ଅତି ପ୍ରବଳ ଓ ଗଭୀର ହୋଇ ଆସ୍ଥାରେ ପରିଣତ ହୋଇଥାଏ। ପ୍ରତ୍ୟେକ ଧର୍ମାବଲମ୍ବୀ ସେ ଧର୍ମର ଈଶ୍ୱରଙ୍କ ଉପରେ ଗଭୀର ଆସ୍ଥାବାଦୀ। ସମଗ୍ରମାନବ ସମାଜ, ବିଭିନ୍ନ ଭାଷା ଓ ଭୌଗୋଳିକ ଅବସ୍ଥିତିର ଭିନ୍ନତା ସତ୍ତ୍ୱେ କୌଣସି ନା କୌଣସି ଧର୍ମର ବିଶ୍ୱାସୀ। ଏଣୁ ବିଶ୍ୱରେ ଏକ ସମୟରେ ଅନେକ ଧର୍ମ ପ୍ରତିଷ୍ଠିତ ଅଛନ୍ତି। ମାତ୍ର ଗୋଟିଏ ଧର୍ମର ପ୍ରଚାର ଓ ପ୍ରସାର ପାଇଁ ସଂଗଠିତ ଉଦ୍ୟମ ଏବଂ ଅନେକ ସମୟରେ ରାଜନ୍ୟ ଅନୁଗ୍ରହ ଓ ସରକାରୀ ପ୍ରୋତ୍ସାହିତ ପ୍ରସାରନୀତି ହେତୁ ଧର୍ମ ଧର୍ମ ମଧ୍ୟରେ ଶାନ୍ତିପୂର୍ଣ୍ଣ ସହାବସ୍ଥାନରେ ଅସୁବିଧା ସୃଷ୍ଟି ହୁଏ। ଅନେକ ସ୍ଥଳରେ ଧର୍ମଭିତ୍ତିକ ସଂଘର୍ଷ ଘଟି ରକ୍ତପାତ ଓ ବିପୁଳ ଧନଜୀବନ କ୍ଷତି ହୋଇଛି। ମାନବ ଇତିହାସ ସାରା ଏମିତି ସଂଘର୍ଷ ଅନେକବାର ଘଟିଛି। ଏପରିକି ଦେଶ ଦେଶ ମଧ୍ୟରେ ଯୁଦ୍ଧ ବି ହୋଇଛି। କେବେ ଇହୁଦୀ - ଖ୍ରୀଷ୍ଟିଆନ, କେବେ ଖ୍ରୀଷ୍ଟିଆନ-ମୁସ୍‌ଲିମ, ହିନ୍ଦୁ-ମୁସ୍‌ଲିମ କିମ୍ୱା ବୌଦ୍ଧ ଖ୍ରୀଷ୍ଟିଆନ ସଂଘର୍ଷରେ ବିଶ୍ୱ ଇତିହାସ ବିଭିନ୍ନ ଶତାବ୍ଦୀରେ ରକ୍ତ ରଂଜିତ

ହୋଇଛି । କେତେବେଳେ ଓ କେଉଁଠି କାହାର ବିଜୟ ହୋଇଛି, କାହାର ପରାଜୟ ହୋଇଛି, ବଡ଼କଥା ନୁହେଁ, ମାତ୍ର ସବୁଠି ଆସ୍ଥା ବିଦ୍ୟମାନ ଅଛି-ଈଶ୍ୱର ଅଛନ୍ତି । ଯେଉଁ ଧର୍ମର ଈଶ୍ୱର ହୁଅନ୍ତୁ ପଛକେ - ସେ ବିଜୟୀର ବି ପରାଜୟୀର ବି । ସର୍ବତ୍ର ରହି ଆସିଛନ୍ତି ।

ଊନବିଂଶ ଶତାବ୍ଦୀରେ ଶିଳ୍ପବିପ୍ଳବ ପରେ ଅର୍ଥନୈତିକ ପ୍ରଗତିକୁ ସାମାଜିକ ବିକାଶର ଆଧାର ବୋଲି ଗ୍ରହଣ କରାଗଲା । ସେତେବେଳେ ସାମ୍ରାଜ୍ୟବାଦ ମୁଣ୍ଡ ଟେକିଲା ଯାହାର ଆଧାର ହେଲା ଆର୍ଥିକ ଶୋଷଣ । ବିଜ୍ଞାନର ବିଜୟ ଯାତ୍ରା ବି ନଭଶ୍ଚୁମ୍ବୀ ହେଲା । ଅର୍ଦ୍ଧାଧିକ ବିଶ୍ୱକୁ ସାମ୍ରାଜ୍ୟବାଦ କବଳିତ କଲାଏବଂ ଖ୍ରୀଷ୍ଟଧର୍ମର ବିପୁଳ ବିସ୍ତାର ବି ହେଲା । ୧୮୪୮ ମସିହା ବେଳକୁ ଜର୍ମାନ ଦାର୍ଶନିକ କାର୍ଲମାକ୍ସ ଓ ଫ୍ରେଡେରିକ୍ ଏଙ୍ଗେଲସ୍ ଲେଖିଲେ "କମ୍ୟୁନିଷ୍ଟ ମେନିଫେଷ୍ଟୋ" । କାର୍ଲମାକ୍ସ ପ୍ରଥମଥର ପାଇଁ ସମାଜକୁ ଧର୍ମ ଭିତ୍ତିରେ ବ୍ୟାଖ୍ୟା ନ କରି ଶ୍ରେଣୀ ଭିତ୍ତିରେ ବିଭାଜନ କରି ଦେଖିଲେ । ଶିଳ୍ପ ବିପ୍ଳବ ପରବର୍ତ୍ତୀ ସମାଜକୁ ୨ଟି ପ୍ରମୁଖ ଶ୍ରେଣୀରେ ବିଭକ୍ତ କରିଥିଲେ - ପ୍ରୋଲେଟାରିଏଟ (ଶ୍ରମିକ ଶ୍ରେଣୀ) ଏବଂ ବୁର୍ଜୁଆ (ପୁଂଜିପତି ଗୋଷ୍ଠୀ) । ପୁଂଜିପତିମାନଙ୍କ ନିୟନ୍ତ୍ରଣରେ ଉତ୍ପାଦନର ମାଧ୍ୟମଥାଏ । ଏବଂ ଶ୍ରମ ହିଁ ଶମିକମାନଙ୍କର ଏକମାତ୍ର ପୁଂଜି । ବୁର୍ଜୁଆମାନେ ଶୋଷଣ କରି ଧନୀରୁ ଧନୀ ହୋଇଥା'ନ୍ତି ଏବଂ ଶ୍ରମିକମାନେ ଶୋଷିତ ହୋଇ ଅଧିକ ଗରୀବ ହୋଇଥା'ନ୍ତି । ଶେଷରେ ସେମାନଙ୍କ ମଧ୍ୟମରେ ଶ୍ରେଣୀ ସଂଘର୍ଷ ଘଟିଥାଏ ଏବଂ ଏହି ସଂଘର୍ଷରେ ଶ୍ରମିକ ଶ୍ରେଣୀ ବିଜୟୀ ହୋଇଥା'ନ୍ତି ଓ କମ୍ୟୁନିଷ୍ଟ ଶାସନ ପ୍ରତିଷ୍ଠିତ ହୁଏ । ପ୍ରଥମ ବିଶ୍ୱଯୁଦ୍ଧ (୧୯୧୪-୧୯୧୮) ପରେ ରୁଷିଆରେ ବିପ୍ଳବ (୧୯୧୨) ସଂଘଟିତ ହୋଇଥିଲା ଏବଂ ସୋଭିଏତ ୟୁନିୟନ ଗଠିତ ହୋଇ କମ୍ୟୁନିଷ୍ଟ ଶାସନ ପ୍ରତିଷ୍ଠିତ ହୋଇଥିଲା । ଏହା ପରେ ପରେ ବିଭିନ୍ନ ଦେଶରେ ବିପ୍ଳବମାନ ହୋଇ କମ୍ୟୁନିଷ୍ଟ ଶାସନ ସ୍ଥାପିତ ହେଲା । ଚୀନ ୧୯୪୮ ମସିହାରେ କମ୍ୟୁନିଷ୍ଟ ଶାସନାଧିନ ହୋଇଥିଲା । କ୍ରମେ ଦ୍ୱିତୀୟ ବିଶ୍ୱଯୁଦ୍ଧ (୧୯୩୯-୧୯୪୪) ପରବେଳକୁ ସମଗ୍ର ବିଶ୍ୱ ୨ ଭାଗରେ ବିଭକ୍ତ ହୋଇ ସାରିଥିଲା - ଯଥା ପୁଞ୍ଜିବାଦୀ ଗଣତନ୍ତ୍ର ଶାସନ ଥିବା ଦେଶ ଏବଂ କମ୍ୟୁନିଷ୍ଟ ଶାସନ ଥିବା ଦେଶ ।

କାର୍ଲମାକ୍ସଙ୍କର ଧର୍ମ ସଂପର୍କୀୟ ଏକ ବଡ଼ ବକ୍ତବ୍ୟ ହେଉଛି - ଧର୍ମ ହେଉଛି ଲୋକଙ୍କର ଅଫିମ ସଦୃଶ । (Religion is the Opiate of People) । ଏହି ବାକ୍ୟର ଅର୍ଥ ଓ କଦର୍ଥ କରି ସାମ୍ୟବାଦ ବା ମାକ୍ସବାଦ ବିଶ୍ୱାସ କରୁଥିବା ଲୋକମାନେ ଧର୍ମକୁ ଅନ୍ଧ ବିରୋଧ କରି ଆସିଛନ୍ତି । ମାତ୍ର ୧୯୮୦ ଦଶକରେ ସୋଭିଏତ୍ ରାଷ୍ଟ୍ରପତି

ମିଶାଇଲେ ଗୋର୍ବାଚୋଭଙ୍କ 'ପେରୋଷ୍ଟ୍ରୋଇକା' (ପୁନର୍ବିନ୍ୟାସ) ଏବଂ ଗ୍ଲାସନଷ୍ଟ (ଅବାଧିତ-openness) ପଲିସି ଫଳରେ ୧୯୮୯ ମସିହାରେ ଆଉ ଏକ ବିପ୍ଳବର ସୂତ୍ରପାତ ହୋଇଥିଲା, ଯେଉଁଥିରେ ସୋଭିଏତ ୟୁନିୟନ ଅଧିନ ରାଷ୍ଟ୍ରମାନେ ସ୍ୱାଧୀନ ହୋଇଗଲେ ଏବଂ କମ୍ୟୁନିଷ୍ଟ ଶାସନର ସମାପ୍ତି ଘଟିଲା। ୧୯୯୧ ଡିସେମ୍ବରରେ ସୋଭିଏତ ୟୁନିୟନ୍ ଭାଙ୍ଗିଯାଇଥିଲା।

ବିଶ୍ୱସ୍ତରରେ ଦେଶମାନଙ୍କର ରାଜନୈତିକ ଭୂଗୋଳ ବିଭିନ୍ନ ସମୟରେ ପରିବର୍ତ୍ତନ ହୋଇଆସିଛି। ଆର୍ଥିକ ଓ ରାଜନୈତିକ ମତବାଦ ଓ ବିଚାରଧାରାର ବି ପରିବର୍ତ୍ତନ ହୋଇଆସିଛି। କାଲି ଯେଉଁ ଦେଶ ସାମ୍ୟବାଦୀ କି ମାର୍କ୍ସବାଦୀ ଥିଲା - ପରେ ସେ ପୁଂଜିବାଦୀ ରାଷ୍ଟ୍ରରେ ପରିଣତ ହୋଇଛି। ଅନୁନ୍ନତ ରାଷ୍ଟ୍ର ବିକାଶଶୀଳ ରାଷ୍ଟ୍ର ହୋଇଛି ଏବଂ ବିକାଶଶୀଳ ରାଷ୍ଟ୍ର ବି ଅଧିକ ଆର୍ଥିକ ପ୍ରଗତି କରି ବିକଶିତ ରାଷ୍ଟ୍ର ହେବା ପାଇଁ ଦ୍ରୁତ ଧାବମାନ ହୋଇଛି। ସମାନ୍ତରାଳଭାବେ ସାମାଜିକ ପରିବର୍ତ୍ତନ ମଧ୍ୟ ହୋଇଚାଲିଛି। ଗରୀବ ଲୋକ ମଧ୍ୟବିତ୍ତ ହୋଇଛି-ଏବଂ ମଧ୍ୟବିତ୍ତ ଲୋକ ବି ଉଚ୍ଚମଧ୍ୟବିତ୍ତ ହୋଇଚାଲିଛି। ସମାଜରେ ଶୈକ୍ଷିକ ସ୍ତର ବି ବଢ଼ିଛି। ପ୍ରତ୍ୟେକ ସମାଜରେ ଉଚ୍ଚଶିକ୍ଷିତଙ୍କ ସଂଖ୍ୟା ବି ବହୁ ପ୍ରତିଶତ ବଢ଼ିଛି। ବିଜ୍ଞାନର ଅଭୁତପୂର୍ବ ପ୍ରସାର ଘଟିଛି। ସମାଜରେ ବୈଜ୍ଞାନିକ ବିଚାରଧାରା ବୃଦ୍ଧି ପାଇଛି - କ୍ରମଶଃ ଅନ୍ଧବିଶ୍ୱାସ ଲୋପ ପାଇ ଆସୁଛି। କେବଳ ବିଶ୍ୱାସ ନୁହେଁ ଯୁକ୍ତି ଓ ତର୍କ ଏବେ ସାଧାରଣ ମଣିଷର ଚିନ୍ତା ଓ ଚେତନାକୁ ବେଶ୍ ପ୍ରଭାବିତ କରିପାରୁଛି। ବିଜ୍ଞାନ ସମ୍ମତ ଯୁକ୍ତି ବିନା ସାଧାରଣ ଲୋକଟିଏ ବି କୌଣସି ମତବାଦ ବା ମତାମତକୁ ବି ଗ୍ରହଣ କରିବାକୁ ପ୍ରସ୍ତୁତ ନୁହେଁ। ସମାଜ କ୍ରମଶଃ ବିଚାରବୃଦ୍ଧି ସମ୍ପନ୍ନ ଓ ଯୁକ୍ତିସମ୍ପନ୍ନ ହୋଇଛି। ଏ ସମସ୍ତ ପରିବର୍ତ୍ତନ ଭିତରେ ଗୋଟିଏ ଜିନିଷ ଯାହା ପରିବର୍ତ୍ତନ ହୋଇନାହିଁ ତାହା ହେଲା ଈଶ୍ୱରଭାବନା ଓ ଆସ୍ଥା। ସମାଜ ଆରମ୍ଭରୁ ଏ ପର୍ଯ୍ୟନ୍ତ ପଛକେ ନୂଆ କେତୋଟି ଧର୍ମ ସୃଷ୍ଟି ହୋଇଛି, କେତେକ ଧର୍ମର ଅନୁଗାମୀ ସଂଖ୍ୟା ବହୁତ କମିଯାଇଛି-ମାତ୍ର ଈଶ୍ୱର ଭାବନା (the concept of God)ର ବିଶେଷ କିଛି ପରିବର୍ତ୍ତନ ହୋଇନାହିଁ। କେତେ ଶତାବ୍ଦୀ ପୂର୍ବେ ଈଶ୍ୱର ତାଙ୍କର ଅନୁଗାମୀମାନଙ୍କର ବ୍ୟବହାରକୁ ଯେମିତି ସୁସଂଗଠିତ ଓ ନିୟନ୍ତ୍ରଣ କରୁଥିଲେ, ଏବେ ବି ବିଭିନ୍ନ ଧର୍ମର ଅନୁଗାମୀମାନଙ୍କୁ ଈଶ୍ୱର ସେମିତି ପରିଚାଳିତ କରୁଛନ୍ତି ବୋଲି ମୋର ବିଶ୍ୱାସ।

ଏ ସମ୍ପର୍କରେ ଧାର୍ମିକ ଜୀବନର ସାମ୍ପ୍ରତିକ ବ୍ୟବହାରିକତାକୁ ବିଚାର କରାଯାଇପାରେ। ଈଶ୍ୱର ଉପାସନା ଏକ ବ୍ୟକ୍ତିଗତ ବିଷୟ। ଯଦିଓ ଧର୍ମରେ, ବିଶେଷ କରି ଭାରତୀୟ ଧର୍ମମାନଙ୍କର ସାମୁହିକ ପୂଜାପାର୍ବଣ ଓ ଧର୍ମୀୟ ଅନୁଷ୍ଠାନର ବ୍ୟବସ୍ଥା

ରହି ଆସିଅଛି । ଭାରତର ସମ୍ବିଧାନ ଆମ ଦେଶକୁ ଏକ ଧର୍ମନିରପେକ୍ଷ ରାଷ୍ଟ୍ର ଘୋଷଣା କରିବା ପରେ ସାର୍ବଜନୀନ ଅନୁଷ୍ଠାନ କମିଯିବା କଥା । ସେହିପରି ଧର୍ମୀୟ ଅନୁଷ୍ଠାନ ଗ୍ରାମୀଣ ଜୀବନଧାରା ସହ ଅଧିକ ଜଡ଼ିତ ବୋଲି ସାଧାରଣରେ ଧାରଣା । ଏଣୁ ସହରୀକରଣ ପ୍ରକ୍ରିୟା ବିସ୍ତାର ଲାଭ କରିବା ପରେ ଅର୍ଥାତ ସହରମାନଙ୍କରେ ଏହି ଧର୍ମ ଅନୁଷ୍ଠାନ କମ୍ ହେବା କଥା । ମାତ୍ର ବାସ୍ତବରେ ଏହାର ବିପରୀତ ପ୍ରକ୍ରିୟା ଦୃଷ୍ଟିଗୋଚର ହେଉଛି । ଗ୍ରାମାଞ୍ଚଳ ଅପେକ୍ଷା ସହରମାନଙ୍କରେ ଏହି ଧର୍ମୀୟ ଅନୁଷ୍ଠାନ ଅଧିକ ଜାକଜମକରେ ପାଳନ କରାଯାଉଛି । ଭାରତୀୟ ସହରମାନଙ୍କରେ ଛକ ଛକରେ ମନ୍ଦିର, ନୋହିଲେ ଠାକୁରେ (ହନୁମାନ) ମୂର୍ତ୍ତି । ନୂଆକରି ଗଢ଼ି ଉଠିଥିବା ସହରରେ ତ ପ୍ରତି କଲୋନୀରେ ମନ୍ଦିର ପାଇଁ ସ୍ୱତନ୍ତ୍ର ସ୍ଥାନ ନିରୂପଣ କରି ରଖାଯାଉଛି । ପୂଜାପାର୍ବଣ କଥା ନ କହିଲେ ଭଲ । ଯେତେ ପୂଜା, ସେତେ ଭିଡ଼ ସେତେ ଚାନ୍ଦା । କୁହାଯାଉଥିଲା ଯେ, ସାଧାରଣତଃ ପ୍ରୌଢ଼ ଓ ବାର୍ଦ୍ଧକ୍ୟ ଅବସ୍ଥାରେ ଧର୍ମ ଅନୁଷ୍ଠାନ କରାଯାଏ । ଏଣୁ ବୟସ୍କ ଲୋକମାନେ ଏ କାର୍ଯ୍ୟରେ ଅଧିକ ନିୟୋଜିତ ହେବା କଥା । ମାତ୍ର ଚାନ୍ଦା ଭେଦାକୁ କି ବୁଢ଼ାଲୋକ ପାରିବେ । ମହଣ ମହଣ ଲଡ୍ଡୁ, ୧୦୮ ମହିଳାଙ୍କ କଳସ ଶୋଭାଯାତ୍ରା, ମାଇଲ ମାଇଲ ପ୍ରସେସନ-୬ ବେଳକୁ ସହରୀ ଯୁବକମାନେ ବେଶୀ ତୟାର । ଗାଆଁ ମନ୍ଦିର ଏବେ ଶୂନଶାନ । ସହରରେ ମନ୍ଦିର ଭାରି ଭିଡ଼ । ସହରରେ ପୂଜକଙ୍କ ଡିମାଣ୍ଡ ବି ବହୁତ ଅଧିକ । ଘରେ ଘରେ ପୂଜା-ଅଙ୍କ କେତେଜଣ ବ୍ରାହ୍ମଣ ପୂଜା ଜାଣନ୍ତି । ମୋଟର ସାଇକେଲରେ ଦୌଡ଼ି ଦୌଡ଼ି ଏତେ ନୟାନ୍ତ ଯେ ପକେଟରେ ଗୁଡ଼ା ହୋଇ ପଶିଥିବା ଟଙ୍କା ସାଇଜ କରି ଗଣିବାକୁ ତର ନାହିଁ । ବଡ଼ବଡ଼ ମନ୍ଦିର ଯଥା ଶିରିଡ଼ି ସାଇ ମନ୍ଦିରରେ ତ ଲୋକ ଦାନରେ ସୁନା ରୂପା ଢାଳି ଦେଉଛନ୍ତି ।

ଏସବୁ ଦେଖିଲେ ଲାଗୁଛି ଯେମିତି ଲୋକଙ୍କର ଧର୍ମଭାବ ବଢୁଛି । ଈଶ୍ୱର ବିଶ୍ୱାସ ବଢୁଛି । ବିଜ୍ଞାନର ସତତ ପ୍ରସାର ସତ୍ତ୍ୱେ ଈଶ୍ୱର ଏବେ ବି ପ୍ରାସଙ୍ଗିକ ହୋଇ ରହିଛନ୍ତି । ଆର୍ଥିକ ପ୍ରଗତି ହେତୁ ଲୋକଙ୍କର ଦାନ ଦେବାର କ୍ଷମତା ବି ବଢ଼ିଛି । ଏବେ ତ ସହରର ମନ୍ଦିରମାନଙ୍କରେ ଭିକାରୀମାନଙ୍କର ସଂଖ୍ୟା ଅଗଣିତ । ମନ୍ଦିର ବାହାରେ ଦୁଃଖୀ, ରଙ୍କି, ଗରୀବ ଭିକାରୀ - ମାତ୍ର ମନ୍ଦିର ଭିତରେ ଗର୍ଭଗୃହରେ ବି ସବୁ ବଡ଼ଲୋକ ଭିକାରୀ-ଥିଲାବାଲା ଭିକାରୀ ମାଗୁଛନ୍ତି ଈଶ୍ୱରଙ୍କୁ ବିଭିନ୍ନ ବାଗରେ ।

ସତରେ କ'ଣ ଧର୍ମଭାବ ବଢ଼ିଛି ? ହୋଇପାରେ, କାହିଁକିନା ଏବେ ଜୀବନର ଅନିଶ୍ଚିତତା ବଢ଼ିଛି-ରୋଗ ଭୟ, ଚୋର ଭୟ, ସନ୍ତ୍ରାସ ବଢ଼ିଛି-ଏଣୁ ମୃତ୍ୟୁ ଭୟ ବି । ଏଣୁ ହୁଏତ ମଣିଷ ବାଧ୍ୟ ହେଉଛି ଏସବୁ ଅନିଶ୍ଚିତତାରୁ ରକ୍ଷା ପାଇବା ପାଇଁ, ଈଶ୍ୱରଙ୍କ ଶରଣ ପଶିବା ପାଇଁ । ମାତ୍ର ଯେତେବେଳେ ବିଜ୍ଞାନର ପ୍ରଭାବ ବଢୁଛି-ଯୁକ୍ତିବାଦୀ ଓ

ହେତୁବାଦୀଙ୍କର ପ୍ରଭାବ ବି ବଢ଼ିଛି। ସେ କ୍ଷେତ୍ରରେ ଈଶ୍ୱର ତାଙ୍କ ଅନୁଗାମୀ ବା ଭକ୍ତଙ୍କ ସଂଖ୍ୟା ବଜାୟ ରଖିପାରିବା ବଡ଼କଥା। ଏହି ପ୍ରସଙ୍ଗରେ ଆମେରିକୀୟ ମନୋବିଜ୍ଞାନୀ ଓ ଦାର୍ଶନିକ ଉଇଲିୟମ୍ ଜେମ୍ସ (୧୮୪୧-୧୯୧୦)ଙ୍କ ବିଚାର ପ୍ରଣିଧାନ ଯୋଗ୍ୟ। ଉଇଲିୟମ ଜେମ୍ସ ଜଣେ ବାସ୍ତବବାଦୀ ଦର୍ଶନର ପ୍ରଣେତା ଥିଲେ। ଈଶ୍ୱର ଅଛନ୍ତି ବୋଲି ସେ ବିଶ୍ୱାସ କରୁ ନଥିଲେ। କାହିଁକିନା ସେ ସମ୍ବନ୍ଧରେ କୌଣସି ପ୍ରୟୋଗସିଦ୍ଧ ପ୍ରାମାଣିକତା ସେ ପାଇପାରୁ ନଥିଲେ। ସେହିଭଳି ଈଶ୍ୱର, ନାହାନ୍ତି ବୋଲି ସେ କହୁ ନଥିଲେ କାହିଁକିନା ଈଶ୍ୱର ଅଛନ୍ତି ମତକୁ ଅବିଶ୍ୱାସ କରିବାର ପ୍ରାମାଣିକତା ବି ନଥିଲା ତାଙ୍କ ପାଖରେ। ଏଣୁ ତାଙ୍କର ବ୍ୟବହାର ବି ବିଚିତ୍ରଥିଲା, ସେ ତାଙ୍କର ଅନୁଗାମୀମାନଙ୍କୁ ଈଶ୍ୱର ଅଛନ୍ତି ମାନିବା ଅସତ୍ୟ ବୋଲି କହୁଥିଲେ। ମାତ୍ର ଚର୍ଚ୍ଚଯିବାକୁ କହୁଥିଲେ, ଯାଉଥିଲେ। ଥରେ ତାଙ୍କର ଅନୁଗାମୀମାନେ ପଚାରିଲେ- ଆପଣତ ଈଶ୍ୱର ଅଛନ୍ତି ବୋଲି ବିଶ୍ୱାସ କରୁନାହାନ୍ତି, ଅଥଚ ଚର୍ଚ୍ଚ କାହିଁକି ଯାଉଚନ୍ତି ? ଏହାର ଉତ୍ତରରେ ସେ କହିଥିଲେ- ଈଶ୍ୱର ଅଛନ୍ତି କି ନାହାନ୍ତି ଆମେ ପ୍ରମାଣ ପାଇ ପାରିନାହାନ୍ତି। ଧରି ନିଆଯାଉ ଈଶ୍ୱର ନାହାନ୍ତି ଓ ଆମେ ଗୀର୍ଜା ଯାଉଛନ୍ତି। ତେବେ ଆମର ପାଇବାର କିଛି ନାହିଁ-କି ହରାଇବାର କିଛି ନାହିଁ। କାରଣ ଆମେ ସାଧାରଣତଃ ଆମର ଫାଙ୍କା ସମୟରେ ଈଶ୍ୱରଙ୍କୁ ପୂଜା କରିଥା'ନ୍ତି - ବା ସମୟ ବାହାର କରି ପୂଜା କରିଥା'ନ୍ତି। ମାତ୍ର ଧରି ନିଆଯାଉ ଈଶ୍ୱର ଅଛନ୍ତି ଓ ଆମେ ଗୀର୍ଜା ଯାଉନାହାନ୍ତି। ତେବେ ଆମେ ତ କିଛି ପାଇବା ନାହିଁ ବରଂ ଈଶ୍ୱରଙ୍କର ଆଶୀର୍ବାଦ ଓ ପରମ ସୁଖ ହରାଇବା। ଏତେ ରିସ୍କ ବା କ୍ଷତିର ଭୟ କିଏ ଉଠାଇବ। ସେଇଥି ପାଇଁ ମୁଁ ଗୀର୍ଜାକୁ ଯାଏ। ତାଙ୍କ ନିଜ ଶବ୍ଦରେ- "Better risk loss of truth, than chance of error".

ଆଜିକାଲି ତ ବାସ୍ତବବାଦୀ ଲୋକଙ୍କ ସଂଖ୍ୟା ଅଧିକ, ସମସ୍ତେ ବୋଧହୁଏ ଉଇଲିୟମ୍ ଜେମ୍ସଙ୍କ ପରି ଈଶ୍ୱର ନଥିବାର ରିସ୍କ ନେବାକୁ ପ୍ରସ୍ତୁତ ନୁହଁନ୍ତି। ଏଣୁ ସହରରେ ଶିକ୍ଷିତ ଲୋକଙ୍କର ମନ୍ଦିରରେ ଭିଡ଼ ବେଶୀ ହେଉଛି, ହୁଏତ ହୋଇପାରେ। ମାତ୍ର ସତକଥା ହେଉଛି ଯେ ଈଶ୍ୱରଙ୍କୁ ପରିହାର କରି ହେବ ନାହିଁ। ସେ ଆସ୍ତିକ ହୁଅନ୍ତୁ କି ନାସ୍ତିକ ଅବିଜ୍ଞେୟବାଦୀ କି ବାସ୍ତବବାଦୀ-ଈଶ୍ୱରଙ୍କୁ ଅବଜ୍ଞା କରିହେବ ନାହିଁ। ସପକ୍ଷରେ ହେଉ କି ବିପକ୍ଷରେ, କହିବା ମାତ୍ରେ ହିଁ ଈଶ୍ୱର ନାମ ହିଁ ଉଚ୍ଚାରଣ କରିବାକୁ ହେବ।

ତେଣୁ ହେ ଈଶ୍ୱର ! ଜିନ୍ଦାବାଦ, ଜିନ୍ଦାବାଦ, ଜିନ୍ଦାବାଦ।

ଟିକେଟ

ଏବେ ସବୁଠି ଟିକେଟ। ବସ୍, ଟ୍ରେନ୍, ଏରୋପ୍ଲେନ୍, ସିନେମା ହଲ୍, ପାର୍କ-ସବୁଠି ପ୍ରଥମେ ଟିକେଟ କାଟିଲେ ଯାଇ ଭିତରକୁ ପ୍ରବେଶ କରିହେବ। ପ୍ରାୟ ସବୁ କ୍ଷେତ୍ରରେ ଅଗ୍ରିମ ଟିକେଟ ବ୍ୟବସ୍ଥା ହୋଇଗଲାଣି, ଏବେ ତ ଅନ୍‌ଲାଇନରେ ଟିକେଟ ବୁକିଂ କରିବା ସୁବିଧା ଉପଲବ୍ଧ। ଅନ୍ତତଃ ସହରାଞ୍ଚଳରେ, ଗ୍ରାମାଞ୍ଚଳରେ ବି ସାଧାରଣ ସେବା କେନ୍ଦ୍ର ମାଧ୍ୟମରେ ଇଣ୍ଟରନେଟ ସୁବିଧା ଉପଲବ୍ଧ କରି ଅଗ୍ରୀମ ଟିକେଟ ଅନ୍‌ଲାଇନ୍‌ରେ ବୁକିଂ କରି ହେଉଛି। ଆଗଭଳି ଧାଡ଼ିରେ ଛିଡ଼ା ହୋଇ କାଉଣ୍ଟର ସାମ୍ନାରେ ଠେଲାପେଲା କରି ଟିକେଟ କାଟିବାର ଆବଶ୍ୟକତା ପଡୁ ନାହିଁ।

ଭାରତ ଏକ ଜନବହୁଳ ତଥା ପ୍ରଗତିଶୀଳ ରାଷ୍ଟ୍ର। ଆମର ଜନସଂଖ୍ୟା ଓ ସେଇ ଜନସଂଖ୍ୟାର ଆବଶ୍ୟକତା ଅନୁସାରେ ଆମର ଭିତ୍ତିଭୂମିର ବିକାଶ ହୋଇପାରି ନାହିଁ। ତା'ଛଡ଼ା ସ୍ୱାଧୀନତା ପରେ ଦ୍ରୁତ ସାମାଜିକ ଓ ଆର୍ଥିକ ବିକାଶ ହୋଇଥିବା କାରଣରୁ ଲୋକମାନଙ୍କର ଆବଶ୍ୟକତା ବଦଳିଛି ଓ ବଢ଼ିଛି ବି। ଜନସଂଖ୍ୟା ବଢ଼ିଛି। ଶିକ୍ଷା ବଢ଼ିଛି। ଆର୍ଥିକ ସ୍ଥିତି ବି ବଦଳିଛି। ଲୋକମାନଙ୍କର ଭ୍ରମଣ ଅଭ୍ୟାସ ଓ ଆମୋଦ ପ୍ରମୋଦ ସଉକ ଓ ଆବଶ୍ୟକତା ବି ବଢ଼ିଛି। ମାତ୍ର ଏଇ ବର୍ଦ୍ଧିତ ଜନସଂଖ୍ୟାର ବହୁଗୁଣିତ ଆବଶ୍ୟକତା ଓ ଉଚ୍ଚାକାଂକ୍ଷା ଅନୁପାତରେ ଭିତ୍ତିଭୂମି ପ୍ରସ୍ତୁତ ହୋଇପାରି ନାହିଁ। ଉଦାହରଣ ସ୍ୱରୂପ ବଢ଼ିଥିବା ଲୋକସଂଖ୍ୟା ଏବଂ ବଦଳିଥିବା ଚଳମାନତା। କୁ ଦୃଷ୍ଟିରେ ରଖି ଦୁଇଟି ସହର ମଧ୍ୟରେ ଯେତିକି ଟ୍ରେନ ଚାଲିବା କଥା, ସେତିକିଟି ଟ୍ରେନ ଚାଲୁ ନ ଥିଲେ, ଭିଡ଼ ହେବା ସ୍ୱାଭାବିକ। ଭିଡ଼ କେବଳ ଟ୍ରେନରେ ବା ବସ୍‌ରେ କିମ୍ବା ସିନେମା ହଲରେ ନୁହେଁ। ଟ୍ରେନ ଆସିବା ବହୁ ପୂର୍ବରୁ, ଫିଲ୍ମ ଆରମ୍ଭ ହେବା ପୂର୍ବରୁ ଟିକେଟ କାଟିବା ପାଇଁ ବି ନାହିଁ ନ ଥିବା ଭିଡ଼ ହେଉଛି। ଠେଲାପେଲା ବି ହେଉଛି। ଆଗରୁ ସିନେମା ହଲରେ ଟିକେଟ କାଟିବା ପାଇଁ ବହୁଲୋକ ହାତରୁ ରକ୍ତ ଝରାଇଛନ୍ତି, ମୁହଁ,

ନାକ ଫଟାଇଛନ୍ତି। ୧୯୮୦ ଦଶକରେ Sholey ପିକ୍‌ଚର ଦେଖିବା ପାଇଁ ଟିକେଟ କାଟିବା ବେଳେ ନାକ ଫଟାଇବା ବା ସାର୍ଟ ଚିରେଇବା ଏକ ବାହାଦୂରୀ ବୋଲି ବହୁଲୋକ ବି ଭାବନ୍ତି। ସେ ଅଭିଜ୍ଞତା ଆଜିକାଲିର ବହୁ ପୌଢ଼ ଲୋକଙ୍କର ଅଛି।

ଯେଉଁମାନେ ଭିଡ଼ରେ ଠେଲାପେଲା କରି ଟିକେଟ କାଟିବାକୁ ଅପାରଗ, ସେମାନେ ସେଇ ସୁବିଧା ଉପଭୋଗ କରିବାରୁ ବଞ୍ଚିତ ହୁଅନ୍ତି କିମ୍ବା ବେଶୀ ଟଙ୍କା ଦେଇ ଚୋରାରେ (ବ୍ଲାକ୍‌ରେ) ଟିକେଟ କିଣନ୍ତି। ଅଶୀ ଓ ନବେ ଦଶକରେ ଏଇ ବ୍ଲାକ୍‌ରେ ଟିକେଟ ବିକୁଥିବା ଲୋକଙ୍କର ପ୍ରାଦୁର୍ଭାବ ଏତେ ଥିଲା ଯେ ସୌଭାଗ୍ୟ ବଶତଃ ଆପଣ ଟିକେଟ ପାଇଥିଲେ ବି ସେଇ ଟ୍ରେନ୍‌ର ସେଇ ସିଟ୍‌ରେ ବସି ଯେ ଯାଇ ପାରିବେ, ଏ ଗ୍ୟାରେଣ୍ଟି ନ ଥିଲା। ଆପଣ ପିଲାଛୁଆ ନେଇ ହାଓ୍ୱଡ଼ା ଷ୍ଟେସନରେ ଟ୍ରେନରେ ଚଢ଼ିବା ବେଳକୁ ଆପଣଙ୍କ ସିଟ୍‌ରେ ଗୋଡ଼ ହାତ ଲମ୍ବାଇ ୨ଜଣ ଦାଦା ଶୋଇଥିବେ ଓ ଆପଣଙ୍କୁ ଖିଙ୍କାରୀ ହୋଇ ଏମିତି ବ୍ୟବହାର ଦେଖେଇବେ ଯେ ଆପଣଙ୍କ ପିଲା ଓ ସ୍ତ୍ରୀ ଆପଣଙ୍କୁ ସେ ଲୋକ ସାଙ୍ଗର ନ ବଢ଼ିବାକୁ ବାଧ୍ୟ କରିବେ ଓ ସେଇ ଅସାମାଜିକ ଲୋକମାନଙ୍କ ସହ ସାଲିସ କରି ତାଙ୍କୁ ବଟି ଦେଇ ବସି ପାରନ୍ତି କିମ୍ବା ଭାଗ୍ୟକୁ ଆଦରି ସେ କମ୍ପାର୍ଟମେଣ୍ଟ ଛାଡ଼ି ସାଧାରଣ ବଗିରେ ଯାତ୍ରା କରିପାରନ୍ତି।

ଏବେ ବହୁଆଗରୁ ଅଗ୍ରୀମ ଟିକେଟ ଓ ଇଣ୍ଟନେଟ୍ ଜରିଆରେ ଅନ୍‌ଲାଇନ୍‌ରେ ଟିକେଟ ବୁକିଂ ହୋଇପାରୁ ଥିବାରୁ ଅନେକାଂଶରେ ଏହି ଠେଲାପେଲା ଓ ବ୍ଲାକ୍ ମାର୍କେଟିଂର ସମସ୍ୟା ସମାଧାନ ହୋଇପାରିଛି। ତା'ଛଡ଼ା ନିଜର ଇଚ୍ଛା ମୁତାବକ କେଉଁ ସିଟ୍‌ରେ ବସି ସିନେମା ଦେଖିବେ ବା କେଉଁ କ୍ଲାସ୍‌ରେ ଟିକେଟ ବୁକ୍ କରି କେଉଁ ସିଟ୍‌ରେ ବସିବେ ତାହା ଏଇ ଅନ୍‌ଲାଇନ ବୁକିଂରେ ବି କରାଯାଇ ପାରୁଛି। ସେଇ ଅନୁପାତରେ ଟିକେଟର ଦାମ୍ ଧାର୍ଯ୍ୟ ହୋଇ ଅନ୍‌ଲାଇନ ପେମେଣ୍ଟର ବ୍ୟବସ୍ଥା ବି ହେଉଛି। ଚାହିଦା ମୁତାବକ ନୂଆ ନୂଆ ପ୍ରଯୁକ୍ତି ବିଦ୍ୟାର ପ୍ରୟୋଗ କରାଯାଇ ସମସ୍ୟାର ସମାଧାନ କରାଯାଉଛି। ଅତଏବ ଏଇ ଟିକେଟ୍ କାଟିବା ବ୍ୟବସ୍ଥାର ମଧ୍ୟ ପରିବର୍ତ୍ତନ ହୋଇଛି। ବିନା ଟିକେଟ୍‌ରୁ ଆରମ୍ଭ ହୋଇ ଟିକେଟ କାଟିବା ପୁଣି ଅଗ୍ରୀମ ଟିକେଟ୍ କାଟିବା-ପରେ ଅନ୍‌ଲାଇନ୍‌ରେ ଟିକେଟ କାଟିବାର ଢାଞ୍ଚାଗତ ପରିବର୍ତ୍ତନ ହେବା ସହ ଆମର ମାନସିକତାର ପରିବର୍ତ୍ତନ ବି ହେଉଛି।

ଏହି ଟିକେଟ ବ୍ୟବସ୍ଥା ଯେ କେବଳ ଉପଭୋକ୍ତାର ସୁବିଧା ପାଇଁ ଉଦ୍ଦିଷ୍ଟ ଏ କଥା ନୁହେଁ। ଏହି ଅଗ୍ରୀମ ଟିକେଟ ପାଇଁ ଉପଭୋକ୍ତାଙ୍କର ଦାବୀରୁ ସଂପୃକ୍ତ ସେବା ପ୍ରଦାନକାରୀ ସଂସ୍ଥା ଅନେକ ତଥ୍ୟ ଜାଣି ପାରିଥା'ନ୍ତି। ଅର୍ଥାତ ଯଦି ସିଟ୍ ମୁତାବକ ଯଥେଷ୍ଟ ଟିକେଟ ବିକ୍ରି ହୋଇ ନ ଥାଏ ତେବେ ସେଇ ସେବା ପ୍ରଦାନ କରିବା

ଆର୍ଥିକ ଦୃଷ୍ଟିରୁ ସମ୍ଭବ ହୋଇ ନ ପାରେ। ଏପରିକି ଏକା ପ୍ରକାରର ସେବା ପ୍ରଦାନ କରୁଥିବା ଦୁଇଟି ସଂସ୍ଥାର ଟିକେଟ ବିକ୍ରିର ପରିମାଣ ବା ଟିକେଟ ପାଇଁ ଦାବୀ ଭିନ୍ନ ହୋଇପାରେ। ଉଦାହରଣତଃ ଗୋଟିଏ ସ୍ଥାନରୁ ୨ଟି ବସ୍ ବାହାରି ଏକା ଗନ୍ତବ୍ୟ ସ୍ଥଳରେ ପହଞ୍ଚୁ ଥିଲେ ମଧ୍ୟ ୨ଟି ବସ୍‌ରେ ଟିକେଟ ବିକ୍ରି ପରିମାଣ ଫରକ ହୋଇପାରେ। ଏହାର କାରଣ ସେବା ପ୍ରଦାନର ମାନ, ସେବାରେ ବ୍ୟବସାୟିକ ବ୍ୟବହାର, ଉପଯୁକ୍ତ ସମୟର ଫରକ ବି ହୋଇପାରେ। ଗୋଟିଏ ବସ୍ ଭୁବନେଶ୍ୱରରୁ ରାତି ୧୦ ଟାରେ ବାହାରି ରାଉରକେଲାରେ ସକାଳ ୭ଟାରେ ପହଞ୍ଚୁଥିବାବେଳେ ଅନ୍ୟ ଏକ ବସ୍ ଭୁବନେଶ୍ୱରକୁ ସନ୍ଧ୍ୟା ୭ଟାରେ ବାହାରି ରାଉରକେଲାରେ ସକାଳ ୪ଟାରେ ପହଞ୍ଚିବାର ଥିଲେ ପ୍ରଥମ ବସ୍‌ର ଟିକେଟ ପାଇଁ ହୁଏତ ବେଶୀ ଭିଡ଼ ହୋଇପାରେ କାରଣ ଏହାର ସମୟ ଯାତ୍ରୀମାନଙ୍କୁ ଅଧିକ ସୁବିଧାଜନକ ପ୍ରତୀୟମାଣ ହେଉଛି। ଅତଏବ ଏଇ ଟିକେଟ ପାଇଁ ଭିଡ଼ ବା ଅଗ୍ରୀମ ଟିକେଟ ସଂଖ୍ୟାରୁ ସଂପୃକ୍ତ ସେବା ପ୍ରଦାନକାରୀ ସଂସ୍ଥା ତା' ନିଜ ସେବାର ମାନ, ତାଙ୍କ କର୍ମଚାରୀଙ୍କ ସାମାଜିକ ଓ ବ୍ୟବସାୟିକ ବ୍ୟବହାର, ସେବାପ୍ରଦାନର ଉପଭୋକ୍ତା ଉପଯୋଗୀ ସମୟ ବିଷୟରେ ସଚେତନ ହୋଇଥା'ନ୍ତି ଏବଂ ତାଙ୍କ ସେବାର ମାନ ବୃଦ୍ଧି କରିବା ପାଇଁ ତତ୍ପର ହେବା ସହ ଏହାକୁ ଅଧିକ ଆକର୍ଷଣୀୟ କରିବାକୁ ଚେଷ୍ଟା କରିଥା'ନ୍ତି।

ଟିକେଟ ଏକ ଦେୟଯୁକ୍ତ ପ୍ରବେଶ ପତ୍ର, ଯାହା ଆମେ ଉପଭୋଗ କରିବାକୁ ଚାହୁଁଥିବା ସେବାକୁ ଶୃଙ୍ଖଳିତ କରେ। ବିନା ଟିକେଟରେ ଯାତ୍ରା ଏକ ବିଶୃଙ୍ଖଳିତ ଆଚରଣ। କେବଳ ସରକାରୀ ପରିବହନ ସଂସ୍ଥା ଯଥା, ରେଳ, ସରକାରୀ ବସ୍ ଇତ୍ୟାଦିରେ ଦେଖାଯାଏ। ଏହାର ମୂଳକାରଣ ଦୁର୍ନୀତିଗ୍ରସ୍ତ କର୍ମଚାରୀ। ଏପରିକି ବେସରକାରୀ ସଂସ୍ଥାରେ ବି ଏମିତି କର୍ମଚାରୀଙ୍କ ପାଇଁ ବିନା ଟିକଟରେ ଯାତ୍ରା ଦେଖିବାକୁ ମିଳେ। ମାତ୍ର ସେମିତି ହେଲେ ଉପରୋକ୍ତ ସେବା କ୍ଷତିରେ ଚାଲିବା ଧାର୍ଯ୍ୟ ଥାଏ। ମୋଟ ଉପରେ ଟିକେଟ ଏକ ଶୃଙ୍ଖଳାର କଥା କହେ। ଏକ ପ୍ରଦାନ କରାଯାଉଥିବା ସେବାକୁ ଶୃଙ୍ଖଳିତଭାବେ ପରିଚାଳନା କରିବା ପାଇଁ ଏବଂ ଆବଶ୍ୟକତା ମୁତାବକ ଉପଯୋଗ କରିବା ପାଇଁ ଟିକେଟ ବ୍ୟବସ୍ଥା ଜରୁରୀ। ଯଦି ଟିକେଟ ବ୍ୟବସ୍ଥା ନ ଥା'ନ୍ତା ତେବେ ହୁଏତ ଉତ୍ତମ ସେବା ମିଳିପାରି ନ ଥା'ନ୍ତା।

ଏହି ଟିକେଟ ପ୍ରସଙ୍ଗରେ ପିଲାବେଳେ ପଢ଼ିଥିବା ବିଶିଷ୍ଟ ବୈଜ୍ଞାନିକ ଆଲବର୍ଟ ଆଇନ୍‌ଷ୍ଟାଇନଙ୍କ ଜୀବନୀରୁ ପ୍ରସଙ୍ଗଟିଏ ମନେ ପଡୁଛି। ଥରେ ଆଇନ୍‌ଷ୍ଟାଇନ ଆମେରିକାରେ କୌଣସି ଏକ ସହରରୁ ଅନ୍ୟେ ଏକ ସହରକୁ ରେଳ ଯୋଗେ ଯାତ୍ରା କରୁଥିଲେ। ବାଟ ମଝିରେ ଟି.ଟି.ସି. ସମସ୍ତ ଯାତ୍ରୀଙ୍କର ଟିକେଟ ଯାଞ୍ଚ କରିବା ପାଇଁ

ତାଙ୍କ ପାଖରେ ପହଞ୍ଚିଲେ। ପାଖ ସହଯାତ୍ରୀମାନଙ୍କର ଟିକେଟ୍ ଯାଞ୍ଚ କରିସାରିବା ପରେ ସେ ଆଇନ୍‌ଷ୍ଟାଇନଙ୍କୁ ଟିକେଟ ଦେଖାଇବାକୁ କହିଥିଲେ। ମାତ୍ର ସେ ତତ୍‌କ୍ଷଣାତ୍ ଟିକେଟ ଦେଖାଇପାରି ନ ଥିଲେ। ତେଣୁ ଆଇନଷ୍ଟାଇନ ଟିକେଟ ଖୋଜିଲେ-ସାର୍ଟ ପକେଟ୍‌ରେ ନାହିଁ, ପ୍ୟାଣ୍ଟରେ ନାହିଁ, ପର୍ସରେ ନାହିଁ। ଏଣୁ ତାଙ୍କର ବ୍ୟାଗପତ୍ର ବାହାର କରି ବଡ଼ ବ୍ୟସ୍ତ ଭାବରେ ଟିକଟେ ଖୋଜିବାରେ ଲାଗିଲେ। ସେତେବେଳକୁ ଆଇନଷ୍ଟାଇନ ନୋବେଲ ପୁରସ୍କାର ପାଇସାରିଥିଲେ ଏବଂ ତାଙ୍କର ଫଟୋ ବିଭିନ୍ନ ପତ୍ରପତ୍ରିକାରେ ବାହାରି ସାରିଥିବାରୁ ସେ ପ୍ରସିଦ୍ଧ ହୋଇସାରିଥିଲେ। ଏଣୁ ଟି.ଟି.ସି. ତାଙ୍କୁ ଚିହ୍ନି ସାରିଥିଲେ ଏବଂ ବିନୟ ଭାବରେ କହିଲେ "ମହାଶୟ, ମୁଁ ଜାଣିଛି ଆପଣ ଜଣେ ପ୍ରସିଦ୍ଧ ବୈଜ୍ଞାନିକ। ଆପଣ ନିଶ୍ଚୟ ଟିକେଟ୍ କରିଥିବେ-ଏଥିରେ ମୋର ସନ୍ଦେହ ନାହିଁ"। ଏତିକି କହି ସେ ଅନ୍ୟ ଯାତ୍ରୀମାନଙ୍କର ଟିକେଟ ଯାଞ୍ଚ କରିବା ପାଇଁ ଆଗକୁ ଚାଲିଗଲେ। କେତେ ସମୟ ପରେ ସମସ୍ତ ଯାତ୍ରୀଙ୍କର ଟିକେଟ ଯାଞ୍ଚ କରିସାରି ଟି.ଟି.ସି. ସେଇବାଟେ ତାଙ୍କର ନିର୍ଦ୍ଧାରିତ ସିଟ୍‌କୁ ଫେରିଥିଲେ। ସେତେବେଳେ ସେ ଦେଖିଲେ ଯେ ଆଇନଷ୍ଟାଇନ ତଥାପି ତାଙ୍କର ଟିକେଟ ଖୋଜି ଚାଲିଛନ୍ତି। ବ୍ୟାଗରେ ଥିବା ତାଙ୍କର ସମସ୍ତ ବ୍ୟବହାର୍ଯ୍ୟ ଜିନିଷ ପତ୍ର ବାହାର କରି ଏଣେତେଣେ ପ୍ରକାଇ ଟିକେଟ ଖୋଜୁଛନ୍ତି। ଟି.ଟି.ସି. ପୁଣି ଥରେ ତାଙ୍କ ପାଖକୁ ଆସି ତାଙ୍କୁ କ୍ଷମାମାଗି ଅନୁରୋଧ କଲେ ଯେ ଏତେ ପରିଶ୍ରମ କରି ଟିକେଟ ନ ଖୋଜିବା ପାଇଁ କାରଣ ସେ ତାଙ୍କୁ ଯିକେଟ ମାଗୁ ନାହାନ୍ତି କି ତାଙ୍କର ଅବଶିଷ୍ଟ ଯାତ୍ରା ସମୟରେ ବି ତାଙ୍କୁ ଅସୁବିଧାରେ ପକାଇବେ ନାହିଁ। ଏଥର ଆଇନଷ୍ଟାଇନ ମୁହଁ ଖୋଲିଲେ ଏବଂ କହିଲେ, "ମହାଶୟ, ମୁଁ ଆପଣଙ୍କୁ ଦେଖାଇବା ପାଇଁ ଟିକେଟ୍ ଖୋଜୁ ନାହିଁ। ମୁଁ ଟିକେଟ ଏଇଥିପାଇଁ ଖୋଜୁଛି ଯେ ମୁଁ କେଉଁ ଷ୍ଟେସନରେ ଓହ୍ଲାଇବି ସେଇ ଟିକେଟରେ ହିଁ ଲେଖା ହୋଇଛି।"

କଥା ଏତିକି, ମାତ୍ର ଟିକେଟ ସମ୍ବନ୍ଧରେ ଗୁରୁତ୍ୱପୂର୍ଣ୍ଣ ସଚେତନତା ଯୋଗାଉଥିବା ପ୍ରସଙ୍ଗଟିଏ। ଅର୍ଥାତ ସେଇ ଟିକେଟ୍‌ରେ ହିଁ ଟ୍ରେନ ଛାଡ଼ିବା ଷ୍ଟେସନର ନାମ ଓ ସମୟ ସହ ପହଞ୍ଚିବା ବା ଓହ୍ଲାଇବା ଷ୍ଟେସନର ନାମ ମଧ୍ୟ ଲେଖାଯାଇଥାଏ। ଯାତ୍ରା ସମୟରେ ଟିକେଟ ପାଖରେ ରଖିବା ଜରୁରୀ। ଆଇନଷ୍ଟାଇନ ଏ କଥା ଭୁଲି ଯାଇଥିଲେ। ଅବଶ୍ୟ ସେ ଆଲବର୍ଟ ଆଇନଷ୍ଟାଇନ ହୋଇଥିବାରୁ ଟି.ଟି.ସି.ଙ୍କ ପ୍ରଭାବରୁ ଖସି ଯାଇଥିଲେ। ଅନ୍ୟ ସାଧାରଣ ଯାତ୍ରୀ ହୋଇଥିଲେ ତାଙ୍କୁ ଫାଇନ ଦେବାକୁ ପଡ଼ିଥା'ନ୍ତା କିମ୍ବା, ଜେଲ ଯିବାକୁ ପଡ଼ିଥା'ନ୍ତା, ବିନା ଟିକେଟ୍‌ରେ ଯାତ୍ରା ଦୋଷରୁ।

ଏହି ପ୍ରସଙ୍ଗରେ ଆଉ ଗୋଟିଏ ଉପାଖ୍ୟାନ ମନେ ପଡ଼ିଲାଣି। ଥରେ ରାମକୃଷ୍ଣ

ପରମହଂସ ତାଙ୍କର ଶିଷ୍ୟମାନଙ୍କୁ ଭକ୍ତିଯୋଗ ବିଷୟରେ ପ୍ରବଚନ ଦେଉଥିଲେ। ଯୋଗ ଚାରି ପ୍ରକାରର-କର୍ମଯୋଗ, ଜ୍ଞାନଯୋଗ, ଅଷ୍ଟାଙ୍ଗ ଯୋଗ ଓ ଭକ୍ତିଯୋଗ। ରାମକୃଷ୍ଣ ପରମହଂସ ଭକ୍ତିଯୋଗୀ। କର୍ମଯୋଗରେ ଫଳ ଆଶା ନକରି ସତ୍‌କର୍ମ କରି, ଜ୍ଞାନଯୋଗରେ ଈଶ୍ୱରଙ୍କ ଅସ୍ତିତ୍ୱ ଅନୁଭବ କରି, ଅଷ୍ଟାଙ୍ଗ ଯୋଗରେ ଶରୀର ପୀଡ଼ା ସହ ସାଧନା କରି ଈଶ୍ୱରଙ୍କୁ ପ୍ରାପ୍ତି ହୋଇପାରେ। ମାତ୍ର ଭକ୍ତିଯୋଗ ସର୍ବସାଧାରଣଙ୍କ ପାଇଁ ଖୋଲା ଏକ ଟ୍ରେନ ଭଳି। ବିଭିନ୍ନ ଗୁରୁଙ୍କଦ୍ୱାରା ପ୍ରଦର୍ଶିତ ଭିନ୍ନ ଭିନ୍ନ ମାର୍ଗ ଭଳି ବିଭିନ୍ନ ଟ୍ରେନ ଅଛି। ଗୁରୁହିଁ ବସିଛନ୍ତି ଡ୍ରାଇଭର ସିଟ୍‌ରେ। ସାଧାରଣ ମଣିଷ କେବଳ ଟିକେଟ କାଟି ନିର୍ଦ୍ଦିଷ୍ଟ ଟ୍ରେନରେ ବସିବା ଦରକାର। ଯେଉଁ ଗୁରୁଙ୍କ ଉପରେ ଆସ୍ଥା ଓ ବିଶ୍ୱାସ ଅଛି, ସେଇ ଟ୍ରେନରେ ବସନ୍ତୁ। ସମସ୍ତଙ୍କର ଗନ୍ତବ୍ୟ ସ୍ଥଳ ଏକ। ସମସ୍ତେ ଈଶ୍ୱରଙ୍କ ପାଖରେ ପହଞ୍ଚାଇ ପାରିବେ। ମାତ୍ର ଟିକେଟ କାଟିବା ଦରକାର, ଈଶ୍ୱରଙ୍କ ପ୍ରତି ନିରୂତା ଭକ୍ତି ହିଁ ଟିକେଟ। ଭକ୍ତି ଓ ସମର୍ପଣର ଟିକେଟ କାଟି ନିର୍ଦ୍ଧାରିତ ଟ୍ରେନ୍‌ରେ ବସନ୍ତୁ। ସେ ଟ୍ରେନ ଆପଣଙ୍କୁ ଆପଣଙ୍କ ଗନ୍ତବ୍ୟ ସ୍ଥଳରେ ପହଞ୍ଚାଇ ଦେବ। କଥାର ମର୍ମ ହେଲା ଯେ ଭକ୍ତିମାର୍ଗ ହିଁ ଟ୍ରେନ ଭଳି, ଗୁରୁହିଁ ଡ୍ରାଇଭର ଏବଂ ନିରୂତା ଭକ୍ତି ଓ ସମର୍ପଣ ହିଁ ଟିକେଟ।

କଥା ଏତିକି। ଏଠି ଟିକେଟ୍‌କୁ ଏକ ଭିନ୍ନ ଅର୍ଥରେ ପ୍ରୟୋଗ କରାଯାଇଛି। ତଥାପି ଟିକେଟ ସହ ଅନ୍ତର୍ନିହିତ ଶୃଙ୍ଖଳା ଓ ସଦାଚାର , ଏଇ ଭିନ୍ନ ପ୍ରସଙ୍ଗରେ ବି ବେଶ ପରିସ୍ଫୁଟ ଅଛି। ଉପରୋକ୍ତ ଉଭୟ ଉପାଖ୍ୟାନକୁ କହିବାରେ ମୋ ସହ ଏକ ଛୋଟ ଘଟଣା ବି ଜଡ଼ିତ ଅଛି। କଟକ ଜିଲ୍ଲାର ସାଲେପୁର ତହସିଲ ଅନ୍ତର୍ଗତ ଏକ ପଞ୍ଚାୟତର ସମସ୍ତ ସ୍କୁଲମାନଙ୍କର ବାର୍ଷିକ ଉତ୍ସବ ଗୋଟିଏ ସ୍ଥାନରେ ୨୦୦୨ ମସିହା ଗାନ୍ଧୀଜୟନ୍ତୀ ଦିନ ପାଳିତ ହେଉଥିଲା। ସେଠାକୁ ମୁଁ ମୁଖ୍ୟ ଅତିଥିଭାବେ ନିମନ୍ତ୍ରିତ ହୋଇ ଯାଇଥିଲି। ପ୍ରକାଶ ଥାଉ କି ମୁଁ ସାଲେପୁରରେ ୨୦୦୦ ମସିହାରୁ ୨୦୦୫ ମସିହା ପର୍ଯ୍ୟନ୍ତ ତହସିଲଦାରଭାବେ କାର୍ଯ୍ୟରତ ଥିଲି। ଏହି ସଭାରେ ବହୁ ପିଲା ଓ ସାଧାରଣ ଲୋକଙ୍କ ସମାଗମ ହୋଇଥିଲା। ସ୍କୁଲ ପିଲାମାନଙ୍କୁ ଉଦ୍‌ବୋଧନ ଦେବା ଅବସରରେ ମୁଁ ଉପରୋକ୍ତ ଦୁଇଟି ଉପାଖ୍ୟାନ କହିଥିଲି। ଜୀବନର ଆରମ୍ଭରୁ (ଯାତ୍ରା ଆରମ୍ଭରୁ) ଲକ୍ଷ୍ୟ (ଗନ୍ତବ୍ୟ) ସ୍ଥଳ ନିର୍ଦ୍ଧାରଣ କରିବା ଏବଂ ସେଇ ଲକ୍ଷ୍ୟକୁ ଅନୁସରଣ କରି ଯାତ୍ରା ଆରମ୍ଭ କରିବା ପାଇଁ ପିଲାମାନଙ୍କୁ ଉତ୍ସାହିତ କରିବାପାଇଁ କହିଥିଲି, ଆମେ ପଢୁଥିବା ସ୍କୁଲ ଏକ ଟ୍ରେନ ଭଳି ଏବଂ ଶିକ୍ଷକମାନେ ଏଇ ଟ୍ରେନର ମାର୍ଗଦର୍ଶକ ବା ଡ୍ରାଇଭର ଭଳି ମଧ୍ୟ କହିଥିଲି। ପିଲାମାନେ ଆଇନଷ୍ଟାଇନଙ୍କ ପରି ହେବା ପାଇଁ ଉଚ୍ଚାକାଂକ୍ଷା ରଖନ୍ତୁ ବୋଲି_ପସଙ୍ଗ କ୍ରମେ କହିଥିଲି। ମାତ୍ର କହିବା ଛଳରେ ଜଣେ

ଯଦି ଆଇନଷ୍ଟାଇନଙ୍କ ପରି ବହୁ ବିଖ୍ୟାତ ହୋଇଯାଏ, ତେବେ ଟି.ଟି.ସି. ବି ଟିକେଟ ନ ଦେଖି ଛାଡ଼ିଦେଇ ପାରନ୍ତି ବୋଲି କହି ପକାଇଥିଲି। ଯେହେତୁ ତାହା ଗାନ୍ଧୀଜୟନ୍ତୀ ଥିଲା, ତେଣୁ ଗାନ୍ଧୀଜୀଙ୍କ ଆଦର୍ଶ ଓ ଏହାର ପ୍ରାସଙ୍ଗିକତା ଉପରେ ବି କିଛି ଆଲୋକପାତ କରିଥିଲି। ଗାନ୍ଧୀ ଆଦର୍ଶକୁ ଭୁଲିଯାଇ ଆମର ରାଷ୍ଟ୍ରୀୟତା ଦିଗହୀନ ହୋଇଛି। ଉପସଂହାରରେ ଟିକେଟ୍ ତ ଏବେ ନାହିଁ। ଯେଉଁ ମହାପୁରୁଷଙ୍କ ପାଖରେ ଟିକେଟ ଥିଲା (ଗାନ୍ଧୀଜୀଙ୍କୁ ଉଦ୍ଦେଶ୍ୟରେ) ସେ ଆଉ ନାହାନ୍ତି କି ତାଙ୍କ ଦର୍ଶିତ ଆଦର୍ଶ ଆମେ ରକ୍ଷା କରିପାରି ନାହୁଁ ବୋଲି କହିଥିଲି। ବକ୍ତବ୍ୟ ଶେଷ ହୋଇ ଆସୁଛି ଜାଣିପାରି ଦର୍ଶକଙ୍କ ମଧ୍ୟରୁ କିଛି ଲୋକ 'ଆମ ପିଲାଙ୍କୁ ଟିକେଟ ଦିଅନ୍ତୁ' ବୋଲି ପାଟି କରିଥିଲେ। ସେଇ ଉତ୍ସାହୀ ଯୁବକ ଓ ଅଭିଭାବକମାନଙ୍କ ଉଦ୍ଦେଶ୍ୟରେ ହାତ ଉଠାଇ ନମସ୍କାର ପୂର୍ବକ ଟିକେଟ ବାକି ରହିଲା, ଆଉ ଥରକୁ କହି ଏକ ନାଟକୀୟ ଢଙ୍ଗରେ ବକ୍ତବ୍ୟ ଶେଷ କରିଥିଲି।

ଏଇ ଘଟଣାର ପ୍ରାୟ ଏକ ବର୍ଷପରେ, ସେଇ ଅଞ୍ଚଳରେ ଆଉ ଗୋଟିଏ ହାଇସ୍କୁଲର ସୁବର୍ଣ୍ଣ ଜୟନ୍ତୀ ଉତ୍ସବ ପାଳନ ହେଉଥାଏ। ସେଠାରେ ବି ମୁଁ ସମ୍ମାନିତ ଅତିଥିଭାବେ ନିମନ୍ତ୍ରିତ ହୋଇଥିଲି। ମୋର ବକ୍ତବ୍ୟ ଆରମ୍ଭ କରିବାକୁ ଯିବା ସମୟରେ ଦର୍ଶକ ମହଲରୁ ପାଟିତୁଣ୍ଡ ଶୁଭିଲା। କିଏ ଭଦ୍ରଲୋକ 'ଟିକେଟ୍' 'ଟିକେଟ୍' ବୋଲି ପାଟି କଲେ। ଟିକେଟ କଥା କୁହନ୍ତୁ ଓ ଗତବର୍ଷରୁ ବାକିଥିବା ଟିକେଟ୍ ପିଲାଙ୍କୁ ଦିଅନ୍ତୁ ବୋଲି ପାଟିକଲେ। ପ୍ରକୃତରେ ଏମିତି କୌଣସି ଅସମାପ୍ତ ପ୍ରସଙ୍ଗ ଅଛି ବା ମୋତେ ଉତ୍ତର ଦେବାକୁ ପଡ଼ିବ ଏକଥା ମୁଁ ସମ୍ପୂର୍ଣ୍ଣ ଭୁଲି ଯାଇଥିଲି । ମାତ୍ର ସର୍ବସାଧାରଣଙ୍କ ତତ୍କାଳ ଦାବୀ ଦୃଷ୍ଟେ ମୁଁ ମୋ ବକ୍ତବ୍ୟର ବିଷୟବସ୍ତୁ ବଦଳାଇ ପୁଣି ଟିକେଟ୍ ପାଖକୁ ଫେରିଥିଲି ଏବଂ ଟିକେଟ ବିଷୟରେ ଅର୍ଥାତ୍ ପିଲାମାନଙ୍କର ଭବିଷ୍ୟତ ଲକ୍ଷ୍ୟ କିପରି ହେବା ଉଚିତ୍, ସେଥିପାଇଁ କିପରି ଅଧ୍ୟବସାୟ ରହିବା ଉଚିତ୍ ସେ ପ୍ରସଙ୍ଗରେ ମୋର ଅଭିଭାଷଣ ରଖିଥିଲି। ମାତ୍ର ଗୁରୁତ୍ୱପୂର୍ଣ୍ଣ କଥା ହେଉଛି, କୌଣସି ଏକ ମ୍ଲାନ ଅପରାହ୍ନରେ ଗ୍ରାମାଞ୍ଚଳରେ ଏକ ବହୁ ସମାଗମ ସଭାରେ ପ୍ରଦତ୍ତ ଅଭିଭାଷଣର ପ୍ରସଙ୍ଗ ଟିକେଟ୍, ଯେ କିଛି ଲୋକଙ୍କୁ ପ୍ରାୟ ଏକ ବର୍ଷ ପର୍ଯ୍ୟନ୍ତ ପ୍ରଭାବିତ କରି ରଖିଥିବ ଏବଂ ସେମାନେ ଦେଖିବା ମାତ୍ରେ ସେଇ ପ୍ରସଙ୍ଗରେ କଥା ହେବାକୁ ଦାବୀ କରିବେ-ଏ ବିଷୟ ଅପ୍ରତ୍ୟାଶିତ ହୋଇଥିଲେ ହେଁ ମୋତେ ଅମୋଦିତ କରିଥିଲା।

ସାମ୍ପ୍ରତିକ ସମାଜରେ ଦୈନନ୍ଦିନ ଜୀବନଚର୍ଯ୍ୟାରେ ଟିକେଟ ଏକ ନିଛକ୍ ବାସ୍ତବତା। ସାଧାରଣ ସେବା ଉପଭୋଗ ପାଇଁ ହେଉ କିମ୍ବା ଜୀବନର ବୃହତ୍ତର ଲକ୍ଷ୍ୟ ପୂରଣ ପାଇଁ ହେଉ, ଟିକେଟ ନାମକ ପ୍ରବେଶ ପତ୍ରର ଗୁରୁତ୍ୱ ସବୁବେଳେ ରହି

ଆସିଅଛି। ଏହା କେବଳ ଆମ ଦେଶର କଥା ନୁହେଁ ସବୁ ସମୃଦ୍ଧ ଦେଶରେ ବି ଏ ବ୍ୟବସ୍ଥା ପ୍ରଚଳିତ। ଯେଉଁ ଦେଶ ଯେତେ ସମୃଦ୍ଧ, ଯେତେ ସମ୍ଭ୍ରାନ୍ତ ସେ ଦେଶର ସାମାଜିକ ଶୃଙ୍ଖଳା ବି ସେତେ ଦୃଢ଼। ଅର୍ଥାତ୍ ସମୃଦ୍ଧ ଦେଶରେ ଟିକେଟର ଗୁରୁତ୍ୱ ବରଂ ବେଶୀ।

ଟିକେଟ କାଟିବା ଏକ ଅନୁପାଳନକାରୀ, ସକାରାତ୍ମକ ଓ ସମ୍ଭ୍ରାନ୍ତ ମାନସିକତା। ବିନା ଟିକେଟ ଯାତ୍ରା ଏକ ବିଶୃଙ୍ଖଳିତ ଆଚରଣ। ଏହା ଜୀବନକୁ ଦିଶାହୀନ କରାଇଥାଏ। ନିଜ ଆଚରଣରେ ନକାରାତ୍ମକତା, ଅନୁପାଳନହୀନତା ଏବଂ ଏକ ବ୍ୟତିକ୍ରମ ମାନସିକତାକୁ ପରିସ୍ଫୁଟ କରାଇଥାଏ।

■

କେବେ ପାହିବ ଏ ରାତି !

"ନ ପାହୁ ରାତି, ନ ମରୁ ପତି,
ଏକ ରାତି ହେଉ ଶତ ରାତି"

ରକ୍ଷ୍ୟ ହୀରା ଉପାଖ୍ୟାନର ଏହା ଏକ ମହାବାକ୍ୟ। ଲକ୍ଷହୀରା ନାମରେ ଜଣେ ଅପୂର୍ବ ସୁନ୍ଦରୀ ଦେହଜୀବୀ ଥିଲା। ଯାହା ସହ ରାତିଏ ଦେହ ସୁଖର ମୂଲ୍ୟ ଏକ ଲକ୍ଷ ହୀରା ଖଣ୍ଡ ଥିଲା। ଅଙ୍ଗହାନୀ ଘଟିଥିବା ଜଣେ କୁଷ୍ଠ ରୋଗାକ୍ରାନ୍ତ ପୁରୁଷର ଲକ୍ଷହୀରା ସହ ସଙ୍ଗ ବାସର ବାସନା ହେବାରୁ, ତା'ର ଏକାନ୍ତ ପତି ପରାୟଣା ପତ୍ନୀ ତାକୁ ଏକ ଟୋକେଇରେ ବସାଇ ମୁଣ୍ଡରେ ବୋହି ରାତିରେ ଲକ୍ଷହୀରା ପାଖକୁ ନେଇଥିଲେ। ସେଇବାଟରେ ରାଜାଜ୍ଞା ଅବଜ୍ଞା ଅପରାଧରେ କେତେ ଜଣ ଋଷିଙ୍କୁ ଶୁଳିରେ ବସାଇ ଦଣ୍ଡ ଦିଆଯାଇଥିଲା। ଅନ୍ଧାରରେ ଯିବା ବେଳେ ସେଇ ସ୍ତ୍ରୀ ଲୋକର ଟୋକେଇ ଶୁଳି ବିଦ୍ଧ ଋଷିଙ୍କ ଶରୀରରେ ବାଜିଯିବାରୁ ତାଙ୍କୁ ଅତ୍ୟଧିକ ପୀଡା ହୋଇଥିଲା ଏବଂ ସେ ତାଙ୍କୁ ପୀଡା ଉପରେ ଅଧିକ ପୀଡା ଦେଇଥିବାରୁ ରାତି ପାହିବା ମାତ୍ରେ ତା'ର ପତିଙ୍କର ମୃତ୍ୟୁ ହେବ ବୋଲି ଅଭିଶାପ ଦେଇଥିଲେ। ବାଟ ଦୂର ଓ କଠିନ ଥିଲା। ରାତି ଭିତରେ ପହଞ୍ଚି ତା'ର ସ୍ୱାମୀ ଲକ୍ଷହୀରାକୁ ଉପଭୋଗ କରିପାରିବେ କି ନା, ଏ ସନ୍ଦେହ ଥିବାରୁ ସେଇ ପତିବ୍ରତା ସ୍ତ୍ରୀ ଟି ଘୋଷଣା କରିଥିଲା ଯେ 'ନ ପାହୁ ରାତି, ନ ମରୁ ପତି, ଏକ ରାତି ହେଉ ଶତ ରାତି'। ପତିବ୍ରତାର ଦାୟରେ ତାହା ହିଁ ଘଟିଥିଲା ବୋଲି ଉପାଖ୍ୟାନ କହେ।

ଅନୁରୂପ ଭାବରେ ସତୀ ଅନସୂୟାଙ୍କ ଉପାଖ୍ୟାନ ପତିବ୍ରତା ନାରୀର ଜୟକାର କରିଥାଏ। ମହାମୁନୀ ଅତ୍ରୀଙ୍କର ସହଧର୍ମିଣୀ ହେଉଛନ୍ତି ସତୀ ଅନସୂୟା। ସେ ଏତେ ପତିବ୍ରତା ଥିଲେ ଯେ ତାଙ୍କର ଏହି ଧର୍ମର ସୁନାମରେ ଦେବୀ ପାର୍ବତୀ, ଲକ୍ଷ୍ମୀ ଓ ସରସ୍ୱତୀ ଇର୍ଷା ପରାୟଣ ହୋଇ ନିଜ ନିଜର ସ୍ୱାମୀମାନଙ୍କୁ ଅନୁସୂୟାଙ୍କର ସତୀତ୍ୱ ଓ

ପତିବ୍ରତ ନଷ୍ଟ କରିବା ପାଇଁ ପ୍ରେରିତ କରିଥିଲେ। ଏଣୁ ବ୍ରହ୍ମା, ବିଷ୍ଣୁ ଓ ମହେଶ୍ୱର - ଛଦ୍ମ ବେଶରେ ଅତ୍ରୀମୁନିଙ୍କ ଅନୁପସ୍ଥିତ ସମୟରେ ଆଶ୍ରମରେ ପହଞ୍ଚି ସତୀ ଅନୁସ୍ୱୟାଙ୍କଠାରୁ କିଛି ମାଗିବା ପାଇଁ ଇଛା ପ୍ରକାଶ କରିଥିଲେ। ଅନୁସ୍ୱୟା ଅଭୟ ପ୍ରଦାନ କରନ୍ତେ, ସେମାନେ ତାଙ୍କୁ ବିନା ବସ୍ତ୍ରରେ ଆଲିଙ୍ଗନ କରିବାର ଇଛା ପ୍ରକଟ କଲେ। ଅନୁସ୍ୱୟା ଦ୍ୱିବିଧାରେ ପଡିଲେ। ଯଦି ସେ ଏଇ ଅତିଥିମାନଙ୍କର ଇଛା ପୂରଣ କରୁଛନ୍ତି, ତେବେ ତାଙ୍କର ପତିବ୍ରତା ହେବାର ଦମ୍ଭ କ୍ଷୁର୍ଣ୍ଣ ହେବ। ଯଦି ସେମାନଙ୍କୁ ଫେରାଇ ଦେଉଛନ୍ତି ତେବେ ତାଙ୍କ ସ୍ୱାମୀଙ୍କର ତଥା ଆଶ୍ରମର ଅକୀର୍ତ୍ତି ହେବ। ଏଣୁ ସେ ତପବଳରେ ସେଇ ତିନିଜଣଙ୍କୁ ଛଅ ମାସର ଶିଶୁରେ ପରିବର୍ତ୍ତନ କରାଇ ସେମାନଙ୍କର ଇଛା ପୂରଣ କରିଥିଲେ। ପରବର୍ତ୍ତୀ ସମୟରେ ୩ ଜଣଯାକ ଦେବୀ ଓ ମହାମୁନୀ ଅତ୍ରୀ ଆଶ୍ରମରେ ପହଞ୍ଚି ସେମାନଙ୍କର ପୂର୍ବାବସ୍ଥା ଫେରାଇ ଆଣିଥିଲେ।

ସତ୍ୟବାନ-ସାବିତ୍ରୀ ଉପାଖ୍ୟାନ ତ ସମସ୍ତଙ୍କୁ ଜଣା। ଘରେ ଘରେ ସାବିତ୍ରୀ ବ୍ରତ ଭାବେ ପାଳନ କରାଯାଇ ଆସୁଛି। ମହାଭାରତରେ ବନପର୍ବରେ ବର୍ଣ୍ଣିତ ଉପାଖ୍ୟାନ ଅନୁସାରେ ମଦ୍ର ଦେଶର ରାଜକୁମାରୀ ସାବିତ୍ରୀ, ରାଜ୍ୟ ହରାଇ ବନବାସରେ ଥିବା ସାଲ୍ୱ ଦେଶ ରାଜା ଦ୍ୟୁମତ ସେନଙ୍କ ପୁତ୍ର ସତ୍ୟବାନଙ୍କୁ ବିବାହ କରିଥିଲେ। ମାତ୍ର ବିବାହ ଉପରାନ୍ତେ ସତ୍ୟବାନଙ୍କର ଜୀବନକାଳ ମାତ୍ର ଏକ ବର୍ଷ ବାକି ଥିଲା। ଅର୍ଥାତ୍ ସେ ଠିକ୍ ଏକ ବର୍ଷ ପରେ ମୃତ୍ୟୁବରଣ କରିବେ। ରାଜକୁମାର ବନବାସରେ ସନ୍ନ୍ୟାସୀ ଜୀବନଯାପନ କରୁଛନ୍ତି ଏବଂ ମାତ୍ର ଏକ ବର୍ଷର ଆୟୁଷ ଅଛି, ଏକଥା ଜାଣି ମଧ୍ୟ ସାବିତ୍ରୀ ତାଙ୍କୁ ବିବାହ କରିଥିଲେ। ସତ୍ୟବାନଙ୍କ ପିତା ବି ସେତେବେଳେକୁ ଦୃଷ୍ଟିଶକ୍ତି ହରାଇ ସାରିଥିଲେ। ସାବିତ୍ରୀ ସେମାନଙ୍କ ସହ ବଣରେ ସନ୍ନ୍ୟାସୀବେଶରେ ରହିବାକୁ ଆସିଯାଇଥିଲେ। ଠିକ୍ ବର୍ଷେ ପୂରିବା ପରେ ଅର୍ଥାତ୍ ସତ୍ୟବାନଙ୍କର ଆୟୁଷ ପୂରିବା ଦିନ ସତ୍ୟବାନଙ୍କ ସହ ସାବିତ୍ରୀ କାଠ ସଂଗ୍ରହ ପାଇଁ ବଣକୁ ଯାଇଥିଲେ। ସତ୍ୟବାନ ଗଛରେ ଚଢି ଶୁଖିଲା କାଠ କାଟୁଥିବା ସମୟରେ ତାଙ୍କର ମୁଣ୍ଡ ବୁଲାଇବାରୁ ସେ ତଳକୁ ଓହ୍ଲାଇ ସାବିତ୍ରୀଙ୍କ କୋଳରେ ମୁଣ୍ଡ ରଖି ବିଶ୍ରାମ ନେବା ବେଳେ ଶୋଇ ପଡିଥିଲେ। ମୃତ୍ୟୁ ସମୟ ପହଂଚିଯିବାରୁ ଯମଦୂତମାନେ ଆସି ସତ୍ୟବାନଙ୍କୁ ସତୀ ଓ ପତିବ୍ରତା ସାବିତ୍ରୀଙ୍କ କୋଳରେ ମୁଣ୍ଡ ରଖି ଶୋଇଥିବାରୁ ତାଙ୍କ ନ ନେଇପାରିବାରୁ ଯମରାଜ ନିଜେ ଉପସ୍ଥିତ ହେଲେ ଏବଂ ସତ୍ୟବାନଙ୍କ ଆତ୍ମାକୁ ନେଇଯିବାକୁ ବସିଲେ। ସାବିତ୍ରୀ ତାଙ୍କର ପଶ୍ଚାଧାବନ କଲେ। ଯମରାଜଙ୍କର ସମସ୍ତ ଆଶ୍ୱାସନା, ଯୁକ୍ତି ଓ ସତ୍ୟପ୍ରକାଶ ସତ୍ତ୍ୱେ ସାବିତ୍ରୀ ତାଙ୍କର ପଶ୍ଚାଧାବନ ନ ଛାଡିବାରୁ ଯମରାଜ ପ୍ରସନ୍ନ ହୋଇ ସାବିତ୍ରୀଙ୍କୁ ସତ୍ୟବାନଙ୍କ ଜୀବନ ଛଡା ଯେ କୌଣସି ଏକ ବର ମାଗିବାକୁ

କହିଲେ। ସାବିତ୍ରୀ ମାଗିଲେ 'ମୋର ଶତପୁତ୍ରଙ୍କୁ ସିଂହାସନରେ ବସି କୋଳରେ ଧରି ମୋର ଶ୍ୱଶୁର ସ୍ୱଚକ୍ଷୁରେ ଦେଖି ଆନନ୍ଦିତ ହେଉଥାଆନ୍ତୁ।" ଯମରାଜ ତଥାସ୍ତୁ କହି ଆଗକୁ ଚାଲିଲେ ମାତ୍ର ସାବିତ୍ରୀ ତାଙ୍କ ପଛେ ପଛେ ଯିବା ଛାଡିଲେ ନାହିଁ। ଏଥର ଯମରାଜ କହିଲେ, ତୁମକୁ ତ ମାଗିଥିବା ମୁତାବକ ବରଦାନ କଲି- ଏଣୁଏବେ ମୋତେ ସତ୍ୟବାନଙ୍କୁ ନେଇଯିବାକୁ ଦିଅ। ସାବିତ୍ରୀ କହିଲେ, 'ଆପଣତ ମୋ ସ୍ୱାମୀକୁ ନେଇ ଯାଉଛନ୍ତି- ମୁଁ ଶତପୁତ୍ରବତୀ ହେବି କିପରି'। ଉପାଖ୍ୟାନ ଉପସଂହାରରେ ସତ୍ୟବାନ ଶତାଧିକ ବର୍ଷର ଆୟୁଷ ପ୍ରାପ୍ତ ହେଲେ, ଅନ୍ଧରାଜା ଦ୍ୟୁମତସେନ ନିଜର ଦୃଷ୍ଟିଶକ୍ତି ଓ ରାଜ୍ୟ ଫେରିପାଇଲେ। ପତିବ୍ରତାର ମୃତ୍ୟୁ ଉପରେ ବିଜୟ ହେଲା ବୋଲି ଏହି ଅମାବାସ୍ୟାରେ ସାବିତ୍ରୀ ବ୍ରତ ଭାବରେ ସବୁ ବର୍ଷ ପତିବ୍ରତା ନାରୀଙ୍କ ଦ୍ୱାରା ପାଳିତ ହୋଇ ଆସୁଛି ଏବଂ ଏହି ଦିନ ଭାରତୀୟ ନାରୀମାନେ ସେମାନଙ୍କର ସ୍ୱାମୀମାନଙ୍କର ଦୀର୍ଘଜୀବନ କାମନା କରି ପୂଜା କରି ଆସୁଛନ୍ତି।

ଏହି ସବୁ ଉପାଖ୍ୟାନ ଗୁଡିକର ଶାସ୍ତ୍ରୀୟ ଓ ପୌରାଣିକ ମହନୀୟତା ସହ ସାମାଜିକ ଗୁରୁତ୍ୱ ଭାରତୀୟ ସମାଜରେ ଯଥେଷ୍ଟ ରହିଆସିଛି। ଏଭଳି ପୌରାଣିକ ଚରିତ୍ରମାନଙ୍କର ଅତ୍ୟୁଚ୍ଚ ବ୍ୟକ୍ତିତ୍ୱ ଓ ଦେବୀତ୍ୱକୁ ଆଧାର କରି ଭାରତୀୟ ନାରୀମାନଙ୍କ ପାଇଁ ଏକ ଆଦର୍ଶ ଅଙ୍କନ କରାଯାଇଅଛି। ଅନେକ ସମୟରେ ଏହି ଆଦର୍ଶ ଅପହଞ୍ଚ ହୋଇଥାଏ ଏବଂ ଏହା ସାଧାରଣ ମଣିଷ ପାଇଁ ବ୍ରତଭାବରେ ପାଳନ କରାଯାଇପାରେ, ଦେବୀ ଭାବରେ ପୂଜା କରାଯାଇ ପାରେ, ମାତ୍ର ବାସ୍ତବରେ ବ୍ୟବହାର କରିବା ହୁଏତ ସମ୍ଭବ ହୋଇ ନପାରେ। ଅନେକ ସମୟରେ କତିପୟ ସଫଳ ନାରୀମାନଙ୍କୁ ଉଦାହରଣ ଭାବେ ଉପସ୍ଥାପନ କରି ଭାରତୀୟ ସମାଜରେ ନାରୀମାନଙ୍କର ସ୍ଥାନ ନିରୂପଣ କରିବାର ପ୍ରୟାସ କରାଯାଇ ଆସୁଛି। ଯଦିଓ ଉଦାହରଣ ବା ଆଦର୍ଶ ଭାବେ ଦର୍ଶାଯାଇଥିବା ବାସ୍ତବିକତା ଠାରୁ ସାଧାରଣ ବାସ୍ତବିକତା ଭିନ୍ନ ହୋଇପାରେ।

ପ୍ରଥମ ଉପାଖ୍ୟାନର ସ୍ଥାନୀୟତାକୁ ବାଦ ଦେଇ ରାତିକୁ ସୂର୍ଯ୍ୟାଲୋକ ରହିତ ଏକ ଅନ୍ଧକାରମୟ ପରିବେଶ ବୋଲି ଧରି ନେଇ ଭାରତରେ ନାରୀମାନଙ୍କର ସାମାଜିକ ସ୍ଥିତିକୁ ଅନୁଧ୍ୟାନ କଲେ ଲାଗେ ଯେମିତି ରାତି ପାହିବା ବାକି ଅଛି, ଏତେ ବର୍ଷ ର ସ୍ୱାଧୀନତା ପରେ। ଏତେ ସମୃଦ୍ଧ ସାଂସ୍କୃତିକ ପରମ୍ପରା ଥାଇ ବି, ଶିକ୍ଷାର ବ୍ୟାପକ ବିସ୍ତାର ଓ ଅର୍ଥନୈତିକ ପ୍ରଗତିସତ୍ତ୍ୱେ ଭାରତର ଅଧା ଜନସଂଖ୍ୟା, ଅର୍ଥାତ୍ ସମଗ୍ର ନାରୀ ସମାଜ ଯେଉଁ ତିମିରେ କୁ ସେଇ ତିମିରେ ଅଛନ୍ତି। ଯଦିଓ ଅନେକ ସମୟରେ ରାତି ପାହିବାର ଭ୍ରମ ସୃଷ୍ଟି ହୋଇଛି।ସୂର୍ଯ୍ୟ ଆସିବାର ସମ୍ଭାବନା ଦେଖା ଦେଇଛି, ହୁଏତ ସିନ୍ଦୁରା ଫାଟିଛି, ମାତ୍ର ରାତି ପାହିଛି ବୋଲି କହି ହେବ ନାହିଁ। କାହିଁକି ନା,

ନାରୀମାନଙ୍କ ପ୍ରତି ସମାଜର ଆଭିମୁଖ୍ୟରେ ସାମାନ୍ୟ ପରିବର୍ତ୍ତନ ହୋଇଥିଲେ ହେଁ ଲିଙ୍ଗଗତ ସମାନତା ଆସିପାରି ନାହିଁ। ରାତିକୁ ଏଠି ପ୍ରତୀକ ଭାବରେ ହିଁ ଗ୍ରହଣ କରାଯାଇଛି। ରାତି ଓ ଆର୍ତ୍ତି ଏକା ପରି। ନାରୀର ଆର୍ତ୍ତି ଯଦି ବଦଳିନି, ରାତି ପାହିବ କିପରି ? ନୂଆ ଆଶାର ସକାଳ ଆସିବ କିପରି ?

ଏବେ ଦୈନିକ ଖବରକାଗଜ ପୃଷ୍ଠା ଓଲଟାଇଲେ ହିଁ ଅଧିକାଂଶ ଖବର କେଉଁଠି ନା କେଉଁଠି ନାରୀ ହିଂସା ବା ନାରୀ ଉପରେ ଅତ୍ୟାଚାର ବା ଉତ୍ପୀଡନ ସମ୍ବନ୍ଧୀୟ ଥାଏ। ଏହି ହିଂସାତ୍ମକ ଆଚରଣରୁ ଅତି ଛୋଟ ଝିଅ ପିଲାଙ୍କ ଠାରୁ ଆରମ୍ଭ କରି ବୃଦ୍ଧାଙ୍କ ପର୍ଯ୍ୟନ୍ତ କେହି ବି ବାଦ୍ ପଡୁନାହାନ୍ତି। ହିସାବ କଲେ ହୁଏତ ଜଣାପଡିବ ପ୍ରତି ମିନିଟ୍‌ରେ କେଉଁଠି ନା କେଉଁଠି ଭାରତରେ ଜଣେ ଝିଅ ବା ନାରୀ ଲିଂଗଗତ ହିଂସା ବା ଶୋଷଣର ଶିକାର ହୋଇଥାଏ। ଏହି ହିଂସା ପୁଣି ବିଭିନ୍ନ ପ୍ରକାରର ବିଭିନ୍ନ ବାଗରେ ପ୍ରକାଶିତ ହୋଇଥାଏ। କେଉଁଠି ଅପହରଣ, ହତ୍ୟା, ଧର୍ଷଣ, ଏସିଡ୍ ଆକ୍ରମଣ, ଯୌତୁକ ହତ୍ୟା, ଡାଆଣୀ ସନ୍ଦେହରେ ହତ୍ୟା, ସମ୍ମାନ ନିମନ୍ତେ ହତ୍ୟା, ବିବାହ ପ୍ରଲୋଭନ ଦେଖାଇ ବଳାତ୍କାର, ସତୀପ୍ରଥା, କନ୍ୟା ଭ୍ରୁଣ ହତ୍ୟା, ବଳପୂର୍ବକ ବିବାହ, ବାଳିକା ଚୋରା ଚାଲାଣ, ବେଶ୍ୟାବୃତ୍ତି, ବନ୍ଧ୍ୟାକରଣ ବା ବଳପୂର୍ବକ ଗର୍ଭପାତ, ବାଲ୍ୟ ବିବାହ, ଅଶ୍ଳୀଳ ଇଂଗିତ ବା ଉତ୍ପୀଡନ, ତିନି ତଲାକ୍ ବା ଛାଡପତ୍ର, ନାରୀ ଜନନେନ୍ଦ୍ରିୟ ଉଚ୍ଛେଦ, ସ୍ୱାମୀ ପରିତ୍ୟାଗ, କର୍ମକ୍ଷେତ୍ରରେ ଉତ୍ପୀଡନ ଓ ଯୌନ ନିର୍ଯ୍ୟାତନା ଏବଂ ଗଣମାଧ୍ୟମରେ ମହିଳାମାନଙ୍କୁ ନକାରାତ୍ମକ ଭାବରେ ପ୍ରଦର୍ଶନ, ଅନ୍ୟ କେଉଁଠି ପରିବାର ଭିତରେ ହିଂସା, ସ୍ତ୍ରୀ କୁ ବାଡେଇବା, ମାନସିକ ନିର୍ଯ୍ୟାତନା ଦେବା, ସ୍ୱାମୀର ବହୁପତ୍ନୀ ରଖିବା କିମ୍ବା ପରନାରୀ ଆସକ୍ତ ହେବା ଇତ୍ୟାଦି ହିଂସାତ୍ମକ ଘଟଣା ସବୁବେଳେ ଘଟୁଛି। ପୂର୍ବରୁ ଦଙ୍ଗା ବା ଯୁଦ୍ଧ ସମୟରେ ଶତ୍ରୁପକ୍ଷ ଦ୍ୱାରା ନାରୀମାନଙ୍କର ଯୌନ ଶୋଷଣ ଏକ ସାଧାରଣ ଘଟଣା ଥିଲା। ମାତ୍ର ଏବେ ଏହି ହିଂସାତ୍ମକ ଆଚରଣ ବହୁମାତ୍ରାରେ ବଢିଛି। ଏପରିକି ଏଥିରେ ନୂଆ ନୂଆ ତରିକା ବି ଆପଣେଇଲେଣି। ଉଦାହରଣ ସ୍ୱରୂପ ଏସିଡ୍ ଆକ୍ରମଣ, ବିବାହ ପ୍ରଲୋଭନ ଦେଖାଇ ବଳାତ୍କାର ଏବଂ ସମ୍ମାନ ନିମେନ୍ତ ହତ୍ୟା ଭଳି ନୂଆ ପ୍ରକାରର ହିଂସା ବି ଦେଶର ସବୁ ଅଞ୍ଚଳରେ ଘଟିଲାଣି।

ଏ ସମସ୍ତ ହିଂସାତ୍ମକ ଆଚରଣ ଧର୍ତ୍ତବ୍ୟ ଅପରାଧ ଶ୍ରେଣୀର। ଏଗୁଡିକ ନିୟନ୍ତ୍ରଣ କରିବା ପାଇଁ ବିଭିନ୍ନ ଆଇନ ପ୍ରଣୟନ ହୋଇଛି। ସ୍ୱାଧୀନତା ପରଠାରୁ ମହିଳାମାନଙ୍କର ଶିକ୍ଷା, ସ୍ୱାସ୍ଥ୍ୟ ଓ ସାମାଜିକ ସୁରକ୍ଷା ସମ୍ବନ୍ଧରେ ଅନେକ ଆଇନ ପ୍ରଣୟନ ହୋଇଛି। ସେଗୁଡିକ ହେଲା - ୧. ହିନ୍ଦୁ ବିବାହ ଆଇନ-୧୯୫୫, (୨) ହିନ୍ଦୁ ଉତ୍ତରାଧିକାର

ଆଇନ-୧୯୯୫, (୩) ହିନ୍ଦୁ ପୋଷ୍ୟ ସନ୍ତାନ ଓ ଭରଣପୋଷଣ ଆଇନ-୧୯୫୬, (୪) ହିନ୍ଦୁ ସ୍ୱତନ୍ତ୍ର ବିବାହ ଆଇନ-୧୯୫୪, (୫) ଯୌତୁକ ନିରୋଧ ଆଇନ, ୧୯୬୧, (୬) ମହିଳା ଓ ବାଳିକାଙ୍କୁ ବଳପୂର୍ବକ ଅନୈତିକ କାର୍ଯ୍ୟରେ ଲିପ୍ତ କରାଇବା ପ୍ରତିରୋଧ ଆଇନ-୧୯୫୬, (୭) ଚିକିତ୍ସାଳୟ ଗର୍ଭପାତ ଆଇନ-୧୯୭୧, (୮) ମହିଳାଙ୍କୁ ଅଶୋଭନୀୟ ପ୍ରଦର୍ଶନ ବିରୋଧ ଆଇନ-୧୯୮୬ , (୯) ସତୀ ପ୍ରଥା (ନିରାକରଣ) ଆଇନ-୧୯୮୭, (୧୦) ଘରୋଇ ହିଂସାରୁ ନାରୀକୁ ସୁରକ୍ଷା ଆଇନ-୨୦୦୫, (୧୧) ମୁସଲିମ୍ ମହିଳା (ବିବାହ ଅଧିକାର ସୁରକ୍ଷା)ଆଇନ୍-୨୦୧୯।

ଏତଦ୍ ବ୍ୟତୀତ ଭାରତୀୟ ପିଙ୍ଗଲ କୋଡ୍‌ର ବିଭିନ୍ନ ଧାରାରେ ନାରୀହିଂସା କ୍ଷେତ୍ରରେ ପର୍ଯ୍ୟାପ୍ତ ଦଣ୍ଡ ବ୍ୟବସ୍ଥା କରାଯାଇଛି। କର୍ମଜୀବୀ ମହିଳା ମାନଙ୍କର ଜୀବନଶୈଳୀ ସନ୍ତୁଳିତ କରିବା ପାଇଁ କାରଖାନା ଆଇନ-୧୯୪୮, ଖଣି ଆଇନ-୧୯୫୨ ଆଦି ଅନେକ ଆଇନରେ ବ୍ୟବସ୍ଥା କରାଯାଇଛି। ନାରୀମାନଙ୍କର ସମସ୍ୟାକୁ ସ୍ୱତନ୍ତ୍ର ଧ୍ୟାନ ଦେବା ସହ ଆନୁଷ୍ଠାନିକ ସହଯୋଗ ପ୍ରଦାନ କରିବା ପାଇ ଅନେକ ଅନୁଷ୍ଠାନ ଗଠନ କରାଯାଇ କାର୍ଯ୍ୟକ୍ଷମ ଅଛନ୍ତି। ସେଗୁଡିକ ହେଲା - ଜାତୀୟ ମହିଳା କମିଶନ, ରାଜ୍ୟ ମହିଳା କମିଶନ, ମହିଳା ଥାନା, ମହିଳା ବ୍ୟାଙ୍କ, କର୍ମଜୀବୀ ମହିଳା ଛାତ୍ରୀ ନିବାସ, ସ୍ୱଧାର ଗୃହ ଏବଂ ପରିବାର ବିଚାରାଳୟ ଇତ୍ୟାଦି। ପ୍ରତ୍ୟେକ ସରକାରଙ୍କର ଅସଂଖ୍ୟ ଯୋଜନା ଯଥା-ଜାତୀୟ ଗ୍ରାମ୍ୟ ସ୍ୱାସ୍ଥ୍ୟ ମିଶନ, ଉଜ୍ଜଳା ଯୋଜନା, ବେଟି ବଚାଓ, ବେଟି ପଢାଓ ଅଭିଯାନ ଇତ୍ୟାଦି ନାରୀ ଉନ୍ନତି ଉଦ୍ଦେଶ୍ୟରେ କାର୍ଯ୍ୟାନ୍ୱୟନ ହୋଇ ଆସୁଅଛି। ଏପରିକି ଜନ୍ମ ପୂର୍ବରୁ ଓ ପରେ ଏବଂ ମୃତ୍ୟୁ ପର୍ଯ୍ୟନ୍ତ ବିଭିନ୍ନ ସ୍ତରରେ ମହିଳାମାନଙ୍କର ସୁରକ୍ଷା, ସ୍ୱାଧୀକାର ଓ ପ୍ରଗତି ପାଇଁ ସରକାରୀ ଯୋଜନା ମାଧ୍ୟମରେ ପ୍ରୋତ୍ସାହନ ଦିଆଯାଇଆସୁଛି। ନାରୀମାନଙ୍କର ଆର୍ଥିକ ଉନ୍ନତି ପାଇଁ ମହିଳା ସ୍ୱୟଂ ସହାୟିକା ଗୋଷ୍ଠୀସବୁ ଗଠନ କରାଯାଇ ସେମାନଙ୍କୁ ସହଜ କିସ୍ତିରେ ଋଣ ପ୍ରଦାନ କରାଯାଉଛି ଏବଂ ମହିଳାମାନଙ୍କୁ ଅର୍ଥନୈତିକ ସ୍ୱାବଲମ୍ବୀ କରାଯାଉଛି। ସେମାନଙ୍କର ଦକ୍ଷତା ବୃଦ୍ଧି ମଧ୍ୟ କରାଯାଉଛି। ବିଭିନ୍ନ ସରକାରୀ ଚାକିରୀରେ ମହିଳା ମାନଙ୍କ ପାଇଁ ୩୩% ସଂରକ୍ଷଣ ବ୍ୟବସ୍ଥା ବି କରାଯାଇଛି। ପଞ୍ଚାୟତିରାଜ ଅନୁଷ୍ଠାନ ମାନଙ୍କରେ ମହିଳାମାନଙ୍କ ମଧ୍ୟରେ ନେତୃତ୍ୱ ବିକାଶ ନିମନ୍ତେ ସେମାନଙ୍କ ପାଇଁ ମଧ୍ୟ ୩୩ ପ୍ରତିଶତ ସଂରକ୍ଷଣ ବ୍ୟବସ୍ଥା କରାଯାଇଛି। ୱାର୍ଡ ସଭ୍ୟଠାରୁ ଜିଲ୍ଲା ପରିଷଦ ପର୍ଯ୍ୟନ୍ତ ମହିଳା ମାନେ ସଂରକ୍ଷିତ ବିଜୟ ଲାଭ କରିପାରୁଛନ୍ତି।

ପରିବାର ଭିତରେ ପାରମ୍ପରିକ ଭାବରେ ନାରୀମାନେ ମୁଖ୍ୟତଃ ଅଣପାରିଶ୍ରମିକ କାର୍ଯ୍ୟରେ ଲିପ୍ତଥାଆନ୍ତି। ଅର୍ଥାତ୍ ସେମାନଙ୍କର କାର୍ଯ୍ୟ ପାଇଁ କର୍ମଜୀବୀ ମହିଳାଙ୍କ ପରି

ମଜୁରୀ ବା ପାରିଶ୍ରମିକ ମିଳେ ନାହିଁ । ନାରୀମାନେ ଅଧିକାଂଶ ଘରକାମ, ସନ୍ତାନ
ପରିପୋଷଣ ଓ ଲାଳନପାଳନ, ପରିବାରରେ ଅନ୍ୟମାନଙ୍କର ଯତ୍ନ ନେବା ଓ ଘରକାମ
କରିବା, ଏପରିକି କୃଷି କ୍ଷେତ୍ରରେ ସ୍ୱାମୀକୁ ସହଯୋଗ କରିବା କାର୍ଯ୍ୟରେ ଲିପ୍ତ ଥାଆନ୍ତି ।
ସେମାନେ ସବୁ ଦିନ-ସବୁ ସମୟ ଓ ସାରା ଜୀବନ ପରିବାର ପାଇଁ କାମ କରୁଥିଲେ
ହେଁ ସେମାନଙ୍କର କାର୍ଯ୍ୟକୁ ଉତ୍ପାଦକ ଶ୍ରମ ଭାବେ ଗଣନା କରାଯାଏ ନାହିଁ । କାରଣ
ସେମାନଙ୍କର ଏହି ଶ୍ରମ ପାଇଁ ପାରିଶ୍ରମିକ ଧାର୍ଯ୍ୟ କରାଯାଇ ନଥାଏ କି ପ୍ରଦାନ
କରାଯାଇ ନଥାଏ । ଏଣୁ ସେମାନଙ୍କର ଶ୍ରମକୁ ପରିବାରର ଆର୍ଥିକ ବିକାଶ ପାଇଁ
ଅବଦାନ ଭାବେ ଗ୍ରହଣ କରାଯାଏ ନାହିଁ । ଯେହେତୁ ନାରୀମାନଙ୍କର ପରିବାରରେ
ଅର୍ଥନୈତିକ ସହଯୋଗ (ଉପରୋକ୍ତମତେ) ନ ଥିଲା, ତେଣୁ ସମାଜରେ ନାରୀର
ଲିଙ୍ଗ ଆନୁପାତିକ ସ୍ଥାନ ନୀଚ ଥିବାର କାରଣ ବୋଲି ଅନେକ ସମାଜବିଜ୍ଞାନୀ ମତବ୍ୟକ୍ତ
କରୁଥିଲେ । ଯେହେତୁ ପୁରୁଷମାନେ ଘର ବାହାରେ ଅଧିକନ୍ତୁ ପାରିଶ୍ରମିକ କାମରେ
ଲିପ୍ତ ରହୁଥିଲେ ଏବଂ ସେମାନଙ୍କ ଶ୍ରମରୁ ମିଳିଥିବା ପାରିଶ୍ରମିକକୁ ଅର୍ଥ ଆକାରରେ
ପରିବାରକୁ ଆଣନ୍ତି ଏବଂ ତାର ଉପଯୋଗରେ ପରିବାର ପ୍ରତିପୋଷଣ ହୁଏ ଓ ଏହା
ଅଧିକ ଦୃଶ୍ୟମାନ ହୋଇଥାଏ, ତେଣୁ ପୁରୁଷମାନଙ୍କୁ ପରିବାରରେ ତୁଳନାତ୍ମକ ଭାବେ
ଉଚ୍ଚସ୍ଥାନ ଦିଆଯାଇ ଆସୁଛି । ଏହାବ୍ୟତୀତ ପରିବାର ଭିତରେ ମହିଳାମାନେ ଶିକ୍ଷାରେ
ଅନଗ୍ରସର ଥିବାରୁ ଅର୍ଥାତ୍ ପୂର୍ବରୁ ନାରୀମାନଙ୍କର ପୁରୁଷମାନଙ୍କ ତୁଳନାରେ ଶିକ୍ଷା
କମ୍ ଥିଲା, ଅଧିକାଂଶ ଅଶିକ୍ଷିତା ଥିଲେ, ତେଣୁ ସେମାନଙ୍କୁ ସମାଜର ନୀଚସ୍ଥାନ
ମିଳୁଥିଲା ।

        ମାତ୍ର ଏବେ ସେ ସମସ୍ୟା ପ୍ରାୟ ନାହିଁ । ଝିଅମାନେ କେବଳ ପାଠ ପଢ଼ୁନାହାନ୍ତି,
ଉଚ୍ଚ ଶିକ୍ଷିତା ବି ହେଲେଣି । ସେମାନଙ୍କ ମଧ୍ୟରୁ ଅନେକ ଉଚ୍ଚପଦସ୍ଥ ହେଲେଣି,
ବିଭିନ୍ନ କ୍ଷେତ୍ରରେ ସେମାନଙ୍କର ଉପସ୍ଥିତି ଓ ସଫଳତା ଜାହିର କଲେଣି । ଅଟୋ
ଡ୍ରାଇଭର, ବସ୍ ଡ୍ରାଇଭର ଏପରିକି ପାଇଲଟ୍ ହେଲେଣି । ସେନାବାହିନୀରେ ସାମିଲ୍
ହେଲେଣି, ଲଢ଼ୁଆ ଯୁଦ୍ଧ ଜାହାଜ ବି ଚଳେଇଲେଣି । ସେବା କ୍ଷେ%ତ୍ରରେ ଯଥା
ଶିକ୍ଷା, ସ୍ୱାସ୍ଥ୍ୟ ଇତ୍ୟାଦିରେ ଝିଅମାନେ ବେଶ୍ ସଫଳ । ପୂର୍ବରୁ ଯେଉଁସବୁ କାର୍ଯ୍ୟ
ପୁରୁଷ ପ୍ରଧାନ ବା ପୁରୁଷମାନଙ୍କର ଏକ ଚାଟିଆ ଆୟତ୍ତରେ ଥିଲା, ସେ ସବୁ
କର୍ମପନ୍ଥାରେ ବି ଝିଅମାନେ ବେଶ୍ ସଫଳତାର ସହ କାର୍ଯ୍ୟ କରୁଛନ୍ତି । ଏବେ ଆସୁଥିବା
ନୂଆ ପିଢ଼ିର ଝିଅମାନେ ତ ଏହାକୁ ଆହ୍ୱାନ ଭାବେ ଗ୍ରହଣ କରି ସବୁ କ୍ଷେତ୍ରରେ
ସଫଳ ହେବା ପାଇଁ ପଣ କଲେଣି । ଶିକ୍ଷାରେ କେବଳ ପାସ୍ ହାରରେ ନୁହେଁ,
ସିବିଏସଇ ହେଉ କି ରାଜ୍ୟ ବୋର୍ଡ ପରୀକ୍ଷା କିମ୍ୱା ଯେ କୌଣସି ପ୍ରତିଦ୍ୱନ୍ଦିତା ମୂଳକ

ପରୀକ୍ଷାରେ ଝିଅମାନେ ପୁଅମାନଙ୍କ ଠାରୁ ଅଧିକ ସଫଳ ହେଉଛନ୍ତି। ଏବେ ଝିଅମାନେ ବାହାରକୁ ଏକା ଏକା ଯାଉଛନ୍ତି। ଘର ଠାରୁ ଦୂର ସହରରେ ଏକା ରହି ପାଠ ପଢୁଛନ୍ତି। ଚାକିରୀ ବି କରୁଛନ୍ତି। ଏପରିକି ବିଦେଶ ବି ଯାଉଛନ୍ତି। ବିଦେଶରେ ଚାକିରୀ ବି କରୁଛନ୍ତି। ସହରରେ ଓ ଝିଅମାନଙ୍କର ସଫଳତା ହାର ଓ ଶିକ୍ଷାର ହାର ଅଧିକ ରହିବା ସ୍ୱାଭାବିକ। ତେବେ ଗ୍ରାମାଞ୍ଚଳରେ ବି ଝିଅମାନେ ସ୍ମାର୍ଟ ହେଲେଣି, ଘର କାମ ସହ ପାଠପଢା, ଚାକିରୀ କୌଶଳ ଅର୍ଜନ, କମ୍ପ୍ୟୁଟର ଶିକ୍ଷା, ଇଣ୍ଟରନେଟ୍ ବ୍ୟବହାର ଆଦିରେ ପାରଙ୍ଗମ ହେଲେଣି। ଗାଁ ରେ ମହିଳାମାନେ ଚାକିରୀ କରି ହେଉ, କି ସ୍ୱୟଂ ସହାୟକ ଗୋଷ୍ଠୀ ମାଧ୍ୟମରେ ହେଉ ସ୍ୱରୋଜଗାର ଯୋଜନାରେ ସକ୍ରିୟ ଅଂଶ ଗ୍ରହଣ କରି ଆର୍ଥିକ ସ୍ୱାବଲମ୍ବୀ ହେବା ସହ ପରିବାରକୁ ଆର୍ଥିକ ସହଯୋଗ ଦେଉଛନ୍ତି।

ନାରୀମାନଙ୍କର ବ୍ୟକ୍ତିଗତ ପାରଦର୍ଶିତା ଏବଂ ସାମାଜିକ ସଫଳତା ସତ୍ତ୍ୱେ ଏପରିକି ଅର୍ଥନୈତିକ ସଶକ୍ତକରଣ ଥାଇ ମଧ୍ୟ, ନାରୀମାନଙ୍କ ପ୍ରତି ହିଂସା ବା ଶୋଷଣ କମୁ ନାହିଁ କାହିଁକି ? ଯଦି ଅଶିକ୍ଷା ଏହାର କାରଣ ହୋଇଥାନ୍ତା ତେବେ ଶିକ୍ଷିତ ଝିଅମାନେ ଯୌନ ହିଂସାର ଶୀକାର ହୁଅନ୍ତେ ନାହିଁ। ଯଦି ଗରିବୀ ଏହାର କାରଣ ହୋଇଥାନ୍ତା ତେବେ ବଡଲୋକଙ୍କ ଝିଅବୋହୂମାନେ ଅନ୍ତତଃ ସୁରକ୍ଷିତ ଥାଆନ୍ତେ। ଯଦି ସାମାଜିକ ସଂସ୍କାରର ଅଭାବ ବା ଖରାପ ଖାନଦାନୀ ଏହାର କାରଣ ହୋଇଥାନ୍ତା ତେବେ ସମାଜର ତଥାକଥିତ ପ୍ରତିଷ୍ଠିତ ଓ ଖାନଦାନୀ ପରିବାରରେ ଘରୋଇ ହିଂସା କି ଯୌତୁକ ହିଂସା ହୁଅନ୍ତା ନାହିଁ। ଯଦି କୌଣସି ଗୋଷ୍ଠୀ ବା ସମ୍ପ୍ରଦାୟର ରକ୍ଷଣଶୀଳ ମନୋଭାବ ଏହାର କାରଣ ହୋଇଥାନ୍ତା, ତେବେ ଏହା କେବଳ ସେଇ ସଂପ୍ରଦାୟରେ ଘଟୁଥାନ୍ତା। ଅନ୍ତତଃ ଅନ୍ୟ ଉଦାରବାଦୀ ସମ୍ପ୍ରଦାୟରେ ଏ ଘଟଣା ଆଦୌ ଘଟନ୍ତା ।ନହିଁ। ଏହା ଯଦି କେବଳ ଅପରାଧ ପ୍ରବଣ ମାନସିକତା ହେତୁ ଘଟୁଥାନ୍ତା ଏବଂ ସବୁ ଘଟଣାରେ ଯଦି ପୋଲିସ କେଶ୍ ହୋଇଥାନ୍ତା ତେବେ ସାରାଭାରତରେ ଜେଲରେ ଅପରାଧୀ ଜାଗା ହେବେ ନାହିଁ। କହିବା ବାହୁଲ୍ୟ ଯେ ଭାରତରେ ସଂଘଟିତ ହେଉଥିବା ନାରୀ ହିଂସା ବା ଯୌନ ଶୋଷଣର ବହୁତ କମ୍ ପ୍ରତିଶତ ଲୋକଲୋଚନକୁ ଆସିଥାଏ ଏବଂ ଲୋକ ଲୋଚନକୁ ଆସିଥିବା ତଥ୍ୟର ବହୁ କମ୍ ପ୍ରତିଶତ କେସ୍‌ରେ ଅପରାଧୀକ ମାମଲା ରୁଜୁ କରାଯାଇଥାଏ, ଏପରିକି ରୁଜୁ ହୋଇଥିବା ଅପରାଧିକ ମାମଲାର ବହୁ କମ୍ ପ୍ରତିଶତ କେସ୍ ଦଣ୍ଡ ବିଧାନ ହୋଇଥାଏ। ଏକଥା ବି ସମସ୍ତେ ଜାଣନ୍ତି ଯେ ଲୋକଲଜ୍ଜ୍ୟା, ପରିବାର ସମ୍ମାନ ଆଦି ବିଷୟକୁ ଦ୍ୱାହିଦେଇ ଅନେକ କ୍ଷେତ୍ରରେ ନାରୀହିଂସାର ଅନେକ ଘଟଣାକୁ ଲୁଚାଇ ଦିଆଯାଏ।

ଏହି ପ୍ରସଂଗରେ ଗତ କେଇ ବର୍ଷ ଭିତରେ ବହୁଳ ପ୍ରସାରିତ କେତୋଟି ଘଟଣା

ଉପରେ ଆଲୋକପାତ କରାଯାଇପାରେ। ୨୦୧୨ ମସିହା ଡିସେମ୍ବର ୧୬ ତାରିଖରେ ଦିଲ୍ଲୀଠାରେ ଘଟିଥିବା ନିର୍ଭୟା ଗଣବଳାତ୍କାର ଓ ହତ୍ୟା ଭାରତର ସାମାଜିକ ଦୃଶ୍ୟ ପଟରେ ଏକ ଗୁରୁତ୍ୱପୂର୍ଣ୍ଣ ଘଟଣା। ଦିଲ୍ଲୀର ଜ୍ୟୋତି ସିଂ ନାମକ ଜଣେ ୨୩ ବର୍ଷୀୟ ମହିଳା ଫିଜିଓଥେରାପିଷ୍ଟ ସେଦିନ ରାତି ୯.୫୪ ମିନିଟ୍‌ରେ ତାଙ୍କର ଜଣେ ପୁରୁଷ ବନ୍ଧୁସହ ଘରକୁ ଏକ ପ୍ରାଇଭେଟ୍ ବସ୍‌ରେ ଫେରୁଥିବା ସମୟରେ ବସ୍ ଭିତରେ ତାଙ୍କର ପୁରୁଷ ବନ୍ଧୁ ଓ ତାଙ୍କୁ ପ୍ରବଳ ମାଡ ମାରି, ଛଅ ଜଣ ଲୋକ ତାଙ୍କୁ ଗଣବଳାତ୍କାର କରି ରାସ୍ତା କଡରେ ଫୋପାଡି ଦେଇଥିଲେ। ପରେ ତାଙ୍କର ମୃତ୍ୟୁ ହୋଇଥିଲା। ଏହି ଘଟଣା ଏତେ ଅମାନୁଷିକ ଥିଲା ଯେ ଏହା ବିରୁଦ୍ଧରେ ସାରା ଭାରତରେ ଗଣ ଆନ୍ଦୋଳନ ହୋଇଥିଲା। ଏକ ଲମ୍ବା ଆଇନଗତ ଲଢେଇ ପରେ ମାନ୍ୟବର ଉଚ୍ଚତମ ନ୍ୟାୟାଳୟ ୪ ଜଣଙ୍କୁ ଫାଶୀ ଦଣ୍ଡ ଆଦେଶ ଦେଇଥିଲେ। ଜଣେ ଅପରାଧୀ ଏହି ସମୟ ଭିତରେ ମୃତ୍ୟୁବରଣ କରିଥିଲେ ଏବଂ ଅନ୍ୟ ଜଣେ ନାବାଳକ ଅପରାଧୀ ଥିଲେ। ଏହାପରେ ମାର୍ଚ୍ଚ ୨୦ ତାରିଖ ୨୦୨୦ ମସିହାରେ ଏହି ୪ ଜଣ ଅପରାଧୀଙ୍କୁ ତିହାର ଜେଲରେ ଫାଶୀଦଣ୍ଡ ଦିଆଯାଇଥିଲା। ଏହା ନିର୍ଭୟା କେଶ୍ ଭାବରେ ପରିଚିତ।

ଏହାପରେ Juvenile Justice Act ରେ ୨୦୧୬ ମସିହାରେ ସଂଶୋଧନ କରାଯାଇ ଏଭଳି ଅପରାଧ ଘଟାଇବା ସମୟରେ କିଶୋର ଅପରାଧୀ ୧୬ ବର୍ଷରୁ ଊର୍ଦ୍ଧ୍ୱ ହୋଇଥିଲେ, ତାଙ୍କୁ ସାବାଳକ ଭାବେ ବିବେଚନା କରାଯାଇ ଦଣ୍ଡ ଦିଆଯିବାର ବ୍ୟବସ୍ଥା କରାଗଲା।

ସେହିପରି ଅନ୍ୟ ଏକ ଘଟଣାରେ ୨୦୧୯ ମସିହା ନଭେମ୍ବର ୨୭ ତାରିଖ ରାତିରେ ହାଇଦ୍ରାବାଦରେ ୨୬ ବର୍ଷୀୟ ପଶୁଡାକ୍ତରାଣୀ ଡଃ. ପି. ପ୍ରିୟଙ୍କା ରେଡି ଅଫିସ ସାରି ନିଜ ସ୍କୁଟିରେ ଘରକୁ ଫେରୁଥିବା ବେଳେ ସମସାବାଦ ନିକଟସ୍ଥ ଟୋଲଗେଟ୍ ନିକଟରେ ତାଙ୍କର ସ୍କୁଟି ଲିକ୍ ହୋଇଥିଲା। ସ୍କୁଟିକୁ ମରାମତି କରାଇ ଦେବା ବାହାନାରେ ୨ଜଣ ଟ୍ରକ ଡ୍ରାଇଭର ଓ ୨ ଜଣ ହେଲପର ତାଙ୍କୁ ଗଣବଳାତ୍କାର କରି ମାରି ଦେଇଥିଲେ। ପରଦିନ ତାଙ୍କର ଶବ ମିଳିଥିଲା। ଏ ଘଟଣାରେ ହାଇଦ୍ରାବଦ ପୋଲିସ୍ ତୁରନ୍ତ କାର୍ଯ୍ୟାନୁଷ୍ଠାନ ନେଇ ଡିସେମ୍ବର ୬ ତାରିଖ ଦିନ ୪ଜଣ ଯାକ ଅପରାଧୀଙ୍କୁ ପୋଲିସ୍ ଏନ୍‌କାଉଣ୍ଟର କରି ମାରିଦେଲେ। ଏ ଉଭୟ ଘଟଣା ଗଣମାଧ୍ୟମର ଦୃଷ୍ଟି ଆକର୍ଷଣ କରିଥିବାରୁ ଏହା ବହୁଜନ ବିଦିତ ହୋଇଥିଲା। ଏମିତି ଅନେକ ଘଟଣା ବି ଘଟୁଛି, ଯାହା ଲୋକ ଲୋଚନକୁ ଆସିପାରୁ ନାହିଁ କି ପୀଡିତା ନ୍ୟାୟ ପାଇପାରୁ ନାହାନ୍ତି।

ଏ ଉଭୟ କେସ୍‌କୁ ଅନୁଶୀଳନ କଲେ ଜଣାଯାଏ ଯେ ଉଭୟ ପୀଡିତା ଉଚ୍ଚଶିକ୍ଷିତା ଏବଂ ରୋଜଗାରକ୍ଷମ ଥିଲେ ଏବଂ ଉଭୟ ଘଟଣା ଭାରତର ୨ ଟି ପ୍ରମୁଖ ସହରରେ ଘଟିଥିଲା । ଅପରାଧ ଘଟାଇ ଲୋକ ହୁଏତ ଅଶିକ୍ଷିତ ଓ ଅପରାଧୀ ମାନସିକତାର ଥିଲେ । ଏ ପ୍ରସଂଗରେ ଆଉ ଗୋଟିଏ ଘଟଣା ବି ବିଚାରକୁ ନିଆଯାଉ । ଜଣେ ବିଶିଷ୍ଟ ଲେଖକଙ୍କ ପୁଅ ବୋହୂ ବାଙ୍ଗାଲୋରରେ ରହୁଥିଲେ । ଉଭୟ ପ୍ରାଇଭେଟ୍ କମ୍ପାନୀରେ ଉଚ୍ଚପଦବୀରେ ଅଧିଷ୍ଠିତ ଥିଲେ ଓ ଉଭୟ ଏକାଠି ବାଙ୍ଗାଲୋରରେ ରହୁଥିଲେ । ଦିନେ ସକାଳେ ତାଙ୍କର ବୋହୂ ଛାତ ଉପରୁ ଡେଇଁ ପଡି ଆତ୍ମହତ୍ୟା କରିଥିଲେ ବୋଲି ଖବର ଆସିଲା । ଘଟଣାର ଅଳ୍ପଦିନ ପୂର୍ବରୁ ବୋହୂ ଜଣକ କମ୍ପାନୀ ତରଫରୁ ବିଦେଶ ଯିବାକୁ ଅନୁମତି ପାଇଥିଲେ । ଘଟଣାର ଆଉ କିଛି ପର୍ଦ୍ଦାଫାଶ ହେଲା ନାହିଁ । ଉଡାକଥା ଶୁଭିଲା ଯେ ମୃତକ ସ୍ତ୍ରୀ ଆର୍ଥିକ ସଫଳ ଥିଲେ ଓ ବେଶୀ ଦରମା ପାଉଥିଲେ ସ୍ୱାମୀଙ୍କ ଠାରୁ । କେହି କେହି ଏହାକୁ ଆତ୍ମହତ୍ୟା ନୁହେଁ ବରଂ ହତ୍ୟା ବୋଲି କହିଲେ । ଏହା ବି ଯଦି ସତ୍ୟ ହୋଇଥାଏ, ଏଠାରେ ଝିଅ ଉଚ୍ଚଶିକ୍ଷିତା, ଉଚ୍ଚପଦସ୍ଥ ଏବଂ ଅଧିକ ରୋଜଗାରକ୍ଷମ ଏବଂ ଅଧିକ ସଫଳ । ଏଠାରେ ପରିବାର ବି ସମ୍ଭ୍ରାନ୍ତ, ସଂସ୍କାରୀ ଓ ଶିକ୍ଷିତ । ତଥାପି ହିଂସା ଥମୁନି । ଏହି ଘଟଣାରେ ସେଇ ମହିଳାଙ୍କୁ ହତ୍ୟା କରାଯାଉ ବା ଆତ୍ମହତ୍ୟା କରିବା ପାଇଁ ବାଧ୍ୟ କରାଯାଉ କିମ୍ବା ଖାଲି ଆତ୍ମହତ୍ୟା ତାହାର ଥିଲେ ହେଁ ଶୀକାର ହେଲେ ସେଇ ମହିଳା ନା । ଏମିତି ଅଂସଖ୍ୟ ଅପରାଧର ଗୁମର ବଡ ଘରମାନଙ୍କରେ ବି ଅଛି ।

ନାରୀମାନେ ଅପରାଧର ସହଜ ଶିକାର ହୋଇଥାନ୍ତି । ଏଭଳି ଚରମ ପର୍ଯ୍ୟାୟର ଅପରାଧିକ ହିଂସାକୁ ବାଦ ଦେଲେ ବି ମହିଳାମାନେ ପ୍ରତିଦିନ ପ୍ରତିକ୍ଷଣ ବିଭିନ୍ନ ଲିଙ୍ଗଗତ ପ୍ରଭେଦର ଶିକାର ହୋଇଥାନ୍ତି । ପରିବାର ଭିତରେ-ପରିବାର ବାହାରେ, ଗାଁରେ, ସହରରେ, କର୍ମକ୍ଷେତ୍ରରେ, ସର୍ବସାଧାରଣ ସ୍ଥାନରେ ବି ସବୁଠି ଝିଅମାନେ, ମହିଳାମାନେ ଶୋଷଣର ଶିକାର ହୋଇଥାନ୍ତି ଏବଂ ସେଇ କାରଣରୁ ବି ଅହରହ ମାନସିକ ଯନ୍ତ୍ରଣା ଭୋଗୁଥାନ୍ତି । ପରିବାର ଭିତରେ ବି ଛୋଟ ଛୋଟ ଭେଦଭାବ ପୂର୍ଣ୍ଣ ବ୍ୟବହାର ଝିଅମାନଙ୍କୁ ବା ନାରୀମାନଙ୍କୁ ଯନ୍ତ୍ରଣା ଦିଏ । ଅନେକ ସମୟରେ ଏ ପରିବାରର ଅନ୍ୟମାନେ ଜାଣି ପାରନ୍ତି ନାହିଁ । ଉଦାହରଣ ସ୍ୱରୂପ ଶାଶୁ ଚୁଣ୍ଟିଲେ କ୍ଷୀର ଭାଣ୍ଡ- କ୍ଷୀର ଢାଳିଗଲା-ବୋହୂ ଅଲକ୍ଷଣୀ । ଫୁଲ ତୋଳିବା ବେଳେ ନଣନ୍ଦଙ୍କ ହଜିଲା ପାଉଁଜ କି କାନଫୁଲ- ଦୋଷୀ ବୋହୂ । ଅଫିସରେ ସ୍ୱାମୀଙ୍କର କିଛି ଅସୁବିଧା ହେଲା ତ ବୋହୂ କୁଲକ୍ଷଣୀ । ଭାଇଭଉଣୀ ଏକା ସ୍କୁଲରୁ ସାଥୀ ହୋଇ ଫେରିଲେ- ଭାଇ ଖାଇବ ପ୍ରଥମେ ଓ ମାଛର ମଝି ଖଣ୍ଡ । ଭଉଣୀ ଖାଇବ ପରେ । ଯଦି ମାଛ ତରକାରୀ ବଳିଲା କିମ୍ବା

ଲାଞ୍ଚ ଓ ମୁଣ୍ଡ। ଘରକୁ ଯଦି କୁଣିଆ ଆସିଲେ, ଘରେ ଅଧିକ ଖଟ ନାହିଁ ତେବେ ଭାଇ ନିଶ୍ଚୟ ଶୋଇବ ଖଟରେ, ଭଉଣୀ ମାଟିରେ। ଘରେ ଏମିତି ଛୋଟ ଛୋଟ ଘଟଣାରେ ବି ଭେଦଭାବ ଥାଏ। ମାତ୍ର ସେଇ ଛୋଟ ଘଟଣା ଯେ କୋମଳ ମନ ଉପରେ ବଡ ପ୍ରଭାବ ପକାଇ ପାରେ ଏ କଥା କେହି ବୁଝନ୍ତି ନାହିଁ। ଏପରିକି ବୁଝିଥିଲେ ବି, ଜାଣିଶୁଣି ଏମିତି ବ୍ୟବହାର ଦେଖାଇଥାନ୍ତି।

ଏ ସମସ୍ତ ଆଲୋଚନାରୁ ଏ ପର୍ଯ୍ୟନ୍ତ ସ୍ଥିର ହୋଇ ପାରୁନି ଯେ ଏମିତି କାହିଁକି ଘଟେ। ଏକା ପରିବେଶରେ ଏକା ସମାଜରେ ଏପରିକି ଗୋଟିଏ ପରିବାରରେ ଥାଇ ବି କାହିଁକି ଝିଅମାନେ ଓ ନାରୀମାନେ ଏତେ ଶୋଷଣ ବା ଭେଦଭାବର ଶୀକାର ହୁଅନ୍ତି। କେବଳ ସେମାନେ ଝିଅ ବୋଲି, ଏପରି ସାମାଜିକ ଓ ଅପରାଧିକ ହିଂସାର ଶିକାର ହୋଇଥାନ୍ତି। କି ଶିକ୍ଷିତ କି ଅଶିକ୍ଷିତ କି ବଡଲୋକ କି ଗରିବ ଲୋକ, କି ସମ୍ଭ୍ରାନ୍ତ କି ଗୌଣ ଇତର ଲୋକ, ସମସ୍ତ ଶ୍ରେଣୀ ଭିତରେ ଲିଙ୍ଗ ଭିତ୍ତିକ ଭେଦଭାବ ଓ ଶୋଷଣ ହେବାର କାରଣ କଣ ହୋଇପାରେ? ଅନେକ ଗୌଣ କାରଣ ତ ଅଛି, ମାତ୍ର ପ୍ରମୁଖ କାରଣ ହେଉଛି ଆମର ସାମାଜିକ ଓ ସାଂସ୍କୃତିକ ପରମ୍ପରା ଏବଂ ପ୍ରଚଳିତ ସମାଜ ବ୍ୟବସ୍ଥା। ନାରୀମାନଙ୍କ ଗୁରୁତ୍ୱ ବିଷୟରେ ମହର୍ଷି ମନୁ ତାଙ୍କ ମନୁସ୍ମୃତିରେ ଲେଖିଛନ୍ତି-

'ଯତ୍ର ନାର୍ଯ୍ୟସ୍ତୁ ପୂଜ୍ୟନ୍ତେ, ରମନ୍ତେ ତତ୍ର ଦେବତାଃ
ଯତ୍ରୈତାସ୍ତୁ ନ ପୂଜ୍ୟନ୍ତେ ସର୍ବାସ୍ତତ୍ରାଫଳାଃ କ୍ରିୟା।"

ଅର୍ଥାତ୍ ଯେଉଁଠାରେ ନାରୀମାନଙ୍କୁ ସମ୍ମାନ ଦିଆଯାଏ, ସେଠାରେ ଦୈବ କୃପା ମିଳେ, ମାତ୍ର ଯେଉଁଠାରେ ନାରୀମାନଙ୍କୁ ଅସମ୍ମାନିତ କରାଯାଏ, ସେଠାରେ ଯେତେ ମହତ୍ତର କାର୍ଯ୍ୟ କଲେ ବି ନିଷ୍ଫଳ ହୁଏ।

ସେହିପରି-

"ପୁନ୍ନାମ୍ନୋ ନ୍ରୋ ନରକାଦ୍ ଯସ୍ମାଦ୍ ତ୍ରାୟତେ ପିତରଂ ସୁତଃ
ତସ୍ମାତ୍ ପୁତ୍ର ଇତି ପ୍ରୋକ୍ତଃ ସ୍ୱୟମେବ ସ୍ୱୟମ୍ଭୁବା।'

ଅର୍ଥାତ୍ ପିତାକୁ ପୁତ୍ ନାମକ ନର୍କରୁ ଉଦ୍ଧାର କରୁଥିବାର ପୁତ୍ରର ଏପରି ନାମକରଣ କରାଯାଇଛି। ଆଉ ଗୋଟିଏ ମହାବାକ୍ୟ "ପୁତ୍ରାର୍ଥେ କ୍ରିୟତେ ଭାର୍ଯ୍ୟା" ବହୁଳ ଭାବେ ମଧ୍ୟ ପରିଚିତ।

ଆମର ଶାସ୍ତ୍ର ଓ ପୁରାଣରେ ନାରୀମାନଙ୍କୁ ଯେଭଳି ଭାବେ ବର୍ଣ୍ଣନା କରନ୍ତୁ ନା କାହିଁକି, ଆମର ପୁରୁଷ ପ୍ରଧାନ ସମାଜ ଏହାକୁ ନିଜର ଆବଶ୍ୟକତା ମୁତାବକ ବ୍ୟବହାର କରିଛି। ପୁଅମାନେ ହିଁ 'ପୁତ୍' ନାମକ ନର୍କରୁ ଉଦ୍ଧାର କରନ୍ତି ମାତ୍ର

ଝିଅମାନେ ? ଅନାବଶ୍ୟକ ଯେପରି। ସେହିଭଳି 'ପୁତ୍ରାର୍ଥେ କ୍ରିୟତେ ଭାର୍ଯ୍ୟା' ଅର୍ଥାତ୍ ପୁଅ ପାଇଁ ହିଁ ବିବାହ କରଣୀୟ। ଝିଅ ପାଇଁ ନୁହେଁ। ଯଦି ସେ ନାରୀର ଝିଅ ଜନ୍ମ ହେଲା, ବା ପୁଅ ଜନ୍ମ ନ ହେଲା, ତେବେ ? ଆରମ୍ଭ ହେଲା ଉତ୍ପୀଡନ-ଦୋଷାରୋପ, ଶୋଷଣ- ଛାଡପତ୍ର ପର୍ଯ୍ୟନ୍ତ। ମାତ୍ର କନ୍ୟାଦାନ, ମହାପୂଣ୍ୟ-ବିସ୍ମରଣ ହୋଇଗଲା। ଯଦି ବି କେହି କେହି କନ୍ୟା ସନ୍ତାନର ପିତା ହେଲେ ତେବେ, "ଦେଲା ନାରୀ ହେଲା ପାରି" ନ୍ୟାୟରେ ଝିଅକୁ ବୋଝ ବୋଲି ଭାବି ବସିଲେ ଏବଂ ବିବାହ ଦେବା ଏକ ସମସ୍ୟା ମଣିଲେ। କାଳକ୍ରମେ ଏହା ଆମର ସାମାଜିକ ଚଳଣି ଭିତରକୁ ବି ପ୍ରବେଶ କରିଗଲା ଏବଂ ଝିଅମାନଙ୍କୁ ପୁଅମାନଙ୍କ ତୁଳନାରେ ଅନାଦାର କରାଗଲା।

କାଳକ୍ରମେ ସମାଜର ସମସ୍ତ ନିୟମ ଓ ଚଳଣି ଝିଅମାନଙ୍କ ପାଇଁ ବାଧ୍ୟତାମୂଳକ କରି ଦିଆଗଲା। ସେମାନେ ସାରା ଜୀବନ ଗୋଟିଏ ପୁରୁଷର ଆଶ୍ରାରେ ଚଳିବାକୁ କୁହାଗଲା। ବିନାଶ୍ରୟେ ନ ବର୍ତ୍ତନ୍ତେ, କବିତା, ବନିତା ଲତା। ବାଲ୍ୟକାଳରେ ପିତା ଉପରେ, ଯୌବନରେ ସ୍ୱାମୀ ଉପରେ ଏବଂ ବାର୍ଦ୍ଧକ୍ୟରେ ପୁତ୍ର ଉପରେ ଆଶ୍ରିତ ହୋଇ ରହିବାକୁ ଶାସ୍ତ୍ରୀୟ ମତ କରି ଦିଆଗଲା। ଏହାର କାରଣ ସ୍ୱରୂପ ନାରୀକୁ ସମ୍ପତ୍ତିର ଅଧିକାର ଦିଆଗଲା ନାହିଁ। ସ୍ୱାଧୀନତା ଦିଆଗଲା ନାହିଁ। ଏପରିକି ତା'ର ପରିଶ୍ରମର ମୂଲ୍ୟାଙ୍କନ ବି କରାଗଲା ନାହିଁ। ସମାଜ ଭିତରେ ଏପରିକି ନିଜ ପରିବାର ଭିତରେ ଝିଅ, ସ୍ତ୍ରୀ ଓ ମାଆ ହୋଇ ଚଳି ଆସିଲେ ବି ସେ ଅନ୍ୟ ଆଶ୍ରିତା ହୋଇ ରହିଲା। ସବୁଠାରୁ ଗୁରୁତ୍ୱପୂର୍ଣ୍ଣ କଥା ହେଉଛି ଏପରି ଏକ ଭୂମିକାକୁ ନାରୀମାନେ ସହଜରେ ଗ୍ରହଣ କରି ନେଲେ ବିନା ପ୍ରତିବାଦରେ। କାରଣ ପୁରୁଷର ପ୍ରାଧାନ୍ୟ ସହ ସାରା ସମାଜ ଏକମତ ଥିଲା। ଏପରିକି ଘରର ବରିଷ୍ଠ ମହିଳାମାନେ ମଧ୍ୟ ଏପରି ଏକ ସମାଜ ବ୍ୟବସ୍ଥାକୁ କନିଷ୍ଠମାନଙ୍କ ଉପରେ ଲଦି ଦେବା ଉଚିତ୍ ମନେ କରି ଆସିଛନ୍ତି। ତେଣୁ କୁହାଯାଏ ନାରୀଟି ହିଁ ଅନ୍ୟ ଏକ ନାରୀର ଶତ୍ରୁ। ସେ ଶାଶୁ ହେଉ କି ନଣନ୍ଦ-କିମ୍ବା ଅନ୍ୟ କୌଣସି ସମ୍ପର୍କୀୟା। ସେମାନଙ୍କ ଜରିଆରେ ହିଁ ପୁରୁଷମାନେ ସେମାନଙ୍କର ଆଧିପତ୍ୟ ଜାହିର କରିଥାନ୍ତି। କାଳକ୍ରମେ ଏ ପାତର ଅନ୍ତର ଓ ଶୋଷଣକୁ ସାମାଜିକ ପରମ୍ପରାର ନାଆଁ ଦିଆଗଲା। କେତେକ କ୍ଷେତ୍ରରେ ଆମର ଶାସ୍ତ୍ରୀୟ ଆଦର୍ଶ ଯଥା ସୀତା, ସାବିତ୍ରୀ, ସତୀ ଅନୁସୂୟା ଏପରିକି ଲକ୍ଷହୀରାର ଉପାଖ୍ୟାନ ମାଧ୍ୟମରେ ନାରୀ ପାଇଁ ଏକପତିବ୍ରତର ଉଚ୍ଚ ଆଦର୍ଶ ରଖାଯାଇ ଆସିଅଛି। ସତୀ ନାରୀର ଆଦର୍ଶ ସ୍ୱରୂପ ନାରୀକୁ ସ୍ୱାମୀର ଏକାନ୍ତ ଆଜ୍ଞାଧୀନା ଅନୁବର୍ତ୍ତୀ ହେବାକୁ ଶ୍ରେୟ କୁହାଯାଇଛି। ଯଦିଓ ସେମିତି ନିୟମ

ପୁରୁଷମାନଙ୍କ ପାଇଁ କଡାକଡି ଭାବେ ଲାଗୁ ନୁହେଁ, ଜଣେ ପୁରୁଷ ୪ ଜଣ ପର୍ଯ୍ୟନ୍ତ ସ୍ତ୍ରୀ ରଖି ପାରିବ, ମାତ୍ର ସ୍ତ୍ରୀ ହିଁ ଏକ ପତିବ୍ରତରେ ବନ୍ଧା ଓ ବାଧ୍ୟ।

ନାରୀ ପ୍ରତି ଲିଙ୍ଗଗତ ପକ୍ଷପାତିତାର ଅନ୍ୟ ଏକ ଅତି ଗୁରୁତ୍ୱପୂର୍ଣ୍ଣ ଓ ମୂଳ ଜଡ ହେଉଛି ପରିବାର ଏବଂ ଆମର ସମାଜିକୀକରଣ ପ୍ରକ୍ରିୟା। ନାରୀ ସହ ଅପରାଧ ପ୍ରବଣ ହିଂସା ତ ଦଣ୍ଡନୀୟ ଅପରାଧ ଏବଂ ଏଥିପାଇଁ ଅନେକ ଆଇନ୍ ପ୍ରଣୟନ ହୋଇଛି। କେବଳ ଆଇନର ଶାସନ ପ୍ରତିଷ୍ଠା ହେବା ଦରକାର ଏବଂ ନ୍ୟାୟପାଳିକାରୁ ତୁରନ୍ତ ଦଣ୍ଡ ମିଳିବା ଦରକାର। ବିଳମ୍ବିତ ନ୍ୟାୟ ବି ଅନ୍ୟାୟ ସହ ସମାନ। ଏଣୁ ଦଣ୍ଡ କଠୋର ହେବା ଦରକାର, ଭୟ ଉଦ୍ରେକକାରୀ ହେବା ଆବଶ୍ୟକ ଏବଂ ତୁରନ୍ତ ମିଳିବା ଦରକାର। ଏହାହେଲେ ଅପରାଧ ହୁଏତ ନିୟନ୍ତ୍ରଣ କରିହେବ। ମାତ୍ର ଆମେ ଯେଉଁ ଲିଙ୍ଗଗତ ପକ୍ଷପାତିତାର କଥା ଆଲୋଚନା କରୁଛନ୍ତି, ଏହାର ଚେର ଏତେ ଗଭୀର ଏବଂ ବ୍ୟାପକ ଯେ ଏହା ଆଇନରେ ଧରା ନ ଦେଇ ବି ଜାରି ରହି ପାରୁଛି, କାରଣ ଏହାର ଆରମ୍ଭ ହିଁ ପରିବାରରୁ ହେଉଛି। ପୂର୍ବ ବର୍ଣ୍ଣିତ କାରଣରୁ ପରିବାର ଭିତରେ ଝିଅଟିଏ ଜନ୍ମ ହେବା ପୂର୍ବରୁ, ପରେ ବଡ ହେବା ପରେ ଏପରିକି ବିବାହ କରି ବୃଦ୍ଧା ହେବା ପରେ ବି ମନରେ ଏମିତି ଏକ ଧାରଣା ସୃଷ୍ଟି କରି ଦିଆଯାଏ, ଯେପରି ସେ ଭାଇ ଠାରୁ ବା ପୁଅ ଠାରୁ ଗୌଣ କଣ କରିବା ଅପେକ୍ଷା କଣ ନ କରିବା ର ଏକ ଲମ୍ବା ତାଲିକା ଝିଅମାନଙ୍କ ପାଇଁ ସମାଜ ତିଆରି କରିଛି। ଯାହାକୁ ତାର ସାମାଜିକୀକରଣ ପ୍ରକ୍ରିୟା ମାଧ୍ୟମରେ ତା ମନରେ, ବିଚାରରେ ଓ ଆଚାର ବ୍ୟବହାରରେ ଭର୍ତ୍ତି କରି ଦିଆଯାଇଛି ଏବଂ ଏହାର କାର୍ଯ୍ୟାନ୍ୱୟନ ବି ସମାଜ କରାଇଥାଏ। ଏହାକୁ ସାମାଜିକ ନିୟନ୍ତ୍ରଣ ପ୍ରକ୍ରିୟା ମାଧ୍ୟମରେ ବି ନିୟନ୍ତ୍ରଣ କରିଥାଏ।

ଏଠି, ସେଠି, ସବୁଠି- ଏତେ ନିୟନ୍ତ୍ରଣ, ଏତେ ଶୋଷଣ ଏତେ ଯନ୍ତ୍ରଣା ଭିତରେ ବଞ୍ଚିଥାଏ ନାରୀ, ତେବେ ଏ ରାତି ପାହିବ କେମିତି ? ଅବଶ୍ୟ ସାମାଜିକ ପରିବର୍ତ୍ତନ ପ୍ରକ୍ରିୟା ବି ସମୟକ୍ରମେ ତ୍ୱରାନ୍ୱିତ ହୋଇଛି। କେବଳ ଭାରତରେ ନୁହେଁ ସମଗ୍ର ପୃଥିବୀରେ ନାରୀମାନଙ୍କର ସ୍ଥିତି ସମ୍ପର୍କରେ ବୈପ୍ଳବିକ ପରିବର୍ତ୍ତନ ଆସୁଛି। ଭାରତରେ ହିନ୍ଦୁ ଉତ୍ତରାଧିକାର ଆଇନ୍ ୧୯୫୬ ଅନୁସାରେ ମହିଳାମାନଙ୍କର ବି ପୁରୁଷମାନଙ୍କ ସହ ସମ୍ପତ୍ତିରେ ସମାନ ଅଧିକାର ଅଛି। ମାନ୍ୟବର ଉଚ୍ଚତମ ନ୍ୟାୟାଳୟ ତାଙ୍କର ସେପ୍ଟେମ୍ବର ୨୦୦୫ମସିହାରେ ଗୁରୁତ୍ୱପୂର୍ଣ୍ଣ ନିର୍ଦ୍ଦେଶରେ ଜଣାଇଲେ ଯେ ଭାରତରେ ମହିଳାମାନଙ୍କର ପୁରୁଷମାନଙ୍କ ସହ ପାରିବାରିକ ସମ୍ପତ୍ତିରେ ସମାନ ଅଧିକାର ଅଛି। ପୈତୃକ ସମ୍ପତ୍ତିରୁ ପୁଅମାନଙ୍କ ଭଳି ଝିଅମାନେ ସମାନ ଅଧିକାର ପାଇବେ। ଏହିଭଳି ଯଦି ପରିବାରରେ ସାମାଜିକ ବାତାବରଣ ପରିବର୍ତ୍ତନ ହୁଏ ତେବେ ପରିବାରରେ ଓ

କ୍ରମଶଃ ସଂପୂର୍ଣ୍ଣ ସମାଜରେ ଏକ ଲିଙ୍ଗଗତ ସମାନତା ଆସିପାରିବ। ଅବଶ୍ୟ କେତେକ ସ୍ଥଳରେ ଏଇ ସମାନତାର ଭ୍ରମ ବି ଦେଖାଯାଉଛି। ଉଦାହରଣତଃ ସ୍ଥାନ ସଂରକ୍ଷଣ ହେତୁ ମହିଳା ସରପଞ୍ଚ ହେଲେ। ମାତ୍ର ତାଙ୍କ ସ୍ୱାମୀ ସରପଞ୍ଚ ଭଳି କାମ କରୁଛନ୍ତି। ପ୍ରକୃତ ସରପଞ୍ଚ ଘର କୋଣରେ, ସ୍ୱୟଂ ସହାୟକ ଗୋଷ୍ଠୀରେ ବି ଅନୁରୂପ ସମସ୍ୟା ଅଛି। କାଳକ୍ରମେ ଏସବୁ ସମସ୍ୟା ଦୂର ହେବ ବୋଲି ଆଶା କରାଯାଏ। ମହିଳାମାନେ ପ୍ରକୃତରେ ସଶକ୍ତ ହେବେ। ଏବେ ଯେଉଁ ନୂଆ ପିଢିର ଝିଅମାନେ ସ୍କୁଲ କଲେଜ କିମ୍ବା ବିଭିନ୍ନ ବିଭାଗର ପ୍ରମୁଖ ସ୍ତରରେ ଅଛନ୍ତି - ସେମାନେ ଭବିଷ୍ୟତରେ ଲିଙ୍ଗଗତ ପକ୍ଷପାତିତାକୁ ସହିବେ ନାହିଁ। ସେମାନେ ନିଜର ସଫଳତାକୁ ଏକ ଆହ୍ୱାନ ଭାବେ ଗ୍ରହଣ କରି ସବୁ କ୍ଷେତ୍ରରେ ନିଜକୁ ଜାହିର କରିବାରୁ ପ୍ରସ୍ତୁତ ହେଲାଣି। ଏପରିକି ପାରମ୍ପରିକ ସାମାଜିକ ଭୂମିକା ଯଥା ରୋଷେଇ କରିବା, ପିଲା ପାଳିବା ଇତ୍ୟାଦିରେ ପୁରୁଷର ସମାନ ଭୂମିକା ଦାବୀ କଲେଣି। ଏବେ ତ ଚାକିରୀ କରିବା ଝିଅମାନେ ବିବାହପରେ ସେମାନଙ୍କ ସ୍ୱାମୀମାନଙ୍କ ସହ ଏ ବିଷୟରେ ଖୋଲା ଆଲୋଚନା କରୁଛନ୍ତି। ଏ ବିଷୟକୁ ଅନେକ ପୁଅ ବି ବୁଝିଲେଣି ଏବଂ ଘରକାମରେ ନିଜ ସ୍ତ୍ରୀକୁ ସାହାଯ୍ୟ କଲେଣି। ଯେଉଁଠି ବୁଝାମଣା ଠିକ୍ ରହୁନାହିଁ, ଝିଅମାନେ ଛାଡପତ୍ର ଦେବାକୁ ପଛେ ପ୍ରସ୍ତୁତ ହେଉଛନ୍ତି, ମାତ୍ର ନିଜର ସ୍ୱାଭିମାନ ଜଳାଞ୍ଜଳି ଦେଇ ଶୋଷଣର ଶୀକାର ହେବାକୁ ପ୍ରସ୍ତୁତ ନାହାନ୍ତି।

ଏ ସବୁ ବିଷୟକୁ ଦେଖିଲେ ଆଶା କରାଯାଏ ଯେ ଦିନେ ନା ଦିନେ ରାତି ପାହିବ, ହୁଏତ ଖୁବ୍ ନିକଟରେ ଯେତେବେଳେ, ସମସ୍ତେ ଫେରି ଆସିବେ, ଏଇ ସହରକୁ।

'ଲିଭି ଯାଇଥିବା,
ସାଧବ ବୋହୂର ପାଦ ଅଳତା ଚିହ୍ନ
ଶୋକ ଗୀତିରେ ତୁନି ହୋଇଯାଇଥିବା
ଚଢେଇଙ୍କ ସକାଳ କୂଜନ,
ମାଛର ହେଉ କି ମାଧୋଇର
ପାଟିର ଆଁ ରେ ଦିଶିଥିବା ମୁଦି ଓ ମରଣ,
ଭୁଲି ହୋଇଯାଇଥିବା,
ନୂଆ କରି ଫୁଟିଥିବା ଫୁଲଙ୍କ ମେଳରେ
ବିତିଥିବା ସୌଖିନ ଦିନ,
ପାଣି ବାହାନାରେ ଗାଧୁଆ ତୁଠରେ

କାଟିଥିବା ବେପରୁଆ ଅପରାହ୍ନ
କେଉଁକାଲୁ ଓଢଣୀ ଉଡ଼େଇ ନେଇ
ଏ ଥାଏ ଫେରେଇ ନ ଥିବା ଫାଜିଲ ପବନ,
ସବୁ ଫେରି ଆସିବ
ଦିନେ ନା ଦିନେ ଏ ପୃଥିବୀକୁ"।

ଏ ପ୍ରସଙ୍ଗରେ ନାରୀମାନଙ୍କର ଆର୍ତ୍ତି ପ୍ରତି ମୋର କାବ୍ୟିକ ସମ୍ବେଦନା ପ୍ରକାଶ ପାଇଛି ମୋର କବିତା ସଙ୍କଳନ "ବିଶାଖାର ରାତି" ଓ "ଆକାଶମୁଖୀ ମାଟି ଦି'ଫାଳ"ରେ। ପାଠକମାନେ ସେଗୁଡ଼ିକ ପଢିପାରନ୍ତି।

ବଞ୍ଚିବାର ସୁଖ

ଦିନେ ମୋର ଜଣେ ପିଲା ଦିନର ସାଙ୍ଗ ସହ ଦେଖା ହେଲା । ଏବେ ସେ ଅଧ୍ୟାପକ । ପଚାରିଲି କେମିତି ଅଛ ? ଉତ୍ତର ମିଳିଲା "ଭାଇ, ବଂଚିଛି" । ମୁଁ ଜାଣିଥିଲି ବନ୍ଧୁ ରିଡର ହେଲେଣି । ୟୁଜିସି ହାରରେ ଭଲ ଦରମା ପାଉଛନ୍ତି । ପୁଅ ପାରିଲାଣି, ବାଙ୍ଗାଲୋରରେ ଟିସିଏସ୍‌ରେ ଚାକିରୀ କରୁଛି । ତହିଁ ଆରଦିନ କଟକ ବଡ ଡାକ୍ତରଖାନା ଯାଇଥିଲି । ଦୁର୍ଘଟଣାରେ ଆହତ ହୋଇ ଚିକିତ୍ସିତ ହେଉଥିବା ଜଣେ କର୍ମଚାରୀକୁ ଦେଖିବା ପାଇଁ । ସେଇ ମେଡିକାଲ ଭିତରେ ମୋର ଦେଖା ହେଲା । ମୋର ଆଉ ଜଣେ ପୁରୁଣା କର୍ମଚାରୀ ସହ । ମୁଁ ସାଲେପୁରରେ ତହସିଲଦାର ଥିବାବେଳେ ସେ ମୋର ଅମିନ ଥିଲେ । ପଚାରିଲି କେମିତି ଅଛନ୍ତି ? ଉତ୍ତର ମିଳିଲା "ସାର୍, ଭଲ ଅଛି ।" ଯଦିଓ ମୁଁ ଜାଣିଥିଲି ସେ ଓ ତାଙ୍କର ପତ୍ନୀ ଉଭୟ କ୍ୟାନସରରେ ପୀଡିତ ଥିଲେ । ସେହିଦିନ ରାତିରେ ମୁଁ ମୋର ଜଣେ ସମ୍ମାନାସ୍ପଦ ପ୍ରାଧ୍ୟାପକ ଶ୍ରୀଯୁକ୍ତ ସୂର୍ଯ୍ୟମଣି ସାମଲଙ୍କ ଠାରୁ ଫୋନ ପାଇଲି । ତାଙ୍କ ଠାରୁ ମୁଁ କଲେଜରେ ପଢିଥିଲି । ତାଙ୍କର କିଛି ଜମିଜମା ସମ୍ପର୍କୀୟ ବ୍ୟକ୍ତିଗତ କାମ ଥିଲା ବୋର୍ଡ ଅଫ୍ ରେଭିନ୍ୟୁ କଟକରେ । ମୁଁ ପଚାରିଲି "ସାର୍, କେମିତି ଅଛନ୍ତି ? ଦେହ ପା' ଭଲ ଅଛି ତ ?" ଏକ ଠୋ - ଠୋ ସରଳ ହସ ସହ ସାର୍ ଉତ୍ତର ଦେଲେ "ଆରେ ଅଭୟ, ମୁଁ ଭଲ ଅଛି । ଗୋଡ ଟିକିଏ ଅସୁବିଧା ଥିଲା, ଏବେ ଭଲ ହୋଇଗଲାଣି । ତୁମମାନଙ୍କ ପରି ଛାତ୍ରଙ୍କର ଭଲପାଇବା ଅଛି, ମୋର କ'ଣ ହେବ ?" ମୁଁ ଜାଣିଥିଲି ସାର୍‌ଙ୍କ ଦେହ ସେତେ ଭଲ ରହୁନାହିଁ । ତାଛଡା ତାଙ୍କର ପାରିବାରିକ ସମସ୍ୟା ବି ଥିଲା ।

ଆଉଥରେ ଜଣେ କବି ବନ୍ଧୁ ଦେଖା ହେଲେ, ଭୁବନେଶ୍ୱର କିଟ୍ ପରିସରରେ । ବିଶ୍ୱକବି ସମ୍ମିଳନୀରେ ଯୋଗ ଦେବା ପାଇଁ ଆସିଥିଲେ, ମୁଁ ବି ଯାଇଥିଲି କବିତା ପାଠ ପାଇଁ ପଚାରିଲି "ବନ୍ଧୁ, କେମିତି ଅଛ ? ଉତ୍ତର ମିଳିଲା "ସେମିତି ଅଛି-

ଚାଲିଛି।" ଅର୍ଥାତ୍ ମୁଁ ତାଙ୍କୁ ଯେମିତି ଆଶା କରୁଥିଲି, ସେ ସେମିତି ଅଛନ୍ତି। କିମ୍ବା ସେ ଏମିତି ସାଧାରଣ ଭାବରେ ଅଛନ୍ତି ଏବଂ ଆଗକୁ ବି ଚାଲିଛନ୍ତି। ସବୁ କିଛି ତାଙ୍କର ଠିକ୍‌ଠାକ୍ ଚାଲିଛି। ସେଦିନ ରାତିରେ ମୋବାଇଲ୍ ଫୋନ୍‌ରେ ଫେସ୍‌ବୁକ୍ ଦେଖୁ ଦେଖୁ ଜଣେ ବନ୍ଧୁ ସତ୍ୟ ମିଶ୍ରଙ୍କର 'ଫ୍ରେଣ୍ଡ ରିକ୍ୱେଷ୍ଟ' ଦେଖିଲି। ପୂର୍ବରୁ ମୁଁ ଓଡ଼ିଶା ରାଜ୍ୟ ବିପର୍ଯ୍ୟୟ ପରିଚାଳନା କର୍ତ୍ତୃପକ୍ଷ (ଓ.ଏସ୍.ଡି.ଏମ୍.ଏ) ରେ କାର୍ଯ୍ୟରତ ଥିବାବେଳେ ଜାତୀୟ ବାତ୍ୟା ଆପଦ ପ୍ରଶମନ ପ୍ରକଳ୍ପର ରାଜ୍ୟ ସଂଯୋଜକ ଥିଲି। ଏହା ବିଶ୍ୱବ୍ୟାଙ୍କ୍ ସହାୟତାରେ କାର୍ଯ୍ୟକାରୀ ହେଉଥିବା ଏକ ପ୍ରକଳ୍ପ ହୋଇଥିବାରୁ ଏହାର ତଦାରଖ ପାଇଁ ବିଶ୍ୱବ୍ୟାଙ୍କ ଦଳ ବିଭିନ୍ନ ସମୟରେ ବାରମ୍ବାର ପରିଦର୍ଶନରେ ଆସନ୍ତି। ଶ୍ରୀ ସତ୍ୟ ମିଶ୍ର କେତେଥର ବିଶ୍ୱବ୍ୟାଙ୍କ ଦଳରେ ସାମାଜିକ ବିଜ୍ଞାନୀ ଭାବେ ଆସିଥିଲେ। ଶ୍ରୀ ମିଶ୍ର ରେଭେନ୍ସା କଲେଜ ପରେ ଦିଲ୍ଲୀ ବିଶ୍ୱବିଦ୍ୟାଳୟରୁ ଉଚ୍ଚ ଶିକ୍ଷା ସମାପ୍ତ କରି ବିଶ୍ୱ ବ୍ୟାଙ୍କ ଭଳି ସଂସ୍ଥାରେ ନିଯୁକ୍ତି ପାଇ ପାରିଥିଲେ। ବେଶ୍ ଉଚ୍ଚଶିକ୍ଷିତ, ପ୍ରକଳ୍ପ ପରିଚାଳନା ସମ୍ବନ୍ଧୀୟ ଜ୍ଞାନ ବି ଭଲ। ଉତ୍ତମ ଉପାର୍ଜନ ହେତୁ ଆର୍ଥିକ ସ୍ୱଚ୍ଛଳତା ବି ଥିଲା। ମାତ୍ର ଆଶ୍ଚର୍ଯ୍ୟର କଥା ହେଉଛି ଏବେ ତାଙ୍କ ଫେସବୁକ୍ ଆକାଉଣ୍ଟରେ ସେ ନିଜକୁ ସତ୍ୟ ମିଶ୍ର (ଶ୍ୟାମାନନ୍ଦ) ବୋଲି ଲେଖିଛନ୍ତି। ଗୈରିକ ବସ୍ତ୍ରରେ! ନିରେଖି ନ ଦେଖିଲେ ଚିହ୍ନିହେବ ନାହିଁ ଏବଂ ଏବେ ଋଷିକେଶରେ ରହୁଛନ୍ତି। ଅର୍ଥାତ୍ ସନ୍ନ୍ୟାସୀ ହୋଇ ଯାଇଛନ୍ତି। ତତ୍କାଳ ଆଉଜଣେ ସହକର୍ମୀ ଶ୍ରୀଯୁକ୍ତ କମଳ ଲୋଚନ ମିଶ୍ରଙ୍କୁ ଫୋନ କରି ପଚାରି ବୁଝିଲି ଯେ ସେ ସେଇ ସତ୍ୟ ମିଶ୍ର ଓ ଏବେ ପ୍ରାୟ ୫ ବର୍ଷ ହେବ ସନ୍ନ୍ୟାସୀ ହୋଇ ଯାଇଛନ୍ତି।

ଏ ସଂସାରରେ ସବୁଲୋକ ନିଜ ନିଜ ବାଗରେ ବଂଚିଆସୁଛନ୍ତି। ନିଜ ନିଜର ପରିଧିରେ ନିଜସ୍ୱ ପରିବେଶରେ ନିଜର ଉପଲବ୍ଧି, ନିଜର ଆସ୍ଥା, ନିଜସ୍ୱ ସୁଖ ଓ ଦୁଃଖକୁ ନେଇ ବଂଚିଛନ୍ତି। ମାତ୍ର ଅଧିକାଂଶ ଲୋକଙ୍କୁ ପଚାରିଲେ, ସେମାନେ ଭଲ ଅଛନ୍ତି ବୋଲି କହୁଛନ୍ତି। ଏହି ଭଲ ରହିବା "ଏକ ଆପେକ୍ଷିକ ବିଚାର। ଭଲ ରହିବାର ମାନ ବା ସ୍ତର ସମସ୍ତଙ୍କ ପାଇଁ ସମାନ ବି ନଥାଇପାରେ। ମାତ୍ର ଅଧିକାଂଶ ଲୋକ ଭଲ ଅଛନ୍ତି କହିବାର କାରଣ ନିମ୍ନମତେ ହୋଇପାରେ;

(କ) ସେମାନେ ପ୍ରକୃତରେ ସୁଖରେ ଥାଇପାରନ୍ତି। ଏଣୁ ଭଲ ଅଛନ୍ତି ବୋଲି କହୁଛନ୍ତି।

(ଖ) ସେମାନଙ୍କ ବିଚାରରେ ଭଲ ରହିବାର ଅର୍ଥ ଯାହା , ସେଇ ଅନୁସାରେ ସେମାନେ ଭଲରେ ଅଛନ୍ତି। ଅର୍ଥାତ୍ କିଛି ଲୋକ ପାର୍ଥିବ ବିକାଶ ଓ ଲବ୍ଧ ସୁବିଧା ସୁଯୋଗକୁ ନେଇ ସୁଖ ବା ଭଲ ରହିବାର ମାନ ନିର୍ଦ୍ଧାରଣ କରୁଥିବା ବେଳେ

ଅନ୍ୟମାନେ ନିଜର ବ୍ୟକ୍ତିଗତ ଉପଲବ୍ଧି ଓ ମାନସିକ ଶାନ୍ତିକୁ ଅଧିକ ଗୁରୁତ୍ୱ ଦିଅନ୍ତି। ମାତ୍ର ପ୍ରକୃତରେ ଜୀବନର ସୁଖ, ଏ ଉଭୟ ଉପାଦାନ ଉପରେ ନିର୍ଭର କରିଥାଏ।

(ଗ) ସେମାନେ ପ୍ରକୃତରେ ସୁଖରେ ନଥାଇ ପାରନ୍ତି। ମାତ୍ର ସାମାଜିକ ଦୃଷ୍ଟିକୋଣରୁ ନିଜର ଦୁଃଖ ପ୍ରକାଶ କରିବା ପାଇଁ ଅନିଚ୍ଛା କାରଣରୁ ବିକଳ୍ପ ଭାବରେ ଭଲ ଅଛନ୍ତି ବୋଲି କହିଥାଇ ପାରନ୍ତି।

କହି ହେଉ ବା ନହେଉ ବଞ୍ଚିବାର ସୁଖ ସମସ୍ତଙ୍କର କାମ୍ୟ, ସୁଖ ହେଉ କି ଦୁଃଖ, ଭଲ ହେଉ କି ମନ୍ଦ, ଜନ୍ମ ହୋଇଛେ ମାନେ ତ ବଂଚିବାକୁ ପଡିବ ଅନ୍ତତଃ ମୃତ୍ୟୁ ପର୍ଯ୍ୟନ୍ତ। ମରିବାକୁ ତ କେହି ବି ଚାହାନ୍ତି ନାହିଁ। ସଂସାର ଦୁଃଖମୟ ହୋଇପାରେ - ଜୀବନ ଜଞ୍ଜାଳମୟ ହୋଇପାରେ। ମାତ୍ର ବଂଚିବାର ମୋହ ପ୍ରତ୍ୟେକ ଜୀବନ୍ତ ପ୍ରାଣୀଙ୍କର ମୌଳିକ ଓ ସବୁଠାରୁ ବଳିଷ୍ଠ ଇଚ୍ଛା। ଜୀବନ ଅଛି ଅର୍ଥ ବଞ୍ଚିବା ପାଇଁ ଏକ ଅନ୍ତର୍ନିହିତ ଆଶାବାଦ ବି ରହିଛି। ଏପରିକି ଭଗବାନ ବୁଦ୍ଧଦେବଙ୍କ ବାଣୀ ଯେ - ଏ ସଂସାର ଦୁଃଖମୟ - ଦୁଃଖର କାରଣ କାମନା ବା ତୃଷ୍ଣା - କାମନାରେ ବିନାଶରେ ଦୁଃଖର ବିନାଶ। ଅଷ୍ଟାଙ୍ଗ ମାର୍ଗ ମାଧ୍ୟମରେ ଦୁଃଖର ବିନାଶ ପୂର୍ବକ ନିର୍ବାଣ ପ୍ରାପ୍ତି। ଏହା ଦୁଃଖର କଥା କହିଥିଲେ ହେଁ ଏହା ଏକ ଆଶାବାଦ ଓ ବଞ୍ଚିବାର ସୁଖ ପାଇଁ ଏକ ମାର୍ଗଦର୍ଶିକା।

ଏ ସଂସାର ଯେହେତୁ ଦୁଃଖମୟ, ତେଣୁ ଏ ସଂସାରରୁ ଜୀବନ ହାରିବା କଥା ବୌଦ୍ଧଧର୍ମରେ କୁହାଯାଇ ନାହିଁ। ବରଂ ସେଇ ଦଃଖର କାରଣ ନିରୂପଣ କରି ଏହି କାରଣର ବିନାଶ ପୂର୍ବକ ଏକ ସୁଖକର ଜୀବନ ଓ ଜୀବନ ପରେ ନିର୍ବାଣ ପାଇଁ ମାର୍ଗଦର୍ଶିକା ପ୍ରସ୍ତୁତ କରାଯାଇଅଛି। କେବଳ ବୌଦ୍ଧଧର୍ମ ନୁହେଁ, ସବୁ ଧର୍ମର ମୂଳମନ୍ତ୍ର ହିଁ ମାନବବାଦ। ସମାଜ ବ୍ୟକ୍ତିର ଜୀବନକୁ ଏକ ମଜବୁତ୍ ଭିତ୍ତି ଦେଇଥାଏ। ଧର୍ମ ଓ ଆସ୍ଥା ମଣିଷର ଜୀବନକୁ ଭରସା ଦିଏ- ବିଶ୍ୱାସ ଦିଏ- ଏହାକୁ ସନ୍ତୁଳିତ ଓ ସୁନିୟୋଜିତ କରିଥାଏ। ଅତଏବ ଜୀଇଁଥିବା ଯାଏ ବଞ୍ଚିବାର ସୁଖକୁ ମାର୍ଜିତ କରିଥାଏ ଧର୍ମ। ଯଦିଓ ସୁଖର ଅର୍ଥ ସୁଖର ଲକ୍ଷ୍ୟ, ସୁଖର ମାତ୍ରା ଓ ଏହାର ପରିଧିକୁ ବି ନିୟନ୍ତ୍ରଣ କରିଥାଏ ଧର୍ମ। କେଉଁଠି ନିର୍ବାଣ ବା ମୋକ୍ଷ ହିଁ ପରମ ସୁଖ ତ କେଉଁଠି ଶରୀର ପ୍ରସୂତ ଇନ୍ଦ୍ରିୟଗୁଡିକ ହିଁ ଦୁଃଖର କାରଣ ବୋଲି କୁହାଯାଇଛି। ଅନ୍ୟ କେଉଁଠି "ଶରୀର ଆଦ୍ୟଂ, ଖଳୁ ଧର୍ମ ସାଧନମ୍" ବୋଲି ମଧ୍ୟ କୁହାଯାଇଛି। ଶରୀର ଧ୍ୱଂସ କରି ମୃତ୍ୟୁ ଆବୋରିବାକୁ ପ୍ରାୟ କୌଣସି ଧର୍ମ କହେ ନାହିଁ।

ଅବଶ୍ୟ ଜୀବନ ଜଞ୍ଜାଳରେ ନିଜକୁ ଖାପ୍ ଖୁଆଇ ନ ପାରି ବେଳେବେଳେ କେହି କେହି ଆତ୍ମହତ୍ୟା ବି କରିଥାନ୍ତି। ଏବେ ତ ବମ୍ବେରେ ସିନେଷ୍ଟାର ସୁଶାନ୍ତ ସିଂ

ରାଜପୁତ ଏବଂ ଭୁବନେଶ୍ୱରରେ ମାନବ ପ୍ରେମୀ ଆଦିତ୍ୟ ଦାସଙ୍କ ତଥାକଥିତ ଆତ୍ମହତ୍ୟାର ଖବର ଚାରିଆଡେ ବେଶ୍ ଚର୍ଚ୍ଚିତ। ଯଦିଓ ଉଭୟ କ୍ଷେତ୍ରରେ ମୃତ୍ୟୁର ରହସ୍ୟ ଏ ପର୍ଯ୍ୟନ୍ତ ଖୋଲାଯାଇ ପାରିନାହିଁ। ତଦନ୍ତ ଚାଲିଛି। ମାତ୍ର ଏ କଥା ସତ୍ୟ ଯେ ଉଭୟଙ୍କର ଅକାଳମୃତ୍ୟୁ ହୋଇଛି। ଆତ୍ମହତ୍ୟା ଏକ ଦୁର୍ବଳ ଓ ପରାଜିତ ମାନସିକତା କାରଣରୁ ଘଟିଥାଏ। ଏହା ପ୍ରବଣତା ନୁହେଁ ବରଂ ପାପ। ସର୍ବଦା ବର୍ଜନୀୟ। ଏମିତି କାଁ ଭାଁ ଘଟଣା ବ୍ୟତିରେକେ ବଞ୍ଚିବାର ମୋହ ସମସ୍ତଙ୍କର କାମ୍ୟ। ସଂପ୍ରତି କରୋନା ମହାମାରୀ (ଜୁଲାଇ ୨୦୨୦) ସାରା ବିଶ୍ୱରେ ଆତଙ୍କ ଖେଳାଇ ଥିବାବେଳେ ଏବଂ ଏ ପର୍ଯ୍ୟନ୍ତ କୌଣସି ପ୍ରତିଷେଧକ ବା ପ୍ରତିରୋଧକ ଟୀକା ବା ଇନ୍‌ଜେକସ୍‌ନ ବାହାରି ପାରି ନଥିବା ବେଳେ କେତେଜଣ ଶତାୟୁ ବୃଦ୍ଧ ଓ ବୃଦ୍ଧା ନିଜ ଶରୀରର ରୋଗ ପ୍ରତିରୋଧକ ଶକ୍ତି ବଳରେ କରୋନା ଭୂତାଣୁଙ୍କୁ ପରାସ୍ତ କରି ଡାକ୍ତରଖାନାରୁ ସୁସ୍ଥ ହୋଇ ଫେରିବାର ସୁଖଦ ଖବର ସମସ୍ତଙ୍କୁ କେବଳ ଆନନ୍ଦ ଦେଉଛି, ଏ କଥା ନୁହେଁ ବରଂ ଅନ୍ୟମାନଙ୍କର ସାହସ ବୃଦ୍ଧି କରିଛି। ପରାଜୟର ଗ୍ଳାନି ଓ ମୃତ୍ୟୁର ଦୁଃଖଠାରୁ ବଞ୍ଚିବାର ସୁଖ ଅଧିକ ପ୍ରେରଣାଦାୟୀ।

ଏକଥା ବି ଅଗ୍ରାହ୍ୟ କରାଯାଇ ପାରିବ ନାହିଁ ଯେ, ଦୁଃଖ ଏକ ସାଂସାରିକ ବାସ୍ତବତା। ମାତ୍ର ବଞ୍ଚିବାର ସୁଖ ଏକ ଇପ୍‌ସିତ ଲକ୍ଷ୍ୟ। ଜୀବନରେ ଅପ୍ରାପ୍ତିର ଅସନ୍ତୋଷ, ଅସୁସ୍ଥତାର ଯନ୍ତ୍ରଣା, ହାରିବା ଓ ହରେଇବାର ଗ୍ଲାନି, ବ୍ୟଭିଚାର ବା ବିଚ୍ଛେଦର ମାନସିକ ଅସନ୍ତୁଳନ, ଜଞ୍ଜାଳର ଜାଲରୁ ମୁକୁଳିବା ପାଇଁ ଶତ ଚେଷ୍ଟାର କ୍ଳାନ୍ତି ମଣିଷର ସମ୍ଭାବ୍ୟ ଜୀବନକାଳରୁ ସର୍ବାଧିକ ସମୟ କବଳିତ କରିଥାଏ। ଅର୍ଥାତ୍ ଦୁଃଖ ହିଁ ପ୍ରତ୍ୟେକ ମଣିଷର ସମ୍ଭାବ୍ୟ ଆୟୁକାଳର ସିଂହଭାଗକୁ କବଳିତ କରିଥାଏ। ଏଣୁ ଜୀବନରେ ସୁଖର ସମୟ ସୀମିତ ହୋଇଥାଏ, ମୃତ୍ୟୁ ଯେମିତି ଧ୍ରୁବ, ଦୁଃଖ ସେମିତି ବ୍ୟାପକ। ସଂସାରରେ ଏମିତି କିଏ ଅଛି ଯେ କେବେ ଦୁଃଖ ସହିନାହିଁ। ଏମିତି କେଉଁ ପରିବାର ଅଛି ଯେଉଁ ପରିବାରରେ କେବେ କେହି ମୃତ୍ୟୁ ମୁଖରେ ପଡିନାହିଁ। ପରିବାରରେ ଯେ କୌଣସି ସଦସ୍ୟଙ୍କ ମୃତ୍ୟୁ ତ ଦୁଃଖର ଅନନ୍ୟ କାରଣ। ଏ ସମ୍ବନ୍ଧରେ କିସା ଗୌତମୀଙ୍କ ଉପାଖ୍ୟାନ ବେଶ ପ୍ରଣିଧାନ ଯୋଗ୍ୟ। କିସା ଗୌତମୀ ଭଗବାନ ବୁଦ୍ଧଙ୍କର ଜଣେ ଶିଷ୍ୟା ଥିଲେ। ଦିନେ ତାଙ୍କର ଏକ ମାତ୍ର ପୁତ୍ର, ଯେ ତାଙ୍କର ସାହାରା ଥିଲେ, ବିଷଧର ସର୍ପ ଦଂଶନରେ ମୃତ୍ୟୁବରଣ କରିଥିଲା। ଏଥିରେ ଅତ୍ୟନ୍ତ ବିଚଳିତ ହୋଇ କିସା ଗୌତମୀ ଥିବା ବେଳେ ଜଣେ କେହି ସୁହୃଦ ତାଙ୍କୁ ପରାମର୍ଶ ଦେଲେ ଯେ ତୁମେ ପୁଅକୁ ବୁଦ୍ଧଦେବଙ୍କ ପାଖକୁ ନେଇଯାଅ। ସେ ତାଙ୍କୁ ଜୀବନଦାନ ଦେଇପାରିବେ।

ଏ କଥାରେ ପ୍ରେରିତ ହୋଇ ସେ ପୁଅର ଶବକୁ ନେଇ ବୁଦ୍ଧଦେବ ପାଖରେ ପହଞ୍ଚିଲେ ଏବଂ ତାଙ୍କ ପାଦତଳେ ପୁଅର ଶବକୁ ରଖି ତାକୁ ଜୀବନ ଦାନ ଦେବାକୁ ବ୍ୟାକୁଳ ପ୍ରାର୍ଥନା କରେ। ମୃତ୍ୟୁ ଏକ ଚିରନ୍ତନ ସତ୍ୟ ଏବଂ ଏଥିରେ ସମସ୍ତେ ଦିନେ ନା ଦିନେ କବଳିତ ହେବେ, ଏକଥା ଯେତେ ବୁଝାଇଲେ ବି କିସା ସନ୍ତୁଷ୍ଟ ହେଲେ ନାହିଁ। ଶେଷରେ ବୁଦ୍ଧଦେବ କହିଲ "ହଁ" ଏହାକୁ ମୁଁ ଜୀବନ ଦାନ ଦେଇପାରିବି। ଯଦି ତୁମେ ମୋ ପାଇଁ ଏକ ଛୋଟିଆ ଜିନିଷ ଆଣିଦେବ।" ଏଥିରେ ଖୁସି ହୋଇ କିସା ଯେ କୌଣସି ଜିନିଷ ଆଣିବାକୁ ପ୍ରସ୍ତୁତ ବୋଲି କହିଲା। ବୁଦ୍ଧଦେବ କହିଲେ - "ମାତ୍ର ମୁଠାଏ ସୋରିଷ ଆଣିବ। ସେ ସୋରିଷ ଏମିତି ଘରୁ ଆଣିବ ଯେ ଯୋଉ ଘରେ କେହି କେବେ ମୃତ୍ୟୁବରଣ କରି ନଥିବେ। ଏ କଥା ଶୁଣି କିସା ସାରା ସହରର ପ୍ରତି ଘର ବୁଲିଲା। ମାତ୍ର କେହି ମୁଠାଏ ସୋରିଷ ଦେଇ ପାରିଲେ ନାହିଁ କାହିଁକି ନା ଏମିତି କୌଣସି ଘର ନଥିଲା ଯାହାର କେହି କେବେ ମରି ନାହାନ୍ତି। ଶେଷରେ ନିରାଶ ହୋଇ ସେ ବୁଦ୍ଧଦେବଙ୍କ ପାଖକୁ ଫେରିଆସିଲା। ବୁଦ୍ଧଦେବ ତାଙ୍କୁ ଉପଦେଶ ଦେଲେ ଯେ ମୃତ୍ୟୁର ଦୁଃଖରେ ସାରା ସଂସାର ପୀଡିତ ଅଟେ। ଜନ୍ମ-ମୃତ୍ୟୁର ଚକ୍ର ନିରନ୍ତର ଚାଲି ଆସିଅଛି। ଏଣୁ ପୁତ୍ର ମୃତ୍ୟୁର ଶୋକ ତ୍ୟାଗ କରି ଧର୍ମର ଶରଣକୁ ଆସ। ଏହାପରେ କିସା ବୌଦ୍ଧ ଭିକ୍ଷୁଣୀ ସାଜିଲେ। କୁହାଯାଏ ବୌଦ୍ଧ ଧର୍ମର କୃଛ ସାଧନା କରି ସେ ଅତିଦୁର୍ବଳ ଶରୀର (କୃଶ) ହୋଇଯାଇ ଥିବାରୁ ତାଙ୍କୁ କୃଶ ଗୌତମୀ ବା କିସା ଗୌତମୀ ବୋଲି ସମସ୍ତେ ଡାକୁଥିଲେ।

ଧାର୍ମିକ ଦର୍ଶନ ଚକ୍ରର ବାହାରକୁ ଆସି ଜଣେ ସାଧାରଣ ମଣିଷର ଦୃଷ୍ଟିରେ ଦେଖିଲେ ବି ଜଣାଯାଏ ଯେ ସୁଖ ଲିପ୍ସା ହିଁ ଜୀବନକୁ ଗତି ଦେଇଥାଏ। ବଂଚିଥିବାବେଳେ ସମସ୍ତ ଅସନ୍ତୋଷ, ଗ୍ଲାନି, ଯନ୍ତ୍ରଣା ଓ ଦୁଃଖ ସତ୍ତ୍ୱେ ଜୀବନରେ ବଞ୍ଚିବାର ସୁଖ ହିଁ ମଣିଷକୁ କର୍ମପାଇଁ ପ୍ରେରିତ କରିଥାଏ। ଆନନ୍ଦ ବି ଦିଏ। ଜୀବନର ସଂଘର୍ଷରେ ତୃପ୍ତି ଥାଏ। ସନ୍ତାପରେ ସମ୍ବେଦନା ଥାଏ, ଯନ୍ତ୍ରଣାରେ ବି ଆନନ୍ଦ ଥାଏ। ସେଇ ସଂଘର୍ଷ, ସନ୍ତାପ ଓ ଯନ୍ତ୍ରଣାରୁ ସୁଖ ପ୍ରାପ୍ତ କରିପାରିବାର କୌଶଳକୁ ବଂଚିବାର କଳା କୁହାଯାଇ ପାରେ। ମଣିଷ ଏକ ଜଟିଳ ଭୌଗୋଳିକ ଓ ସାମାଜିକ ପରିବେଶ ଏବଂ ଶାରୀରିକ ଓ ମାନସିକ ପ୍ରକ୍ରିୟା ଭିତରେ ବଞ୍ଚୁଥାଏ। ତେଣୁ ବିଭିନ୍ନ ସମୟରେ ବିପରୀତମୁଖୀ ପରିସ୍ଥିତିର ସାମ୍ନା କରିବାକୁ ପଡିଥାଏ। ଫଳରେ ମାନସିକ ସ୍ତରରେ ଉତ୍ତେଜନା ପ୍ରକାଶ ପାଇଥାଏ। ଯାହା ଜୀବନକୁ ଯନ୍ତ୍ରଣାଦାୟକ କରିଦିଏ। ବଞ୍ଚିବାର କଳା ମାଧ୍ୟମରେ ହିଁ ବିଭିନ୍ନ ପରିସ୍ଥିତିକୁ ସାମ୍ନା କରି ମଣିଷ ତା'ର ସମାଧାନର ବାଟ ବାହାର କରିଥାଏ।

ଅନେକ ସମୟରେ ବଞ୍ଚିବାରେ ସୁଖ ଆହରଣ କରିବା ବ୍ୟକ୍ତିର ଆୟତ୍ତ ଭିତରେ ନଥାଏ। ଜୀବନ ଜୀଇଁବା ପାଇଁ ଏକ ସୁଖକର ପରିବେଶ, ଏକ ସମ୍ବେଦନଶୀଳ ସମାଜ, ଜୀବନର ସର୍ବନିମ୍ନ ଆବଶ୍ୟକତାର ଉପଲବ୍ଧି, ଏକ ମୁକ୍ତ ଓ ନିରପେକ୍ଷ ଶାସନ ବ୍ୟବସ୍ଥା, ସମ୍ଭ୍ରମରେ ବଂଚିବା ପାଇଁ ଏବଂ ନିଜର ଦକ୍ଷତା ପ୍ରତିପାଦନ ପାଇଁ ଅନୁକୂଳ ପରିବେଶ ଅତ୍ୟନ୍ତ ଆବଶ୍ୟକ। ଏକ ଅସୁସ୍ଥ ଓ ଯନ୍ତ୍ରଣାସିକ୍ତ ଶରୀର କିମ୍ବା ଆଶଙ୍କିତ ଓ ବନ୍ଦୀ ଜୀବନ କିମ୍ବା ସମାଜ ଦ୍ୱାରା ଅଣସ୍ୱୀକୃତ ଓ ପରିତ୍ୟକ୍ତ ଅବସ୍ଥା ଜୀବନରୁ ବଂଚିବାର ସୁଖ ହରଣ କରି ନେଇଥାଏ। ଜଣେ ଦୀର୍ଘାୟୁ ହୋଇଥିଲେ ହେଁ ଯଦି ଶାରୀରିକ ଅସୁସ୍ଥତା ଓ ମାନସିକ ଅବସାଦ ଗ୍ରସ୍ତ ହୋଇ ଜୀଉଁଥାଏ ତେବେ ବଞ୍ଚିବାର ସୁଖ ଆସିବ କେଉଁଠୁ? ସାମ୍ପ୍ରତିକ ମଣିଷର ଜୀବନ ତ ବିଭିନ୍ନ କାରଣରୁ ଉଦ୍‌ବେଗ ଗ୍ରସ୍ତ ଓ ଉତ୍ତେଜନାପ୍ରବଣ। ଶହେ ବର୍ଷ ତଳର ବିଶ୍ୱ ଓ ବର୍ତ୍ତମାନର ବିଶ୍ୱ ଭିତରେ ଫରକ ଅଛି। ବିଜ୍ଞାନ ଓ ପ୍ରଯୁକ୍ତ ବିଦ୍ୟାର ଦ୍ରୁତ ପ୍ରସାର ଫଳରେ ବିଭିନ୍ନ ବ୍ୟବହାର୍ଯ୍ୟ ଯନ୍ତ୍ରପାତିର ଉଦ୍‌ଭାବନ ଯୋଗୁଁ ମଣିଷର ଜୀବନକୁ ଆରାମଦାୟକ କରିଛି ସତ ବିଶ୍ୱ ନିୟନ୍ତ୍ରିତ ଅର୍ଥ ବ୍ୟବସ୍ଥା, ଜନସଂଖ୍ୟା ବିସ୍ଫୋରଣ, ସମାଜରେ ବଢୁଥିବା ଅପରାଧ ପ୍ରବଣତା, ସାଂପ୍ରଦାୟିକ ଦଙ୍ଗା, ଦେଶ ଦେଶ ମଧ୍ୟରେ ଯୁଦ୍ଧ ବିଭୀଷିକା, ବେକାରୀ ସମସ୍ୟା ଆଦି ମଣିଷର ଜୀବନକୁ ଆର୍ଥିକ ଅସୁରକ୍ଷିତ କରିଛି। ସମାଜ ବ୍ୟବସ୍ଥା ଜଟିଳ ହୋଇଛି, ସାମାଜିକ ସମ୍ପର୍କକୁ ଅବିଶ୍ୱାସର ବିପଦ କଳୁଷିତ କରିଛି। ଯେଉଁ ପରିବାର ବ୍ୟକ୍ତିର ସାମାଜିକକରଣ କରିବା ସହ ତାକୁ ସୁରକ୍ଷା ଓ ସଂସ୍କାର ପ୍ରଦାନ କରିଥାଏ, ତାହା ଏବେ ବିଭାଜିତ ହେବା ସହ ତାର ମୌଳିକ ଦାୟିତ୍ୱ ନିର୍ବାହରୁ ବିଚ୍ୟୁତ ହେଉଛି। ଫଳରେ ବ୍ୟକ୍ତି ପରିବାରଠାରୁ, ସମାଜଠାରୁ ଦୂରେଇ ଯାଉଛି ଅର୍ଥାତ୍ ବ୍ୟକ୍ତି କୈନ୍ଦ୍ରିକତା ବଢୁଛି। ଫଳରେ କୌଣସି ଦୁର୍ଦ୍ଦିନରେ ବା ବିପଦ ସମୟରେ ବ୍ୟକ୍ତି ନିଜର ପରିବାରଠାରୁ ବା ସମାଜ ଠାରୁ ଯେଉଁ ସମ୍ବେଦନା ବା ସୁରକ୍ଷା ଆଶା କରିବା କଥା ତାହା ମିଳି ପାରୁନାହିଁ। ଅତି ଦୁଃଖରେ, କ୍ରୋଧରେ ପ୍ରତିହିଂସାରେ କିମ୍ବା ଅହଂକାରରେ, ପ୍ରାଚୁର୍ଯ୍ୟର ଗର୍ବରେ, ଶାରୀରିକ ଶକ୍ତି ବା ରାଜନୈତିକ ପୃଷ୍ଠପୋଷକତାଜନିତ ଆତ୍ମବଡିମାରେ କୌଣସି ଭୁଲକାମ କରିବାକୁ ଯାଉଥିବା ବ୍ୟକ୍ତିକୁ ତାର ପରିବାର ଓ ସମାଜ ହିଁ ପ୍ରଥମେ ଆକଟ କରିଥାଏ, ନିୟନ୍ତ୍ରଣ କରିଥାଏ। ବ୍ୟକ୍ତି ଉପରେ ପରିବାରର ନିୟନ୍ତ୍ରଣ ଓ ସୁରକ୍ଷା କମିଯାଉଥିବାରୁ ଅନେକ ସ୍ଥଳରେ ବ୍ୟକ୍ତି ଅପରାଧି ହେଉଛି କିମ୍ବା ଆତ୍ମହତ୍ୟା କରୁଛି। ଏ ଉଭୟ ହିଁ ଚରମ ପନ୍ଥା। ଏ ଉଭୟ ପନ୍ଥା ଅନୁସରଣ କରୁଥିବା ଲୋକ ନିଜର ବଂଚିବାର ସୁଖ ତ ହରାଇଥାନ୍ତି। ଅନ୍ୟମାନଙ୍କର ସୁଖ ବି ହରଣ କରିଥାନ୍ତି।

ସାଧାରଣତଃ ସୁଖ ଏକ ବ୍ୟକ୍ତିଗତ, ମାନସ ପ୍ରସ୍ତୁତ ଅବସ୍ଥା ବୋଲି ଗ୍ରହଣ କରାଯାଏ। କାରଣ ଏକ ପ୍ରକାରର ପ୍ରଦତ୍ତ ପରିସ୍ଥିତିର ଦୁଇ ଜଣଙ୍କର ସୁଖାନୁଭୂତିର ମାତ୍ରା ଭିନ୍ନ ହୋଇପାରେ। ଗୋଟିଏ ପରୀକ୍ଷା ୨ ଜଣ ପିଲା ଦେଇଥିଲେ। ଜଣେ ୬୦% ଓ ଅନ୍ୟ ଜଣେ ୮୫% ନମ୍ବର ରଖିଲେ। ପ୍ରଥମ ପିଲା ତା ରେଜଲ୍ଟରେ ଭାରି ଖୁସି ଥିଲା। ମାତ୍ର ୨ୟ ପିଲା ଦୁଃଖରେ ଭାଙ୍ଗି ପଡିଲା। ଏହାର କାରଣ ପ୍ରଥମ ପିଲା ଦ୍ୱିତୀୟ ଶ୍ରେଣୀ ପାଇବା କଥା। ମାତ୍ର ପ୍ରଥମ ଶ୍ରେଣୀ ପାଇଗଲା। ମାତ୍ର ୨ୟ ପିଲା ୯୫% ଆଶା କରୁଥିଲା, ମାତ୍ର ୮୫% ରଖିବାରୁ ଦୁଖରେ ଭାଙ୍ଗିପଡିଲା। ଦୈନନ୍ଦିନ ଜୀବନରେ ବ୍ୟବହୃତ ବିବିଧ ପାର୍ଥିବ ଉପାଦାନର ପ୍ରାପ୍ତିର ଭିନ୍ନତା ହେତୁ ବି ସୁଖାନୁଭୂତି ଭିନ୍ନ ହୋଇପାରେ। ଉଦାହରଣ ସ୍ୱରୂପ ସମାଜରେ ପକ୍କାଘରେ ରହୁଥିବା ଲୋକ, ଶିକ୍ଷିତ ଲୋକ କିମ୍ବା ପରିବାରରେ କୌଣସି ବେମାରୀ ନଥିବା ଲୋକ ତୁଳନାରେ ମାଟିଘରେ ରହୁଥିବା, ଅଶିକ୍ଷିତ ଲୋକ ଓ ରୋଗଗ୍ରସ୍ତ ଲୋକ ସୁଖ ପରିବର୍ତ୍ତେ ଦୁଖରେ ଥିବା ଅନୁମାନ କରାଯାଇପାରେ। ଅବଶ୍ୟ ସାମାଜିକ ପରିସ୍ଥିତିରେ କୌଣସି ଗୋଟିଏ ଉପାଦାନକୁ ନିର୍ଣ୍ଣାୟକ କାରକ ବୋଲି ବିଚାର କରାଯାଏ ନାହିଁ। ଏଣୁ ବିଭିନ୍ନ ଉପାଦାନର ଜୀବନଶୈଳୀ ଉପରେ ପ୍ରଭାବର ନିଟ ପ୍ରଭାବ ସୁଖଦ ନା ଦୁଃଖଦ, ତା ଉପରେ ନିର୍ଭର କରେ ସଂପୃକ୍ତ ବ୍ୟକ୍ତିଙ୍କର ବଂଚିବାର ସୁଖ ଆକଳନ କରିବା। ଅର୍ଥାତ୍ ପକ୍କା ଘରେ ରହି ରୋଗାକ୍ରାନ୍ତ ଥିବା ବ୍ୟକ୍ତିଠାରୁ ମାଟି ଘରେ ରହି ଶାନ୍ତିରେ ଜୀବନଯାପନ କରୁଥିବା ଲୋକ ଅଧିକ ସୁଖୀ ହୋଇପାରେ। ଜଣେ ତନାବଗ୍ରସ୍ତ ପ୍ରତିପତ୍ତିଶାଳୀ ବ୍ୟକ୍ତି ତୁଳନାରେ ଜଣେ ନିମ୍ନ ମଧ୍ୟବିତ୍ତ ବା ଗରୀବ ଲୋକଟିଏ ବି ଅଧିକ ସୁଖୀ ହୋଇପାରିଥାଏ। ଅର୍ଥାତ୍ ବଂଚିବାର ସୁଖ ଅନେକ ଉପାଦାନର ଏପରିକି ପରସ୍ପର ବିରୋଧାତ୍ମକ ସାମାଜିକ ଶକ୍ତି ସବୁର ସାମଗ୍ରିକ ପ୍ରଭାବ ପରେ ମିଳିଥିବା ପରିଣାମର ସ୍ୱରୂପକୁ ବୁଝାଏ। ଏହା ଅଧିକନ୍ତୁ ମାନସ ଉତ୍ପନ୍ନ ପ୍ରକ୍ରିୟା ଓ ତୁଳନାତ୍ମକ ବିଚାରରୁ ଜଣାପଡେ। ଉଦାହରଣସ୍ୱରୂପ, ରାମଠାରୁ ଶ୍ୟାମ ସୁଖରେ ଅଛି ବା ରାମଚନ୍ଦ୍ରପୁର ଲୋକମାନେ ଶ୍ୟାମସୁନ୍ଦରପୁରର ଲୋକଙ୍କ ଠାରୁ ଅଧିକ ସୁଖରେ ଅଛନ୍ତି ବୋଲି କହିବା ସହଜ। କାରଣ ଉଭୟ ଗାଁରେ ମିଳୁଥିବା ସୁବିଧା ସୁଯୋଗର ଏକ ତୁଳନାତ୍ମକ ଚିତ୍ର ଆକଳନ କରି କିଏ ସୁଖରେ ଅଛି କହିବା ସହଜ। ଏପରି ହେବାର କାରଣ ହେଉଛି ବଞ୍ଚିବାର ସୁଖର ଏକ ସର୍ବମାନ୍ୟ ମାନକ ନିର୍ଦ୍ଧାରିତ ହୋଇନାହିଁ।

ବଞ୍ଚିବାର ସୁଖ ଆକଳନ କରିବା ପୂର୍ବରୁ ଜୀବନର ଗୁଣବତ୍ତାକୁ ଆକଳନ କରିବା ଜରୁରୀ। ଜୀବନର ଉଭୟ ସକାରାତ୍ମକ ଓ ନକାରାତ୍ମକ ବୈଶିଷ୍ଟ୍ୟକୁ ଦୃଷ୍ଟିରେ

ରଖି ବ୍ୟକ୍ତି ବା ସମାଜର ସାଧାରଣ ସନ୍ତୋଷକୁ ଜୀବନର ଗୁଣବତ୍ତା କୁହାଯାଇପାରେ। ଏକ ଭଲ ଓ ସୁନ୍ଦର ଜୀବନ ଜୀଇଁବା ପାଇଁ ବ୍ୟକ୍ତି ଓ ସମାଜର ପ୍ରତ୍ୟାଶା ଏଥିରେ ସନ୍ନିବେସିତ ହୋଇଥାଏ। ଗୋଟିଏ ସମାଜର ସାମାଜିକ ଓ ସାଂସ୍କୃତିକ ପରିବେଶ ଭିତ୍ତିରେ ଏହା ଏପରି ଏକ ମାନକର କାର୍ଯ୍ୟକରେ ଯାହାକୁ ଦୃଷ୍ଟିରେ ରଖି ବ୍ୟକ୍ତି ତାର ବ୍ୟକ୍ତିଗତ ସନ୍ତୋଷର ସ୍ତରକୁ ଆକଳନ କରିପାରେ। ଜୀବନର ଗୁଣବତ୍ତା ଅକାଳନରେ ପାର୍ଥିବ ପରିବେଶ, ସ୍ୱାସ୍ଥ୍ୟ, ବାସସ୍ଥାନର ମାନ, ଗମନାଗମନର ସୁବିଧା, ସମ୍ପତ୍ତି, ସୁରକ୍ଷା, ରୋଜଗାର, ସ୍ୱାଧୀନତା, ଆଧୁନିକ ସୁବିଧା ଏପରିକି ଧାର୍ମିକ ପରିବେଶର ପ୍ରଭାବକୁ ମଧ୍ୟ ବିଚାରକୁ ନିଆଯାଏ। ଅର୍ଥାତ୍ ବଞ୍ଚିବା ପାଇଁ ଉପଯୁକ୍ତ ପରିବେଶ ନଥିଲେ, ଜୀବନ ଧାରଣ ପାଇଁ ଅତ୍ୟାବଶ୍ୟକ ସୁବିଧା ଉପଲବ୍ଧ ନଥିଲେ, ସାମାଜିକ ସୁରକ୍ଷା ଓ ନିରାପତ୍ତା ନ ଥିଲେ, ସର୍ବୋପରି ପାରିବାରିକ ସ୍ଥିରତା ଓ ମାନସିକ ଶାନ୍ତି ନଥିଲେ ଜୀବନର ଗୁଣବତ୍ତା ଠିକ୍ ରହେ ନାହିଁ କି ବଂଚିବାର ସୁଖ ମିଳିପାରେ ନାହିଁ। ବଞ୍ଚିବାର ସୁଖ ପାଇଁ ସାମାଜିକ ପରିବେଶ ସବୁଠାରୁ ଗୁରୁତ୍ୱପୂର୍ଣ୍ଣ। ଏକ ସୁସଂସ୍କୃତ ଓ ସମ୍ବେଦନଶୀଳ ସମାଜ ଏହାର ସଭ୍ୟମାନଙ୍କର ଉପଯୁକ୍ତ ଦାୟିତ୍ୱ ବହନ କରିଥାଏ। ଯେଉଁ ସମାଜରେ ପରସ୍ପର ସୌହାର୍ଦ୍ଦ୍ୟପୂର୍ଣ୍ଣ ବାତାବରଣ ଥାଏ, ସେ ସମାଜରେ ବ୍ୟକ୍ତିର ଜୀବନରେ ଆସୁଥିବା ଚାପ ଅନେକ ସମୟରେ ଲାଘବ ହୋଇଥାଏ। ପ୍ରକାରାନ୍ତରେ ଏକ ଯୁଦ୍ଧ ପ୍ରପୀଡ଼ିତ, ଦଙ୍ଗାଗ୍ରସ୍ତ, ବିସ୍ଥାପିତ, ବିପର୍ଯ୍ୟୟ ଆଶଙ୍କିତ, କିମ୍ବା ଅପରାଧ ପ୍ରବଣ ସମାଜରେ ଲୋକମାନେ ବଂଚିବାର ଶାନ୍ତି ହରାଇଥାନ୍ତି। ସମାଜରେ ଉପଲବ୍ଧ ସୁବିଧା ସୁଯୋଗ ଯଥା ଉତ୍ତମ ସ୍ୱାସ୍ଥ୍ୟ ଅନୁଷ୍ଠାନ, ଆମୋଦପ୍ରମୋଦର ସୁବିଧା, ଭଲ ଶିକ୍ଷାନୁଷ୍ଠାନ, ବ୍ୟାଙ୍କ ସୁବିଧା ଇତ୍ୟାଦି ଜୀବନକୁ ସରଳ ଓ ସହଜ କରିଥାଏ, ଏକ ଭେଦଭାବହୀନ ସମାଜ ବ୍ୟବସ୍ଥା ଏହି ସନ୍ତୋଷକୁ ବର୍ଦ୍ଧିତ କରିଥାଏ।

ଅନେକଙ୍କ ମତରେ ବିନା ବ୍ୟାଘାତରେ ଖାଲି ଜୀଇଁ ହୋଇଯିବା ବା ନିଜର ଆୟୁଷ ବଞ୍ଚିଯିବା ବି ଏକ ଉପଲବ୍ଧି। ଏହା ସାମାଜିକ ଅସ୍ଥିରତା ଓ ବ୍ୟକ୍ତିର ଅସହାୟତାକୁ ଦୃଷ୍ଟିରେ ରଖି ଏକ ନକାରାତ୍ମକ ଆକଳନ। ପ୍ରତ୍ୟେକ ଜୀବିତ ପ୍ରାଣୀ ବଞ୍ଚିବାକୁ ଚାହେଁ। ହୁଏତ ଜୀଇଁ ହୋଇଯିବା ପ୍ରତ୍ୟେକ ଜୀବିତ ପ୍ରାଣୀର ଲକ୍ଷ୍ୟ ହୋଇପାରେ। ମାତ୍ର ମଣିଷ ପାଖରେ ଯେହେତୁ ମନ, ବୁଦ୍ଧି ଓ ବିବେକ ଅଛି, ବିଜ୍ଞାନ, ସଂସ୍କାର, ସଂସ୍କୃତି ଓ ସମାଜ ଅଛି, ଖାଲି ଜୀଇଁ ହୋଇଯିବା ଆମ ପାଇଁ ଯଥେଷ୍ଟ ନୁହେଁ, ମଣିଷ ବଂଚିବାକୁ ଚାହେଁ ଓ ସୁଖର ସହ, ଅର୍ଥପୂର୍ଣ୍ଣ ଭାବେ ବଂଚିବାକୁ ଚାହେଁ। ଏଣୁ ବଞ୍ଚିବାର ସୁଖ ମଣିଷ ପାଇଁ ଅଧିକ ଗୁରୁତ୍ୱ ବହନ କରେ। ସେଇ

ବଞ୍ଚିବାର ସୁଖ ପାଇଁ ହିଁ ମଣିଷ ବିଜ୍ଞାନ, ଦର୍ଶନ, ଧର୍ମ, ଆସ୍ଥାକୁ ବ୍ୟବହାର କରି ନିଜ ଜୀବନର ଲକ୍ଷ୍ୟ ଧାର୍ଯ୍ୟ କରିଛି ଏବଂ ସମାଜକୁ ସଂଗଠିତ କରଛି। ବଂଚିବାର ସୁଖର ବିକଳ୍ପ ନାହିଁ, କାହିଁକି ନା କେହି ବି ମରିବାକୁ ଚାହାନ୍ତି ନାହିଁ। ଏ ପ୍ରସଂଗରେ ବିଶ୍ୱକବି ରବୀନ୍ଦ୍ରନାଥ ଟାଗୋରଙ୍କ କବିତା ବେଶ୍ ପ୍ରଣିଧାନ ଯୋଗ୍ୟ।

"ମରିତେ ଚାହିନା ଆମି ସୁନ୍ଦର ଭୂବନେ,
ମାନବେର ମାଜେ ଆମି ବଞ୍ଚିବାର ଚାହି।"

BLACK EAGLE BOOKS

www.blackeaglebooks.org
info@blackeaglebooks.org

Black Eagle Books, an independent publisher, was founded as a nonprofit organization in April, 2019. It is our mission to connect and engage the Indian diaspora and the world at large with the best of works of world literature published on a collaborative platform, with special emphasis on foregrounding Contemporary Classics and New Writing.